후각 혁명

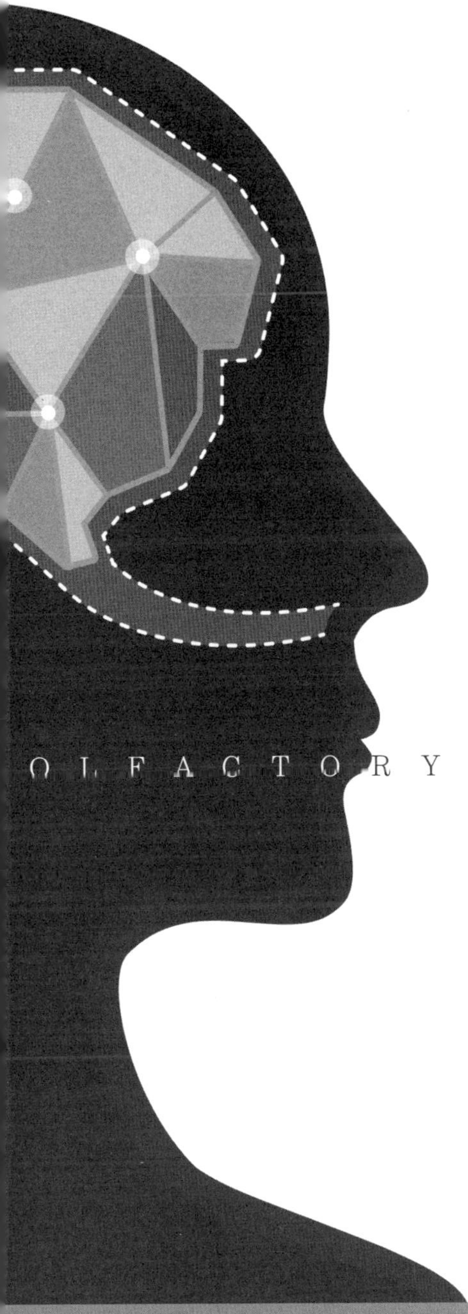

송인갑 지음

OLFACTORY REVOLUTION

신아사

이 저서는 2016년 정부(교육부)의 재원으로 한국연구재단의 지원을 받아 수행된 연구임.
(NRF-2016S1A6A4A01020065)

This work was supported by the National Research Foundation of Korea Grant funded by the Korean Government.
(NRF-2016S1A6A4A01020065)

목차

프롤로그

향기가 있는 순간은 일상의 지나가는 수평적 시간과는 달리 높이와 깊이가 있는 수직성을 지닌 시간이다. 또한 그 시간은 과거와 현재 그리고 미래를 연결하는 하나의 고리로 이어져 있다. 지나가는 일직선의 시간 속에서 정지되지 않고 반복적인 일상의 모양으로, 하지만 늘 다르게 우리에게 다가온다.

기억해 내지 않아도 생각나는 것이 있다면 그것의 대부분은 후각으로부터 오는 것이다. 바닷가에 살았던 아이가 어른이 되어 바다 냄새를 맡게 되면 어릴 적 추억이 저절로 떠오르는 것은 후각이 과거로의 시간 여행을 쉽고 편하게 인도하기 때문이다.

사람이 숨을 쉰다는 것은 극히 자연스러운 일이다. 하지만 우리의 후각은 숨을 들이키며 내뱉는 역할만 하는 것은 아닐 것이다. 후각을 통해 세상을 이해하고 받아들이며, 경험하는 모든 것들을 기억하기 때문이다. 향에 있어서 주체는 향이 아니라 우리의 후각이다. 사람의 후각은 각자의 타고난 감각과 경험을 통해 자연스럽게 형성된다. 그래서 향에 있어서 주체는 사람의 후각이지 결코 향이 아닌 것이다. 왜냐하면, 사람마다 후각의 느낌이 같지 않음으로, 향이 우리 코에 닿는 순간 냄새는 서로 다른 모습으로 다가오기 때문이다. 결국 모든 사람이 좋아하는 완벽한 향기는 실재하지 않을 수 있다는 것을 의미한다. 이것은 모든 냄새가 사람의 후각에 달려있다는 말이기도 하다.

세상이 변해가고 있다. 이제 우리가 맡고 즐기는 냄새와 맛은 현실이 아니다. 세트장에 갇혀 가상의 세계에 살고 있는 트루먼처럼, 우리도 진짜 같은 냄새가 지배하는 왜곡된 후각을 지니게 되었다. 하지만 우리도 후각을 열고 세상을 향해 트루먼같이 산다면, 세상의 옳고 그름을 구별할 수 있을 것이다. 그것만이 인간이 인간다워질 수 있기 때문이다.

냄새는 분명한 안팎이 있다. 그래서 문을 열고 닫으며, 그 실체를 찾아보았지만 발견할 수가 없었다. 아마 자신을 쉽게 드러내지 않는가 보다. 더군다나 보거나 들을 수도 없기에 나의 참담함이 더했는지도 모른다. 그러나 나의 후각이 순담함으로 채워진다면 그도 자신의 모습을 보여주지 않고는 못 배길 것이다.

이러한 후각에 대한 나의 작은 생각과 사람들에게 후각을 열고 세상의 냄새를 맡아보기를 권하는 마음에서 이 글을 쓰게 되었다. 한마디로 나의 후각 상상력을 재구성하게 한 것이라고 말하고 싶다.

후각에 관한 명확한 이론과 근거가 최근에 와서야 과학적으로 조금씩 증명되고 있다. 사실 후각에 관한 역사와 문화에 대한 정리가 되어 있지 않기에 연구 결과와 저술 방향을 고려하여 융합적인 정의를 저술에 반영하고자 한다. 이러한 인문사회학적 정의와 다양한 분야로의 융합은 숨겨져 왔던 후각의 학문적 근거와 연구를 활발하게 할 것이며, 인문사회학적 후각감성 연구에 토대가 되며, 최초의 후각 전문 교양서로서 많은 사람들에게 새로운 분야를 알려주는 역할을 하게 될 것이다.

특히 후각은 인간의 감각 중 하나이기는 하지만 제6의 감각이라고 불릴 정도로 연구해야 할 가치가 높고 활용분야가 다양하다. 학문적으로는 인문과학, 사회과학, 공학, 의학, 교육, 인문사회학, 예술 등 다양한 학문 분야와 IT, 교육, 관광, 문화 복원, 힐링, 의료 보건, 음식, 건축, 디자인 등 직업 분야의 융합이 이루어 질 것이다.

그러므로 후각은 인간의 문화사회적 접근과 해석이 무엇보다도 중요하다. 이러한 측면에서 본 저서는 후각과 관련 된 인문, 사회과학, 공학을 비롯한 다양한 학문의 발전에 기여함은 물론 인간의 감성을 연구함으로서 인간의 숨겨진 능력개발과 발견 그리고 새로운 신기술의 개발과 첨단 디지털 융합에 많은 기여를 할 것으로 기대한다.

어떤 냄새를 설명하려고 할 때, 언어는 거짓말처럼 말을 듣지 않는다. 말은 이 세계의 눈부신 혼돈 속의 작은 형태다. 말은 형태이고, 세계에 초점을 맞추고, 개념을 모으고, 생각을 갈고 닦는다. 말은 지각의 수채화를 그리는 것이다.

언어의 매력은 인간이 만든 것임에도 불구하고 인공적이지 않은 감정과 느낌을 포착한다. 그런데 냄새와 뇌는 언어중추에 형편없이 약하게 연결되어 있다. 하지만 냄새와 기억중추, 그리고 시공을 초월하여 순간이동을 할 수 있는 통로와의 연결은 그렇지 않다. 다른 감각과 언어와의 연결도 마찬가지다.

미래의 디지털 세계는 '후각혁명'으로 시작 될 것이다. 곧 후각에 대한 인문학적 논의가 없이는 과학적 발전이 이루어질 수 없다는 사실은 자명하다. 다가오는 미래에는 컴퓨터와 로봇에 의해 대부분 일상생활이 처리됨으로써 인간성은 점차 희미해져갈 것이다. 사랑하고 기뻐하고 즐거워하는 인간의 가장 기본적인 감이 낯설게 느껴질 것이다. 후각은 인간의 가장 깊은 곳에 자리 잡고 있는 감정을 깨워줄 수 있는 효과적 수단이다. 어머니에 대한 사랑이야기를 멋진 영상과 감동적 스토리로 소개를 해도 실제 어머니의 냄새를 맡는 것 보다 감동을 리얼하게 전달하지 못할 것이다. 따라서 미래 디지털 시대의 인간성 회복을 위한 대안은 아날로그 콘텐츠의 개발이고 이의 기본은 후각이 되어야 한다.

종래의 후각기억의 이론은 마르셀 프루스트의 개인적이고 무의식적인 후각기억을 말하였지만, 헨리 애덤스는 그의 3인칭 자서전에서 진정한 후각적 회고록이 무엇인지를 보여준다. 즉 의식적 후각기억을 말하고 있다. 남북전쟁 발발 전 어린 시절의 냄새를 통해 독자는 다른 시공간에 있는 타인의 코를 빌려 냄새를 맡는다.

애덤스 스타일의 후각기억의 범위는 넓다. 개별적인 사건이 아니라 다양한 에피소드를, 고립된 냄새라기보다는 전반적인 냄새 풍경을 다룬다. 애덤스 스타일의 후각 기억은 모든 계절을 마음대로 재생할 수 있고 향기를 강조할 있는 필름으로 편집된다. 애덤스가 우리에게 주는 메시지는 너무나 충격적이다. 애덤스가문의 기운은 그들에게 자연이라는 또 하나의 교육이 있었기에 감성과 다양성 등이 학습되었으며 애덤스식 후각교육은 오늘날 아동들에게 충분이 제공해줄 수 없는 환경을 의식적 후각기억학습법을 통해 자연의 분별력과 감각의 다양성을 일깨워 줄 수 있는 것이다. 이러한 연구 결과를 통해 유아시절의 감성 교육이 성인기의 정신 건강에 지대한 영향을 줄 수 있음을 예측할 수 있다.

우리가 사물이나 현상을 이해할 때 주로 시청각 자료에 기초한 정보 학습에 의존하고 있지만 실제로 사물을 정확하게 이해하기 위해서는 다중 감각 그중에서 후각적 요소도 함께 학습되어야 한다. 특정 사물을 이해할 때 냄새도 함께 기억이 되면 오랫동안 사물을 기억할 수 있을 뿐 아니라 사물에 대한 정확한 이해를 통해 다양하게 응용할 수 있는 사고 습관을 학습하게 된다.

책의 서술 방향을 살펴보면

1부 숨겨진 감각에서는 후각의 인문학적 이론과 후각심리학, 후각철학 등 이미 정립되고 있는 분야에 관한 후각의 기초가 되는 이론을 연구하였다.

2부 후각문화와 역사는 우리나라의 후각역사와 문화에 대한 문헌과 역사적 사실을 연구하고, 이러한 후각문화와 역사가 외국에서는 어떻게 이어져 왔는가를 비교하는데 주안점을 두었다

3부 후각, 도시를 디자인하다에서는 시각과 청각으로 이루어진 도시의 모습이 냄새라는 새로운 문제를 드러냄으로서 미래의 도시는 후각지도(Smellscapes)없이 설계할 수 없음을 다양한 사례와 미래기술 등을 정리하였다.

4부 후각융합은 후각이라는 감각이 어떤 분야에도 존재하고 접목될 수 있음을 검증하고 이러한 사례를 분석하여 우리에게 필요한 방향에 대하여 밝히고자 하였다.

5부 후각혁명은 4차 산업혁명에 있어 그 무엇보다도 중요한 이슈가 될 수 있는 후각의 미래에 대하여 조망하고 그 미래가 가져다 줄 엄청난 변화에 대하여 서술하였다

본 저서에 대한 활용 방안은 저술한 내용에 모두 포함되어 있다. 후각연구와 아울러 현재 유럽을 중심으로 빠르게 전개되고 있는 후각도시디자인, 후각예술, 전자 코, IT와의 연계, 후각 치매진단프로그램,

후각교육, 게임, 의료, 환경 등 다양한 분야에 대한 활용에 대하여 밝혀두었다. 이미 3차 후각혁명은 시작되었고, 4차 산업혁명과 맥을 같이하여 후각은 4차 산업혁명의 중요한 화두가 될 것으로 사료 된다. 그래서 이런 중요한 감각인 후각을 깨우고 알리기 위해 기초연구 자료들을 수집하고 연구하여 본서를 저술하게 된 것이다.

끝으로 하나님의 깊은 은혜에 감사하며, 내가 사랑하는 작은 땅과 그곳에 핀 두 송이 꽃에 이 책을 가만히 놓아둔다.

1부
숨겨진 감각

1-1. 후각 기억

도서관의 열람실을 휘감아 도는 오래된 책 냄새, 비 내리는 숲에서 퍼져 오는 촉촉한 흙냄새, 도시의 뒷골목을 스치며 코끝에서 맴도는 음식냄새, 그리고 어릴 적 기억 속에 남아있는 어머니의 화장품 냄새와 아버지의 담배냄새, 그것들은 아주 우연한 기회에 기억의 문밖에서 우리를 깨우며 그곳으로 데려간다. 하지만 이 모든 냄새가 어떻게 우리의 기억과 연결될 수 있는 것일까?

오랜 운전에 지친 나는 차를 멈추고, 허기진 배를 채우기 위해 남프랑스의 작은 시골마을에 들어서니 걸음걸음마다 다른 냄새가 스쳐갔다. 길가의 나무와 풀, 오래된 집과 상점, 그리고 라벤더, 톡 쏘는 민트, 로즈마리, 재스민, 세이지, 라임 다양한 허브의 향으로 인해 나는 배도 채우기 전에 그 모든 냄새에 익숙한 세상을 돌아다니는 아주 특이한 경험을 한 적이 있었다. 이국의 냄새가 우리의 기분을 바꾸고 차분하게 또는 흥분하게 만드는 것은 향기의 생리적 효과보다는 학습된 정서적 기억 때문일 것이다.

후각신경세포는 대뇌피질과 변연계에 속해있는 해마, 편도체와 연결되어 있으며, 이 중 편도는 감정, 해마는 학습의 역할을 한다. 그래서 향으로 엮어진 기억은 작은 단서만 있으면 언제 어디서든 회상될 수 있으며, 향의 효과는 순간적으로 나타나기 때문에 생각할 시간을 갖기도 전에 감정을 먼저 자극하게 된다. 그렇기 때문에 우리는 향을 인지했을 때 특정한 순간에 대한 기억과 감정을 동시에 연상시킬 수 있는 것이다.

공기 중에 떠돌아다니는 쿠키 냄새 분자는 코로 들어가서 코 점막에 붙는다. 코 점막은 후신경구olfactory bulb와 연결되어 있는 비강 내부에 위치해 있으며 점막은 다른 감각신경세포sensory neuron와 후각수용체olfactory receptor[1]를 포함하고 있다. 후각수용체라 불리는 특별한 종류의 화학수용체를 활성화시키는데, 수많은 후각수용체들은 300-500여개의 냄새를 구분할 수 있다. 이러한 다양한 냄새는 7가지의 기본 묘사로 응축되어 구분되는데 장뇌, 사향(머스크), 꽃 향과 페파민트, 에테르, 썩은 냄새와 자극적인 냄새를 말한다.

사라 다우디[2]에 의하면 사람들은 새로운 냄새를 처음으로 맡았을 때 그 냄새는 특정 사건이나 사람, 사물, 심지어 어떤 순간과도 연관시키며, 그래서 우리의 뇌는 염소 냄새에 수영장을 떠오르게 하고, 백합 향기를 장례식장과 연결하듯이 냄새와 기억을 연결시키려고 하는 것이다. 우리는 대부분 새로운 냄새를 어렸을 때 맡았기 때문에 성인이 된 후 맡게 되는 냄새는 종종 어릴 적 기억을 떠오르게 하는 것이다. 심지어 태어나기 전에 맡은 냄새는 자신의 감정과 연결고리를 만들기도 한다. 아이가 어머니의 자궁 속에서 맡았던 후각 기억은 출생 후 알코올, 담배, 또는 마늘냄새에 노출이 되었을 때, 특정 냄새에 대한 선호 경향을 보이는 것도 그 때문이다.

후각 기억은 유일하게 다른 기억 시스템과는 차이가 있는데, 이 기억은 변연계와 가장 가까이에 위치하고 있는 감각 형태로 일생동안

---

1) 원거리에서 확산되어 오는 화학 물질에 대하여 후각을 일으키는 수용체. 다음백과

2) Sarah Dowdey, “Smell and Memory”

지속되는 기억의 다면적인 추적에 있어서 매우 유리하다는 점이다. 그래서 장단기 구성요소를 모두 가지고 있는 다른 감각방식과는 달리 오직 장기기억만 있는 것으로 알려졌다. 하지만 최근 연구에 따르면 단기기억도 존속하는 것으로 발표되었다. 측두엽 손상이 있는 환자의 경우 후각 기억의 장애가 관찰되었는데 적은 종류의 냄새를 많은 종류의 냄새보다 더 잘 기억하는 것을 볼 때 후각의 단기기억이 존재하고 있음을 알 수 있다. 어떤 이는 후각 기억이 후각자극에 언어 의미를 부여하기 때문에 일어난다고 주장하기도 한다.[3] 하지만 후각 기억은 단기기억보다는 장기기억에 의존도가 높다는 사실만은 부인할 수가 없다.

과학자들은 또한 냄새에 의해 유발된 기억이 시각적인 선명도와 관련된 영역에서 더 많은 뇌 활동과 관련이 있음을 발견했다. 불행히도, 냄새는 특히 외상 후 스트레스 장애(PTSD)를 가진 사람들에게서 부정적 감정의 유력한 원인이 될 수도 있다. PTSD로 진단 된 개인에 대한 3가지 임상 사례 연구를 실시했는데, 한 환자는 디젤 냄새를 맡았을 때 종종 혼란스러운 기억, 죄책감, 메스꺼움을 경험했다. 이러한 비자발적인 반응으로 인해 디젤 냄새를 맡을 수 있는 상황을 적극적으로 피해야만 했는데, 냄새의 기억은 그 냄새로 인해 상황과 관계없이 냄새가 존재한 기억을 떠오르게 하기 때문이다.

한때 그 환자는 이웃에서 일어난 화재로 인해 발생한 디젤 냄새가 베트남에서의 사고 기억을 즉시 떠오르게 한 적이 있었다. 그 냄새로 인해 그는 베트남에서 경험하였던 불타는 차량의 불길과 연기를 생생하게 볼 수 있었으며, 특히 불에 타 죽어가는 동료 병사를 구할 수 없

3) White and Treisman의 시간베이스 측정

었던 30년 전의 자신의 행동에서 오는 죄책감과 무력함으로부터 벗어날 수 없게 되었다. 그 후에도 그에게 디젤유 냄새는 언제나 베트남의 경험으로부터 벗어나지 못하게 하였다.[4] 우리 인간은 다른 동물과 달리 자신의 시각에 가장 잘 의존할 수 있도록 진화해 왔다. 하지만 시각만큼은 아니지만 생각보다 냄새가 중요 할 수 있다는 것을 마침내 알게 되었다. 곧 냄새는 기억으로 존재하며, 그 기억은 냄새로 인해 파노라마처럼 과거의 상황을 보여준다는 사실을 말이다.

이렇듯 PTSD와 관련된 냄새는 한때 아무렇지도 않게 했던 행동을 불가능하게 할 수도 있다. '바베큐 효과'라고 불리는 현상이 있는데 소방관이나 구조요원 또는 참전 용사는 그릴에 구운 고기 냄새를 맡으면 시체 타는 끔직한 기억이 떠오르므로 한동안 야외에서 바비큐 파티를 하지 못할 수 있다고 한다. 그래서 냄새는 PTSD를 유발하는 최악의 자극일 뿐 아니라 그로인한 치료는 매우 어렵다고 한다. 이러한 PTSD 환자들의 치료를 위해서 외상을 촉발하는 냄새가 필요한 것이다. 이 냄새는 환자의 치료를 위해서 후각의 체계적 둔감법[5]systematic desensitization으로 적용하고 있다.[6] 환자의 이러한 외상은 냄새의 유사성으로 인한 후각 기억인 '후각의 환각'과는 달리 동일한 냄새로 인한 기억의 다양함 -특히 냄새로 인한 스트레스나 외상-을 말하는 것으로 일종의 '후각 기억의 오류'라고 볼 수 있다. 치료법 중 하나인 후

---

4) Amanda White, "Brain anatomy may explain why some smells conjure vivid memories and emotions". Jan 12, 2015.

5) 여러 불안장애를 해결하는 데 사용되는 행동치료 요법으로 불안이나 회피의 대상이 되는 자극에 조금씩 경험의 강도나 시간을 늘려감으로써 불안반응을 줄여가는 방법이다.

6) 레이첼 허즈(2013), 욕망을 부르는 향기, 장호연 역, 뮤진트리, 94.

각 기억의 메커니즘은 후각 환각과 함께 PTSD치료에 탁월한 효과를 가져다 줄 것이다.

최근 후각이 주목을 받는 이유는 무엇일까. 그것을 알기 위해서는 후각의 메커니즘을 이해해야 한다. 시각이나 청각 정보가 시상을 거쳐 편도체로 가는 것과는 달리, 후각 정보는 인간 뇌의 시상을 거치지 않고 바로 편도체로 직행한다. 편도체는 감각을 조절하고 기억에 중요한 역할을 하는 감각기관이다. 따라서 사람은 어떤 특정한 냄새를 맡게 되면 생각하는 과정을 거치지 않고 바로 기억이 떠오르게 된다. 그래서 후각을 기억의 감각이라고 말하는 것이다. 냄새보다 기억하기 쉬운 것은 없다고 강조하는 것도 그러한 이유 때문일 것이다. 과거에 맡았던 어떤 냄새가 순간적으로 스쳐 지나가면, 그 당시의 모든 기억이 떠오르게 되며, 그래서 냄새는 오랜 세월 동안 감추어져 있던 기억이라는 지뢰를 폭발시키는 뇌관인 셈이다. 기억하지 않아도 떠오르는 것이 있다면 그것은 후각으로부터 오는 곳이기에, 후각은 다른 감각과 달리 해석자 없이 독자적으로 활동하는 것이다.

인간에게 특정한 냄새에 대해 어떤 연상이 확립되면 좀처럼 지우기 어렵다는 것과 어떤 냄새는 대단히 독특하다는 상호보완 하는 이 두 가지 요인 때문에 냄새는 특별한 기억의 문을 여는 독보적인 열쇠가 된다. 이것이 냄새가 '최고의' 기억 단서로 간주되는 이유지만 가장 놀라운 점은 여전히 냄새에 수반되는 풍부한 감정이다. 냄새가 유도하는 기억이 그토록 특별한 이유는 오랫동안 잊고 있었던 기억이기 때문이 아니라 후각과 감정, 기억이 서로 독보적으로 연결되기 때문이다.[7]

7) 레이첼 허즈, 앞의 책, 92

기억은 여러 가지 특별한 감각으로부터 받아들여지는 입력의 도움을 받아 부호화되며, 이것들 중 기억 형성에 있어서의 청각 및 시각적 자극의 역할은 대다수의 신경 과학자들이 관심을 갖는 영역이었다. 이렇듯 후각은 기억에 중요한 역할을 하지만 가장 소홀하게 연구된 특별한 감각일 뿐이었다.

기억은 우리를 독특하게 만들고 기억이 사라지면 우리의 감성도 사라진다. 기억 상실의 경험은 많은 사람들에게 엄청난 영향을 미치는 가장 파괴적인 사건 중 하나이다. 기억상실은 단순히 기억을 잃어버린 것이 아니라 삶을 송두리째 날려버린 것을 의미한다. 그래서 기억상실의 예방 또는 치료는 기억의 형성 및 저장의 기초가 되는 메커니즘이 이해되는 경우에만 가능할 수 있다. 기억의 범주는 즉각적, 최근, 그리고 과거의 기억 등 이 세 가지 기억이 중요하다고 할 수 있다.

알츠하이머병에 후각 기억 상실증이 나타나는 이유는 아직 알려지지 않았지만 알레르기와 알츠하이머 병증이 잘 어울리는 것으로 알려져 있다.[8] 시카고 러시대학 메디컬센터의 로버트 윌슨박사는 그의 연구 논문에서 일상생활에서 흔히 접하는 냄새를 제대로 맡지 못하는 것은 노인성 치매 초기에 나타나는 특징적 증상인 '신경섬유 엉킴'이 시작되고 있다는 증거라고 밝혔다. 곧 냄새를 맡는데 어려움이 나타나면 노인성 치매의 초기증세가 있음을 알 수 있는 것이다.

그렇다면 후각 기억의 본질은 무엇일까? 시각 또는 청각 정보를 위한 기억과 비슷할까? 확실히 시각 및 청각 정보 분야에서 더 많은 연

8) Biju Bahuleyan, Satendra Singh Short(2012),"Olfactory Memory Impairment in Neurodegenerative Diseases", Journal of Clinical and Diagnostic Research. 2012 October, Vol-6(8): 1437-1441

구가 수행되었지만, 냄새 기억의 많은 특성은 아직 정의되지 않았다. 예를 들어, 저장과 붕괴 과정, 기억 과정의 특성은 후각과 관련하여 아직 설명되지 않고 있다. 신경 영상기술은 악취 기억이 작동하는 방식에 대한 우리의 이해를 더욱 향상시킬 수 있다. 그렇다면 어떤 종류의 후각 자극이 가장 잘 기억될까? 라빈과 케인Rabin & Cain (1984)은 냄새 기억이 친숙함과 식별 가능성에 의해 향상된다는 것을 발견했다.[9]

냄새가 기억력 향상에 활용될 수 있다는 생각을 뒷받침해 주는 것으로 '맥락 의존적 기억'이라 불리는 심리 현상이 있다. 뭔가를 배웠을 때와 같은 맥락에 있거나 같은 장소, 같은 마음가짐을 하면 그 정보를 더 잘 기억할 수 있다는 것이다. 맥락에서 기억을 돕는 핵심사항은 사람들의 감정이다. 냄새는 감정과 가장 밀접한 감각이므로 기억을 증진하는데 가장 효과적인 단서가 된다.[10] 하지만 이 후각 기억은 후각적 환각을 불러일으킬 수 있다는 점에서 주의할 필요가 있다. 우리가 기억하고 있는 냄새가 때로는 사실이 아닐 수 있다는 것이다. 가령 파머산 치즈와 토한 음식은 유사한 후각 기억을 우리에게 제공해줌으로서 후각적 환각에 빠져 정확한 냄새를 기억하지 못할 수도 있다는 말이다. 이점은 후각진단과 치료에 있어 주의해야할 점이다.

냄새의 감각은 다른 감각 양상과는 별도로 설정된다. 악취는 즉시 강한 정서적 기억을 유발할 능력이 있다. 냄새의 자극은 다른 감각 자극보다 높은 기억력을 제공한다. 냄새 지각은 심지어 가장 기본적인

---

9) Eshelman, Sarah, Stephanie Medwid, Laura Neumann, Julia Woronczuk."Olfaction and Memory."

10) 레이첼 허즈, 앞의 책. 97

형태에서 조차도 변연계 구조를 가지고 있다. 이 초기 관여는 다른 감각 양상에서 평행하지 않는다. 변연계와의 상당한 연관성과 편도체의 활성화가 순간적으로 감정을 불러일으키고 추억의 변환을 용이하게 한다는 사실을 염두에 두면, 냄새의 감각이 그 특징적인 성질을 갖는 것은 놀랄 일이 아니다. 냄새가 자발적으로 매우 선명하고, 감정적으로 색조를 표현하고, 종종, 매우 오래된 자서전적 기억(프루스트 현상으로 알려진 에피소드)에 관한 것과 같이 후각 정보 처리에 대한 현재의 이해를 분석하는 데 있다.[11] 곧 냄새는 후각 기억의 현재화를 가져다준다는 의미로 이해해도 될 것 같다.

익숙했던 어떤 냄새를 한 번만 맡게 되면 그 냄새와 관련된 기억들이 한꺼번에 몰려와 부분적이 아닌 전체적인 상황을 떠올릴 수 있게 되고, 원래의 경험이 갖고 있는 미묘한 느낌과 분위기 까지도 신기할 정도로 온전하게 되살려낼 수 있다.[12] 특정 향기나 냄새가 기억에 남는 경우가 있다고 하였다. 어떤 경우는 이 기억이 굉장히 오래 남아서 회상하는 데 어려움이 없을 정도란다. 무엇 때문에 우리는 좋은 향기를 오래 동안 기억할 수 있을까? 나이든 사람의 경우 후각을 통해 과거의 아름다운 기억을 회상해 냈지만 젊은 사람의 경우는 그렇지 않다.[13] 아마도 오래된 냄새의 기억이 시간의 흐름과는 무관하게 작용하고 있는지도 모른다. 그래서 후각으로 회상할 수 있는 기억은 10세 이전까

11) Mark Hughes(2004), "Olfaction, Emotion and the Amygdala:arousal-dependent modulation of long-term autobiographical memory and its association with olfaction: beginning to unravel the Proust phenomenon?"

12) 라이얼 왓슨(2002), "코 : 낌새를 맡는 또 하나의 코, 야콥슨 기관" 이한기역, 정신세계사. 20

13) Dr. Shock M.D-PhD /A Neurostimulating blog

지도 거슬러 올라갈 수 있는데, 이는 언어적 단서가 주어진 경우와 대조를 이룬다. 적어도 후각의 기억은 언어의 기억을 넘어선다는 것을 의미한다.

> "어머니는 과자를 가지러 보냈다. 가리비의 홈이 난 조가비 속에 흘려 넣어 구운 듯한, 잘고도 통통한, 프티트 마들렌이라고 하는 과자였다. 그리고 이윽고 우중충한 오늘 하루와 음산한 내일의 예측에 풀죽은 나는, 마들렌의 한 조각이 부드럽게 되어 가고 있는 차를 한 숟가락 기계적으로 입술로 가져갔다. 그런데 과자 부스러기가 섞여 있는 한 모금의 차가 입천장에 닿는 순간 나는 소스라쳤다.… 갑자기 추억이 떠올랐다. 이 맛, 그것은 콩브레 시절 주일날 아침, 내가 레오니 고모의 방으로 아침 인사를 하러 갈 때, 고모가 곧잘 홍차나 보리수꽃을 달인 물에 담근 후 내게 주던 그 마들렌 작은 조각의 맛이었다."[14]

> "늙은 요리사가 가져다준 토스트 한 조각을 차에 적셨을 때, 나는 제라늄과 오렌지 나무의 향기를 맡으며 행복이 주는 아주 특별한 빛을 경험할 수 있었다. 갑자기 그 여름을 기억할 수 있었다. 내가 차에 적신 비스코티를 맛보는 순간 내 앞에는 보호하고 부재색인 정원 풍경이 펼쳐지고 있었다."[15]

프루스트 효과(Proust Effect)란 말이 있다. 프루스트 효과는 오랫동안 잊고 지내던 것을 냄새를 통해 회상하게 되는 효과를 말한다. 이 효과는 프랑스의 작가 마르셀 프루스트의 저서 '잃어버린 시간을 찾아서'에서 유래됐다. 이 소설은 생의 모든 것에 절망한 주인공 마르셀

14) 마르셀, 프루스트. 『잃어버린 시간을 찾아서-스완네 집 쪽으로1』. 김창석 역. ㈜국일출판사, 2006, 66,69.

15) 마르셀, 프루스트. 『한권으로 읽는 잃어버린 시간을 찾아서』. 김창석 역. (주)국일출판사 2007, 27.

이 홍차에 적신 과자 마들렌 냄새에 이끌려 과거의 무의식적인 기억을 떠올리며 어린 시절 고향을 찾아 시간여행을 떠나게 된다. 이 소설에서 냄새는 과거와 현재를 이어주는 하나의 매개체로 작용한다. 마치 주인공 마르셀이 느끼는 과거와 현재를 넘나드는 두 개의 공간 '콩브레'와도 매우 흡사하다. 저자는 동일한 것에 대한 반복적인 오감의 감각을 통한 회상 즉 성사시옹sensation과 기억에 의한 회상인 메무아memoire로 구분하며, 오감 중에서도 미각과 후각의 세밀한 묘사를 통해 무의식적인 기억의 세계를 표현하고 있는 것이다.[16] 다만 프루스트효과는 무의식적인 후각 기억으로 것으로 기억과 감성을 조절할 수 없으며, 그 후각 기억이 어떤 기억의 방에 들어 있는지 알지 못한다는 것이다.

후각의 쾌락주의자 프루스트는 4페이지에 걸쳐 냄새나 맛의 형용사를, 쿠키나 차의 향에 대해서도 한마디 쓰지 않았다. 그를 후각의 관능적 시인이라고 말하기 어렵다.[17] 하지만 통상 우리가 기억하고 있는 후각은 무의식적 후각 기억이지만 반복적인 냄새의 기억으로 인해 자연스럽게 의식적인 후각 기억으로 남기도 한다. 즉 기록이나 회상을 통제하지 못하는 것이다. 하지만 의식적 후각 기억을 말하고 있는 애덤스 스타일의 후각 기억은 반복적이지는 않아도 원할 때 되살릴 수 있기 때문에 프루스트식 후각 기억보다 더 유용한 저장 수단이 된다.[18]

---

16) 송인갑(2012), "후각을 열다", 청어. 16-17

17) 에이버리 길버트((2009),"왜 그녀는 그의 스킨 냄새에 끌릴까", 이수연역, 21세기북스 , 241

18) 에이버리 길버트, 앞의 책, 255.

그래서 애덤스[19] 스타일의 후각 기억은 프루스트식 기억보다 한 수 위인 것이다. 애덤스의 후각 기억은 의식적으로 맡고 의도적으로 기억하는 냄새를 이야기하기 때문이다. 그 냄새는 프루스트식 기억처럼 파묻혀 있는 지뢰가 아니다.[20] 오히려 생생하게 살아있는 의식적인 후각 기억을 말한다. 애덤스의 후각 기억은 그의 저서에도 언급되지만 그것은 인간이 자연스럽게 느끼는 학습의 기억이다. 애덤스는 그의 저서'교육'에서 분명히 말하고 있다. 자연에서 학습되고 습득한 의식적인 기억이라고 말이다.

애덤스의 의식적인 후각 기억의 논리를 따른 후배 작가들은 그들의 작품에 이 후각 기억을 반영하였다. 그 중 하나인 게리슨 케일러Garrison Keillor의 '위비곤 호수 시절Lake Wobegon Days'[21]소설의 한 장면을 살펴보면 애덤스의 후각 기억을 잘 알 수 있다.

"한 아이가 앞에 있는 아스팔트 덩어리를 발로 차면서 아스팔드와 잔디 사이의 험한 진흙길을 따라 랠프의 식품점으로 천천히 걷고 있다. 아이는 네 블록을 지난 후 바로 아스팔트 덩어리에 홀딱 빠져 완전히 몰두

---

19) 헨리 애덤스(1838-1918)는 미국의 역사가이자 문필가이다. 그는 보스턴 브라민 계급 출신이었다.이 계급은 뉴잉글랜드의 청교도 혈통인 교양 있는 지식인 집단으로, 증조할아버지는 미국 제2대 대통령 존 애덤스이며, 할아버지는 제6대 대통령 존 퀸시 애덤스였다 그가 쓴 서양 문학에서 가장 뛰어난 자서전 가운데 하나인 "헨리 애덤스의 교육 The Education of Henry Adams"은 1920년대의 소위 "잃어버린 세대"로 지칭되는 헤밍웨이를 비롯한 젊은 작가들과 미국의 지성인들에게 대단한 영향력을 발휘했던 작품으로, 미국의 영향력 있는 지성인이 자신의 문명에 대하여 어떻게 생각하였으며, 그가 상징하는 뉴잉글랜드 전통의 의미, 미국 사회가 남북 전쟁 이후 1차 대전 때까지 거치는 엄청난 변화 등을 생생하게 전달한다.

20) 에이버리 길버트, 앞의 책, 252

21) 이 작품은 허구의 작은 마을 인 미네소타의 가상의 호수 위비곤(Wobegon)에서의 유머러스한 삶의 이야기이다

하고 있었다,
분젠 자동차 가게에서부터 인도는 시작된다. 호수에서 불어온 산들바람이 진흙과 썩고 있는 나무, 희미한 생선 비린내를 가져와 오래된 윤활유, 가솔린과 새로운 타이어, 봄 먼지 그리고 길 건너편 채터박스 카페 chatterbox cafe의 뜨거운 참치 요리에서 나는 희미하고 달콤한 방향유 냄새와 뒤섞는다."[22]

마르셀 프루스트가 개인적이고 무의식적인 후각 기억의 대표적인 인물이라면, 헨리 애덤스는 그의 3인칭 자서전에서 진정한 후각적 회고록이 무엇인지를 보여준다. 즉 의식적 후각 기억을 말하고 있다. 이 기억은 그의 "헨리 애덤스의 교육"이라는 책의 퀸시Quincy[23] 부분에 자세히 나와 있다. 남북전쟁 발발 전 어린 시절의 냄새를 통해 독자는 다른 시공간에 있는 타인의 코를 빌려 냄새를 맡는다.[24]

애덤스 스타일의 후각 기억의 범위는 넓다. 개별적인 사건이 아니라 다양한 에피소드를, 고립된 냄새라기보다는 전반적인 냄새 풍경을 다룬다. 애덤스 스타일의 후각 기억은 모든 계절을 마음대로 재생할 수 있고 향기를 강조할 수 있는 필름으로 편집된다.[25] 이런 의식적 후각 기억의 훈련은 어릴수록 학습효과가 클 것이며, 다중감각의 능력 개발에 탁월한 방법 중 하나이다.

---

22) 앞의 책, 253.

23) 미국 일리노이 주 서부 애덤스 군의 군청소재지(1825)로 미시시피 강변에 있으며 강을 가로지르는 다리로 미주리 주와 연결된다. 1822년 후에 일리노이 주 12대 주지사(1860~61)를 지낸 존 우드가 최초로 정착했으며, 초기에는 블러프스로 알려졌다. 존 퀸시 애덤스가 대통령에 취임했던 1825년 3월 4일 군청소재지가 되었으며, 그의 이름을 따서 퀸시로 개명되었다.

24) 에이버리 길버트((2009), "왜 그녀는 그의 스킨 냄새에 끌릴까", 이수연역, 21세기북스, 252.

25) 에이버리 길버트, 앞의 책, 253.

애덤스의 이론인 의식적 후각 기억은 그의 저서 "교육"에서 자세히 설명되어 있다.

"소년들은 야생동물처럼 풍부한 감각의 보물을 지녔으며, 특히 그 뉴잉글랜드 소년은 온화한 기후에 사는 소년들보다 더 풍성한 감성을 가졌다. 그렇듯, 그는 자신의 본성을 있는 그대로 느꼈다.
소년 헨리에게 있어 여름은 그를 취하게 만들었다. 감각 중에서 후각이 가장 강하게 다가온다. - 몹시 뜨거운 여름날 하오의 열기가 가득한 소나무 숲과 달콤한 고사리 냄새, 갓 벤 건초; 쟁기질한 대지; 울타리; 복숭아, 라일락, 고광나무[26], 마구간, 헛간, 목장; 바닷물과 갯벌로 인한 늪지; 이 모든 냄새들은 아무런 제약을 받지 않았다. 후각 뒤에 바로 미각이 따라왔고, 그리고 그 아이들은 페니로얄[27]과 창포에서부터 피그넛[28] 껍질과 철자 교본에 이르기까지 그들이 보고 만져본 모든 것의 맛을 알고 있었다.
A-B, AB의 맛[29]이. 갑자기 60년이 지난 소년의 혀에서 되살아났다. 감각

---

26) 유럽 남부, 동아시아, 히말라야, 중앙아메리카, 남아메리카 등이 원산지이다. 가지가 많이 갈라지는 줄기는 높이 1~2m 정도이며, 수피가 종이처럼 얇게 벗겨진다. 꽃은 흔히 2송이씩 짝을 이루며 원추꽃차례와 비슷하게 무리져 핀다. 우리나라에서는 잎과 줄기에 털이 많이 달리고 봄에는 향기로운 하얀색 꽃을 피우는 서울고광나무가 흔하며, 고광나무는 북쪽 지방에서만 자라고 있다. 미국에서 들어온 미국고광나무는 뜰에 많이 심는다. 다음백과

27) 페니로얄 : 민트(박하)의 일종인 다년초. 높이 10~20cm. 줄기는 포복하며, 길이 40~50cm이다. 잎은 타원형이며, 길이 3cm 가량이고, 가장자리에 거치가 없다. 8~9월에 줄기 상부 엽액에서 연보라색 꽃이 층층이 핀다. 잎은 페퍼민트향이 나며, 맛은 쓰다. 원산지에서는 습한 목초지에서 자라며, 잔디 대용으로 사용하기도 한다. 다음백과.

28) 견과류의 일종으로 히코리 너트라 부르며 가장 맛있는 것은 Shagbark Hickory (Carya ovata)와 Pignut Hickory(Carya glabra)다. 히코리 나무는 울창한 숲과 울타리 근접지(fencerows)에서 발견되는데. 개별 견과류를 둘러싼 껍질은 두 종을 구별하는 가장 쉬운 방법이다

29) A-B, AB는 철자교본(letters of a spelling-book)에 있는 알파벳 철자교구를 말하며,

> 적인 즐거움으로서의 빛과 선, 그리고 색은 나중에 나타났고, 나머지와 같이 천연 그대로였다. 뉴잉글랜드의 빛은 눈부시고, 그 대기는 거칠게 채색되었다."[30]

퀸시에 살았던 어린 소년 애덤스의 스승은 학교가 아니라 뉴잉글랜드의 자연의 법칙이었다. 소년은 저항의 본능으로 세상을 바라보았다. 외부 환경은 삶에 상대적인 가치를 부여했으며, 겨울과 여름, 추위와 더위, 마을과 나라, 힘과 자유, 두 가지 삶의 방식과 생각, 두뇌의 엽(葉)처럼 균형을 이루었다. 그는 도시와 자연, 이성과 감성 등 대치하는 서로의 환경에 적응하며 성장해온 것이다.

> "겨울과 여름은 적대적인 삶이었고 두 가지 본성이 교차하였다. 겨울은 항상 살기위한 노력이었고 여름은 열대성 면허를 가진 자유로움 그 자체였다. 아이들이 풀밭에서 굴러들거나, 시내에서 걸어 다닐 지, 소금 바다에서 수영을 하던가, 바다에서 항해를 하든, 냇가에 위치한 제련소로 낚시를 가든, 소금 습지에서 그물로 고기를 잡든, 숲과 화강암 채석장, 또는 늪지에서 사슴과 사냥한 거북이, 버섯이나 견과류가 있는 가을 언덕과 여름은 항상 관능적 인 삶을 제공 했으며 겨울은 항상 의무적인 학습과 교육이었다. 곧 여름은 자연의 다양성이었고 겨울은 학교였다."

1838년 애덤스가문에 태어난 헨리는 여섯 살이 되던 1844년에 이미 그의 평온한 삶은 변하게 된다. 이것은 보스턴과 뉴욕을 잇는 기차의 시발과 보스턴 항에서 출발하는 증기선으로 인해서였다. 곧 산업혁명

애덤스는 이 책을 68세(1906)세 때 저술한 것으로 60년 전 자신의 어린 시절을 묘사하였다.

30) Henry Adams, "The Education of Henry Adams", <Project Gutenberg Association/ Carnegie Mellon University>, Jan, 2000 [Etext #2044], QUINCY.

때문이었다. 애덤스는 여섯 살 때 퀸시할아버지 댁에서의 기억을 생생하게 적고 있다.

어려서부터 애덤스는 습관적으로 생의 양면성을 알아왔다. 자서전에서 유난히 배치되는 보스턴과 퀸시 두 곳을 말하는 것이다. 보스턴은 냉혹한 도시로 퀸시는 가문의 뿌리가 있는 정신적인 전통과 풍부한 감성을 일깨워 주는 곳으로 묘사되었다. 이것은 두 개의 다른 가치관과 사고방식을 상징하는 것으로 이어진다.[31] 이 자서전은 애덤스의 해명서Apology와 같은 것으로 그는 삶이 교육이라는 끊임없는 자기 성찰을 보여주었다.

애덤스가 우리에게 주는 메시지는 너무나 충격적이다. 애덤스가문의 기운은 그들에게 자연이라는 또 하나의 교육이 있었기에 감성과 다양성 등이 학습되었으며 큰 꿈을 가진 인간으로서 성장하게 했다. 위대한 가문은 권력이나 돈으로 만들어지는 것이 아니라 자연 속에서 만들어지는 것이다. 그런 면에서 애덤스식 후각교육은 오늘날 아동들에게 충분이 제공해줄 수 없는 자연의 환경을 의식적 후각 기억학습법을 통해 자연의 분별력과 감각의 다양성을 일깨워 줄 수 있는 것이다.

동물들이 종종 저장된 음식을 찾기 위해 후각 감각을 사용한다는 사실은 후각 기억의 존재에 대한 단서를 제공한다. 스테판 Stephen B. Vander Wall (1991)은 황색 소나무 다람쥐가 후각을 사용하여 캐시(저장된 음식)를 발견하였다. 그러나 이 연구에서 다람쥐의 후각은 건조한

31) 김종순(2004), "헨리 아담스의 교육", 태학사,154.

씨앗이 아니라 축축한 씨를 정당화하는데 도움이 되었다. 따라서 후각은 캐시를 복구하고 숨겨진 음식을 찾는 통합 시스템에 연결되어 있음을 알게 되었다.[32] 인간의 냄새 기억 연구도 진행되었다. 심한 기억 손상을 겪고 있는 코르사코프Korsakoff 증후군[33] 환자는 다른 종류의 기억보다 악취 기억 장애가 적다는 것이 입증되었다. 이것은 실제로 다른 종류의 기억과 분리된 냄새기억의 메커니즘이 있음을 시사한다.

악취는 자서전적 기억의 단서가 된다. 이 연구는 서로 다른 감각 단서에 의해 유발 된 자서전 적 기억의 연령 분포와 경험적 자질을 다루었다. 93명의 고령자는 3가지 큐 유형 중 하나 - 단어, 그림, 또는 냄새 -를 제시 받았고 주어진 큐에 대한 자서전적 사건을 연관 시키도록 요청 받았다.

주된 목적은 후각 유발 기억의 연령 분포가 단어와 그림의 추억과 다른지, 유발 기억의 경험적 자질이 다른 단서에 따라 다른지를 조사하는 것이었다. 결과는 후각 정보에 의해 촉발 된 자서전 적 기억이 구술 및 시각 정보와 관련된 기억보다 오래되었음을 보여준다.

특히, 대부분의 악취에 대한 추억은 삶의 첫 10년(10년 미만)에 위치하는 반면, 언어 및 시각적 신호와 관련된 추억은 성인 초기(11-20 년)에 최고조에 달했다. 또한, 냄새의 유발 기억은 시간에 거슬러 올라간다는 강한 느낌과 관련이 있으며 구술 및 시각 정보에 의해 유발된 기억보다는 덜 인식되었다. 이렇게 발견된 냄새 패턴은 악취 유발기억이

---

32) Eshelman, Sarah, Stephanie Medwid, Laura Neumann, Julia Woronczuk. "Olfaction and Memory."

33) 비타민 B1의 결핍으로 치매, 안구운동 이상, 보행장애를 일으키는 드문 뇌질환이며 급격한 진행속도를 보이는 질환으로 베르니케증후군과 코시코프증후군을 합하여 부르는 명칭으로 두 질환의 증상이 복합적으로 나타난다. 다음백과.

다른 기억 경험과 다를 수 있음을 시사하고 있다.[34] 어릴 때의 후각 기억이 삶의 전체에 미치는 영향이 지대함으로 4차 산업혁명의 시대에 아이들의 후각교육은 절실히 필요하며, 어릴수록 그 효과가 매우 클 것이다.

1-2. 후각의 시각화 Scent Visualization

기분에 따라 냄새에 대한 지각의 차이가 있을 수 있다. 기분이 좋으면 기분이 나쁠 때에 비해 소독용 알코올처럼 중립적인 냄새가 더 좋게 느껴지기도 한다. 이것은 감정과 후각이 서로 근본적으로 밀접하게 연관되어 있음을 보여주는 하나의 예다. 감정적으로 쉽게 흥분하는 유형의 사람은 냄새에 대해서도 마찬가지로 예민해서 보통사람들에 비해 좋은 냄새는 훨씬 더 좋게, 나쁜 냄새는 훨씬 더 역겹게 받아들이는 것이다.

그래서 어떤 냄새에 대한 기대감은 상황적 맥락과 함께 우리가 냄새를 어떻게 이해하는지 또는 냄새에 어떤 쾌락적 특성을 부여하는지에 대하여 상당한 영향을 미칠 수 있다. 만약 쓰레기장 옆을 지나가다 어떤 강렬한 향기를 맡는다면 이미 불쾌한 냄새로 지각될 가능성이 높다. 하지만 동일한 화학적 성분의 혼합향이 프랑스 식당의 치즈가 놓인 접시위에서 난다면 식욕을 자극할 지도 모른다. 마치 같은 냄새라도 시공간에 따라 다른 느낌을 주듯이 말이다.

---

34) Eshelman, Sarah. 앞의 책

독일의 개념 예술가 헬가 그리피스는 미술관 전시물 위에 녹색 조명을 달고 풀 냄새를 내보냈더니 관객들이 풀냄새가 난다고 말했는데 같은 전시물에 조명만 붉은 색으로 바꾸자 딸기 냄새가 난다고 반응했다고 한다.[35] 이 사례는 후각이 시각과 연계되어 있다는 것을 대표적으로 보여주고 있다.

음료시장에서 시각적 맥락이 냄새자극에 큰 영향력을 행사한다는 사실은 향료 첨가 음료 산업의 관계자들이 누구보다 잘 알고 있다. 가끔 음료의 색깔과 맛이 서로 일치하지 않는 경우가 있지만 보통의 소비자들은 그것을 자각하지 못할 때가 많다. 왜냐하면 시각과 후각이 서로 연관되어 있다는 사실을 잘 이해하지 못하거나 그러한 지식을 가지고 있지 않기 때문이다. 하지만 소비자들의 후각이 점차 섬세해지고 향수 소비의 증가로 인해 점차 후각의 시각화에 대한 인식이 높아지고 있다는 사실은 부정할 수가 없다.

시각적 단서와 마찬가지로 언어도 냄새 지각에 강력하고 강력한 영향력을 행사하는데, 냄새는 눈에 보이지 않지만 사람들은 그 대상이 무엇인지 확인하는 습성이 있기 때문에 묘한 냄새를 맡으면 떠오르는 단어나 상황에 도움을 청하게 되는 것이다. 즉 냄새만으로 좋고 나쁨을 판단하기 보다는 그럴듯한 맥락의 설명을 들으면 그냥 믿는 쪽을 선택하기 마련이다.

후각은 냄새를 통해 우리의 눈에 보이지는 않지만 무의식중에 사람들의 생활공간을 침범하고 지배하는 불가항력적인 힘을 가지고 있다. 또한 정보를 기억하는 바탕이 되어 오래된 기억을 되살리고 상상

35) 레이첼 허즈, "욕망을 부르는 향기", 장호연 옮김, 뮤진트리, 73-74.

력 자극에 도움이 되어 그에 따른 감정적 반응이 창출하기도 한다. 이러한 후각이 현대 미술에서 강렬한 메시지와 새로운 개념을 전달하는 도구로 사용되는 경향이 있다. 단순히 보는 것을 넘어서 폭넓은 사고와 다차원적인 경험영역을 제시하는 것이다.[36] 이미 현대 미술에서 모든 감각이 도구로 사용되고 있으며 뉴미디어에서는 후각의 도구화가 필연적이 될 것이다. 하지만 아직까지는 미술과 예술계에서 사용하고 있는 후각은 향료 또는 향수에 국한되어 있다. 그것은 후각을 이해하기보다는 향이라는 개념에 국한되어 있기에 생기는 한계인 것이다. 앞으로 향이나 냄새를 사용하지 않고도 후각 기억을 이끌어 내며 또한 후각을 다양한 타 감각과 접목을 통해 예술적 승화를 이루는 - 특히 후각의 시각화 - 지혜가 필요한 것은 자명한 일이다.

근세 시대에서 장미는 시각과 후각적인 것의 완벽한 상징이었다. 달콤한 향기 때문에 종종 신비한 의미를 지니고 있었으며, 성경속의 마리아와 함께 장미는'신성한 냄새'로 인식되어 왔다. 그래서 사람들은 장미를 화단에 가꾸어 자신의 시각적 즐거움을 위해 색과 형태를 완벽하게 만들어 갔지만 이것은 특정한 향에서 후각을 바로 마비시키는 의도하지 않은 결과를 낳게 되었다.[37] 곧 시각이 후각을 무디게 하거나 강렬한 시각의 이미지는 후각을 상승시키는 것이 아니라 때에 따라 지워 버리는 역할도 하기 때문이다. 후각과 시각은 어떤 것을 중점적으로 여기느냐, 또는 어떤 쪽이 더 강렬한가에 따라 주체가 결정되기 때문이다. 그래서 후각의 시각화로 할지. 시각의 후각화가 될지 고민해보아야 하는 것이다.

36) 김미중(2009), "후각을 통한 시각예술 연구", 경기대 석사학위논문. 27

37) Ars Vivendi Journal No.3 (Feb 2013)), 7

영화를 보면, 후각, 평형감각 그리고 촉각은 영화에서 절대로 직접적인 자극의 형태로 등장하지 않고 시각영역으로 우회해서 간접적으로 전달된다. 조형예술의 목적은 자연에 이미 존재하는 것을 다시 한 번 만드는 것에 있지 않다.[38] 특히 영화나 광고 등 이미지 중심의 시각적 요소에서는 달리 냄새를 표현할 길이 없다. 그래서 시각의 이미지를 통해 후각을 시각화함으로서 감각의 완성을 이루고자 하는 것이다.

영화 '향수'의 한 부분을 살펴보자.

> "그는 다시 눈을 감았다. 정원의 온갖 향기가 오색찬란한 무지개처럼 뚜렷하고 분명하게 그에게 밀려왔다. 그가 찾고 있던 그 귀한 향기도 그 속에 들어 있었다. [...] 그르누이는 향기를 통해 그 소녀의 모습을 그림처럼 선명하게 눈앞에 떠올릴 수 있었다. 그녀는 가만히 앉아 있지 않았다. 이리저리 뛰어 다니느라 몸이 뜨거워졌다 재빨리 식었다 했다. 아마도 몸을 빨리 움직였다가 다시 급히 멈추는 놀이를 하는 게 분명했다. 별로 주목할 만한 체취가 없는 누군가가 같이 놀아주고 있었다. 그녀의 피부는 눈이 부실 정도의 순백색이었으며, 눈동자는 초록색이었다. 얼굴과 목과 젖가슴에 주근깨가 있었고...."[39]

냄새로 인지할 수 있는 세계의 풍부함과 언어의 빈곤함으로 인한 그 모든 이상한 불균형들로 인해서 그루누이는 말의 의미를 포기하게 되었다. 그루누이가 냄새를 지각하는 것은 그러니까 일종의 "후각적 상황중계eine geruchliche Mauerschau"를 통해서 시각화되고 있다. 그루누이는 코를 통해서 보는 것이다. 그러니까 소설의 형상화 방식

38) 루돌프 아른하임(1990), "예술로서의 영화", 기린원.

39) 파트릭 쥐스킨트, 향수. 열린책들. 서울 1991, 224-225

은 냄새의 묘사불가능성과 파악불가능성을 강조하기 위해서 서로 모순되는 단어들을 조합시키는 것과 냄새를 맡는 행위를 언어적 수단을 통해서 재현하기 위해서 이를 시각화하는 것으로 요약될 수 있다.[40] 후각을 시각화 한다는 것은 곧 냄새를 이미지로 변환 시키는 것을 의미하는데 이러한 방식은 광고 등을 통해 이미 우리에게 익숙하게 다가오고 있지만 다만 냄새에 대한 인식이 부족하기에 깨닫지 못할 뿐이다. 하지만 인간의 감각은 서로 연결되어 있기에 후각적 실물을 사용하지 않고도 시각이나, 언어, 소리 등을 이용하여 후각적 실물을 느낄 수 있는 것이다.

영화 "향수"에서 후각의 형상화는 그 중심적인 역할을 수행하는 것이 바로 그루누이의 코이다. 그의 코는 이 영화의 사실상의 주인공이다. 몇 장면에서 처음에는 오로지 무언가 냄새를 맡느라 킁킁거리고 있는 그루누이의 코만이 익스트림 클로즈업[41]으로 보인다. 그리고 이어서 이를 통해서 파악된 냄새의 정체가 제시된다. 궁극적으로 냄새의 형상화는 영화의 이미지로서 코를 통해 냄새의 정체를 보여주는 것이다. 다시 말하면 관객은 영상을 통해 냄새를 맡을 수 없기에 좀 더 실감나는 장면으로 묘사하기 위한 하나의 방편으로 코라는 매개체에 초점을 맞춘 것이다.

---

40) 남완석2008), "감각의 매체적 형상화- 파트릭 쥐스킨트의 소설『향수』와 톰티크 베어의 영화 <향수>에서 문자와 시각을 통한 후각의 묘사에 대한 비교연구",한양대학교 현대영화연구소 현대영화연구 5권. 93

41) extreme close up, 클로즈업에서 특정 부위를 더 확대하여 포착한 장면. 이를테면 입술, 손톱, 코, 귀, 눈 등 한 부분만을 확대하여 촬영한 것. 영화나 드라마 등에서는 긴장, 불안 등 심리묘사에 주로 이용하고 광고 촬영에서는 심리묘사뿐만 아니라 실연효과, 즉 데몬스트레이션을 위해 구사한다. 다음백과

영화는 결국 냄새를 연상시키는 그림들의 빠른 편집을 통해서 냄새의 세계를 묘사하고 있으며 킁킁거리는 코와 대상을 교차편집해서 보여줌으로써 냄새의 지각을 형상화하고 있다. 자유롭게 떠다니는 카메라는 냄새의 지각과 추적을 신호해 준다. 연속된 그림과 카메라 움직임을 통해서, 즉 시각화를 통해서 영화는 관객에게 를 전달하고 있는 것이다. 영화감독 티크베어의 '향수'는 결국 눈으로 냄새를 맡는다고 할 수 있다.[42] 하지만 영화에서는 향이라는 것에 초점이 맞추어져 있지만 사실 원작의 소설에서는 향기는 하나의 소설을 이끌어 가는 도구일 뿐이었다. 그것은 시각을 통해 전체적인 맥락을 이해할 수 있도록 후각을 형상화한 것이라 보여진다.

그루누이는 언어를 통해서 냄새를 묘사하고 파악하는 것이 불가능하다는 사실을 강조하고 있다. 그는 또한 냄새 맡는 행위를 후각적 상황중계를 통해서 시각화하고 있다. 이와 같은 형상화 방법은 소설에서 매우 효과적이고 일관된다는 인상을 준다. 왜냐하면 소설의 주인공인 그루누이도 자기 자신만의 냄새세계를 구성하기 위해서 동일한 방법을 사용하고 있기 때문이다.

자유로운 카메라 움직임은 그루누이에 의한 냄새의 지각과 추적을 표현한다. 관객에게 그림과 움직임을 통해서 냄새를 전달하려는 이러한 형상화 방법은 결국 냄새를 언어적 시각화를 통해서 전달하려는 소설의 형상화 방법을 역전시킨 것이다.[43] 이것은 곧 냄새 언어의 시각화이냐, 후각의 시각화인지 하는 문제가 장르에 달려 있음을 보여주고 있다. 다시 말하면 감각의 세계는 하나로 연결되어 있기에 어느 하

42) 앞의 글. 96

43) 앞의 글. 96-97

나로만 설명하기가 힘이 드는 것이다. 결국 향수는 소설이나 영화에 따라 달라지는 것이 아니라 후각의 시각화에 따른 도구의 차이임을 알 수 있다. 소설에서의 상상, 영화에서의 영상은 후각 기억을 이끌어 내는 하나의 도구이며, 그것은 독자나 관객들의 머릿속에 얼마나 많은 후각들이 기억되고 정리되어 있는가하는 문제를 고민해보아야 할 것 같다. 결국 같은 영화를 보아도 사람에 따라 영화가 주는 후각적 의미가 다르다는 사실이다.

다음은 김상수가 상하이 난징루에서 경험한 후각여행의 글이다.

> "상하이의 난징루에 갔을 때 일이다. (중략) 그렇게 상하이는, 난징루는, 매끈한 자태를 뽐냈다. 여전히 전근대의 모습을 띠고 있는 거리 뒤편, 온갖 키치가 산더미처럼 쌓여있는 그곳, 진기명기에 나옴직한 음식들, 특히 코끝을 찡하게 찌르는 기름 냄새는 잊을 수 없었다. 명품관의 은은한 향수를 맡은 지, 일분도 안 됐기 때문에 더욱 강렬했는지 모르겠다. 사실 냄새는 '의식'되기 쉽지 않은 감각이다. 시키지 않아도 육체가 알아서 지각하는 것도 그렇지만, 몇 초만 지나도 기억을 잃어버릴 만큼 후각은 '생각'이 없기 때문이다. 그래서 체험이 강렬하지 않으면 도무지 기억하기 어렵다. 하지만 난징루에서 맡았던 냄새는 달랐다. 그 복잡 미묘한 냄새 탓도 있었지만, 후각에서 전통과 현대가 충돌하는 양상 때문에 잊을 수 없었다. '후각의 몽타주'라고 하면 정확할까. 가파르게 가속하는 현대에 뒤쳐진 과거가, 현대를 희롱하며 달라붙는 이상한 '냄새'였던 것이다."[44]

이 글은 마치 눈앞에 냄새가 나는 듯 후각이미지를 후각적 언어와 함께 후각의 시각화로 표현하고 있다. 하지만 난징루나 상하이의 경

---

44) 김상수, "상하이 난징루: 후각의 몽타주", 루엘 3월호.

험이 없다면 후각적 상상력은 무엇인가 부족함을 느낄 것이다. 결국 후각의 시각화도 사람에 따라 다르며, 그것은 그 사람의 후각 기억 속에 얼마나 많은 냄새의 기억이 내재되어 있는가에 달려 있다고 볼 수 있다. 그래서 많은 후각적 경험은 사물을 이해하고 창작하는 감각의 융합을 이룰 수 있는 것이다.

후각의 시각화는 필요한 후각데이터를 수집하고 그것을 시각적인 형태로 설정하는 것인데, 냄새는 실존에서 오며, 시각의 흐름에 따라 특정 방향으로 이동할 가능성이 내재되어 있다. 그래서 이 작업의 목적은 높은 감각의 사실에 주의를 집중하는 것이다. 역사의 냄새는 언제나 우리 곁을 지나간다. 오래된 목재를 집어 들어 냄새를 만들기 위해 증류하고 추출을 통해 확실하게 새로운 의미를 부여하는 것은, 마치 인터랙티브지도interactive map를 그리는 것과 같다.

> "나는 두 개 이상의 장소를 비교할 수 있는 가능성을 위해 사람들이 직접 데이터를 작성하게 한 후 설치작품으로 해답을 찾는다. 다시 인트랙티브 맵의 응용 프로그램을 통해 미래를 예측하며 그것은 디지털뿐만 아니라 사람과 냄새 부분을 포함하게 될 것이다."

사람들이 적극적으로 냄새를 기록하거나 생각하지 않는다. 하지만 실제로, 냄새는 특정장소나 공간에 있어 사람들의 인식에 큰 영향을 미친다는 것이다. 후각의 시각화는 도시의 후각지도를 만들기 위해서는 필수적으로 따라오는 과정인 것이다.

시각 정보를 기록하는 카메라, 청각정보를 기록하는 녹음기는 있으나, 후각정보를 기록하는 장치는 현재까지 없으며, 인간의 후각수용체를 이용하여, 냄새를 패턴으로 인식하여 기록하는 "냄새의 시각화" 기술을 개발하고 있다. 이 기술은. 냄새의 분류, 코드화, 표준화에 유용하게 사용될 것으로 기대된다. 그동안 냄새를 패턴으로 나타내려는 노력들이 있어 왔으나, 기존의 방식들은 인간의 후각과는 관계없는 화학소자들을 사용하여 연구가 진행되어 왔다. 인간이 맡는 냄새 그대로의 패턴을 구현하기 위해서는, 인간의 후각수용체를 냄새와 결합하는 소자로 사용하여야 한다.

시각이나 청각과 달리 인간이 맡는 냄새를 표현하거나 기술할 수 있는 용어나 코드가 존재하지 않는다. 후각은 시각과 청각과는 달리 화학적 요소에 의해 구성되는 매우 복잡한 성분에 의해 지배되며 인간은 이를 감성적 요소로 처리하므로 이를 정보화 표준화하기가 매우 어렵다. 아주 오래 전부터 인류는 지각 가능한 향기들을 저마다의 분류를 통해 이해하려 했으며, 그것을 과학적으로 분류하고 해석하고자 한 시도는 18세기 스웨덴의 식물학자 카를 폰 린네에 의해 최초로 이루어졌고 여러 과학자들에 의해 시도되어 왔음에도 불구하고 현재까시 냄새에 대한 표현은 인간의 관능적 방법에 의존하고 있다.

관능법의 경우 사람의 후각에 의존하므로 표준화되어 있지 않아서 측성표순으로 사용하지 못하므로, 시각과 청각처럼 후각도 측정표준을 위한 기초 확립이 필요하며, 인공 후각 센싱 시스템기술을 이용하여 정량적, 정성적인 방법으로 냄새를 분류하고, 냄새의 시각화(visualization)를 통하여 각 냄새들을 코드화 하고, 이를 통하여 냄새의 표준화 시스템을 구축하는데 활용해야 한다.[45]

후각지도의 시각화는 후각 표준화를 통한 색과 디자인으로 볼 수 있다. 지난 수십 년 동안 향기와 향수가 의류산업의 중요한 시장이 되

---

45) 박태현 (2014), "인간 후각 수용체에 기반한 나노 후각 시스템 구축", 한국연구재단.

었으며 많은 유명브랜드가 앞 다투어 향수 발매를 개시했다. 판매의 급상승으로 제품디자인을 위해 향기와 색채와의 상관관계를 연구 할 필요가 있었다. 하지만 향기와 색의 상관관계에 대한 자료는 없었으며 사람들이 냄새를 맡으면서 색상을 시각화하는지 여부에 관계없이 이 정보는 제품을 개발하는 사람들에게 유용한 참고 자료가 될 수 있는 것이다. 결과는 사람들이 특정 냄새를 맡으면서 특정 색상을 시각화함을 보여준다. 후각의 시각화는 향기가 우리의 시선과 관련되어 있고 결코 우리에게 영향을 미치지 않는다고 생각한 적이 없는 사람들을 위한 새로운 시각을 열어 줄 것이다.[46]

크리스티나 아가패키스 Christina Agapakis[47]의 재미있는 트위터 대화는 냄새를 "사진 찍는 방법"에 대하여 생각하게 하였다. 우리의 많은 경험과 정보 교환은 시각적이지만 냄새는 시각화에 저항한다. 그래서 유리병이 아니라 컴퓨터에 냄새를 데이터로 저장하기 쉬운 형태로 바꾸려면 어떻게 해야 할까?라는 자문자답 해본다.

가장 큰 과제 중 하나는 냄새를 시각화하기 보다는 묘사하기가 더 어렵다는 것이다. "딸기와 같은 냄새"라고 말하지 않고 딸기의 냄새를 묘사 해보라. 원색이 있는 방식으로 기본 냄새가 있을까? 새로운 냄새를 완전히 설명 할 수 있는 기준 냄새, 다른 냄새를 형성하기 위해 혼

46) Marine Boyadzhyan(2010), "VISUALIZATION OF COLOR FROM SCENT", LAMBERT.

47) 크리스티나 아가 패 키스 (Christina Agapakis)는 생물학자, 디자이너 및 작가로 합성 생물학 및 생물 공학에 대한 생태학적이고 진화적인 접근법을 개발하였다. 인체의 박테리아를 사용하여 치즈를 만들었고, 현재는 생물 공학을 산업 공학에 적용하는 유기체 디자인회사인 징코 바이오웍스(Ginkgo Bioworks)사의 크리에이티브 디렉터로 일한다.

합 될 수 있는 기본 화합물? 아리스토텔레스 이후 과학자들과 조향사들은 '냄새가 좋음'이나 '딸기와 같은 냄새'뿐만 아니라 아리스토텔레스의 단맛, 예리한 맛, 매운맛, 쓴맛, 그리고 쓴맛의 범주와 같은 범주에서 여러 가지 기본적인 조각으로 냄새를 나눠 내려고 노력해왔다.

이러한 설명은 전문적으로 훈련된 후각을 의지하여, 많은 화학 물질의 혼합물을 따로 따로 모아서 새로운 향기를 묘사하고 생성하는데 사용한다. 인간의 두뇌를 가진 전자 코는 많은 다른 화학 물질을 식별 할 수 있지만 특히 소수의 개별 화합물과 함께 단단한 구별력을 가진 혼합물을 분석할 수 있다. 향수의 냄새를 맡을 수 있는 개별 냄새 분자를 모두 식별하기 위해서는 기술적인 하드웨어와 소프트웨어를 어떻게 사용해야 하는가? 화학 도구로는 가스 크로마토그래피Gas Chromatograph[48]를 사용하는데 이것은 각 분자를 피크peak[49]로 식별하여 개별 성분으로 냄새를 포착하고 분해하는데 사용된다. 샘플을 실험실로 보내 분석하면 냄새 그래프는 일련의 피크가 되며 각 피크는 분자의 식별 및 상대 농도를 나타낸다. 이 피크는 원래 냄새를 재현하여 화학 물질로 다시 환원 될 수 있는 것이다.

냄새의 방출은 물질의 휘발성을 포함한다. 냄새나는 물질이 청정한 수은 표면 위로 수 밀리미터 이상의 셀에 둘러싸여 있다면, 휘발 물질 또는 냄새 물질의 단 분자 층을 수은 표면에서 수집하는 것이 가능하다. 수은 표면이 초기에 탈크(활석)분말로 덮여 있다면, 탈크Talc가 물

48) GC라고하며, 흡착제가 들어있는 긴 column (가늘고 긴 튜브)을 이용해 내부에 있는 샘플을 기화시켜 물질이 통과하는 시간의 차이를 이용해 어떤 성분이 있는지를 알아내는 장비이다.

49) 분자이온피크

질 표본 바로 아래 지점에서 서서히 밀려 나면서 단분자층이 점진적으로 형성 될 수 있다. 우리가 호흡 할 때마다 우리는 냄새를 맡고 있는 물체의 조각인 공중의 휘발성 분자를 우리의 후각 체계와 상호 작용시켜 우리 주변의 화학 세계에 대한 이미지를 주는 것이다.[50] 결국 후각의 시각화는 이미지를 표현하고 있다고 볼 수 있다.

향기의 일시적인 중요성은 시각적 표현의 관례를 벗어나는 대신 후각의 특정한 감각적 특성은 우리 사회가 가지고 있는 많은 제약을 상기시켜준다. 쉽게 말하면 후각의 시각화는 냄새의 특성에 의해 많은 제약이 따른다는 것을 의미하는 것이다.

그렇다면 향기는 어떻게 시각적으로 표현될까? 후각의 시각화는 후각 경험의 시간적 차원을 거의 포착하지 않는다. 하지만 피라미드pyramid, 파이차트Pie chart[51] 또는 스프레드시트spread sheet [52]는 향기를 개발하거나 토론 할 때 시각적 표현을 위해 널리 사용되는 형태로 보통 특정 시점을 포착할 때 사용하는 방법이다.

큰 불빛 아래 잡혀있는 포로들이 있는 고대의 동굴벽화를 보면 플라톤의 생각을 시각화 한 것을 알 수 있다. 포로들에게 보이고 들리는 것은 그림자가 보이지 않는 사물들이다. 그러나 불은 어떨까? 불

---

50) agapakis.com

51) 원그래프(Pie chart)는 전체에 대한 각 부분의 비율을 부채꼴 모양으로 나타낸 그래프이다. 각 부채꼴의 중심각이 전체에서 차지하는 비율을 나타내며, 비율을 한눈에 볼 수 있다는 장점이 있다. 전체적인 비율을 쉽게 파악할 수 있어서 언론사에서 통계 수치를 공개할 때 자주 활용된다. 향에 있어서는 아로마 휠이라 부르기도 한다.

52) 수치계산, 통계, 도표와 같은 작업을 효율적으로 할 수 있는 응용프로그램으로 엑셀 프로그램이 대표적인 스프레드시트로 자동 계산, 차트 작성, 문서 작성 등을 할 수 있다.

의 불빛이 그림자를 가능하게 한다. 시각적인 은유는 여기에 중심적인 것처럼 보인다. 따라서 관찰 가능한 세계는 '관찰 불가능하고 변하지 않는 형태의 영역에 대한 불완전한 이미지'이다.[53] 결국 후각의 시각화는 보여 지는 것을 얼마나 후각적으로 표현하는 것과 아울러 후각적 요소를 시각에 직접 침투시켜 표현하는 방법이 있다. 따라서 후각의 시각화는 불완전한 요소가 강함으로 기억의 이미지로서 시각화를 유도하는 것이 더 나을지도 모른다.

그래픽 디자이너 사라 힌드만Sarah Hyndman은 편지의 모양이 사물의 맛, 냄새 및 소리에 영향을 미칠 수 있다고 생각하였다. 그녀에게 서체는 우리 주위의 세계와 상호 작용하는 방식에 영향을 주는 다중 감각적 경험이었다. 우리의 관점에서 볼 때, 타이포그래피typography[54]의 다중 감각적인 특성에 대한 질문은 향기, 냄새 및 기타 후각적 경험이 어떻게 시가화 될 수 있는지에 대힌 방법을 제공하고 있다.

그렇다면 냄새는 우리에게 어떻게 보일까? 향기는 어떻게 시각적으로 표현될까?

이것은 우리가 공유하고 사용하고 있는 통찰력(이미지, 스케치, 로고, 포스터, 광고, 스냅 샷, 클립 및 그림 등)이다. 이미 주어진 시각의 도구들을 활용하여 후각을 표현하는 것이야 말로 후각의 시각화를 확실하게 이루어내는 방향이 될 것이다.

---

53) Sarah Hyndman, "sensory typography: How does your letter smell?", Scent Culture Institute: Smelling in Culture, Business & Society.

54) 매스 커뮤니케이션의 수단으로서 문자 디자인. 그래픽 디자인의 바탕을 이루는 분야로 문자 조형을 만드는 것. 글꼴과 그것의 배열 등은 가독성 차원을 넘어 디자인 태도를 의미한다. 따라서 타이포그래피를 통해 첨단, 환상, 미래, 현대, 과거, 전위, 전통 등의 의미는 물론 텍스트의 사상과 이상(理想)을 표현할 수 있다. 다음백과

1-3. 냄새의 경계

냄새의 경계는 공간에 의해 구체적이고 명확하게 구분이 되지 않는다. 냄새의 발생 지점에서 발향 환경에 따라 공간의 경계지점이 달라지기 때문이다. 또한 사람마다 후각감각의 차이로 인해 공통적 경계를 지정할 수도 없다. 이 경계는 가시적으로 드러나는 것도 있지만 인간의 기억이나 지각에 의해 구분되어 지기도 한다.

냄새의 지각은 냄새 자체 뿐 아니라 그 냄새와 관련 있는 경험과 감정까지도 포함한다. 향을 직접 맡지 않고 좋은 향에 대한 기대 심리만으로도 기분 상태를 안정시키는데, 나이가 들어감에 따라 후각적 감성은 감소하지만 아름다운 향기는 모든 나이 군에서 긍정적인 효과를 가진다. 긍정적인 행동은 좌측 뇌에 의해 주로 처리되고 반면에 부정적인 행동은 종종 우측 뇌에 의해 처리된다. 특정 인물의 사진이 평범한 얼굴일 경우 좋은 향기는 호감도 증가에 기여를 하지만 나쁜 향기는 사진 속 인물을 평가 절하할 뿐 아니라 혹독한 평가를 받게 되는 것이다.

냄새의 경계와 아울러 냄새를 구분할 수 있는 것은, 인간에게 특정 냄새를 식별하는 후각수용체가 있기 때문이다. 하나의 수용체가 하나의 냄새를 식별하는 것이 아니라 냄새에 따라 활성화된 몇 개의 수용체에 따라 뇌가 냄새를 결정하고 이를 기억해 두었다가 비슷한 냄새가 나면 냄새들을 구분한다. 후각은 자극이 오랫동안 계속되면 순응하고 후각세포는 냄새에 반응하나 지각되지 않는 습관의 특징이 있

다.[55]

이러한 냄새 탐지를 위한 인간의 후각시스템 구성과 기능은 현저한 유사성의 기초에 대한 재검토를 촉발시킨다. 그렇다면 곤충과 척추동물에도 일반적인 냄새를 감지하는 원시 후각 시스템이 있었을까? 또한 다른 종에 있어서 후각시스템의 디자인은 화학적인 자극을 감지하는 감각시스템의 본질적인 특성을 나타내는 진화를 반영한 것인지, 이러한 가능성을 구별하는 것은 결코 쉬운 일이 아니지만 적어도 신경계에서 발생하고 진화하는 메커니즘에 대한 통찰력을 제공하는 것만은 확실하다.[56]이러한 인간의 감각의 세계가 점차 시스템화가 되어 간다는 것이다.

"모든 것들의 이름은 냄새를 풍긴다
소문은 맥박이 뛰는 가장 뜨겁고 은밀한 곳에
새빨간 장미향을 뿌려두었다
그곳으로 취한 나비들이 날아들었다
향기를 영원과 맞바꾼 어리석음은 시공간을 넘나든다.
그루누이가* 쥐스킨트거리에서
욕망하던 냄새와 마주쳤을 때
당신이 달려들어 그를 뿜어버렸다

지금을 나눠 마신 사람들이
어지러운 건 알아챌 수 없이
달아나는 잔향을 들이켰기 때문이다
코를 킁킁거리며 따라가다

55) 최단비(2014), "농도와 부피에 따른 액체색을 적용한 후각감성 디자인 연구"이화여대 석사학위논문, 8.

56) Richard Benton, "Evolution and Revolution in Odor Detection", Science 16 Oct 2009: Vol. 326, Issue 5951, pp. 382-383.

하수구를 파고든다
몸뚱어리를 처박는다
정신 놓은 악취들 은밀하게 섞인다.

이름을 가진 소문들을 흡입하자
당신이 연기처럼 휘발되어간다"[57]

위의 시는 후각에 대한 실제와 관념의 공존 속에 남겨진 후각적 경계를 말하고 있다. 향기는 색도 없고 형태도 없으며 후각으로서 인지되기 때문에 음영과 질감을 통한 흔적을 남기는 과정은 빛을 통하여 보일 듯, 말 듯 한 경계에서 향을 형상화하기에 중요한 방법이 되었다고 생각한다.[58] 즉 냄새의 형상화는 관념적이지만 또한 삶에서 묻어나는 실존이라는 것을 부인 할 수는 없다. 냄새에 대한 실재는 어쩌면 기억 속에 존재하고 있는 비현실적인 관념일 수 있다.

후각은 시각을 제외한 다른 감각들과 함께 비가시적(非可視的)인 존재이면서도 오감 가운데에 후각으로 의식이 인식되기 이전에 감정반응을 먼저 일으키는 원시적인 감각이다. 인간의 생존을 위한 필수 활동인 호흡에 의해 유발되는 감각이기 때문에 거부하기 힘든 단 하나의 감각이기 때문이다.[59] 이 원시적 감각이 사실은 감각 중에 가장 지적이고 미래지향적이다. 보이지 않고 들리지 않는다고 해서 그 감각적 기능이 떨어지는 것이 아니라 규명하기 어려워 무시하고 덮어버린 것이다.

---

57) 김도이(2015). "후각, 스캔들". 열린시학, 20(2), 137-138.

58) 백예원(2012), "후각을 통한 비가시적 존재의 표현 연구", 성신여대 석사학위 논문, 19.

59) 마틴 린드스트롬(2006), "오감브랜딩", 랜덤하우스코리아, 51-52.

후각 망과 같은 신경 구조는 유아의 후각이 냄새에 노출되었을 때 다양한 변화를 겪게 된다. 어머니가 수유 중 가슴에서 나오는 냄새는 유아의 수유 경험과 상관없이 신생아의 유인 물질로 작용하며, 산모의 후각 학습은 임신 및 출산 중 후각 기관 내에서 높은 가소성plasticity 可塑性[60] 및 유출로 인해 발생하게 된다.[61] 이것은 산모와 유아의 공통 된 후각학습이 이미 임신 중에 일어났다는 것이다. 산모가 일상에서 경험하는 냄새가 아이의 후각영역에 커다란 영향을 미치게 된다. 결국 엄마와 아이의 후각인지는 유사성을 가지고 있다. 다만 아이가 성장하는 환경과 경험에 의해 자연스럽게 엄마와의 후각 경계가 형성되어 가는 것이다. 후각은 타고나는 것과 학습에 의해 - 의식적이든, 무의식적이든 - 형성된다는 것을 말한다.

최근에 뇌에서 후각이 발달하는 원리와, 음식, 성(sex), 공포 등의 다양한 후각자극이 뇌에서 어떻게 구분되는 지가 밝혀졌다. 한국과학기술연구원 뇌과학연구소 기능커넥토믹스센터의 올리버 브라우바흐Oliver Braubach박사는 물고기의 뇌에서 후각의 발달과정과 정보처리원리를 규명하였고, 관련 내용이 신경과학계 권위 있는 학술지인 Journal of Neuroscience지 표지논문으로 선정되었다.

그 내용을 살펴보면,

---

60) 생체가 외부 변화에 대응하여 정상 상태를 유지하는 성질. 발생학의 다능(pluripotency)과 같은 의미이며, 뇌신경과학에서는 뇌를 구성하는 신경회로망에 발생한 흥분파가, 통과한 시냅스의 전달효율을 변화시켜 신경회로망에 장시간에 걸쳐서 유지되는 기능적 또는 구조적인 어떤 흔적을 남기는 것을 가리킨다. 다음백과

61) L vy, F.; Keller, M.; Poindron, P. (2003). "Olfactory regulation of maternal behavior in mammals". Hormones and Behavior. 46: 284302.

인간이 냄새를 맡고 인지하기 위해서는 냄새를 지닌 화학물질이 후각세포를 자극하고 이러한 자극으로 유입된 정보가 뇌로 전달되는 과정이 필요하다고 하였다. 인간은 태어나면서 어떤 종류의 후각은 인지하지만, 대부분의 후각은 자라면서 각기 새로운 냄새를 학습하고 인지해나간다. 이처럼 후각의 발달과정은 뇌에서 정보를 형성하고, 습득하여 기억하는 원리와 관련이 있다고 할 수 있다. 후각 관련 뇌기능은 뇌 발달 초기에 이루어지는데, 후각은 알츠하이머와 같은 뇌질환을 조기에 발견할 수 있는 감각 기관으로 후각 연구를 통한 뇌 질환 조기진단도 가능하다는 결론을 내린 것이다.

캐나다 달하우지대학Dalhousie University과 일본리켄연구소RIKEN Brain Science Institute 연구진과의 공동으로 진행된 한 연구는, 투명관상어 제브라 피쉬Zebra fish를 이용하여 수술이나 절개 없이 살아있는 상태의 뇌가 후각 정보를 형성하고 습득하는 원리와 여기에 관련된 다양한 신경세포의 메커니즘을 규명하는 것이었다. 물고기는 뇌의 구조가 인간과 비슷하며, 크기가 작아 뇌를 쉽게 촬영할 수 있다는 장점이 있다. 연구진은 제브라 피쉬를 수정란 상태부터 성체가 되는 시기까지 지속적으로 관찰하였고 외부냄새를 100% 차단한 상태에서 서로 다른 냄새로 자극을 가하여 후각처리 및 반응과정을 기록하였다. 이를 통해 후각이 뇌 속 특정영역의 발달에 영향을 미친다는 사실을 발견 하였고, 기존 물고기가 배아상태부터 유전적으로 보유하고 있는 선천적 후각정보 영역이 전체 후각정보 영역의 15%(주로 위험, 성 관련 후각 정보) 자라면서 발달 및 학습과정으로 얻게 되는 후천적 후각정보 처리 영역이 85%(음식 관련 후각 정보)로 구분된다는 사실을 증명 하였다.

또한 브라우바흐 박사는 물고기의 후각에 대한 정보는 양식업 등 수산 산업에 활용될 수 있을 수 있으며, 궁극적으로 인간의 뇌 속 감각기능 메커니즘 규명을 통해 기억습득 원리를 밝힐 수 있을 것이며, 이를 통하여 감각기능 손실 및 발달과정에 있어 기억의 손상으로 오는 알츠하이머 등 다양한 뇌질환을 진단, 치료하는 데에도 새로운 돌파구를 마련할 수 있을 것이라고 밝혔다.

미국 러시 대학병원의 로버트 윌슨 박사는 600명을 대상으로 후각기능과 인지기능 테스트를 하였다. 바나나 냄새를 구분하지 못하는 등 후각기능이 상당히 저하된 사람이 후각기능에 이상이 없는 사람에 비해 알츠하이머 전(前) 단계인 인지기능장애가 나타날 위험이 50%나 높았다. 특히 우울증의 경우 심리적인 장애뿐만이 아니라 생물학적인 문제를 유발해 후각 기능 장애를 낳게 하고 이로 인해 우울증에 걸린 사람들은 냄새를 잘 맡지 못하게 된다. 실제 우울증 환자들이 후각 기능에 장애가 생겨 냄새를 잘 맡지 못하다가 우울증이 치료됐을 때 후각 기능이 회복되는 사례를 확인했다. 이러한 연구는 인간의 뇌 속 감각기능의 메커니즘을 규명하여 기억의 손상이유와 회복을 위한 방향으로 인간의 후각기능은 인지와 기억과 밀접한 관련이 있음을 밝히고 있는 것이다.

자기면역 장애를 앓고 있는 사람들은 후각 시스템 항체들이 외부로부터 공격을 받기 쉽고 이로 인해 냄새를 맡는 능력이 떨어지게 된다. 뇌에서 냄새를 인식하는 부위는 감정을 조절하는 부위(변연계)와 연결되어 있기 때문에 냄새는 감정에 영향을 주고, 기분에 영향을 주는 신경전달물질의 분비를 촉진시키거나 악화시키기도 한다. 냄새를 제대로 못 맡는 사람은 늘 배탈과 설사에 시달린다고 한다. 음식이 상했는지에 대한 정보를 알 수 없기 때문이다. 우리가 맛이라고 느끼는 감각의 90%는 사실 후각이다. 혀로는 단맛 쓴맛 신맛 짠맛만 느낄 뿐이다. 감기에 걸려 코가 막힌 경우 음식을 먹어도 무슨 맛인지 잘 모르는 것도 이 때문이다.

캐나다 맥길 대학 신경학연구소의 요한 룬드스트롬 박사는 인간의 뇌는 일상적인 냄새와 사람의 체취를 처리하는 신경회로가 따로 있어서 체취를 통해 친구와 낯선 사람을 구별한다고 밝혔다. 조산아를 좋은 냄새에 노출시켜 후각을 자극할 경우 무호흡 빈도가 줄어든다는 결과도 도출하였다.

후각의 이론 중 가장 유력한 이론은 형태 이론shape theory이라 불리는 것이다. 형태 이론에 따르면 냄새로의 변환의 열쇠는 냄새분자의 형태와 후각수용체 형태의 일치 여부이다.[62] 또 다른 냄새이론으로 진동이론 vibration theory이다. 우리가 냄새를 구성하는 분자의 고유한 진동주파수를 포착해서 냄새를 지각한다고 주장한다. 모든 냄새는 원자구조 때문에 서로 다른 진동주파수를 내며 동일한 진동 주파수를 내는 분자는 냄새가 같다는 것이다.[63] 이것은 곧 냄새에는 진동과 파장이 존재한다는 것으로 다른 감각과 서로 연관되거나 복합적인 다중감각으로서 융합이 가능하다는 것을 의미한다.

곧 후각에 대한 연구는 시각과 청각 등 타 감각과의 공동연구의 당위성을 제공한다. 또 한 가지 짚고 넘어가야 하는 것은 단순히 후각이

62) 레이첼 허즈, "욕망을 부르는 향기", 장호연 옮김, 뮤진트리, 43.

63) 레이첼 허즈, 앞의 책, 45.

의학의 메커니즘만 가지고 있는 것이 아니라는 것이다. 그래서 냄새의 감각은 코와 후신경구의 차원에서 일어나지만 냄새의 지각은 우리의 마음속에서 일어난다. 그곳에서는 냄새와 관련된 우리의 개인적인 경험이 무엇보다 중요하게 부각되는[64] 이유도 거기에 있다. 바로 감각과 지각의 기억과 자극이 서로 충돌하면서 새로운 후각 기억을 저장시키기 때문이다. 결국 후각의 개인적 경험이 감각과 기억을 촉진시킬 수 있기에 어릴수록 후각의 경험이 큰 영향을 미칠 수 있는 것이다.

뇌를 다쳐서 냄새를 못 맡는 어떤 남자는 큰 상실감을 느낀다.

"냄새를 못 맡자 마치 장님이 된 듯했다. 삶의 멋이 크게 줄었다. 우리는 사람, 책, 도시, 봄의 냄새를 맡는다. 냄새는 모든 것의 풍요로운 바탕이다. 나의 세상이 갑자기 가난해졌다."

우리는 후각의 값어치를 평상시에 느끼지 못하고 있다. 하지만 후각은 공기와 같아서 보이지 않아 그것에 대한 중요성을 느끼지 못하지만 막상 후각기능을 상실하였을 때는 그 어떤 감각의 상실보다 크게 나타난다. 후각기능의 상실이 특별히 장애라고 말하지 않는 것도 이러한 이유 때문일 것이다. 냄새는 우리에게 삶에 대한 희망을 주고 자신을 다시 일으키게 만든다. 냄새에는 힘이 있다. 냄새는 신체적 심리적, 사회적 차원에서 우리에게 영향을 미친다. 그렇지만 우리는 대개 우리를 에워싸고 있는 향기의 중요성을 의식하지 못한 채 그저 숨을 들어 쉴 따름이다. 후각의 상실은 단순히 기능적인 면만을 말하는 것이 아니다. 오히려 냄새에 대한 인식은 냄새 그 자체에 대한 지각뿐만 아니라 그와 연관된 경험 및 정서로 이루어진다.[65] 곧 냄새는 현재

---

64) 레이첼 허즈, 앞의 책, 47.

65) 콘스탄스 클라센, 데이비드 하위즈, 앤소니 시노트저(2002). "아로마, 냄새의 문

맡고 있는 것이 아니라 과거의 기억과 감성, 그리고 숨어있는 다양한 경험의 집합체임을 깨달아야 할 것이다.

고대 세계에서 냄새는 단순히 심미적인 문제가 아니라 사람들을 서로 다른 계급으로 나누는 수단이기도 했다. 가장 선명한 계급 구분은 역시 부유층과 빈곤층의 구분이다.[66] 이것은 오늘날에도 별반 차이가 없다. 냄새는 신분과 계급의 차이를 느끼게 하기에 많은 여성들은 향수를 즐겨 사용하는지도 모른다. 고대의 냄새는 부를 구분하는 것 이외에 또 다른 후각적 구분이 이루어졌다. 노동계층 가운데 무두장이, 생선장수, 세탁부와 같은 악취가 수반되는 특정한 직업을 가진 사람들은 불결하다고 간주되었다. 또 중요한 것은 도시와 시골사람들 사이의 구분이었다. 소크라테스는 향료가 자유민과 노예 사이의 후각적 차이를 은폐한다는 이유로 향료 사용에 반대했다고 한다.[67] 이러한 계급의 갈등은 가장 먼저 후각적 차원에서 시작 되는 것이다. 자신이 의식적으로 구분하기 이전에 냄새는 스스로 계급을 나누며, 신분의 차이를 분명하게 나타낸다. 보이는 것과 들리는 것, 그리고 언어의 사용은 어느 정도 가릴 수 있지만 냄새는 자신이 인식하지 못하기에 쉽게 가려질 수 없었다. 마치 군대에서 주방에서 근무하던 병사가 휴가를 나오면 아무리 깨끗하게 씻어도 그 냄새는 그 병사의 몸에 배이게 마련이다. 다만 본인만 그것을 잘 느끼지 못하고 있을 뿐이다. 그러므로 냄새는 자신의 환경과 직업 등 신분을 명확히 알려준다고 할 수 있다.

"인간의 냄새 감각은 진화론적으로 중요하지 않으며 쇠퇴하고 있다."

화사", 김진옥 역. 현실문화연구.10-11

66) 앞의 책, 49.

67) 앞의 책, 51.

인간의 감각은 종종 냄새수용체 유전자의 수가 적어서 초보적인 것으로 간주된다. 쥐가 1000 개의 후각수용체 유전자를 가지고 있는 반면, 인간의 경우, 인간 게놈의 후각 유전자의 대부분이 비 기능적(즉, 수용체 단백질을 생산하지 않음)이기 때문에 이 숫자는 현재 500-700개다. 하지만 3개의 시각유전자, 5개인 미각유전자에 비하면 엄청난 숫자임에 틀림이 없다. 우리에게 부여된 후각은 개발하고 인식하면 할수록 다양한 방향으로 이끌어 갈 것이다. 곧 화학적이나 의학적인 것이 아닌 인간의 감성을 다루는 인문학적 접근이 필요하다고 생각된다.

후각인식은 자극 중심의 접근법을 취하고 냄새를 안정된 지각으로 바라보지 않고, 객체와 계산상 연결된 경우보다 프로세스적이고 상황에 맞는 관점을 채택하면 더 잘 설명이 된다. 이는 우리가 화학 물질이나 투입된 냄새물질과 그 냄새의 질 사이의 안정적이고 고유한 관계를 찾고자 하는 정통적 견해를 포기해야할 분명한 이유가 있음을 의미한다. 대신, 우리는 냄새의 감각을 통해 우리가 인지하는 것을 이해하기 위해 문맥상의 방향을 고려해야한다. 확실히 이것은 인식의 실제에 대한 논쟁의 여지가 없지만 냄새 인식이 무엇인지를 이해하는 근본적인 탐구인 것이다. 냄새에 대한 인식은 냄새 자체가 아니라 경험과 감정, 감각과 관련되어 있다. 우리의 후각수용체는 직접 변연계에 연결되어있는, 고대와 원시 감정의 자리라고 생각되는 뇌의 일부이며 냄새 감각은 피질로 전달된다, 여기서 냄새에 대한 인식은 뇌의 가장 깊은 부분을 자극하게 되며, '바닐라'와 같은 향기는 이미 활성화 변연계의 깊은 자리에 잡은 감정적인 자극이 되는 것이다.[68]

---

68) Kate Fox, "The Smell Report - An overview of facts and findings", Social Issues Research Centre, Feb 2009. 5

즐거운 향기의 긍정적인 부분은 정서적 효과에도 영향을 미친다. 이러한 효과는 일부 경우에만 해당되는 것으로 나타났다. 다만 사진의 모호함과 사람이 뛰어나게 아름답거나 극도로 못생긴 경우에는 혼란을 주게 될 것이다. 그러나 그 사람이 평범한 사람이라면 정서적 평가는 분명한 기준의 균형을 가질 것이다. 아름다움은 보는 것은 사람의 코다. 또한 불쾌한 냄새도 우리의 인식에 영향을 줄 수 있으며 불쾌한 냄새의 존재를 이끌어 낸 사물은 낮은 평가를 내리며 가치를 가지지 못하게 된다.[69] 결국 냄새는 심미적인 가치를 평가하는 중요한 척도가 되고 있으며, 후각이 그 모든 것을 결정하는 것이다.

섹시한 향수의 사용이 자신의 가치를 상승시킬 것이라고 믿는 여성들은 자신의 견해가 남성에게 잘못 전달 될 수 있다. 특히 사향은 향수에 일반적으로 사용되는 성분에 비해 1000배 이상 냄새의 충격이 크다. 그래서 머스크 향을 함유한 섹시한'향수는 상대에게 전달하는 향의 잠재력보다 그 향기를 입은 여성 스스로를 자극할 가능성이 더 크다. 특히 남성 파트너가 여성에게 더 관능적인 느낌을 갖게 함으로써 향수는 그녀의 행동에 영향을 미쳐 간접적으로 우월감을 갖게 한다.[70] 이것은 향수가 상대를 위한 것이 아니라 자기 자신을 위해 사용하는 이유일지도 모른다.

수년간의 숙고 끝에 선진 기술의 세계는 최근에 시각과 소리가 아닌 후각의 중요성을 일깨웠다. 특히 전자 코에 관한 것으로 워릭대학교의 후각연구소는 80년대 중반에 최초의 프로토 타입의 전자 코를 개발했으며, 하이테크 기업들은 현재 상업용 버전을 판매하고 있다.

---

69) 앞의 책, 6.

70) 앞의 책, 16.

워릭의 전자 코의 잠재능력은 본질적으로 인간의 코 기능보다 더 정확하고 오류가 적다. 그래서 향수 제조사들은 이미 특허 받은 향수제품을 보호하기 위해 이를 사용하고 있지만 전자 코는 인간이 가지고 있는 세밀한 감성과 기억이 존재하지 않기에 그것은 후각의 한 단면만 읽어낸다는 것에 주목해야 할 것이다

은행에서 전자 코를 사용하면 기업은 곧 카드 및 코드와 관련된 보안 입력 시스템 대신에 전자 코를 사용하여 각 직원의 개인 냄새를 인식하는 장치가 가능하므로 기존 시스템은 더 이상 사용되지 않는다. 사람들의 코보다 전자 코는 지루해 하지 않으므로 반복적인 냄새를 맡거나, 특정 냄새에 익숙하지 않아도 상관이 없다. 그래서 불쾌한 냄새산업과 화학 물질 및 하수도에서는 전자 코를 적용하기 용이한 곳이다. 대부분의 작업에서 전자 코의 주요 이점 중 하나는 냄새에 대한 정서적인 반응의 부족으로 사사로운 후각 기억에 의존하지 않고 객관적인 판단을 한다는 것이다. 다만 예술과 인문학, 치료, 교육 등 인간의 정서와 감성의 영역에서는 사용할 수가 없다는 사실에 주목해야한다.

냄새는 감각 중 가장 저평가된 감각이다. 그러나 문화 역사학자들은 후각에 대한 평가를 후하게 쳐주었다. 현대 과학적 사고의 비인간적인 처사에도 후각은 홀로 살아남았다. 아무리 잘 만들어진 전자 코라 할지라도 사람의 후각은 따라갈 수 없기 때문이다. 후각은 바로 그런 것이다.

1-4. 후각심리학

조시마 장로의 시신부패 냄새, 스메르쟈코프의 향수, 그리고 일류샤 시신의 냄새 없음에 이르기까지 『카라마조프 형제들』에서 냄새가 갖는 중요한 의미는 더 이상의 언급이 필요 없을 정도이다. 부패와 썩는 냄새는 에피그라프[71]로 사용된 요한복음 구절 - '한 알의 밀알'- 과 연계되어 더욱 중요한 상징적 의미를 가지며 이 작품의 전체적인 메시지를 전달하는 중심 요소가 되기 때문이다 [72]

스메르쟈코프는 자신이 냄새나는 여인 스메르쟈시차야의 아들이라는 사실을 특히 못견뎌한다. 생모가 기피 대상이 되는 것으로, 그는 어머니가 냄새나는 여자인 까닭에 자신의 어딘가에 남아있을지도 모르는 선천적인 냄새 콤플렉스에 시달린다. 그는 향긋한 냄새를 통해 자신의 본원적인 냄새를 감추려고 하는데, 영국제 구두약으로 닦은 구두를 신고, 몸에 향수를 뿌리는 것은 자신이 악취를 풍기던 여인의 아들이라는 사실을 감추고 싶어 하는 잠재의식의 발로라고 할 수 있을 것이다 [73]

사실 몸에서 냄새가 난다는 것은 동서양을 막론하고 자신의 치부를 드러낸 것처럼 부끄러워 숨기고 싶을 것이다. 특히 냄새는 외부적

71) 에피그라프(epigraph,'제사(題詞)')는 문학작품의 서두에 붙는 다른 문학작품이나, 신문기사, 혹은 잡지등의 글에서 인용한 인용문를 말하며, 이는 앞으로 전개하려고 하는 작품의 전체적인 주제나 의미를 독자들에게 예고하는 역할을 말한다.

72) 권철근(2011). "카라마조프 형제들의 미각과 후각의 테마". 슬라브학보, 26(4), 35.

73) 권철근, 앞의 책, 38.

인 것과 내면의 것으로 나눌 수 있다. 스메르쟈코프가 느끼는 냄새는 사실 내면의 문제가 더 심각하다도 볼 수 있다. 겉으로 드러난 냄새를 감추려 했다기보다는 지울 수 없는 자신의 콤플렉스를 감추기 위한 심리적 상태를 보여주는 것이다. 그것은 냄새가 단순히 과학적으로 설명할 수가 없다는 것을 의미하기도 한다. 마치 어두운 사람에게 구린내가 난다는 장신적인 혹은 영적인 냄새를 말하고 있기도 하기 때문이다.

냄새 연구는 과학적으로 냄새 연구를 개발하는 핵심 인물이 적극적으로 연구를 수행하기 때문에 철학적이고 역사적인 아이디어를 실험 관행의 중심으로 삼을 수 있는 중요한 기회를 제공한다. 그리고 이것은 철학적 분석이 보완적인 방식으로 과학을 충족시키는 곳이다. 냄새의 지각적 차원은 철학과 과학 모두에서 열린 이슈이다.[74]뇌가 악취를 비공간적이고 다차원적인 자극으로 맵핑하는 방법이 있는데, 이것은 공간적 자극의 지형적 표현에서 시각시스템과의 흥미로운 차이를 나타낸다.

인간의 냄새 감각은 점점 퇴화되고 개와 같은 다른 동물들은 사람보다 훨씬 뛰어나다. 이것은 아마도 우리 인간이 가지는 냄새에 대한 가장 지속적인 신화일 것이다. 현대인은 거의 냄새 감각을 사용하지 않는다. 감기에 코가 막히고 모든 것의 맛이 시들지 않을 때, 그리고 특히 향기에 대한 경험의 대부분이 우리의 냄새지각에 묶여 있음을 알 수 있다.

---

74) Ann-Sophie Barwich(2016), "Smellosophy - The History and Philosophy of Olfaction", 'Making Sense of Smell' The Philosophers Magazine 73, 41-47.

냄새는 사물에 대한 인식이 아니라 문맥의 변화로서, 끊임없이 수백 개의 분자로 둘러싸여 있지만, 항상 거의 그것들의 냄새를 알지 못한다. 칠판 옆에 오래 앉아 있으면 냄새에 대한 인식을 잃어버리는 동안 그것을 계속 볼 수는 있지만, 이웃 사람의 기체 활동에 의한 화학물질 농도 변화는 즉시 감지 할 수 있다. 냄새 인식을 하나의 프로세스가 아니라 객체를 말하는 것으로 생각하는 것은 철학적 개념이다.

후각에 대해서 철학적으로 흥미로운 많은 질문이 기다리고 있지만 경험적 과학과 함께 살펴 봐야한다. 내성과 철학적 직감만으로는 오도 할 수 있기 때문이다. 감기에 걸렸음에도 불구하고, 임마누엘 칸트의 마음조차도 냄새감각을 미각감각에 종속적이라고 생각했으므로 인과 관계의 명백한 위반인 것이다. 감각 과학은 그것이 만들어내는 열린 질문을 확인하고 분석하며, 물리주의와 환원주의에 관한 전통적인 논증보다 지각에 대한 철학적 연구에 더 많은 기여를 한다. 현재의 과학 상태와 일치하는 우리의 -때로는 절망적으로 고풍스러운- 철학적 직감을 가져 오려고 하는 대신, 우리는 현재의 과학으로부터 발생하는 지각의 본질에 대한 새로운 철학적 질문을 더 추구해야한다.[75] 그것은 단순히 후각적인 문제만이 아니라 인간 본질에 대한 질문일 수 있기 때문이다.

냄새의 감각은 기억과 밀접하게 관련되어 있다. 어쩌면 인간의 어떤 감각보다 더 중요하고 할 수 있다. 가령 완벽한 후각 기능을 가진 사람들은 특정한 기억을 불러일으키는 냄새를 떠올릴 수 있다. 어린 시절 소풍의 추억을 연상시키는 꽃과 과수원의 향기 등은 종종 자발적으로 일어나기도 한다. 오랜 시간 잊혀진 사건이나 경험을 상기시키

---

75) Barwich, AS. 2016. “Making Sense of Smell” The Philosophers' Magazine 73,

는 원인이 되는 냄새도 있는 것으로 보아, 냄새에 대한 우리의 정서적 반응의 대부분은 여러 사람들이 동일한 냄새에 대해 완전히 다른 인식을 가질 수 있다는 사실에 의해 뒷받침되는 이론에 지배 될 가능성이 높다. 즉 냄새와 기억의 강한 연관성에 대한 요점으로 돌아가서 냄새 감각을 상실하면 기억에 중요한 감정적인 통로가 없어 질 수 있음을 알 수 있기 때문이다.[76]

우리의 감각이 분명히 우리의 심리적 구성에 중요한 역할을 한다는 것을 감안할 때, 후각이 우리 주변의 세계와 연결되는 다섯 가지 방법 중 하나가되는 것 외에도, 그 부재는 심대한 영향을 미칠 수 있다. 선천적 무후각증Anosmia를 가진 사람은 종종 그들 주위의 세계로부터 고립되고 단절된 느낌의 감정의 둔감함을 경험한다. 냄새의 상실은 개인적인 관계를 형성하고 유지하는 능력에 영향을 줄 수 있으며 우울증을 유발할 수 있다. 여기서 중요한 문제는 냄새 상실이 환자를 제외한 모든 사람에게 보이지 않는다는 사실이다. 그들 자신이 말하지 않는 한 알 수가 없다. 이것은 냄새가 우리의 삶에 끼치는 영향에 대해 일반적인 이해가 부족한 이유 중 하나이며, 왜 아노스미아가 많은 주목을 받지 못했는지는 우리가 경험하지 않았기 때문에 쉽게 이해하지 못한 것이다. 냄새와 기억의 강한 연관성에 대한 요점으로 돌아가면 냄새 감각을 상실하면 기억에 중요한 감정적인 통로가 없어 질 수 있음을 알 수 있다.

향은 한 시대에만 존재하는 것이 아니다. 특정 지을 수 없는 시간의 공존을 허용하고 있다. 그래서 향기는 우리가 잃어버렸던 감각의 세

76) The Psychology of the Sense of Smell.

계를 떠오르게 하며 시대를 넘어 우리에게 다가오는 것이다. 특히 정서적인 생활 속으로 끌어들이려는 강한 흡인력으로 인해, 향은 존재하고 있는 가장 풍요롭고도 복잡한 감각의 경험 중 하나를 우리에게 제공한다. 모든 감각 중에서 후각에 대해서는 매우 일찍부터 철학자들과 의사들이 그 신비를 캐내려 했지만 아직도 알려진 것이 많지 않다.

기원전 4세기 아리스토텔레스는 후각기관의 구조를 처음으로 밝히고자 했다. 그 후 냄새의 암흑시대인 중세를 지나 르네상스 시대가 되어서야 비로소 향이 영혼에 유익한 영향을 주는 것으로 찬양되었다.

쾌락을 만물 안의 최대 중요한 요소로, 미덕은 본원적인 가치는 없는 것으로 여겼던 철학자 아리스티포스는 음악이 나오는 연회나 아주 매력적인 의복, 그중에서도 말로는 표현할 수 없는 향기를 풍기는 것을 좋아했다. 그의 향기에 대한 완전한 표현은 삶의 감각을 즐기는 것이었다.

후각적 의미의 폄하 속에서 헤매던 인류문화를 감각의 영역으로 들여 놓은 이는 프로이트다. 진화의 역사에서 의미 있는 감각기관의 발달을 통해 오직 문화의 창조가 가능하다는 이 견해로 후각 역시 무의미한 것이라 못 박은 관념에서 벗어났다. 그는 감정 사이의 갈등이 계속 심화되어 외상을 입게 되고 냄새에 대한 감각이 둔화된 자신의 환자가 탄 푸딩의 냄새를 통해 외상의 기억을 깨우고 치료한 일이 있었다. 그는 인간의 내면의 상처를 하나의 냄새로 상징하기도 했다.

칸트가 말하기를 후각은 체면이 손상되는 단순한 오감 중의 하나라 했다. 후각을 모든 감각 중에서 생각할 수도 없고, 소유할 수도 없는 것이라 했다. 객관적인 감각인 청각, 시각, 촉각과는 반대로 주관적 감각인 후각과 미각은 외부대상의 인식에 도움이 되지 않는다고 하였다. 때문에, 냄새는 바꾸거나 피할 수 없는 것으로 강요되고 강제적인 것으로 받아들일 수밖에 없기에 이성으로 통제가 안 되고 혐오의 대상이 되는 것이다. 어떤 것을 인식하기 위해 우선 오감, 즉 시각, 촉각, 미각, 청각 그리고 후각을 통한 지각을 필요로 한다. 칸트는 이 오감을 대신하여 하나의 개념을 사용하고 있다. 그 개념의 의미를 오늘날 짧게 표현하면 '감성' 이다. 그러나 그는 인간의 이중적 인식능력에 관하여 언급하는데, 모든 인식은 두 개의 근본 축은 오성과 감성이며 오성은 감성에 의존하고 있고 그 반대로 오성 없는 감성을 결코 올바른 인식을 성취하지 못한다는 것이었다.

후각을 좀 더 미학적으로 관대하게 표현한 이는 헤겔이다. 얼굴에 있어서 코는 두 가지의 반대부분 사이의 중간 역할로 구분했다. 눈, 귀, 이마는 이론적 정신적 부분을, 입은 실용적 부분으로 보는 입장 사이에서 코는 중간에 위치해 있다. 그는 코는 두개의 시스템에 속한다고 하였으며, 정신과 실용사이의 이음새에 위치한 문화와 정신의 이중적 모습으로 설명하였다.

후각은 인간을 위해 신체와 조화를 이룬다고 포이에르바하는 말했다. 미각과 후각은 동물적 감각의 속박에서 벗어나 유능한 감각으로 증명되어 승격된 것이다. 사과냄새를 맡은 인간은 일정한 색깔, 맛, 냄새, 모양, 경도를 관찰하고 그것을 한데 결합시켜 가지고 하나의 물체라고 승인하며 또 사과라는 단어로 그것을 표시한다. 그리고 다른 일부 관념들의 집합에 의하여 돌, 나무, 책과 같은 이러한 감성적 실체가 구성된다는 것이다.

니체는 인간성의 진정한 쾌락은 후각에 기인한다고 했다. 인간이 동물과 다른 점은 대화가 발달했고 주로 청각적이고 시각적 수단으로 정보교환을 한다는 것이다. 냄새에 의한 대화는 거의 무의식적 차원에서 이뤄진다. 그리고 후각정보는 지속적으로 작동하여 무의식적 정보채널을 통한 관계를 통해 우리 삶에 영향을 미친다고 하였다.[77] 니체는 우리의 체험이 '해석된 것'이라는 점에서 또한 ' 창작된 것'이라고 말하였다.

우리는 감각에 의하여 정보를 주로 얻는다. 이러한 정보에는 감각적인 시각에 의해서 얻는 부분인 '붉은 꽃이 아름답다' 라든지 후각인 '음~ 좋은 향기'라는 것들의 정보가 합쳐져 '붉은 꽃이 아름답기도 하지만 향기도 좋아' 라는 종합적인 결과로서 사물의 정보를 인지하기도 한다.

또한 코는 우리에게 분광기로도 확인하지 못하는 인식의 차이를 확인하게 한다. 후각은 연합관계는 물론 통찰력, 동정과 공감으로 직관적 상황을 가능케 한다. 그래서 후각은 심리학과 윤리적 의식의 중심에 서있었으며, 문명 때문에 자연이 병들어 버린 것을 폭로하고 일깨웠고 자연은 본능이고 본능에 대항해 탄생한 논리와 이성 때문에 후각은 냉각되었다. 후각은 이후 직관적 감각이 되었다. 한 예로 평범한 물건에 대한 제안으로 맨 처음 새로운 냄새를 생각해보자. 다른 것과 반대로 한 대상의 냄새근원이 무엇인지 알게 되면 우리는 카페에서 "커피 냄새가 난다"는 말을 할 수 있다. 이 사실은 후각 경험은 평범한 대상을 나타내는 것으로 곧 후각적인 경험에서 아무것도 보이지 않으며 오직 냄새, 그 자체가 커피를 말하고 있다.[78] 곧 후각은 경험에

77) 조성준, 이인숙(2006), "아로마 치료". 학지사.

78) Clare Batty, "Smell, Philosophical Perspectives", Encyclopedia of the Mind,

서 나오는 직관적인 감각으로 변모되어 있음을 알 수 있다.

육체적 혹은 정신적으로 강한 충격을 받아 오랫동안 마음의 상처가 되어 버리는 심리적 외상psychological trauma은 자칫 PTSD(외상 후 스트레스 장애) 같은 증상을 유발할 수 있는 것으로 알려져 있다. 트라우마는 후천적인 경험에 의해 발생하는 것 같지만 부모로부터 유전적 형태로 선천적으로 이어받을 수도 있다. 사람의 후각은 중요한 감각 전달 채널이고, 이 정보는 아주 깊게 인간의 경험과 태도에 영향을 미친다. 즉, 향기가 사람의 감정에 영향을 미친다는 것이다.[79] 시각적 경험이, 특히 그것이 세계적으로 감지된다고 생각하는 것은 흔한 일이다. 우리는 시각적 경험의 내용을 세계의 방식으로 생각할 수 있다. 어떤 주제에 대해 그런 경험을 했을 때 나타나는 세상이 그런 방식이라면, 시각적 경험은 객체 기반으로 매우 중요하다. 사과나 오렌지 같은 평범한 물건을 우리에게 보여 주면서, 우리 환경에 어떤 후각 속성을 가진 평범한 물체가 있다는 것을 후각 경험을 통해 나타낸다.

이 견해가 우리가 말하는 방식과 일치한다는 데에는 의심의 여지가 없다. 우리가 사과가 빨갛다고 말하는 것처럼 라일락은 또한 향기가 좋다고 말한다. 윌리엄 리칸에 따르면, 후각 경험이 스컹크와 라일락 같은 일반적인 물체는 2차적인 표현 수준에서만 꽃을 피운다는 것에서 라일락 향기가 난다고 말하고, 또한 그 냄새가 정원에 남아 있다고 말한다. 곧 후각 경험은 또한 우리에게 공기 중의 무엇인가를 제공해 주는데, 후각 리얼리즘은 세상의 것들이 후각에 의해 그들에게 귀속

Pashler (ed.), 2.

79) 앞의 책, 3.

된 속성을 가지고 있다고 주장한다.[80] 즉 후각의 속성은 후각의 경험이 물질의 속성을 설명할 수 있다는 것이다.

냄새는 그 어떤 감정보다도 감정을 자극하는 능력이 뛰어나다. 기쁨과 분노를 안겨주고 눈물을 흘리거나 가슴을 아프게 하며 공포에 떨게 하고 욕망으로 안달하게 만든다. 냄새는 감정을 불러일으킬 뿐 아니라 감정 자체가 될 수도 있다.[81] 그래서 후각은 다른 감각보다도 그 폭과 깊이가 넓고 깊은 것이다. 냄새의 감정 조건화는 스트레스 상황에서 사회적 행동을 개선하는데도 사용될 수 있다. 가령 특정한 냄새를 긍정적인 감정과 연관시키면 이 냄새를 통해 폭력적이거나 반사회적인 행동을 줄일 수 있다.[82] 이것은 인천의 한 병원에서 시행한 알코올 중독 치료프로그램에서 영상과 냄새를 활용하여 악취와 고통, 좋은 향과 자유로움을 반복적으로 교차 학습시킴으로서 궁극적으로 긍정적인 감정을 가지고 치료에 도움을 주는 후각치료에 참여한 적이 있다. 시각과 청각을 넘어 후각은 기억이기 때문에 반복적인 냄새의 치료는 긍정적인 결과를 필연적으로 가져다준다는 것을 알게 한 기회였다.

캘리포니아 버클리 대학에서 최근 행해진 연구에 따르면 냄새를 주목하거나 의식적으로 지각하면 같은 냄새가 나는데도 의식하지 못했을 때는 활성화되지 않았던 뇌의 일부가 활발하게 작용한다고 한다.

---

80) Clare Batty, “Smell, Philosophical Perspectives”, Encyclopedia of the Mind, Pashler(ed.).

81) 레이첼 허즈, “욕망을 부르는 향기”, 장호연 옮김, 뮤진트리, 29.

82) 앞의 책, 30.

텍사스 라이스 대학의 드니스 첸은 연구를 통해 인간이 공포와 행복의 냄새를 알아차린다는 것을 입증해 보였다.[83] 행복한 영화와 공포 영화를 보게 한 뒤에 겨드랑이 땀을 체취하면 알 수 있는 것처럼 말이다.

냄새는 비합리적인 사랑과 같다. 상상력을 불어 넣으려고 직류를 흐르게 하는 것만으로는 어렵다.[84] 오스트레일리아 심리학자 데이비드 랭David Laing은 인간은 코 하나만으로 혼합물에서 얼마나 많은 냄새를 구별할 수 있을까? 이런 의문을 처음으로 다루었다. 혼합물에 섞인 냄새가 많아질수록 성분을 단 하나라도 구분하기가 어려워진다는 사실에 경악했다.[85] 훈련 받지 않은 후각은 그 기능을 발휘하기 어렵다. 왜 인간은 이토록 냄새를 잘 구분하지 못하는 걸까? 후각정보를 수집하는 능력은 실로 어머 어마하다. 인간은 복합적 혼합물에서 냄새를 탐지하기 보다는 수집하는데 더 능하다. 랭이 말한 한계는 코가 아니라 뇌에 문제가 있음을 시사했다. 곧 냄새를 분석적으로 생각하는 능력에 한계가 있다는 것이었다.[86] 뇌는 많은 정보를 처리하지만 모든 것을 해결할 수는 없다. 만약 모든 냄새의 분자를 구별할 수 있다면 우리는 미쳐 버릴 것이다. 마치 눈이 세세한 것을 보는 것과 같이 세균까지 볼 수 있다면 아무것도 먹지 못할 것이기 때문이다. 그래서 인간의 뇌는 한계를 둔 것이 아닐까?

하지만 냄새가 있는 순간은 일상의 지나가는 수평적 시간과는 달

---

83) 레이첼 허즈, 34-35.

84) Bonnie Blodgett (2010), "Remembering Smell: A Memoir of Losing- and Discovering - the Primal Sense", Houghton Mifflin Harcourt, 141.

85) 에이버리 길버트((2009), "왜 그녀는 그의 스킨 냄새에 끌릴까", 이수연역, 36.

86) 앞의 책, 37.

리 높이와 깊이가 있는 수직성을 지닌 시간을 말한다. 또한 그 시간은 과거와 현재 그리고 미래를 연결하는 하나의 고리로 이어져 있으며, 지나가는 일직선의 시간 속에서 정지되지 않고 반복적인 일상의 모양으로, 하지만 늘 다른 냄새로 우리에게 다가오고 있는 것이다.

1-5. 후각 표준화

표준화란 물건이나 행위가 비교되어질 수 있도록 정해진 일정한 표준을 말한다. 산업에 있어서 규격은 색깔, 크기, 무게, 타제품의 특성 등을 규제하는 데 사용되는 기기나 고안물일 수도 있고, 또는 물리적인 모델일 수도 있다. 또한 수학적·상징적인 묘사·그림·공식 등으로 표기되며, 이러한 묘사·그림·공식 등은 실행된 행위나 생산된 제품의 주요한 특징을 나타낸다.[87] 하지만 보이지 않는 것에 대한 표준화란 객관적인 기준이 적용되지 않기에 표준화하기란 매우 어렵다. 가령 비린 냄새가 난다고 할 때 비리다는 것은 개인이 느끼는 후각의 차이로 인해 규정 내릴 수 없는 것이다. 그래서 이 표준화는 주관적인 후각의 강도와 느낌을 객관화시켜 냄새를 표현할 수 있는 색과 언어로 분류할 수밖에 없는 것이다.

냄새는 기억이다. 그래서 사람마다 가지고 있는 후각 기억을 어떻게 객관화시켜 표준을 만들 것인가는 후각표준화에 있어서 가장 기초

87) 다음백과.

가 되는 것이다.

프루스트효과의 세계적 전문가인 미국 모넬화학감각연구센터 레이첼 헤르츠Rachel Herz 박사는 향기가 뇌의 감정 영역에서 작용하기 때문이라고 설명했다. 연구진은 실험참가자들에게 특정 향기를 맡으면서 감정이 들어간 개인적 기억을 떠올리게 했다. 그러자 이번엔 뇌 영상에서 편도의 활동이 눈에 띄게 증가했다. 편도는 뇌의 감정 중추다. 반면 시각적 자극에는 별다른 반응이 없었다.

헤르츠 박사는 "향기는 감정이나 향수와 깊이 연결돼 있다"며 "추수감사절 때 오랜만에 찾은 집에서 어머니가 해주시는 요리나 거실의 양초에서 나는 냄새가 없다면 어릴 적 추억이 떠오르지 않을 것"이라고 밝혔다. 향기와 감정의 관계는 뇌의 진화과정에서도 찾아볼 수 있다. 헤르츠 박사는 편도가 있는 뇌의 변연계가 원래 후각을 담당하던 조직에서 진화했다는 사실을 들었다. 감정을 경험하고 표현하는 능력은 후각 덕분이라는 것이다. 헤르츠 박사는 "나는 냄새를 맡는다. 고로 나는 느낀다"고 말했다. 2001년 헤르츠 박사는 이 현상을 실험을 통해 입증했는데 연구팀은 사람들에게 사진과 특정 향을 함께 제시한 다음, 나중에 향기만 맡게 했을 때 사진을 볼 때의 느낌을 훨씬 더 잘 기억한다는 사실을 확인했다.[88] 이것은 특정한 향기는 기억력을 증가시키는데 도움을 주는 것을 말하는 것으로 곧 후각은 기억이라는 사실을 한 번 더 입증해준 것이다.

영국 런던대의 제이 고트프리드 교수는 헤르츠 박사의 실험과 정반대의 실험을 했다. 연구팀은 사람들에게 사진과 특정 향을 함께 보

88) 최낙언, 프루스트 현상: 오직 냄새만이 감정과 추억을 자극한다 (2017.7.19.), 재인용SeeHint.com,

여준 뒤, 나중에 향 없이 사진만 보여주었을 때도 사람들의 뇌에서 냄새를 처리하는 부위가 활발하게 활동하는 것을 알 수 있었다. 논문에서 고트프리드 박사는'이번 연구는 하나의 기억으로 연결된 시각, 청각, 후각 정보가 한데 모여 있지 않고 뇌 여러 곳에 흩어져 있다는 것을 의미한다.'고 설명했다. 그러므로 뇌에 분산돼 있는 하나의 감각 기억만 자극해도 이와 연결된 전체 기억이 재생되는 것이다.[89] 곧 후각은 입체적인 감각으로 시상을 통하지 않고 편도체로 전달되는 것으로 다른 감각을 이끌어 가는 탁월한 감각인 것이다.

냄새의 포집과 기록은 이미 약 50여 년 전에 개발되었다. 헤드스페이스(Headspace)[90]라는 기구인데 이 기구의 개발은 향의 다양성에 새로운 전기를 마련하였다. 단순히 포집하는 것만 아닌 재생, 곧 인위적으로 자연의 냄새를 재현하는 놀라운 기술이었다.

포집된 향은 가스 크로마토그래피(Gas Chromatography)[91]를 통해 향을 분석하게 된다. 분석한 향은 구성된 성분을 인위적으로 합성하여 비슷한 향을 만들어 내는 것이다. 그러나 아직까지 분석된 향을 즉시 재생하게 만드는 것은 쉽지가 않다. 그 이유는 프린트기기가 4가지 잉크로 여러 색을 내는 것과는 달리, 향은 수많은 물질로 이루어져 있다는 것과 그 중에는 아주 미미한 물질 하나가 전체의 향을 이끌어감으로

89) 송인갑(2012), "후각을 열다", 청어, 18.

90) 크로마토그래피를 이용하여 공기 중의 향을 분석하는 방법이며 향의 여운이나 자료를 종 모양의 기구로 포착하는 과정을 포함한다. 커피향이나 가죽 냄새, 또는 가을의 정원에서 나는 향뿐만 아니라 에센스오일을 추출할 수 없는 은방울꽃 등의 향도 포착 할 수 있다.

91) GC라고하며, 흡착제가 들어있는 긴 column (가늘고 긴 튜브)을 이용해 내부에 있는 샘플을 기화시켜 물질이 통과하는 시간의 차이를 이용해 어떤 성분이 있는지를 알아내는 장비이다.

센트플레이어 장치에 필요한 모든 향 물질을 갖추자면 기기는 엄청난 크기를 요구하게 된다는 것이다. 그런 모든 문제를 해결한다고 하여도 플레이어에서 재현된 합성 향은 실제 냄새와 미묘한 차이가 있을 수 있고 때로는 전혀 다른 냄새를 제공함으로서 냄새에 대한 착각과 후각의 오류를 줄 수 있다는 것이다.[92]

향기를 표준화시켜 1번은 바다 냄새, 2번은 화약 냄새 등 사람이 보편적으로 기억하고 있는 냄새를 일정하게 만들어 플레이어 기기에 장착하여 재생할 수 있도록 하는 것이다. 이것은 쉽게 만들 수 있지만-TV나 컴퓨터에 수백 가지 향을 장착하면 대체로 사람이 현실에서 느낄 수 있는 냄새가 표현 가능하다.-이로 인해 사람들에게 냄새에 대한 개인의 감성이나 기억을 무시하고 오히려 표준화시킴으로서 후각의 획일화를 가져다주는 것이다. 이러한 문명의 기술은 인간의 감성을 무디게 만들며, 그러한 냄새의 재생은 인간을 궁극적으로 퇴보시키는 것임을 알아야 한다.[93]

리드와이어를 통해 전류가 흐르면 수분이 있는 솔루션을 가열한다. 이 열은 압력을 만들어내면서 탄성중합체의 작은 구멍을 열어 향기를 발생시킨다. 이 향기는 검출기를 통해 측정할 수 있을 정도의 것이다. 미래의 TV를 미리 본다. 이것이 현대판 Smell-o-Vision 이다.

수백 가지 여러 가지 다른 향기를 액상 형태로 작은 '통'안에 담아 넣어, 특정한 향기를 담은 통에 전기 시그널을 보내면 이 통에서 원하는 향을 분사하게 된다. 영화나 시트콤 등에서 음향이 이미지와 미리

92) 송인갑 앞의 책, 38.

93) 송인갑 앞의 책, 38-39.

싱크로 되듯이 미리 예약된 프로그램을 통해 향기와 이미지가 싱크로 되는 것이다.

TV를 보다가 햄버거를 주문하는 장면이 나온다면 TV에서 햄버거향이 나오며, 아름다운 여인이 지나가는 장면에서는 여인의 향기가 나오는 것이다. 부품의 재료는 비 독성, 비 연소성 실리콘 중합체로 만들어지며 이 X-Y매트릭스를 전선으로 가열하면 이 물질에서 미세한 구멍이 열리면서 향기를 발산하게 되는 원리다. 샌디에이고대학(UCSD)연구진과 삼성종기원이 지난 수년간 연구한 끝에 향을 발산하는 TV 및 휴대폰용 부품기술을 개발하였다. 아직 이름 붙여지지 않은 이 기술은 TV프로그램과 웹 사이트에서 1만 가지 향을 제공하게 될 전망이다.[94]

UCSD와 삼성종기원은 이를 더욱 가까운 기술로 만들었다. 소형화와 디지털화가 주문형 향기발산 시스템을 향한 도전을 성공으로 이끌었다. 이 기술개발의 핵심은 향기픽셀로서 100x100개의 작은 전선매트릭스로 200개의 컨트롤러를 이용해 1만 종류의 작은 향기로 가득찬 컨테이너를 가열해 향기를 내도록 하는 것이다. 물론 이 향기는 아주 자연스런 것이어야 하며, 그렇지 않으면 냄새로 인해 가정용 세정제를 사용해야 할지도 모르므로 삼성은 친환경적인 버전으로 내놓게 될 것이다.

이 기술이 적용되려면 특정한 냄새를 차단하는 기술도 함께 제공될 필요가 있는 것으로 지적된다. 또한 이 기술은 TV뿐만 아니라 휴대폰 등 다양한 전자기기에 적용이 가능하다는 것이지만, 아직도 이 기술

94) 송인갑 앞의 책, 48.

은 상용화하지 못하고 있다.[95] 2명의 산업공학자가 가상현실에서 실제와 똑같은 냄새풍경(Smellscape)을 만들기 위해서는 얼마나 많은 냄새가 있어야 하는지를 연구했다. 그들은 약 40만 가지라고 계산했다.[96] 그러나 과연 인간은 그 40만 가지의 냄새를 구별할 수 있을까하는 의문이 생긴다. 인간에 있어 가상현실의 냄새는 아주 적은 수의 냄새만으로도 표현이 가능하기에 표준화가 절실한 것이다.

중요한 모든 냄새의 분류법은 18세기 스웨덴 식물학자 칼 폰 린네 Carl von Linne로 거슬러 올라간다. 린네는 냄새를 통해 의학적으로 유용한 식물을 분류하면서 향기로운 냄새, 향료 냄새, 사향 냄새, 마늘 냄새, 염소 냄새, 썩은 냄새, 메스꺼운 냄새라는 7가지 종류를 제안했다,[97] 린네 이후 19세기 말 네덜란드 생리학자 핸드리크 츠바르데마케르 Hendrik Zwaardemaker로 예초에 그는 냄새에 관심이 없었던 인물이다. 그러나 그의 가장 큰 업적은 린네의 냄새분류에 2가지 새로운 종류(에테르 냄새와 타는 냄새)를 추가하고 각 종류를 다시 세분화한 것이다.

독일 생리학자 한스 헤닝Hans Henning은 츠바르데마케르 분류법의 모순을 공격하며 그는 츠바르데마케르가 자신의 코로 냄새를 맡기보다는 문학작품에 묘사된 냄새를 인용했다고 비난했다. 그의 모토는 '그냥 냄새를 맡아보라'였다. 1916년에 발표된 그의 분류법은 2가지 중요한 장점이 있었다. 경험상의 자료를 바탕으로 했고 편리한 시

95) 송인갑 앞의 책, 48-49.

96) 에이버리 길버트((2009),"왜 그녀는 그의 스킨 냄새에 끌릴까", 이수연역, 21세기북스, 16. 재인용 "W, Barfield & E, Danas"의 학술논문

97) 에이버리 길버트, 앞의 책, 31-32.

각적 표현, 즉 냄새프리즘Odor prism이 겸비되어 있다는 점이다. 이 냄새프리즘은 기하학적으로 깔끔하게 잘 정리되어 있었다. 프리즘의 여섯 모서리에는 각각 구체적인 냄새의 특징이 놓여 있고, 모든 냄새가 프리즘 상에 위치할 수 있다고 주장했다.[98] 미국인들이 처음에는 열광했지만 헤닝의 이론이 번거롭고 시험할 수 있는 예측을 제시하기에는 너무 애매하다는 사실을 알게 되었다. 헤니의 냄새프리즘에 실망한 미국인 어니스트 크로커와 로이드 핸더슨 -1만 가지의 냄새가 있다고 추측한- 은 새로운 냄새분류를 만들었다. 이들은 제일 먼저 4가지 기본 후각, 즉 향긋한 냄새와 시큼한 냄새, 탄 냄새, 동물 냄새를 선택했다. 그 다음 각각의 기본 후각을 냄새 강도에 따라 0-8 등급으로 나누어 네 숫자로 표기하였다.

이 분류법이 인기를 끈 이유는 경험적 자료와 누구나 참고할 수 있는 표준을 바탕으로 하기 때문이었다. 감각심리학자들은 처음에 이 분류법을 긍정적으로 평가했지만 1949년 벅넬대학교의 연구원들은 이 분류법의 모순을 꼬집었다. 훈련받지 못한 사람들은 32가지 참고 냄새를 크로커와 핸더슨이 가정한 4가지 기본 후각과 비슷한 것으로 분류하지 못한다는 점을 발견함으로 이 분류법 또한 사라졌다.[99]

냄새분류법의 또 다른 혁명은 1950-1960년대에 일어났다. 존 아무어John Amoore가 이소발레린산이라는 악취 나는 발 냄새를 맡지 못하는 사람들이 비슷한 냄새에 비교적 둔감하다는 점을 알게 되었고, 결국 7가지인 장뇌, 사향, 꽃, 페파민트, 에테르, 매운, 썩은 냄새를 제

98) 에이버리 길버트, 앞의 책 32-33.

99) 에이버리 길버트, 앞의 책 34.

안했다. 하지만 기본 냄새에 대한 그의 개념은 감각실험엔 적합하지 않았고, 심리적인 후각 분류와는 무관하였다.

냄새 분류의 최근 시도는 1960년대에 앤드류 드라브니엑스Andrew Dravnieks라는 향기학자가 개척해 오늘날에도 이용하는 의미론적 분류법이다. 연구원들은 사람들에게 많은 냄새 서술어를 주고 특정 냄새 샘플에 해당되는 모든 형용사에 표시하도록 했다. 이 실험의 결과는 서술어가 비슷한 냄새를 분류할 수 있었다는 것이다.[100] 냄새 숫자는 어마어마하게 많은데 냄새유형의 숫자는 너무나 적다는 것이 놀랍지 않은가? 간단한 분류법으로 복잡한 현실세계를 표현할 수 있을까? 인간의 두뇌는 이 복잡한 냄새를 간단하게 정리하는데 매우 능숙하다는 게 드러났다.

아래에 있는 프루스트의 글을 영화로 만들었다고 하자. 그리고 향기들 상황에 어울리게 우리의 후각에 접근 시켰다면, 과연 어떤 현상이 일어날 것인지 매우 궁금해진다.

> "나의 고모는 사실상 인접한 두 개의 방에서 살고 있었다... 그것은 시골방이었다...무수한 냄새로 우리를 황홀하게 하는 방이었다. 또한 그 냄새는 자연의 냄새, 이웃 시골의 냄새와 마찬가지로 그 철의 풍물이기는 하지만, 그것이 그대로 게으르게 눌러앉아서 인간과 어울리고 떠날 줄을 모르는 그런 냄새다. 다시 말해, 그 냄새는 과수원에서 찬장으로 옮겨진 그 해의 모든 맛있는 젤리, 잘 익은 맛있는 젤리다. 철따라 변하지만, 세간과 하녀처럼 그 집의 특유한 냄새, 따끈한 빵의 보드라움으로 서리의 짜릿함을 조절하는 냄새, 마을의 큰 시계처럼 한가로우나 시각을 어기지 않는 꼼꼼한 냄새, 빈둥거리고 있는 것 같으면서도 질서 있는 냄새...

100) 에이버리 길버트, 앞의 책 35.

붙은 파이를 구울 때처럼 구미를 돋우는 냄새를 풍겨, 이 냄새 때문에 방안의 공기는 완전히 응결 되었다. 그리고 그 냄새는 화창한 아침의 상쾌한 습기로 이미 반죽이 되어 부풀었고, 붙은 그런 냄새를 풍기는 이 반죽을 잎 모양으로 부푼 과자로 만들고, 거기에 달걀노른자를 바르고, 구김살을 내고 부풀게 하여, 눈에는 보이지 않으나 촉지 할 수 있는 시골과자... 그러한 냄새 속에서, 벽장이나 찬장이나 지엽 무늬가 있는 벽지가 풍기는 바싹바싹한, 보다 이름이 난 그러나 동시에 보다 메마른 향기를 맡으면, 나는 즉시, 꽃무늬 있는 침대보의 중간적인, 끈적끈적하고 맛이 간, 소화가 안 되는 풋내 나는 올리브유 같은 냄새 속으로, 말 못할 탐욕과 더불어 끈끈이에 붙어 버린 듯이 되돌아가기가 일쑤였다."[101]

커피나 꽃, 바다와 익히 알고 있는 냄새의 표준화는 가능할 수도 있겠지만, 그것마저도 각자가 느끼는 냄새의 이미지와 후각 기억은 다른 것이다. 하물며 시골 방, 이웃 시골의 냄새, 집의 특유한 냄새, 따끈한 빵의 보드라움으로 서리의 짜릿함을 조절하는 냄새, 메마른 향기, 침대보의 풋내 나는 올리브유 같은 냄새, 선견지명이 있는 냄새, 아침 일찍 일어나는 냄새, 신앙심의 냄새, 평안을 즐기는 냄새, 산문적인 것밖에 즐기지 못하는 냄새 등은 어떻게 향기로 표현할 것인가? 사람마다 다르게 느끼는 공간과 사물의 냄새를 하나의 이미지로 통합할 것인가는 매우 중요하고 심각한 문제다. 상상과 생각으로만 존재하는 냄새를 현실화 시키는 것을 말한다.[102]

보편화 된 사물, 공간, 기억 등을 하나의 표준으로 만들고 표준으

101) 마르셀 프루스트. 『잃어버린 시간을 찾아서-스완네 집 쪽으로1』. 김창석 역. ㈜국일출판사, 2006, 72-74

102) 송인갑, 앞의 책 109.

로 삼은 상황과 스토리를 향기로 표현하여 그것을 기준으로 삼는 것을 말한다. 예를 들면 된장냄새라고 할 때 이 냄새는 정해진 규칙에 의해 하나의 표준화가 이루어진다. 표준화된 컨셉을 가지고 향기로 표현하는 것이 향기 표준화이다. 표준화한 냄새가 자신이 기억하는 것과 똑같지 않다하더라도 우리의 기억은 냄새의 유사성만으로 기억의 터널로 들어가게 된다. 그래서 표준화된 냄새는 누구에게나 적용 가능한 것이다.

리얼리티향의 표준화 플로어를 살펴보면 냄새의 리서치, 컨셉과 표준화할 향기 확정, 표준화 작업(통상 100여종의 향) - 순차적 개발(시간과 비용이 많이 들어감), 1차 향기 테스트, 표준화 재검토, 2차 향기 테스트, 그리고 마지막으로 냄새 표준화를 확정한다.

국내의 후각표준화 개발을 보면 후각정보표현참조모델(2006), 후각 상호작용 메타데이터, JPEG에서의 후각상호작용을 위한 파일 포맷(2007), 전자 코 시스템을 위한 메타 데이터(2008), 실감 콘텐츠를 위한 발향장치 데이터 구조(2009), 실감 콘텐츠를 위한 가스 센서 메타 데이터(2010), 가상현실을 위한 전자 코 기반 서비스 (2012)가 만들어 졌다.

후각 관련 국제표준화는 2000년대 초 EU-FP에서 시작된 NOSE II 연구과제로부터 시작되었으며 이들은 전자 코 시스템의 국제표준을 최초로 지향했다. 유럽에서는 GOSPEL이라는 이름으로 다시 시작했으나 성과가 없었다. 또한, 일본에서는 NTT, NICT, 동경공업대 등에서 후각 발향 장치에 관련된 연구들이 많이 수행되었고, 오감산업 포럼 등을 통해 오감 관련 연구는 매우 활발하나 표준화에는 아직 적극

성을 표현하고 있지 않다 [103]

인간의 감각 가운데 그 복잡성으로 인하여 가장 알려지지 않은 영역이 후각 분야이며, 특히 후각의 인지는 수많은 후각 신경세포에 의해 발생한 신경신호의 조합에 의해서 이루어져 그 메커니즘이 매우 복잡하다.

이로 인해 반도체성 회로의 전류변화를 모니터링하여 냄새분자를 인지하는 기존의 바이오전자 코는 균일한 크기 및 모양을 가지는 나노어레이 트랜지스터 형성이 힘들어 여러 가지 냄새를 한 번에 인지하는데 한계를 가지고 있었다.

그래서 생명공학 연구원 연구팀은 제조된 그래핀 마이크로 패턴 트랜지스터와 다종의 인간 후각 수용체를 결합하는 방식으로, 특정 냄새분자와 선택적으로 결합하는 후각수용체들을 부착하여 여러 가지 냄새를 한 번에 인지할 수 있는 인공후각 재현기술 개발을 성공하였다고 한다. 특히, 세포막에 발현되는 막 단백질로 이루어져 그 구조가 매우 복잡하고 이종세포에서의 발현이 극히 어려운 것으로 알려져 있는 후각 수용체[104]를 대장균 시스템에서 대량으로 발현 후 분리 정제하는데 성공하여 전자 코의 효용성을 더욱 높였다고 하니[105] 이러한 연구

---

103) 김정도, 이상국(2010). "향 메신저 서비스를 위한 후각 정보 표현 참조 모델" 한국정보기술학회 논문지, 8(5), 89.

104) 후각 수용체(olfactory receptor) : 냄새물질을 선택적으로 결합하는 단백질로 후각 신경세포 막에 발현되어있다. 인간은 약 390개의 후각 수용체를 가지고 있으며 냄새물질과 후각 수용체간의 선택적인 결합에 의해 후각 신경세포에서 후각 신경신호가 발생한다. 이렇게 발생한 후각 신경신호는 인간의 뇌의 한 부분인 후각신경구(olfactory bulb)에 모이고 신호의 조합이 일어나게 된다. 조합된 후각 신경신호를 대뇌에서 인지 함으로서 냄새를 인지하게 된다. 한국생명공학연구원.

105) 권오석외, "사람 코(후각기능)보다 정확한 바이오나노 전자코 기술개발",생명

성과를 보면 인간이 가지고 있는 무한성에 감탄할 수밖에 없다.

하지만 개발된 전자 코는 인간의 후각보다 정밀하고 뛰어난 것처럼 느껴지지만, 이것은 우리 인간이 인공지능과 비교할 수 없듯이 사람의 감각은 사람이 만들거나 주입시킬 수 없는 것이다.

1-6. 후각언어의 진화

후각은 놀라운 존재다.

뇌의 감각 신경세포는 한 번 손상되면 재생되지 않는다. 시각이나 미각, 청각 등의 감각세포들이 모두 그렇다. 시력은 한 번 잃으면 다시 회복하기란 거의 불가능하다. 그러나 후각은 다르다. 코 위쪽에 자리한 후각세포는 30일을 주기로 끊임없이 재생된다. 또한 고대로부터 인간의 생존과 더불어 감정과 커뮤니케이션과 같은 고도의 인지 기능에도 밀접하게 관여해왔던 감각이 바로 후각이라는 사실이다.

사람은 500만개, 개는 2억 2천만 개의 수용체를 지니고 있다. 이들은 자물쇠와 열쇠처럼 제각각 자신에게 맡는 냄새 분자에만 반응을 한다. 500만개 이상의 수용체가 각각 별도의 냄새에만 반응한다는 말인가? 그렇다. 우리 스스로 자랑스럽게 여기야 할 부분이다. 그 종류도 1,000여 가지나 되는데, 먼저 냄새를 종합적으로 인지한 후 그에

공학연구원(국가연구개발성과).

맞는 하나의 수용체를 찾아내고 난 후에 그 냄새의 대상을 알아내는 것이다.

언어가 꼭 소리 음절로만 소통되는 것은 아니다. 모든 지각은 대상을 언어적이거나 기호적인 이미지에 재빨리 결부시킨다. 그 과정을'개념화'라고 부른다. 오로지 냄새로만 이루어진 감각은 존재하지 않는데, 일단 지각되고 기억된 냄새는 모든 이미지와 연결되고, 대부분 그 이미지를 표현하는 언어와 결부되기 마련이다.[106] 그래서 우리는 냄새에 즉각적으로 대응할 만한 언어를 가지고 있지 못하다. 단지 그것들을 감각적 기억만으로 경험 할뿐이다. 예를 들어 그림을 볼 때, 그 그림의 색채나 이미지 등을 묘사할 수 있는 말은 자연스럽게 떠오르는 반면, 어떤 냄새를 맡았을 때는 묘사할 수 있는 단어는 쉽게 떠오르지 않는다.

그것은 냄새에 대한 경험이 각기 다르기에 기호와 언어로 표준화시킬 수 없었기 때문이다. 오직 그 냄새와 함께한 기억만 남을 뿐이다.[107] 냄새 맡는 것은 짧은 시대현상이 아니라 훨씬 더 오래된 것이다. 사람이 후각의 특성에 몰두하면 쉽게 향기의 역사를 만날 수 있다. 학계에서는 인류가 문화발전의 시작부터 후각에 가치를 부여한 것을 증거로 내세운다.

냄새는 즉각적이며, 언어나 사고 혹은 번역에 의해 희석되지 않는다. 냄새는 강렬한 이미지와 감정을 자극하기 때문에 압도적인 향수

106) 이영실, "뇌의 오랜 연인, 후각에게 묻다" 브레인 vol.6 브레인 탐험, 2012 10. 04.

107) 송인갑(2012). "후각을 열다", 청어.

를 불러일으키곤 하는 것이다. 또한 냄새에 관한 기억은 아주 오래가고, 게다가 냄새는 학습과 저장을 격려한다.

인간은 매일 23,040회 호흡하고, 12입방미터의 공기를 마셨다가 내뱉는다. 한 번의 호흡에는 약 5초가 걸리고 - 마시는데 2초 내쉬는데 3초- 그때 냄새분자들이 몸속으로 들어온다. 즉 숨을 들이 마시고 내쉬면서 냄새를 맡는 것이다. 냄새는 우리를 뒤덮고, 둘러싸며 우리 몸으로 들어온다. 그리고 우리는 냄새를 풍긴다. 우리는 끊임없이 냄새 속에서 살고 있는 것이다.

어떤 냄새를 설명하려고 할 때, 언어는 거짓말처럼 말을 듣지 않는다. 말은 이 세계의 눈부신 혼돈 속의 작은 형태다. 말은 형태이고, 세계에 초점을 맞추고, 개념을 모으고, 생각을 갈고 닦는다. 말은 지각의 수채화를 그리는 것이다.

언어의 매력은 인간이 만든 것임에도 불구하고 인공적이지 않은 감정과 느낌을 포착한다. 그런데 냄새와 뇌는 언어중추에 형편없이 약하게 연결되어 있다. 하지만 냄새와 기억중추, 그리고 시공을 초월하여 순간이동을 할 수 있는 통로와의 연결은 그렇지 않다. 다른 감각과 언어와의 연결도 마찬가지다. 하지만 분명한 출처가 있는 냄새는 언어적 속임수에 넘어가지 않을 것이다. 가령 오렌지 냄새를 마늘이나 바나나 냄새라고 하면 믿지 않을 것이지만 맥락에 따라 이것도 될 수 있고 저것도 될 수 있는 냄새는 무수히 많은 방법으로 지각을 왜곡하고 속이는 것이 가능하다.

우리는 어떤 것을 볼 때 폭포처럼 쏟아지는 이미지를 통해 넘치도록 자세히 묘사할 수 있다. 그러나 냄새의 형태를 그릴 수 있는 사람이 있을까?

언어가 존재하는 세계에서 경이로움은 언어의 칼날 아래서 쉽게 해부되고, 냄새는 자주 혀끝에서 맴돈다. 그러나 그뿐, 그것은 신비로운 거리를 유지한다. 냄새는 수수께끼이며, 이름 없는 권력이며, 성스러움인 것이다.

"우선 이 냄새는 신선했다. 그러나 그것은 레몬이나 유자의 신선함과는 달랐다. 몰약이나 계피 나뭇잎, 박하향이나 자작나무, 장뇌나 솔이파리의 향기와도 달랐으며 5월에 내리는 비나 차가운 바람, 샘물... 등 어느 것하고도 같지 않았다. 그러면서도 또 온기를 지니고 있었다. 그러나 감귤이나 실 측백나무, 사향 냄새와는 달랐으며 재스민이나 수선화, 모과나무나 붓꽃의 향기... 등과도 다른 것이었다."[108]

이를 통해서 냄새를 언어의 그물망을 통해서 규정하는 것이 어렵다는 것이 분명하게 드러난다. 화자는 심지어 서로 모순되는 어휘들을 조합함으로써 냄새를 묘사하기도 한다.[109] 티크베어의 영화에서는 냄새와 밀접하게 연관되어 있는 구체적인 대상들이 많이 제시되고 있다. 이를 통해서 이 대상들은 즉각적으로 냄새를 떠올리게 한다. 그래서 가령 태어나는 장면에서는 미끌미끌한 생선, 내장, 끈적끈적한 시체 쪼가리와 같은 대상들이 보여 진다. 이들은 구체적인 냄새를 연상시켜서, 관객들은 그루누이가 '세상에서 가장 악취가 나는 곳에서' 태

108) 파트릭 쥐스킨트, 『향수. 어느 살인자의 이야기』. 열린책들, 58-59

109) 남완석2008), "감각의 매체적 형상화- 파트릭 쥐스킨트의 소설 『향수』와 톰티크 베어의 영화 <향수>에서 문자와 시각을 통한 후각의 묘사에 대한 비교연구", 한양대학교 현대영화연구소 현대영화연구 5권, 92.

어났다는 인상을 받을 수 있게 된다.[110]

작가 쥐스킨트는 최상급이나 부정법과 같은 언어적 수단을 통원해서 냄새를 묘사하고 때로는 서로 모순된 단어들을 연결시킴으로써 냄새를 언어적 수단으로 형상화하고 있다. 이를 통해서 그는 언어를 통해서 냄새를 묘사하고 파악하는 것이 불가능하다는 사실을 강조하고 있다. 그는 또한 냄새 맡는 행위를 후각적 상황중계를 통해서 시각화하고 있다. 이와 같은 형상화 방법은 소설에서 매우 효과적이고 일관된다는 인상을 준다. 왜냐하면 소설의 주인공인 그루누이도 자기 자신만의 냄새세계를 구성하기 위해서 동일한 방법을 사용하고 있기 때문이다.[111] 냄새도 그것을 맡는 인간의 후각 없이는 스스로를 충족시킬 수 없다. 결국 냄새의 자기실현은 인간의 후각을 통해 사라짐으로서 기억하게 되는 부산물로 충분한 것이다. 사실 냄새는 스스로 존재하는 것 같지만 그 주체인 사람의 후각 없이는 존재할 가치가 없다. 요컨대 냄새는 인간의 삶과 감성의 충족을 위한 후각의 객체라는 것이다.

> "저는 세상에 있는 냄새를 전부 알아요. 파리에 있는 모든 냄새를요. 이름을 모르는 것들이 좀 있기는 하지만요. 그러나 그 이름들도 배울 수 있어요. 이름이 있는 냄새는 전부 다 말입니다. 그건 그렇게 많지 않거든요. 기껏해야 수천 개 정도지요. 저는 이제부터 그걸 전부 배우겠습니다. 여기 이 향유의 이름을 결코 잊어버리지 않을 겁니다. 안식향이라고 했죠. 안식향, 안식향..."[112]

---

110) 남완석, 앞의 책 94-95.

111) 남완석, 앞의 책 96.

112) 파트리크, 쥐스킨트. 『향수』. 강영순 역. ㈜열린책들, 2009.

세상의 냄새는 모두 이름이 있는 것이 아니다. 오히려 이름 붙여지지 않는 것이 훨씬 많을 것이다. 냄새는 언어나 기호로 표현할 수 없는 그 무엇이 있어서, 하나의 이름으로 짓거나 설명할 수 없다. 맡는 사람마다 다르게 느끼기 때문이다.[113] 인간에게 있어 시각이 얼마나 중시되는가는 사용하는 일상적인 언어를 통해서도 잘 알 수 있다. 많은 단어들이 시각적 표현을 위한 갓으로 형성되어 있으며 심지어는 비시각적 대상들조차 시각적 표상으로 변형되어 있다.[114] 후각언어는 미각언어와 구별하지 않고 사용했기에 실제 막을 느끼는 물질의 단어가 시각적이었다는 데에 있다. 그루누이는 후각기관을 동원하여 현실을 인지하고 사물 자체를 분류하며 통제한다. 그의 언어 능력의 부족은 기존 언어에 대한 회의와 비판적 시각과 관련이 있다고 볼 수 있다. 냄새로 인지할 수 있는 세계의 풍부함과 언어의 빈곤함으로 인한 불균형이 그루누이에게 말의 의미를 악화 시키는 요인이 되고 만다.[115]그루누이는 언어의 훈련을 충분히 받지 못했다. 그는 정규적인 언어 학습이 전무했다. 결국 그의 감각은 언어가 아니라 냄새였던 것이다.

감각어의 의미 전이 가운데 후각에서 미각으로의 전이는 가장 높은 비율을 차지하였다. 이것은 후각을 통해 느껴진 자극이 미각의 감각을 동시에 불러일으킨다는 것을 의미한다.[116] 이러한 이유는 후각과 미각이 서로 연결되어 있으며 미각의 대부분은 후각에서 오기 때문이

113) 송인갑(2012), "후각을 열다", 청어, 76-77.

114) 이우진(2004), "파트리크 쥐시킨트의 향수『Das Parfum』에 나타난 포스트모던이즘적 특징연구" 연세대 석사학위논문. 38.

115) 이우진, 앞의 책 46.

116) 박현선, "음식 맛 표현 감각어 의미 연구", 건국대 석사학위논문, 46.

다. 후각에서 미각으로의 의미 전이가 일어난 어휘 수는 98개로 매우 활발한 양상을 보이고 있는 반면, 미각에서 후각으로의 의미 전이는 거의 일어나않았다는 점이 흥미롭다.[117] 감각은 눈 코 귀 혀 등에 포착된 외부 또는 내부의 자극이 뇌 중추에 도달하여 일어나는 의식현상이므로 사물이나 상태의 속성에 대하여 신체 와부기관인 오관이 가지는 시각 청각 후각 미각 촉각 등 감각과 관계된 형용사를 감각형용사라고 할 수 있다. 감각형용사 중에 후각 의미와 관련된 성분인 냄새의 자질을 가진 자극에 대하여 코로 느끼는 후각적 요소를 표현하는 형용사를 후각 형용사라고 한다.[118]

후각은 인식과 깊은 관련이 있다. 과일이 익었는지 아닌지는 겉으로 보아 알 수 없고 냄새를 맡아서 알 수 있다. 즉 겉모양으로 위장한다 하더라도 냄새는 진실을 밝혀내는 기능을 발휘한다. 사도바울은 '너희는 그리스도의 향기'라고 지칭하면서 그리스도인이 그리스도인다워야 한다는 것을 후각언어로 표현하고 있다. 위장할 수 없는 진실이 배어있는 속속들이 변화된 그리스도인이 될 것을 주문하고 있는 것이다.[119] 즉 후각 언어로의 표현은 좀 더 강력한 메시지로 전달되고 있다. 후각이 침묵의 기호로서 간주되는 이유는 사회문화적인 측면에서 찾아볼 수 있다. 서구사회에서는 오래전부터 시각의 헤게모니가 작동되고 있었다는 점은 잘 알려진 사실이다. 이는 감각에 위계질서를 부여하는 것이며, 이때 후각 등의 감각은 지극히 서구 중심적인

117) 박현선, 앞의 책, 49-50.

118) 허페이링(2016), "한 중 후각 형용사 대조 연구", 부경대 석사학위논문, 10.

119) 정중호, "해석 단어로서의 후각언어에 관한 연구", 한국구약학회14집(2003. 4)135 152.

발상이다

냄새와 문화는 어떤 연관성을 지니고 있는가. 결론적으로 얘기하자면 후각은 보편적/선천적이며 동시에 문화적/후천적이라고 말해야 할 것이다.[120]

색체처럼 냄새명사가 없을지라도 주어진 언어공동체의 화자들은 다양한 표현전략을 활용하여 냄새를 표현하게 되는데, 이중 상당히 보편적인 경향도 추출될 수 있다. 사람들이 어떻게 자신의 모국어로 냄새를 표현하는지 알고 싶다면 지금 즉시 코 안으로 들어오는 냄새를 생각해보면 된다. 우리의 후각을 통해 들어온 어떤 냄새에 대해 '무슨(어떤)냄새인지' 그리고 '그 냄새가 어떠한지'[121] 냄새의 경우 색채와는 달리 원형이론과 범주화이론을 통해 정확히 설명이 되지도 않는다. 그저 느슨한 범주화의 특성을 보여줄 뿐이다. 냄새에 이름을 붙인다는 것은 이미 원초적인경험에서 냄새를 추상화시키는 것 이지만 이 추상화작업을 수행하는데 필요한 개념적 도구가 냄새의 경우엔 자명하지 못하다. 이것이 후각어휘의 특유성이다.[122] 결국 후각어휘의 작성은 후각이미지를 어떻게 언어로 표현해야 하는지에 대한 보편적 경험을 기호화해야 하는 것이다. 영어에 있어서 후각적 어휘는 '구린(stinky)', '향기로운(fragrant)', '곰팡내 나는(musty)'이라는 단 세 단어가 있을 뿐이다. 그리고 처음 두 단어는 냄새 자체라기보다는 냄새를 맡는 사람의 주관적 느낌이 더 강한 단어다. 냄새를 묘사하는 나머지 모든 단어는 사실 그 냄새를 풍기는 대상의 이름이다. 그러니까 계피나

120) 서종석(2012), "후각과 냄새 그리고 언어적 표상" 한국외대 Language and Linguistics 56, 117.

121) 서종석, 앞의 책 120.

122) 서종석, 앞의 책 128.

장미, 석유 같은 단어를 냄새를 나타내는 데 사용한다. 칸트는 냄새에 대하여'냄새는 묘사되지 않는다, 단지 다른 감각과의 유사성을 통해 비교될 뿐이다.'라고 말한 것을 보더라도 알 수 있다.

네덜란드 라드바우트 대학의 아시파 마지드는 말레이시아의 자하이 부족과 태국의 마니크 부족이 냄새를 나타내는 12개에서 15개에 달하는 단어를 가지고 있음을 발견했다. 이들은 이 단어를 일반적으로 사용한다. 어린 아이들도 알고 있는 기본 단어다. 맛이나 식욕을 나타내는 데는 쓰이지 않고, 오직 냄새를 묘사할 때만 사용 된다. 맛, 질감, 고통 등의 어떤 상태와도 무관한 단어들이다. 오직 냄새만을 나타낸다. 우리가 토마토의 색깔을 빨강이라고 말하듯, 자하이 사람들은 빈투롱의 냄새를 '을핏ltpit'이라고 하는 것이다.

냄새는 적절한 언어만 선택한다면. 언어로 표현이 가능하다. 만약 우리가 냄새를 표현하는 언어를 가지게 된다면, 이는 우리가 세상을 인식하는 방법 또한 바꾸게 될 것이다. 서양에서와 달리 자하이 부족의 문화에서 냄새는 근본적인 요소다.[123] 우리나라 말도 다른 나라에 비해 후각적 언어가 풍부하다는 사실은 꼭 짚고 가야할 것 같다.

시각적 단서와 마찬가지로 언어도 냄새 지각에 강력하고 특이한 영향력을 행사한다. 실험실에서 누군가에게 냄새를 맡게 하며 언어 표현을 달리해서 설명하는 것만으로도 후각적 환각을 야기할 수 있는 것을 발견했다.[124] 냄새를 상상하는 능력이 다른 감각을 상상하는 능

123) E d, Yong, "Why Do Most Languages Have So Few Words for Smells?" (Nov.6 2015). https://www.theatlantic.com/science.

124) 레이첼 허즈, 앞의 책 74.

력에 비해 보잘 것 없는 이유는 추상적인 냄새 이미지가 생존에 필수적이지 않기 때문이라고 믿는다. 현대의 인간이 세상을 이해하고 여기서 살아남기 위해 추상적인 재현의 틀을 구성하는데 일차적으로 활용하는 감각자료는 시각 언어와 청각 언어이다. 냄새 이미지는 이런 식으로 활용되지 않으므로 자연스럽게 퇴화되었다. 하지만 학습이야 말로 우리의 후각에서 중추적인 요소이므로 훈련을 하거나 반복된 경험을 하면 냄새 이미지 창조 능력이 개발될 지도 모른다.[125] 인간의 후각은 아마도 우리의 감각 중 가장 강력한 것이다. 연구에 따르면 1조 가지의 냄새를 구분할 수 있으며, 아니 그보다 더 많은 냄새를 구분할 수 있다는 것이다. 그러나 언어는 우리가 냄새를 맡는 것을 설명하는 단어의 제한된 팔레트를 가지고 있는 경향이 있다. 이것은 곧 언어가 후각이 가지고 있는 의미와 구분을 따라갈 수 없다는 말이다. 하지만 반대로 생각해보면 그동안 후각에 대한 언어의 구체화나 표현이 필요 없었을지도 모른다. 왜냐하면 후각이 삶에 영향을 미치지 못했기 때문일 것이다.

역사적으로 후각은 감각의 필수요소로 여기지 않았다, 그래서 냄새의 감각에 대한 과학적 연구는 다른 것들보다 훨씬 뒤떨어져 있었다. 흥미롭게도 인문학은 냄새를 경시했다. 시, 소설, 심지어 철학까지도 우리 삶을 채우는 향기에 대해 거의 말하지 않는 경향이 있었다. 인간의 냄새 감각이 동물의 감각보다 훨씬 미약하다는 것은 모두가 알고 있다. 이 그릇된 생각을 어린 시절부터 우리에게 쏟아 부어 우리가 냄새에 대해 생각하지 않는 것은 어쩌면 당연한 것이다. 그리고 우리가 생각하지 않는 것은 이름을 필요로 하지 않았다. 이것은 냄새에 이름

125) 레이첼 허즈, 앞의 책 105.

을 붙이지 않았던 것이며, 언어를 사용하지 않았던 이유라고 할 수 있을 것이다.

우리가 냄새와 관련이 있는 단어가 거의 없다는 것이 왜 중요할까? 확실하게 냄새가 무슨 냄새일까? 감각에 관해서는 우리가 이야기하는 방식이 우리의 생각을 근본적으로 바꿀 수 있다. 진한 파란색 카드와 밝은 파란색 카드를 들고 영어 회화에 어떤 색을 가장 많이 사용했는지 묻는다면 "파란색"이라는 응답을 얻을 것이다. 그러나 이 파란색이 러시아인에게는 두 가지 색을 보게 될 것이다. 왜냐하면 러시아어에서 파란색은 하늘색 및 진한 파란색을 동시에 생각하기 때문이다. 즉 색에 있어서도 색에 따른 다양한 이름이 있듯이 냄새에도 그 냄새에 따른 단어가 있어야 하는데 대체적으로 비슷한 냄새를 하나로 묶어 표현하기에 모든 냄새는 자기 이름을 가지지 못하고 있다.

확실하게 이 냄새가 그 냄새일까? 우리의 다른 감각으로 우리는 우리가 그들을 경험하는 방법의 특정 측면을 언급하는 경향이 있다. 이것은 우리의 마음에 더 가까운 정의를 허용한다. 소리에는 특정 주파수, 피치, 강도가 있으며 모든 것이 우리의 상상력에서 특정 소리를 연상케 하는데 사용될 수 있다. 또한 색상은 과학적으로 빛의 파장 또는 우리 언어가 제공하는 이름 중 하나로 묘사 될 수 있다. 하지만 우리는 냄새와 냄새를 함께 비교를 하고 있다. 언어는 의사소통을 위해 존재하며 비교는 우리의 경험을 공유하는 끔찍한 방법이다. 냄새를 묘사하고 있는 사람이 직접적인 냄새를 경험 한 적이 없다면 우리가 무엇을 말하고 있는지 모른다. 육두구 냄새가 맡아 본 적이 없는 사람에게 육두구와 같은 냄새가 나는 것을 어떻게 묘사 할 수 있을까?

그것은 언어에 의해 제한되는 냄새를 전달하는 우리의 능력뿐만 아니라 냄새를 이해하고 인식하는 우리의 능력이다. 말레이시아의 일부 지역에서 사용되는 언어인 자하이Jahai의 연설자들은 서양 언어를 사용하는 사람들보다 냄새를 식별하는 것이 훨씬 더 나은 것으로 나타났다.

자하이는 자신의 후각 우주를 다루기 위해 어떻게 어휘 배열을 개발 했는가? 습하고 아로 새겨진 정글에 사는 것은 코가 무엇을 말하고 있는지 이해하는 데 필요한 경험을 제공한 것 같다. 태국의 향기로운 정글에 있는 마니크Maniq의 언어는 자하이가 냄새를 알아볼 때 재능이 뛰어난 것처럼 그들의 언어도 냄새에 대해 풍부한 어휘를 가지고 있다. 즉 냄새로 가득 찬 세계는 그것을 표현하기 위해 완전히 후각적으로 새겨진 언어가 필요한 것이다.

자하이와 마니크 연구원 중 한 명인 마지드Asifa Majid는 자신의 능력이 그들의 문화에서 냄새에 대한 일반적인 어휘의 중요성에서 비롯된 것이라고 말한다. 아이들은 냄새의 넓은 어휘를 일찍 배워서 두뇌 개발을 형성하는데 큰 도움이 될 수 있다는 사실을 알고 있었다. 그녀의 연구는 두뇌의 냄새 분화에 대한 과학적 이해를 바꾸는데 도움이 되었으며, 많은 사람들이 냄새가 말을 넘어선다고 생각했지만 그는 '당신이 올바른 언어를 사용하는 한 냄새는 언어로 표현할 수 있다.'라고 말했다. 즉 냄새언어의 다양함을 통해 아이들은 세상의 즐거움을 배우고 입체 감각과 좋은 두뇌를 만들어 가는 것이다.

언어에 의해 제한되는 냄새를 전달하는 것이 우리의 능력은 아니지만 냄새를 이해하고 인지 할 수 있는 능력, 다른 언어를 사용하지만 향수 및 와인 등의 향기를 접하는 사람들은 자하이 또는 마니크 언어와 마찬가지로 냄새를 구별 할 수 있는 자신만의 언어를 가지고 있다.

나머지 우리들에게는 시각이 우리를 지배하고 있기에 후각언어를 다양하게 구사할 수 없는 것이다.

하지만 냄새의 감각은 개선 할 수 있다. 운동하는 근육과 달리 코 자체는 강화되지 않지만, 냄새의 감각을 훈련하면 우리가 발전되는 것은 두뇌이다. 반복적으로 경험되는 냄새는 지속적으로 노출 시 더 빨리 인식되는데, 우리의 냄새 감각을 뒷받침하는 코의 분자 검출은 뇌의 뉴런을 발사하여 기억과의 연결을 만든다. 다음에 우리가 그 냄새를 만났을 때 우리의 뇌는 훨씬 더 빠르게 그 냄새를 인지할 수 있다. 많은 연습과 인식은 좋은 후각을 가지며 후각언어 습득을 위한 하나의 방법으로 간주된다.

후각이 좋아지기 위해서는 어떤 면에서 자신의 후각언어를 만들어야한다. 조향사는 자신의 경력을 통해 수천가지의 독특한 냄새를 맡을 수 있나. 그들의 누뇌에서 이러한 감각적 경험은 '꽃' 또는 '매운'과 같이 광범위하고 모호한 용어로 다루어지지 않는다. 각 경험은 나중에 냄새 그 자체로 기억되며, 그들은 자신만의 냄새를 하나의 후각언어사전으로 만들어 가는 것이다.

그것은 대부분의 사람들이 달성 할 수 있는 것을 넘어서는 위대한 것처럼 보일 수 있다. 그러나 모든 사람들은 자신의 감각과의 관계를 개선하고 세상을 더 잘 이해해야 한다. 칠하기를 배울 때 언어가 시각에 부과하는 선입견을 포기해야 하듯이 인간의 육체는 흰색이나 검은색이 아니며, 혼합되어야하는 음영과 색조를 말한다. 화가는 그들이 항상 보았지만 인정하지 않은 것을 이해하는 법을 배운다. 냄새도 마찬가지이다. 따라서 코를 훈련하려는 사람들은 냄새에 대한 즉각적인 반응을 포기해야 하는데. 뇌가 게으른 연결을 하도록 허용하지 말아야 한다. 즉 하나의 향수는 다른 향수와 "같은" 냄새가 나지 않는다. 그것은 오직 자기만의 고유한 냄새인데, 그것처럼 자신만의 후각 어휘를 더 많이 만들수록 당신 주변의 세상은 더욱 풍부해질 것이다.[126]

뭔가 나쁜 짓을 묘사할 때, 후각과 연관된 언어를 사용할 때가 무척 많다. '뭔가 비린내가 난다 something smells fishy', '그 생각은 구린 데가 있군 that idea stinks', '뭔가 꾸미는 것 같은 냄새가 나는데 can smell something is up' 같은 표현을 보면 냄새를 가히 탐지기 능력을 발휘하는 개념으로 차용하고 있음을 알 수 있다.[127] 이것은 단순히 냄새가 가지고 있는 외형적 표현을 넘어서 내적인 의미를 전달해 준다. 냄새의 안과 밖이다. 언어는 이것들을 표현하는 최고의 기호이다. 냄새의 안과 밖 모두를 아우르는 감각이기에 말이다. 소설 향수에서 그루누이가 말을 포기한 이유도 냄새로 인지할 수 있는 세계의 풍부함과 언어의 빈곤함으로 인한 그 모든 이상한 불균형들로 인해서였다. 이제부터라도 후각 언어의 중요성을 깨닫고 냄새에게 하나씩 이름을 붙여가야 할 것 같다.

냄새와 색깔 사이에도 미묘한 관계가 있다. 병에 든 냄새물질에 색깔이 있다면 느껴지는 후각의 강도가 증가한다. 색깔과 냄새는 너무 강하게 연관되어 있어 그 냄새에 다른 색깔이 들어 있다면 제대로 냄새를 인지하지 못하는 경우가 있다.[128] 이것은 냄새에 진동과 파장이 존재하기에 당연한 결과 일 것이다. 냄새를 맡는 순간 즉시 느끼는 색이 있기에 고급향수의 패키지 디자인의 색깔에도 적용하고 있는 것이

126) https://thefifthsense.i-d.co/en_gb/article/the-language-of-smell/

127) 살마 로벨((2014), "센세이션",오공훈역, 시공사, 293

128) 피트 브론 외, 앞의 책, 140.

다. 그리고 이것은 단지 냄새와 색에만 연관되지 않고 곧 언어와도 밀접한 관계를 맺게 된다.

언어를 사용하는데 밀접하게 관련된 두뇌는 후각계통과 직접 연결은 하지 않는다. 언어와 의식은 친밀하게 연결되어 있으므로 후각정보가 주로 무의식수준에서 작동한다는 것을 쉽게 이해할 수 있다. 후각에 있어 언어 구사 능력이 제한적인 것은 아마도 냄새가 인류의 문명에서 그다지 중요하게 여겨지지 않았으며, 심지어 언어가 탈후각화된 시기가 있었기 때문이기도 하다.[129] 이것은 냄새가 따로 존재하지 않았다고 생각하기에 거의 미각의 언어로 후각을 표현 하였던 것이다. 그러다보니 단독적으로 사용하는 후각언어는 많지 않다. 다만 다행스러운 것은 그래도 우리의 언어가 세계에서 단독적으로 사용하는 후각어휘가 풍부하다는 사실이다.

그래서 후각의 인문학이 필요한데, 인문학은 이 냄새가 없는 흔적을 따라 잡는 데 시간이 걸린다. 인류는 후각을 신경 과학에 대한 연구로 후각처리에 관심을 옮기기 시작했다. 냄새는 지난 27년 동안 - 린다 벅Linda Buck과 리쟈드 액셀Richard Axel이 1991년에 후각수용체를 발견 한 이후에 - 분명해졌고 생물학의 몇 가지 근본적인 문제의 열쇠를 쥐고 있다. 그들 중 하나는 뇌가 어떻게 작용하는 지이다. 냄새에 대해 중요한 것은 무엇인지, 뇌에 대해 우리에게 무엇을 말해 주며, 왜 철학자는 인지에 관심을 가져야 하는가?[130] 하는 문제는 어쩌면 후각은 과학이 아니라 인문학에서 출발해야 하는 분명한 명제를 제공하고 있다. 이제부터라도 후각을 과학뿐만 아니라 언어를 포함한 인문학적 개념에서 풀어가야 할 것이다.

---

129) 피트 브론 외, 앞의 책, 142-143.

130) Barwich(2016). "Making Sense of Smell" The Philosophers' Magazine 73, 41-47.

1-7. 후각의 사회학

사회에 대한 분석은 고대 그리스에서부터 시작된 서구 합리주의 전통의 일부로 이해할 수 있지만, 근대의 과학적 분석이 출현한 것은 18~19세기에 이르러서였다.

사회학도 원래는 근대 철학의 일부로서, 생물학과 진화론에서 많은 영향을 받았다. 예를 들어 초기의 사회학자들은 사회적 유기체와 생물학적 유기체 간의 공통성에 관한 이론을 전개했으며, 찰스 다윈의 진화론을 사회에 적용하기 위해 시도했다(사회진화론). 오귀스트 콩트가 소시올로지 sociologie라는 말을 만들어낸 것은 1838년이었으나, 그 뒤 거의 60년이 지나서야 사회학은 독자적인 학문으로 정립되었다.[131]

후각의 사회학은 후각의 일부분이 규명된 20세기가 지나면서 고유한 영역을 가지는 학문으로 자리 잡기 위해서 부단히 노력해왔다. 그러나 후각의 사회학이 자리 잡기 위해서는 후각의 사회학적 구분과 집단의 후각적 상태와 제도 등을 이해하고 설득해야만 했다. 사회학은 그들 여러 영역에 걸쳐서 그 밑바닥에 있는 집단·제도·행위에 연구의 초점을 둔다. 집단에 대한 후각적 견해는 나이, 사회적 신분, 직업 등 그 집단이 추구하고 있는 방향성과 상당히 일치됨을 알 수 있다.

19세기말 프랑스의 사회학자 에밀 뒤르켐은 개인 간의 다양한 상호작용으로부터 각 개인에게서는 찾을 수 없는 새로운 속성, 즉 '사회

131) 다음백과

적 사실'(social facts : 집단적인 감정, 풍습, 제도, 민족 등)이 생긴다고 했는데, 이는 개인적인 심리학 수준이 아니라 사회학적 수준에서의 연구와 설명을 필요로 하는 것이었다.[132] 사회 각 부문의 상호관계는 하나의 통합된 체계로서 개인의 외부에 존재하면서 개인의 행동에 제한을 가하는 것으로 간주되었다. 특히 후각은 개인적인 견해와 취향의 일부로 여겨져 왔기에 집단 속의 후각적 견해는 무시당할 수밖에 없었다. 하지만 점차 후각이 감각의 중요한 부분을 차지하고, 점차 확산되면서 집단의 후각도 조명되기 시작했다.

후각은 모든 학문과 연계되어 있는데 그 중에서도 인문학과의 연계성은 후각을 규명하고 이론화 시키는데 필수적인 학문이 된다. 하지만 현실은 상업적이거나 환경, 의료, 공학 기술 분야에 더 많은 관심과 연구가 진행되고 있다. 그러다 보니 후각의 사회화는 비체계적인 방향으로 흘러가고 있으며, 원천 이론과 다양성은 부족할 수밖에 없다.

사회적인 공동생활에서의 후각은 모집단의 정체성을 규정하고 있지만, 후각적 장벽은 같은 사회 안의 집단에서도 일어난다. 블루컬러와 화이트컬러로 대변되는 사무직과 노동자계급의 후각적 갈등은 표면상 드러나지 않지만 서로에게 깊은 투쟁으로 이어지고 있다. 이것은 오늘날의 얘기만이 아니라 조선시대에도 후각계급의 갈등은 표면상 드러나지 않았지만 사회문제화 되었던 것은 틀림이 없다. 양반과 중인, 그리고 일반 백성과 백정 등 그들의 경계는 정치적이거나 물질적인 것뿐만 아니라 냄새에 의한 분명한 나눔이 존재했다. 그래서 이

132) 다음백과

후각적 갈등이 시대의 반란과 역모 등을 유발하는 하나의 도구로 사용되기도 했던 것이다. 후각의 의식화와 사회화의 감각적 특성은 사회 문화적인 이데올로기와 상징의 특성과도 연결되며, 인간 신체의 냄새는 집단지역과 인종, 성 등을 분별하여 동종간의 정서와 정보를 교류하는 네트워크가 될 것이다.[133]사회학의 기본적인 문제는 사회와 개인의 문제이다. 집단 문화사회학의 중심적 과제라고도 할 만한 집단의 연구이다. 인간의 사회적인 공동생활은 실은 여러 가지 집단의 구성원으로서 행하는 생활인 까닭이다.

사회학은 여러 가지 집단에 대하여 유형에 따라 분석하는 동시에 집단과 집단 사이의 관련도 밝히려 한다.[134] 개인과 개인의 후각적 반응은 자신의 선호도에 따라 구분이 된다. 하지만 이러한 선호도도 각 개인의 직업과 의식, 문화, 지식의 정도에 따라 변해가다는 것이다. 그래서 개인 간의 후각적 의미는 삶의 풍요로움에 기인하고 있으나 집단의 후각적 의미는 계급과 공동체 의식을 가져다준다. 이것은 후각적 코드를 공유하여 집단의 연대를 꾀하고 후각의 정체성을 유지하게 하여 사회의 상류층으로 인정받고자 하는 것이다.[135]가령 학교나 기업에서 따돌림을 당하거나 소외되는 경우 거의 개인에 대한 후각적 불평을 가지고 있기 때문이라 할 수 있다. 적어도 개인의 후각적 영역은 하루아침에 생성되는 것이 아니라 오랫동안 그 개인의 삶의 일부로 형성되었기 때문이다. 그러므로 후각사회의 평등을 위해서는 냄새의 보편화와 균형을 사회적 시각에서 전달해야하는 것이다. 특히 사회적

133) 정진영, 앞의 책, 46 49.

134) 다음백과

135) 정진영, 앞의 책, 51.

인 문제가 되고 있는 학생들의 자살과 왕따 등 학교문제는 집단에 대한 후각의 균형과 중립이 큰 도움을 주게 될 것이다. 이러한 추론은 앞으로 후각적 규명을 위한 연구가 더 필요할 것이다.

감각으로 사회를 설명할 수 있을까? 독일 철학자 짐멜은 언뜻 기이해 보이는 이 가능성을 제시해 현대문화학 연구의 초석을 쌓았다. 사람들의 상호작용이 감각에서 시작된다는 것이 그 출발점이다. 짐멜은 보고 듣고 냄새 맡는 우리의 눈과 귀, 코 감각의 특성과 그 사회적 영향을 분석하는데 20세기 초 베를린에서 이루어진 그의 분석은 오늘날에도 큰 통찰을 준다. 특히 후각은 다른 감각기관과는 달리 아무것도 거치지 않고 직접 편도체에 도달함으로서 인지와 수행 속도가 빠를 수밖에 없다. 그래서 후각은 상호보완적인 감각이라기보다는 직선적으로 감각을 이끌어간다고 할 수 있다.

타인과 만날 때 우리는 먼저 그의 얼굴을 본다. 하지만 얼굴이란 수수께끼 같고 헤아리기 어렵다. 얼굴에는 그의 삶이 만들어 놓은 항상적이고 고정적인 것이 있지만, 그와 동시에 변화무쌍한 상황들에서 "순간적 기분, 충동"이 끊임없이 달라지는 표정으로 드러나기 때문이다. 얼굴에서 표정을 분리시킬 수 없는 한, 얼굴에는 고정적이고 항상적인 것이 변화무쌍하고 유동적인 것의 형식으로 드러나기 마련이다. 그렇기에 얼굴만 보고 타인이 내게 호의적일지, 적대적일지 판단하는 건 쉽지 않다. 이 불확실함은 그와 청각적으로 소통하게 되면, 곧 말을 주고받으면 해소된다.

그런데 오늘날 대도시를 스쳐 지나는 사람들과의 관계는 "타인을 듣는 것보다 보는 것이 비교할 수 없을 정도로 과대"하다. "몇 분에서 몇 시간 동안 아무 말도 나누지 않고 보기만 하는" 대중교통이나 엘

리베이터를 생각해보면 쉽다. 대도시에서 사람들의 상호작용이 불확실하며 불안한 성격을 띠게 되는 이유다.

도시인들은 좀처럼 시선을 주고받지 않는다. 주고받는 시선이 개별적이고 구체적인 인격체로서 한 명의 상대를 전제한다면 여기에서 우리는 '한 무더기의 사람들'을 집합적으로 "바라볼" 뿐이다. 이런 지각방식은 도심 생활에서 개인의 고립감을 강화시킨다. 덜 문명화된 사회에서 후각은, 예를 들어 배설물 냄새를 통해 사냥감의 정보를 얻는 객관적 지각으로 작용했다. 그런데, 문명사회에서 후각은 주로 유쾌함이나 불쾌함을 주는 주관적 지각으로 작용한다. 특히 많은 사람이 좁은 공간을 함께 점유해야 할 경우가 많은 대도시에서, 예를 들어 만원버스나 지하철 한가운데 붙들려 있을 때 후각은 곤혹스러운 감각이 된다. 그렇기에 후각은 불가피하게 개인을 고립시키고 사적 영역을 더 엄격히 경계 짓게 만드는 것이다.

20세기 초 대도시 삶의 경험에 근거한 짐멜의 분석은 그 이후의 급격한 변화들을 고려해 수정되어야 한다. 같은 공간에 있는 사람들은 소리와 눈처럼 보지 않거나 듣지 않아도 되지만 후각은 자신의 의지와 무관하게 냄새를 맡을 수밖에 없다. 이것은 함께 맡는 공동체가 되어 버리는 사회를 만들어 간다.

사회현상의 결정요인 또는 설명요인으로서 심리적 요인이 무엇보다도 중요하다고 강조하는 입장의 사회학이다. 프랑스에서 이 입장을 대표한 타르드는 모든 사회현상 중에서 사회학의 대상이 될 '순수하게 사회적인 것'을 빼내어 이것을 두 사람 사이의 심적(心的) 관계로 설명했다. 이 관계는 한 사람이 타인을 반영하는 관계, 즉 모방인 것이다. 따라서 그는 모방이 있는 곳에 사회현상이 있다고 했다. 미국의 경우 기딩스의 동류의식consciousness of kind에 의하여 인간의 사회적 활동을 설명하려 하였고, 쿨리C. H. Cooley는 사회현상은 원래 의식현상이므로 내면적으로 고찰해야 한다고 보았다. 이들 이외에도 미국에 있어서는 이 입장을 취하는 학자를 많이 볼 수 있다. 이 입장은 엄밀한 뜻으로 보면, 종합사회학이 쇠퇴한 후 차차 사라지고 그 계열은 사회현상의 심리적 측면을 중시하면서 이런 연구에 자기를 한정시키는 개별과학으로서의 사회심리학에 흡수되었다고 할 수 있다.[136]

세상은 온통 냄새로 뒤덮여 있다. 좋은 냄새, 악취, 사랑하는 사람이 떠난 후 그 사람의 베개에서 나는 그리운 냄새, 우리의 냄새, 다른 사람의 냄새. 베이비파우더 냄새 그리고 맛있는 스테이크와 감자 요리 냄새, 창가에서 흔들릴 때마다 심장까지 감미롭게 만드는 바질 냄새, 샤워 후 나는 라벤더 냄새, 깊은 산 속의 나무와 계곡 냄새, 아기의 살 냄새, 바닷가의 싱그럽고 때로는 비릿한 냄새, 월남 국수 냄새. 찌든 담배 냄새, 자동차 매연냄새, 헬스장의 땀 냄새, 수영장의 소독제 냄새, 장거리 비행기 안의 발 냄새, 두통까지 유발하는 레스토랑의 옆 좌석의 향수 냄새, 이런 냄새는 우리가 살고 있는 사회의 곳곳에 놓여 있다. 이런 냄새는 우리가 탄생시켜 왔다. 마치 문명의 선구자인 것처럼 우리는 수많은 냄새를 만들어 왔던 것이다, 마침내 우리는 새로운 것을 맡고 새로운 것은 우리를 맡게 되었다.

후각은 사람의 감각기관 중 가장 예민한 기관일 것이다. 우리는 일반적으로 냄새를 발산하는 대상에 민감하게 반응한다. 갓 내린 커피

---

136) 다음백과

향을 맡을 때, 마시고 싶은 유혹을 뿌리치기란 참으로 쉽지 않은 일이다. 사실 혈기왕성한 시절엔 이성의 주목을 끄는 것이 남자의 능력을 측정하는 가장 중요한 척도가 된다. 그렇기에 사춘기 때 연애 한 번 못해본 남자들은 바로 촌닭 취급당하게 되어 있다. 바로 그러한 촌닭을 영웅으로 반전시켜 동물이 발정기가 되면 냄새를 통해 상대방을 탐지한다고 한다. 냄새는 이성을 끌어들이는 가장 자극적인 매개물인 것만은 틀림없는 것이다. 엑스 광고는 성적 욕망이란 점에서는 여타 짐승들과 별다를 바 없는 인간의 가장 원초적인 '냄새로 유혹하기' 본능에 탐침을 꽂고 있다.[137] 결국 후각의 사회학은 개인과 개인, 개인과 집단, 집단과 집단의 후각적 균형과 중립의 묘한 경계에서 서로 이해하고 교류되어야 하는 것이다.

137) 김홍탁, 촌닭은 가라, 엑스(Axe), 월간디자인 2007. 8

2부

후각문화와 역사

2-1. 제국의 향기

향기를 내는 냄새의 퍼짐은 소리의 퍼짐과 같다고 한다. 주체가 되는 원인으로부터 시작하여 그것을 중심으로, 특히 바람의 세기에 따라 냄새가 퍼지는 형태가 달라진다는 것을 말하고 있는데, 다만 소리와는 달리 냄새는 일정한 맡을 수 있는 일정한 공간과 시간이 있다는 것이다. 소리는 금방 사라지지만 냄새는 바람이 불어 흩어져 소멸될 때까지 일정한 시간이 있으며, 그것은 지금도 이어오고 있다.

우리나라에서는 농경 중심의 트인 공간과 초식 중심의 식문화로 인하여 몸에서 나는 냄새가 서구보다는 덜 심각했기에 -물론 일부 왕족과 귀족들을 제외하고- 개인적인 냄새에 대해서 그다지 관심이 없었던 것 같다. 오히려 향과 사람이 하나의 공간에서 섞이지 않고 함께 어울리기를 원하여 주로 공간을 중요시하는 선향(線香)을 즐긴 것이다. 조선의 선비는 독서할 때 단정히 옷을 입고 향로에 향을 지펴, 심신을 안정시키며 정결케 하였다고 한다. 선비의 방에는 붓과 벼루, 먹, 종이 이외에 언제나 작은 향꽂이가 놓여 있었던 것을 보아 향이 그들의 가까운 벗이었음에 틀림없는 것 같다.

서양의 향 문화는 사람 각기의 체취에 대하여 언급하며, 그들의 식문화의 영향으로 인한 나쁜 체취를 없애는데 향을 사용하고 있다 하지만 최한기 선생은 단지 체취에 관한 설명만을 하지는 않았다. 드러난 냄새를 통해 인간의 내면적인 성품까지도 파악할 수 있으며, 몸에 배어 있는 냄새로 사람을 판단하고, 주변에 흐르는 냄새로 주어진 환경을 이해하였던 것이다. 서양과 동양의 냄새에 대한 근본적인 차이는 바로 서양은 개인적인 용도인 향수의 발전을, 동양은 선향으로 공간의 개념을 일찍부터 향기에서 찾았던 것이다.

『삼국유사(三國遺事)』에 기록되어 있는 고조선(古朝鮮)에 대한 글을 살펴보면, 고대의 한국인들 역시 향을 신성하게 생각했고, 향과 더불어 살았음을 추측케 한다.

> "환웅이 무리 3천을 거느리고 태백산(지금의 묘향산)꼭대기 신단수(神檀樹) 아래 내려오니 여기를 신시(神市)라 이르고, 그를 환웅천왕(桓雄天王)이라 했다."
> "환웅신은 영험 있는 쑥 한 타래와 마늘 스무 개를 주면 서 말하기를, '너희들이 이것을 먹고 백 날 동안 햇빛을 보지 않으면 쉽사리 사람의 형체로 될 수 있으리라'고 하였다."

우리 민족의 첫 근거지가 태백산 신단수 아래라면, 단순히 큰 나무가 있는 제사 터만을 의미하는 것은 아니다. 『제왕운기(帝王韻紀)』[138]에는 단(壇)이 단(檀)으로 쓰인 것으로 보아, 단(壇)과 단(檀)은 하나의 의미로서, 박달나무인 자단(紫檀), 백단(白檀)의 향나무를 말하며, 단향(檀香)을 뜻하는 것이다. 그렇다면 단군왕검(檀君王儉)이나 그가 사용한 단궁(檀弓)은 모두 향나무에서 나온 것으로, 당연히 우리 민족의 시작 터인 묘향산(妙香山)은 야릇한 향나무의 향기에 뒤덮여 있을 수밖에 없었을 것이다.[139] 또한 마늘과 쑥은 향이 강하고 약효가 뛰어난 식물로서 이를 사용하였다면, 우리 민족은 처음부터 향을 생활에 응용

---

138) 고려 때 이승유가 7언시와 5언시로 지은 책.

139) 송인갑(2012), "후각을 열다", 청어, 213

하였거나 향의 신성함을 익히 알고 있었으며, 이 오묘한 향기로부터 우리의 역사는 시작되었던 것이다.

삼국유사』권 제3에 다음과 같은 기록이 있다.

> "「신라본기(新羅本紀)」제4에 이르기를 '제19대 눌지왕 때에 중 묵호자(墨胡子)가 고구려로부터 일선군에 이르니, 그 고을 사람 모례(毛禮)가 집 안에 땅굴 집을 짓고 묵호자를 모셔두었다. 이때에 양나라가 사신을 시켜 의복과 향을 보내왔는데, 임금이나 신하가 그 향의 이름과 용처를 몰라서 사람을 시켜 향을 가지고 전국을 두루 찾아다니며 묻게 하였더니, 묵호자가 이것을 보고 말하기를 '이것은 향이라고 하는 것이다. 이것을 태우면 꽃다운 향기가 무럭무럭 나는 까닭에, 그 정성이 거룩한 신에게 사무치게 되는 것이다. 거룩한 신으로서는 3보(三寶)보다 더 나은 것이 없으니, 만일 이것을 태워서 소원을 빌면 반드시 영험이 있으리라.' 했다. 이때에 왕녀가 병이 위독하여 묵호자를 불러서 분향(焚香)하고, 발원케 하였더니 왕녀의 병이 곧 나았다."

이와 같은 기록에 비추어, 우리나라에 향류가 보급된 것은 신라 눌지왕 때(450년)에 본격화된 것으로 보인다. 하지만 불교가 고구려, 백제를 거쳐 신라에 전해진 것으로 보아, 이보다 훨씬 앞서 고구려에는 중국으로부터 향료가 전래된 것으로 추측할 수 있다 고구려의 쌍영총(4세기 말~5세기 초) 고분 벽화 동쪽 벽에 아홉 사람이 걸어가는 장면이 있는데, 맨 앞에 선 소녀가 향로를 머리에 이고 두 손으로 받친 장면이 있다. 그 향로에서 세 줄기의 향연(香煙)이 피어오르고 있음을 보아도 알 수 있다.[140] 문헌에 기록된 삼국 시대의 향에 대한 언급은 주로, 향을 사찰의 제사나 의식 등에 사용했다고 함으로써 불교와 밀접

140) 송인갑, 앞의 책, 214.

한 관계가 있음을 알 수 있게 하였다. 때로는 자연의 신기한 현상에도 향기로운 냄새가 있음을 기록한 것으로 보아 단순히 향료로서 뿐만 아니라 향기가 가지고 있는 영혼과 철학까지도 표현하고자 하였던 것 같다.

또 하나 기억해야 할 것이 있다. 짧은 시간의 제국이었던 고종황제의 대한제국에 대해서 말이다. 누구도 잘 알려주지 않았던 그 시간의 냄새를 기억해보면, 대한제국은 국가제례에 있어서 열강들과의 관계 변화로 인해 그 부침이 심했다. 특히 중국의 간섭으로부터 자립하고 싶었던 고종은 황제로 승격하여 국가제례를 강화시켰으나 1905년 러일전쟁과 1907년 헤이그밀사사건으로 인해 고종이 폐위되었다. 그것은 곧 일본의 입장이 강화 된 것을 의미하며, 왕권의 하락으로 종묘제례는 폐지 또는 온존되는 변화를 겪을 수밖에 없었다. 이로 인해 전통적인 조선의 제례가 축소되었으며 일본의 신사에 의한 제례가 시작되었던 것이다. 이것은 곧 조선의 향이 사라져가는 시발점이 된 것을 의미한다. 또한 대한제국은 조선의 전통의 향과 일본의 개화 향, 그리고 서구의 서양의 향이 공존한 향의 격전지였다. 일본 개화의 중심인 후쿠자와 유키치는 문명이란 지선(至善)이 아니라 선을 향해 나아가는 과정일 뿐이며, 진보의 순간순간을 일컫는 것이라 했다. 문명은 대세였고, 어쩔 수 없는 현실이었다. 대한제국의 아름다운 향기가 일본의 침략의 냄새로 인해 점차 사라져 갔던 것처럼 말이다.

세계의 교류가 나날이 빨라지고 서양문명이 동양으로 전파되어 그 이르는 곳마다 풀 한 포기 나무 한 그루 할 것 없이 모두 감화되고 있는 상황이었다. 향도 마찬가지였다. 이제 동양의 향은 지고 서양의 향수가 지배하는 세상이 온 것이었다. 특히 일본은 메이지 유신이후 많은 젊은이들을 유럽으로 신문명을 공부하러 보냈는데 그중 하나가 향이라는 사실이다. 대한제국! 특히 덕수궁은 향의 각축 그 중심에 놓여 있었던 것이다.

한국에서는 양념이 향신료 역할을 해왔다. 건국신화인 〈단군신화〉에 마늘이 등장하는 것으로 보아 한국에서 향신료를 사용한 것은 그 역사가 대단히 오래 되었을 것으로 추측된다. 문헌에 의하면 향신료가 조미료로 보급되기 전 약재로 쓰인 것은 동서양에 공통되는 일인데, 고려시대의 〈향약구급방 鄕藥救急方〉에 오늘날 향신료로 쓰이고 있는 마늘·부추·파·겨자·박하·생강·산수유 등이 약재로 기록되어 있는 것에서 그 예를 찾을 수 있다.

한편 고려시대 이규보의 〈동국이상국집 東國李相國集〉에는 '가포육영'(家圃六詠)이라 하여 다른 5가지 채소류와 함께 파를 재배했다는 기록이 있으며, 또 생강·박하가 과류염지(瓜類鹽漬)에 쓰였다는 기록이 있다. 또한 고려 말에는 자생 향신료 외에 원나라에서 후추가 도입되어 쓰였다.

〈고려사〉의 기록뿐만 아니라 신안 앞바다의 원나라 해저 유물선에서 후추를 건져낸 사실이 이를 입증한다. 후추는 조선시대까지 귀중한 향신료로 취급되었다. 조선 중기인 1700년대에 이르러 고추가 도입되면서 우리 식생활은 일대 변혁을 일으키게 되었다. 남아메리카가 원산지인 고추는 '당초'(唐椒)라고 불린 것으로 보아 중국을 통해 유입된 것으로 추측되는데, 전국적으로 재배되어 고추장과 김치에 빠지지 않는 원료가 되었으며 오늘날에도 한국 향신료의 으뜸으로 꼽힌다. 한국에 서양의 향신료가 도입된 것은 20세기 이후이다.

우리 민족은 유목민족이었으므로 향신료의 사용이 매우 오래되었을 것으로 추측된다. 이것은 단군신화에 매운 맛과 강한 향기를 지닌 마늘이 등장하는 것으로도 짐작할 수 있다. 그러나 문헌적 자료가 남아 있지 않아 어떠한 종류의 향신료가 사용되었는지 확실히 알 수는 없다.

고려시대 문헌인 《향약구급방 鄕藥救急方》에 마늘[大蒜]·부추[韭] 염부추[薤]·파[葱]·회향(茴香)·소자(蘇子)·무이(蕪荑)·치자(梔子)·천초(川椒)·감초(甘草)·겨자[芥子]·양하(蘘荷)·박하(薄荷)·생강(生薑)·오수유(吳茱萸)·산수유(山茱萸) 등 향미가 있는 식물이 약재로 기록되어 있다.

향신료가 조미료로 보급되기 이전에 먼저 약재로 사용되었음은 세계적으로 공통되는 현상이다. 그러므로 이들이 향신료의 구실도 하였던 것으로 추측된다.

고려시대에는 자생향신료 외에 서역에서 후추가 도입되게 된다. 《고려사》 공양왕조의 유구 사신이 후추 300근을 가져왔다는 기록이 있다. 후추는 조선시대까지 귀중한 향신료로 취급되었다. 《징비록 懲毖錄》을 보면, 일본 사신이 우리나라에 왔을 때에 주석(酒席)에서 후추를 뿌리자 자리를 같이한 벼슬아치·악공·기생할 것 없이 서로 주워서 허리춤에 넣었다는 기록이 있다. 이것은 후추가 얼마나 귀중한 존재이었는지를 잘 나타내주는 내용이다. 이와 같이 후추는 전래품으로서 상류계급에서나 한정적으로 이용하였고 일반인은 천초나 겨자를 이용하여 매운 맛을 즐겼다.

1700년대에 이르러 고추가 도입되면서 큰 변혁이 일어나게 된다.

고추는 남미가 원산지이다. 어디에서나 쉽게 재배될 수 있으므로 후추와 달리 전국적으로 재배하게 되었다. 그래서 우리나라 향신료의 으뜸이 되어 우리 음식 어디에나 빠뜨릴 수 없는 존재가 되었다. 우리나라는 양념을 세게 하는 편이다. 그러므로 향신료의 종류는 유럽에 비하여 적으나 사용량이 많다. 자극이 심하면서 조화가 잘 된 맛을 내는 향신료들이 사용되는 경향이 있다.

지금까지 전하는 조리서 가운데 가장 오래된 책은 세종 때부터 세조 때까지 왕실 어의였던 전순의가 지은 것으로 알려진 '산가요록 山家要錄'이다 230여 가지에 이르는 조리법이 소개되어 있는데 이 가운데서도 치장稚醬(꿩고기장)과 양해(양식해 : 소의 위) 두 가지 조리법에서만 후추와 생강과 파가 향신료로 쓰인다.[141] 산가요록의 조리법을 통해 조선 초기에 고기를 조리하는데 후추를 비롯해 생강, 천초, 마늘, 파 등이 향신료로 쓰였음을 알 수 있다.물론 후추를 제외한 나머지 재료는 우리나라에서 구할 수 있는 것들이었다.[142]

"봄철에는 새벽에 일어나 말린 매화(梅花)를 끓여 차[茶]를 만들며, 하인(下人)에게 일과(日課)를 부여하여 주위를 소쇄(掃灑 물 뿌리고 쓰는 것)하고, 계단의 이끼[苔]를 보호하게 한다. 옹중(禺中 · 사시(巳時))에 장미로(薔薇露)로 손을 씻고 옥유향(玉蕤香)을 피운 다음, 적문(赤文) · 녹자(錄字)의 글을 읽는다

여름철에는 새벽에 일어나 기하(芰荷 마름과 연)의 잎을 오려 옷[衣]을 만

141) 프레드 차라(2013), "향신료의 지구사", 강경이역, 휴머니스트 (특집 주영하), 223-224.

142) 프레드 차라, 앞의 책 225.

들며, 꽃나무 옆에 앉아서 이슬을 받아 마셔 폐장(肺臟)을 윤활시킨다.

가을철에는 땅거미가 지면 사립문에 기대어 초부(樵夫)·목동(牧童)의 노래를 들으며, 반월향(半月香)을 피워 놓고 국화를 가꾼다.

겨울철에는 땅거미가 지면 화로 가에 다가앉아 토란[芋魁]을 구워 먹으면서 무념 무생(無念無生 불가(佛家)에서, 사념(思念)도, 생멸(生滅)도 없는 열반(涅槃)의 경지를 말함)의 미묘한 게송(偈頌)을 설(說)하며, 검술(劍術)을 담론한다."[143]

"오시(午時)에는 (香料)의 가루로 실처럼 가늘고 길게 만든 향) 한 개비를 피우고 일정한 곳을 맴돌아 기(氣)와 신(神)을 안정시키고 나서..
유시(酉時)에 선향(線香) 한 개비를 피우고 동(動)과 정(靜)을 마음에 맞도록 하며, 해자시(亥子時) 해시말(亥時末)은 마치 사람의 영아(嬰兒) 시절과 같다. 일신(一身)의 원기(元氣)가 알지 못하는 사이에 발생하므로, 그 시각에 일어나 이불을 두르고 앉아서 마음이 자만(自滿)하지 않고 항상 안정되게 하여 무위(無爲)로써 진행하며, 선향(線香) 한 개비쯤 피우고 명문(命門)을 단단히 보호하면 묘시(卯時) 첫새벽에 일어나 옷을 걸치고 평상 위에 앉아 ... 꽃에 물주고 대나무를 심으며, 거문고 소리를 듣고 학(鶴)을 관상하며, 향을 피우고 차나 달이며 성(城)에 올라 산(山)을 관망하고 뜻을 바둑에 붙이기도 한다."[144]

조선 선비의 정취를 알 수 있는 글이다. 진정한 선비는 하루에 몇 번씩 향을 피우고 자신을 정결케 하였음을 알 수 있다. 향은 냄새가 아니라 정신이었고 할 수 있다.

다음은 공자와 맹자의 냄새에 대한 글이다.

143) 오주연문장전산고 인사편 1 - 인사류 2 / 섭생(攝生), 사시(四時)의 청취(淸趣).

144) 오주연문장전산고 인사편 1 - 인사류 2 / 섭생(攝生), 열두 시간의 청취(淸趣).

> "냄새가 안 좋으면 드시지 않았고, 알맞게 삶지 않았으면 드시지 않았고, 제철 음식이 아니면 드시지 않았다."[145]

> "한 대 공자께서 세 번 냄새를 맡고 일어나셨다."[146]

> "와! 코가 향기로운 냄새를, 사지가 편안함을 좋아하는 것은 천성(天性)의 욕구이다"[147]

그들도 냄새에 대한 호불호가 분명히 있음을 알 수 있다. 사람들은 보편적인 향기의 선호도가 분명하다. 그것은 인위적인 냄새가 아니라 자연에서 추출하거나 자연 그대로의 냄새를 좋아함이다.

> "제가 이상한지 어려서부터 온몸이 눈빛처럼 하얗고 몸에 향기가 항상 가득해서 주변 사람들이 기이하게 여겼습니다. 그래서 비단으로 몸을 감아 광채와 향기를 감추었습니다."[148]

여인 일지련은 태어날 때부터 몸이 빙설처럼 하얗고 기이한 향기가 진동하는 여인이었다. 몸의 냄새는 타고 나기도하고 만들어지기도 한다. 무엇을 먹고 무슨 생각을 하고 사느냐는 것이 자신의 냄새를 결정 짓는다.

바로 냄새는 그가 무엇을 먹는지, 무엇을 하는지, 그리고 무슨 생각을 하는지까지 말해 주기 때문이다. 냄새는 그가 살아온 삶의 모든 궤

---

145) 논어(論語) 향당(鄕黨) 사불염정(食不厭精)

146) 논어(論語) 향당(鄕黨) 색사거의(色斯擧矣)

147) 맹자(孟子) 진심하(盡心下) 맹자왈구지어미야(孟子曰口之於味也)

148) 이언호 편(2015), "옥루몽", 모든북(큰방).

적을 고스란히 담은 본질 그 자체이니 말이다.[149] 또한 시대에 따라 냄새의 선호도 차이가 있다. 그래서 냄새만으로 시대를 읽고 이해할 수 있는 것이다.

2-2. 혜강 담론[150]

조선의 실학자 혜강 최한기(惠岡 崔漢綺, 1803~1875)선생은 34세 되던 해에 신기통(神氣通)과 추측록(推測錄)을 합본하여 기측체의(氣測體義)를 펴냈으며 그 중 신기통의 한 부분인 비통(鼻通)을 통해 세상의 이치를 알아 막힘이 없음을 말하려고 했던 것이다. 그는 첫머리에 '코는 기를 통하는 구멍이다'라고 하였다. 이는 코가 사람의 근본임을 제시하여 곧 후각의 중요성을 일깨워주었으며, 냄새의 비밀을 밝혔던 것이다.

이 책은 1836년(헌종 2) 중국 베이징 정양문내(正陽門內) 동성근(東城根) 인화당(人和堂)에서 간행되었으며-중국에서 조선의 책을 출간한 펵이나 이례적인 경우다- 19세기 동양의 전통과 서양의 새로운 문물이 교차하는 접점의 시대에 새로운 세상을 열기위해 고뇌하는 조선

149) 유광수, "림노스의 냄새나는 여인과 일지련(一枝蓮)", 월간조선 2017년 2월호.

150) 본문에 나오는 비통의 전문 해석은 한국고전 번역원에 따랐으며, 또한 대부분의 주석은 송인갑의 후각을 열다에서 인용한 것임을 밝혀 둔다.

선비의 사상이 서려 있다.[151]

『기측체의』의 내용은 두 부분으로 되어 있으며, 「신기통」이 기의 체(體)를 논한데 비해, 「추측록」은 기의 용(用)을 규명한 것이라고 그 자신이 말하였다.

내가 최한기 선생을 깊이 신봉하게 된 것은, 그의 책 내용을 모두 이해하고 꿰뚫어서가 아니라 「신기통」의 한 부분인 '비통'의 읽고 난 후부터이다. 그는 170여 년 전에 이미 냄새의 정체를 파악하고 있었으며, 향기에 대한 정확한 개념을 적어 놓았기에 더더욱 그랬는지도 모른다.

『대동여지도』를 만든 김정호의 든든한 후원자이기도 했으며, 그 역시 천체 및 세계 지도에 관심을 갖고 제작을 하였다고 한다. 그가 말하는 통(通)은 막힘이 없는 것, 또는 막힘이 없이 트인 것이다. 이때 막힘이 없다는 것은, 단지 물리적인 측면만을 의미하는 것이 아니라 정신적인 측면까지도 포함한다. 모든 이해의 장벽이 해소됨으로써 세상의 이치를 알고 해득이 가능하게 됨을 말하는 것이다. 인체 및 인체의 모든 감각 기관을 신기(神氣)가 통하는 기계로 간주하여, 이목구비 등이 모두 음(音)·색(色)·미(味)·향(香)으로서 오감이 신기와 통하게 되는 통로와 같은 것으로 생각하였다. 이점은 신기통의 차례가 체통(體通)·목통(目通)·이통(耳通)·비통(鼻通)·구통(口通)·생통(生通)·수통(手通)·족통(足通)·촉통(觸通)·주통(周通)·변통(變通)으로 이루어져 있는 것으로도 충분히 짐작 할 수 있다.

151) 송인갑(2012), "후각을 열다", 청어, 258.

신기통은 단순히 기의 체만 밝힌 것이 아니라, 한걸음 더 나아가 기 및 그 작용의 세계에 대한 파악까지 시도한 저서임을 알 수 있다. 서양에서는 오랫동안 냄새에 관한 연구를 하여 규명하여 왔지만 아직까지 속 시원히 밝히지는 못하였다. 하지만 최한기 선생은 비통을 통해 후각에 대한 동양적 사고와 과학을 규명하니 그저 놀라지 않을 수 없었다.[152]

'모든 제규제촉(諸竅諸觸)[153]가운데 가장 빠르고 거짓됨이 없는 것은 오직 코로 냄새 맡는 것이다.'

호도될 수 있는 사람의 감각 중 믿을 수 있는 것은 코로 냄새 맡는 것이라고 밝혔다. 이는 보고, 듣고, 말하는 것은 거짓과 착각 속에 빠질 수 있지만, 냄새만은 기를 타고 코로 통하므로, 언제나 빠르고 거짓됨이 없다는 것이다.

그는 물명에 고유의 냄새가 있음을 설명하고, 일기에 따라 그 기와 맛이 변함을 알고 있었으며, 냄새의 발산에 대한 과학적 식견도 있음을 알게 해준다.[154]

최한기 선생은 이미 냄새가 인간의 감성을 좌우하는 환경적 요인임을 날카롭게 지적했다.

"갯벌에서 생장한 자는 바다의 짠맛에 물들어 젖었으므로 조금 짠 바람에서는 그 짠맛을 알지 못하며, 산장에서 성장한 자는 아지랑이 가운데

---

152) 송인갑, 앞의 책 259-260.

153) 인체에 있는 여러 감각 기관과 그 기능, 다음

154) 송인갑, 앞의 책 260.

젖어 있으므로 조금 흐린 바람이라도 그 흐림을 쉽게 깨닫는다..... 맑고 깨끗한 공기를 익히 맡으면 바람결에 오고가는 모든 냄새를 쉽게 분별할 수 있으며......"

그는 향기의 발산에 관하여 언급하기도 했다.

"향기의 무리는 향기를 내는 물체로 중심을 삼고 그 주위로 외곽을 삼는데, 바람이 빠르냐 느리냐에 따라 긴 타원, 짧은 타원이 되는 것은 소리 무리와 같다."

이제 그의 글 비통을 살펴보자.

몸의 기를 풀무질한다(槖籥身氣)

鼻爲通氣之竇戶。一身之槖籥。而吸引天氣。鼓動血脈。常繼性命之源。不絶稟賦之道。使四肢之氣活動。耳目之氣聰明。其功專由鼻通之晝夜不息。平生如一。未嘗須臾間隔絶也。噓吸之氣。出多入少。出少入多。雖未質言。嘗觀飮毒烟之人。因噓吸而致眩。醉惡臭之人。因噓吸而竟倒。則吸之氣。漸漬于神氣。噓之氣。未能盡吐惡毒也。然則純澹之天氣。因吸而漬於神氣。充養血肉。鼓動榮衛。豈非端的耶。

「코는 기를 통하는 구멍(竇戶)이오, 한 몸의 풀무(槖籥)이다. 공기(天氣)를 빨아들여 혈맥을 고동(鼓動)시키고, 항상 성명(性命 생명과 같은 말)의 근원을 잇고, 품부(稟賦)받은 도를 끊지 아니하여 사지(四肢)의 기로 하여금 활동하게 하고, 이목(耳目)의 기로 하여금 총명하게 한다. 이러한 공은 오로지 코의 통함이 밤낮 그치지 않고 평생을 한결같아서 잠깐 동안이라도 쉬거나 끊어지지 않는 데 있다.

내쉬고 들이쉬는 기가, 나오는 것이 많고 들어가는 것이 적은지, 아니면 나오는 것이 적고 들어가는 것이 많은지는 비록 단정하여 말은 못하지만, 언젠가 보니 독한 연기를 마신 사람은 호흡으로 인하여 어지럼증을 일으켰고, 악취에 취한 사람은 호흡으로 인하여 거꾸러졌다. 그러니 들이쉰 기는 차츰 신기를 적시고, 내쉰 기는 나쁜 독을 다 토할 수는 없다. 이는 맑은 공기를 들여 마심으로써 신기를 적시고 피와 살을 만들며 영위(營衛)를 고동하게 한다는 단적인 증거가 아닌가」

옛날 시골 대장간의 풀무는 보통 세부분으로 이루어져 있다. 바람을 일으키는 풀무와 불이 이글거리는 화덕, 그리고 바람을 화덕으로 이어주는 풍로가 그것이다.

예전의 풀무는 네모난 나무통으로 만들어져 있다. 그 속에는 움직이는 칸막이가 있어서 바람을 밀어내도록 설계되어 있다. 여기서 중요한 구실을 하는 부분이 바로 공기 흡입구인데, 풀무 뒤쪽에 붙어 있어서 보이지 않는다. 흡입구 안쪽에는 작은 막이 있으며, 칸막이가 앞으로 움직일 때 막은 바람을 따라 열리므로 바람이 들어올 수 있게 되어 있다. 그러나 칸막이가 뒤로 움직이기 시작하면 막은 구멍을 막아 바람이 새 나가지 못하도록 한다. 풀무의 생명인 셈이다. 풍로(바람길)는 풀무에서 만들어진 바람을 화덕으로 옮겨 주는 역할을 한다. 이 풍로가 없으면 나무로 만들어진 풀무는 화덕에서 나오는 뜨거운 열기 때문에 타버리게 되는 것이다.[155] 코는 풀무의 모든 기능을 가지고 있다. 그래서 코를 한 몸의 풀무라고 하였던 것 같다.

모든 냄새 가운데 맑은 것이 가장 좋다(諸臭中純澹爲最)

魚之游泳于溪澗者。常飮淸淡之水。而聞淸淡之臭。及其霖雨漲溢。沙土幷流。魚飮混濁之水。而聞混濁之臭。自上流洗鮮肉。則魚飮腥羶之

155) 세계기독교박물관 성서사물. www.segibak.or.kr/

水。而聞腥羶之臭。在上流糜亂蓼葉。則魚飮穢惡之水。而聞惡臭。人於鼻通之氣。亦猶乎此。純澹之天氣。通於鼻。則嗅純澹之臭。晦霾乘氣。而通於鼻。則嗅土雨之臭。香烟如縷。而觸鼻。則嗅其苾馥。穢惡和氣。而過鼻。則嗅而嚬顣。蓋臭氣之適宜於神氣。則不識好惡而忘之焉。臭之逆於神氣者。不待思想。而過鼻輒惡之。若久吸必有傷害。縱云香氣。勝於穢惡。久聞之。必有攸損也。受病於穢惡之臭者。喜聞芬馥之氣。無受病於諸臭者。常適於純澹之臭。無所偏於薰蕕。是知諸竅諸觸之中。最迅疾而無邪僞者。其惟鼻臭乎。

「시냇물에서 헤엄치는 물고기가 항상 맑은 물을 마시고 맑은 냄새를 맡다가, 장마에 물이 몹시 불어 흙과 모래가 섞여 흐르면, 물고기는 흐린 물을 마시고 흐린 냄새를 맡는다. 상류에서 생선과 고기를 씻으면 물고기는 비린내 나는 물을 마시고 비린내를 맡으며, 상류에서 썩은 여뀌 잎을 풀면 물고기는 더러운 물을 마시고 나쁜 냄새를 맡는다.

사람이 코로 통하는 기(氣)도 또한 이와 같다. 깨끗한 공기를 코에 통하면 깨끗한 냄새를 맡고, 회매(晦霾 ; 흙비)가 기를 타고 코로 통하면 흙비의 냄새를 맡으며, 향기로운 연기가 실오리처럼 코에 닿으면 그 향기를 맡는다. 더러움이 기(氣)에 섞여 코를 지나면 냄새를 맡자마자 찡그리게 되는데, 대개 냄새가 신기에 맞으면 좋고 나쁨을 기억하지 않고 그것을 잊어버리며, 냄새가 신기를 거스르면 생각할 것도 없이 코에 스치자마자 곧 메스꺼워진다.

만약 오래 들여 마시면 반드시 상해(傷害)가 되니, 비록 향기가 더러움보다는 낫다고 하지만 오래 맡으면 반드시 손해가 있다. 더러운 냄새에 병이든 자는 향기로운 냄새를 맡기를 즐겨하며, 냄새에 병이 든 적이 없는 자는 언제나 깨끗한 냄새가 알맞으며 향기나 구린내에 치우침이 없다. 이것으로 보면 제규제촉(諸竅諸觸) 가운데 가장 빠르고 거짓됨이 없는 것은 오직 코로 냄새 맡는 것이다」

물 냄새를 맡고 그 근본을 알면 냄새의 반을 아는 것이라고 하였다. 물은 한 가지 냄새만 가지고 있는 것이 아니다. 먼저 단물, 쓴물, 짠물, 신물, 매운 물이 있을 터이고, 비린 물, 썩은 물, 강물, 우물물, 바닷물, 빗물 등 수많은 물이 있다. 하지만 좀 더 깊이 들어가면 생선 비린 물과 물비린내가 나는 물, 썩은 물에도 각종 다양한 물이 있을 것이다.

또한 단물에도 설탕의 단물과 꿀의 단물 등 셀 수 없을 정도로 별별 물이 다 있다. 이 모두는 냄새의 바깥이다. 그러면, 냄새의 안쪽을 맡아보자. 학교운동장에 내린 비 냄새를 맡으면, 조금 전 이곳에서 놀았던 아이들의 냄새를 함께 맡고, 전쟁터에 내린 비를 맡으면, 죽어 간 병사들의 고통의 냄새를 맡는 것을 말한다. 그러니 물 냄새만 제대로 맡으면 천하의 무슨 냄새인들 맡지 못하겠는가?

향기가 더러움보다는 낫다고 하지만 인위적인 향기는 오래 맡으면 이롭지 않다고 한다. 이렇듯 맑은 마음과 깨끗한 성품을 가지면, 구린내나 향기에 치우침이 없는 진정한 냄새의 종결자가 될 수 있다는 말이다. 욕심을 가진 자는 자신의 치부를 감추기 위해 인위적인 향기를 남용하며, 튀고 싶은 사람은 더욱 강렬한 향기를 선호한다. 향기는 사용하는 사람의 감성을 대변한다. 그래서 냄새는 안과 밖의 조화가 이루어져야 하기에, 냄새를 아는 것이 후각의 힘인 것이다.

모든 냄새의 분별은 근본이 있다(諸臭分別有本)

諸臭之名。旣無古人詳細條別。則指的甚難。形容不一。縱能使我有所指別。難以名言諭諸人也。當因其物名。而名其臭。如云生土臭。腐土臭。海水臭。溪水臭。斲木臭。刈草臭。汗垢臭。朽爛臭。以至肉鮮酢醬及諸品藥材。皆有其臭。又就其中。各有生熟陳腐之異。臭必由於天氣之寒熱燥濕。而變其氣味。以至散臭之亦異。能分別者。鼻通之神氣也。神氣之淸濁。縱有分辨之利鈍。所居之地。平生漬染。自有不同。生長於海澨者。漬染海鹹。凡於微鹹之風。不知其鹹。生長於山庄者。滋潤於淸嵐之氣。凡於微濁之風。易覺其濁。且於鮑魚之肆。芝蘭之室。久而不聞其臭。則有所染着者。自有偏滯。勢固然也。人之功夫。惟在掃却諸臭之染着。熟聞純澹之天氣。則有時風便。去來諸臭。易得分辨。且在身之神氣。不變所稟之天臭。

「모든 냄새의 이름은 옛사람이 상세히 구별한 것이 없으므로, 지적하기가 매우 어렵고 형용(形容)이 한결같지 않다. 설사 나로 하여금 구별하라고 해도 이름 지어 여러 사람에게 알도록 하기가 어렵다.

물명(物名)에 따라서 냄새를 이름 지으면 생흙 냄새·썩은 흙냄새·바닷물 냄새·시냇물 냄새·자른 나무의 냄새·벤 풀의 냄새·땀과 때 냄새·썩는 냄새로부터 고기·초·장 및 온갖 약재에 이르기까지 다 냄새를 가진다. 또 그 가운데는 날 것과 익은 것, 묵은 것 과 썩은 것의 차이가 있다. 냄새는 반드시 날씨의 추위·더위·건조함·습함으로 말미암아 그 기(氣)와 맛이 변하며, 따라서 냄새의 발산 또한 이에 따라 다르다. 이를 능히 분별하는 것이 비통(鼻通)의 신기이다.

신기의 청탁(淸濁)은 비록 분별함에 날카로움과 둔함이 있지만, 사는 곳과 평생토록 젖어 물듦이 절로 같지 않다. 갯벌에서 생장한 자는 바다의 짠맛이 물들어 젖었으므로, 조금 짠 바람에서는 그 짠맛을 알지 못하며, 산장(山莊)에서 생장한 자는 맑은 아지랑이 기운에 젖어 있으므로 조금 흐린 바람이라도 그 흐림을 쉽게 깨닫는다. 어물 가게나 난초 있는 방에 오래 있으면 그 냄새를 맡지 못하니, 염착(染着)됨의 치우치고 막힘이 있는 것은 당연한 일이다.

사람의 공부는 오직 모든 냄새를 쓸어 없애는데 있다. 맑고 깨끗한 공기를 익히 맡으면 바람결에 오고 가는 모든 냄새를 쉽게 분별할 수 있으며, 또 몸에 있는 신기도 본래 품부 받은 자연의 냄새를 바꾸지 않는다.』

냄새는 사람의 감성과 성품을 주관하는 환경의 요인이 된다는 것을 혜강선생은 정확히 꿰뚫고 있었다. 그는 갯벌과 산장에서 생장한 사람을 비교하여 냄새가 사람에게 미치는 영향을 설명하고 있다. 그리고 모든 물질에는 냄새가 있어 그 냄새만으로 파악할 수 있다는 것이다.

슬럼가에서 성장한 사람이 거친 성격을 가지는 이유 중의 하나가 냄새라는 환경이다. 쓰레기 등의 더러운 주변 환경으로 인하여 나쁜 냄새에 길들여져 감으로 그들은 거칠고, 감성이 손상된다는 것이다. 보이는 것보다 들리는 것이 사람에게 더 큰 공포감을 준다고 하였다. 하지만 들리는 것보다 더 두려운 것은 냄새다. 비가 올 것 같은 날은 습한 공기가 흐르므로, 밤에는 모든 냄새가 지면으로 내려앉는다. 이 때 골목길을 걸으며 냄새를 맡는 것만으로 두려움을 느낀다. 모든 습하고 불쾌한 골목의 냄새가 땅과 지면 위에 넘치고 있기 때문이다.

이렇듯 냄새는 인간의 감성을 좌우하며, 특히 집단시설에서는 매우 중요하다. 교도소나 군대, 혹은 학교 등 집단시설에서의 좋은 냄새는 그들의 건강과 직결되며, 감성을 부드럽게 하고 주변을 깨끗하게 하며, 삶에 활력을 준다. 다만 어떤 향기를 사용하는가가 매우 중요한 문제일 것이다.

향기는 순담(純澹)한 것만 못하다(香不如純澹)

古者。身有不美之臭者。佩容臭而掩之。後世無論身之有臭無臭。以容臭爲華身之飾。古者祭祀。用血膋鬱鬯。後世。用焚香於大中小祀。以爲辟穢通神之方。於是。用香之俗熾盛。番舶有傳香之商。書肆有印香之譜。道觀佛宇。常飄其烟。朝會宴席。遠聞其臭。文章詞藻。多聚其字。花園果囿。多植其木。世人。皆知芬馥之爲貴。鮮能於純澹之臭。樂其本然。惡其雜糅。夫香氣之暈體。以香物爲心。以香圍爲郭。隨風之疾徐。爲長撱短撱。如聲暈。見耳通。自香物之心。至香圍之郭。不過一丈有餘。聞之者。只在於一室之內。未久風散而消滅。至於純澹之臭。天下人物所共聞。古往今來所不變。可將此而推測所同之氣味。亦可易分別於趣過之諸臭。

「옛적에 몸에서 아름답지 못한 냄새가 나는 자는 용취(容臭)를 차고서 이를 가리었는데, 후세에 와서는 몸에 냄새가 있든 없든 용취를 몸의 장식으로 쓰고 있다. 옛날에는 제사에 피와 기름과 울창주를 썼는데, 후세에 대 · 중 · 소의 제사(祭祀)에 분향을 함으로써 더러움을 물리치고 신과 통하는 방법으로 삼았다. 이리하여 향을 쓰는 풍속이 성하여져, 외국 선박에 향을 전래하는 장사가 있고 서점엔 인향보(印香譜)가 있으며 도관(道觀 도교의 절)과 불우(佛宇 불교 사찰)에 항상 향연기가 나부끼고, 조회(朝會)와 연회석엔 멀리서 까지 그 냄새를 맡을 수 있으며, 문장과 시가(詩歌)에서 그 글자를 많이 쓰고, 화원과 과원(果園)에 그 나무를 많이 심는다. 그러나 세상 사람은 모두 향기가 귀한 줄만 알고 순담한 천연(天然)의 신기(神氣)는 자연을 좋아하고 잡됨을 미워한다는 것을 아는 이는 드물다.

대개 향기의 무리는 향기를 내는 물체로 중심을 삼고 그 주위로 외곽을 삼는데, 바람이 빠르냐 느리냐에 따라 긴 타원 짧은 타원이 되는 것은 소리무리 이통(耳通)에 보였다와 같다. 향물(香物)의 중심으로부터 향위(香圍)의 외곽까지는 불과 한 길 남짓하여 그것을 맡을 수 있는 자는 다만 한방 안에 있는 이뿐이요, 그것도 오래지 아니하여 바람에 흩어져 소멸되고 만다.

깨끗하고 맑은 냄새로 말하면 천하의 인물(人物)이 함께 맡는 바요, 예부터 지금까지 변하지 않는 것이다. 이를 가지고 같은 기미를 미루어 헤아리면, 스치는 모든 냄새를 쉽게 분별할 수 있다」

구린내가 나는 사람은 자신의 모습을 감추기 위해 강한 향기를 사용한다. '악향은 양향을 구축한다.'는 말이 있다. 아무리 좋은 향기라도 구린 냄새를 이기지 못하고 오히려 구린내가 향기를 덮어버림으로서 더 큰 구린내가 난다는 말이다. 그래서 많은 이들이 더 짙고 강한 향기를 선호하고 있는지도 모른다. 하지만 혜강선생은 아무리 좋은 향기라도 자연의 순담함보다 못한 것이라고 하였다. 사람들은 마음이 깨끗하면 자연의 냄새를 선호하고, 스스로 향기를 내뿜는다는 순리와 같은 진리를 알지 못하기에 이 시대에 향수로 자신의 구린내를 감추려는 이들이 넘쳐나나 보다. 권력과 돈과 명예가 자신의 냄새를 아름답게 만들어줄 것이라는 착각 속에서 말이다.

향기를 내는 냄새의 퍼짐은 소리의 퍼짐과 같다고 하였다. 주체가 되는 원인으로부터 시작하여 그것을 중심으로, 특히 바람의 세기에 따라 냄새가 퍼지는 형태가 달라진다는 것을 말하고 있다. 다만 소리와는 달리 냄새는 일정한 맡을 수 있는 일정한 공간과 시간이 있다는 것이다. 소리는 금방 사라지지만 냄새는 바람이 불어 흩어져 소멸될 때까지 일정한 시간이 있으며, 또한 물체에 냄새가 배여 있으므로 공간에 냄새가 남아 있는 것이다. 이것은 공간을 둘러싸고 있는 매개체의 성질과도 관계가 있다. 한지냐, 유리냐, 흙이냐에 따라 잔 냄새의 가지고 있는 시간의 흐름은 분명히 다르다는 것을 알게 한다.

냄새의 뱀(臭氣染漬)

凡臭。風飄則易散。停蓄則染漬於物。雞豚之柵。有雞豚之臭。龍蛇之窟。有龍蛇之臭。賢人所居之室。有芝蘭之臭。昏愚所居之室。有溷濁之臭。至於櫃案屛帳。實無關於人之賢愚。而其所漬染之臭。隨主人之賢愚而有異。且貪官暴吏。莅任之郡。穢惡之臭。年久不息。仁政善敎。浹洽之地。令聞之臭。流傳頗廣。人之聲臭。異於物之聲臭。能傳播於人。而通于百千萬里。又流染於物。而及於山川草木。若夫追遺痕於散臭之餘。訪微臭於將發之際。反不若獵狗之尋禽獸之遺臭。

「모든 냄새는 바람이 불면 쉽게 흩어지고, 멈추어 쌓이면 물체에 밴다. 닭의 홰나 돼지우리엔 닭과 돼지의 냄새가 있고, 용과 뱀의 굴에는 용과 뱀의 냄새가 나며, 어진 사람이 사는 방엔 난초와 지초의 냄새가 있고, 어둡고 어리석은 이가 사는 방엔 혼탁한 냄새가 있다. 궤나 책상, 병풍이나 장막이 사실은 사람이 어지냐 어리석으냐에 관계가 없는데도, 그 배는 냄새는 주인이 어지냐 어리석으냐에 따라 다르다. 탐관 폭리(貪官暴吏)가 맡고 있는 고을은 더럽고 나쁜 냄새가 오랜 세월 그치지 않으며, 인정 (仁政)과 선교(善敎)가 널리 퍼진 땅엔 좋은 명성의 냄새가 자못 유전(流傳)한다.

사람의 소문과 냄새는 물체의 소문과 냄새와 달라 능히 남에게 전파하여 멀리까지 통하며, 또 물체에 흘러 물들여 산천초목에까지 미친다. 만약 흩어지고 남은 냄새에서 남은 자취를 추구하거나 장차 피어날 즈음에서 그 미세한 냄새를 찾는 것은, 사람이 도리어 사냥개가 짐승이 남긴 냄새를 찾는 것만 못하다」

냄새에는 안과 밖이 있다. 모두가 인지하고 있는 밖의 냄새는 우리가 살고 있는 공간과 실존을 지향하고 있지만, 냄새의 안은 또 하나의 공간인 내면과 영혼의 세계를 다루고 있다.

사람들은 존재를 확정하고 싶어 하고, 또한 존재를 확정함으로써 모든 상황을 초월하여 모든 상황들의 상황을 제시하고 싶어 한다.

냄새도 마찬가지이다. 자기의 존재를 나타냄으로써 자기의 역할에 충실한 것이기 때문이다. 사실, 안의 냄새는 사람의 생각이 지배하고 있다. 그 사람의 생각과 관념이 냄새를 창조하고 있다고 보면 타당할 것 같다. 적어도 안의 냄새는 과학적으로 규명할 수는 없지만 분명히 존재하고 있음을 최한기 선생은 알고 있었다. 이것은 냄새의 '문'을 통한 공간의 개념에서 안과 밖을 구분하고 있다. 어쩌면 우리는 이문을 통하여 냄새의 진정성을 찾아야할지도 모른다. 겉으로 드러난 냄새가 아니라 숨어있는 안의 냄새를 맡음으로서 진정한 후각의 의미를 깨달을 수 있을 테니 말이다.

냄새엔 이로운 것과 해로운 것이 있다(臭有利害)

人於飮食。有未及嘗。而先嘗之臭。魚餒肉敗。聞必惡之。恐有傷於生氣也。調和燻甘。聞輒有悅。以有補於生氣也。人之保護生氣。豈獨於臭。有此誠實。至於諸竅諸觸。莫不皆然。豈獨人也。又於諸物亦然。顯著之臭。易分利害。隱微之臭。難於分別。純澹之中。微有雜亂之臭。有時風便。只得一吸之臭。目見臭氣之發動。而鼻未及嗅之臭。耳聞臭氣之言說。而鼻不視聞之臭。俱是難辨之臭。是以。善辨臭者。證驗前臭。以定後臭之好惡。比較彼臭。以別此臭之淸濁。且能於將發之臭。先有所嗅。已滅之臭。尙有餘嗅。好惡利害。如飮食之呑吐。淸濁長短。同音律之辨開。臭生於物氣。而無邪僞。嗅由於生氣。而有誠實。不待勉彊。自有好惡。古人於臭。無詳究之論。今人於臭。多忽略之事。在人物。只知有薰蕕之別。而不究觸己。爲生氣之利害。在自己。不念言行之發臭。而觸人物。反爲自己之利害。

「사람이 음식을 아직 맛보기 전에 먼저 냄새를 맛보게 된다. 물크러진 물고기나 썩은 고기를 냄새 맡고 반드시 싫어하는 것은 생기(生氣)를 상할까 두려운 때문이요, 조화(調和 맛을 고루 맞추는 것)의 향기롭고 달콤한 것을 맡으면 곧 기쁨이 있는 것은 생기에 보탬이 있기 때문이다. 사람이 생기를 보호하는 데 있어 어찌 냄새에만 이러한 성실(誠實)함이 있겠는가. 제규 제촉(諸竅諸觸)이 다 그러하다. 어찌 사람뿐이겠는가! 모든 물체 또한 그러하다.

현저(顯著)한 냄새는 그 이해(利害)가 쉽게 분별되지만, 은미(隱微)한 냄새는 분별하기 어렵다. 맑고 깨끗한 가운데 잡란(雜亂)한 냄새가 조금 있어 가끔 바람결에 한번 마시는 냄새나, 눈엔 냄새의 발동이 보이는데 코는 아직 맡지 못한 냄새나, 귀에는 냄새가 난다는 말이 들리는데 코는 직접 맡지 못한 냄새 따위가 모두 분별하기 어려운 냄새들이다. 그러므로 냄새를 잘 분별하는 자는 전에 맡았던 냄새를 증험함으로써 뒤에 맡은 냄새의 좋고 나쁨을 정하여, 저 냄새를 견주어서 이 냄새의 맑고 흐림을 분별한다. 뿐만 아니라 장차 발생할 냄새를 능히 맡고 이미 없어진 냄새의 남은 냄새를 맡으며, 그 선악 이해(善惡利害)를 마치 음식을 삼키고 토하듯, 그 청탁 장단(淸濁長短)을 음률을 분별하듯 가려낸다.

냄새는 물기(物氣)에서 나서 거짓이 없고, 후각은 생기(生氣)에서 나서 성실(誠實)함이 있으므로, 억지로 힘쓰지 않아도 저절로 좋아하고 싫어함이 있게 마련이다. 옛사람은 냄새에 대해서 상세히 연구한 의논이 없고, 지금 사람은 냄새에 대해서 소홀함이 많다. 사람과 물건에 있어서는, 다만 향내와 구린내의 구별이 있다는 것만 알고, 자기를 감촉시키는 것이 생기(生氣)의 이해(利害)가 되는 줄을 연구하지 않으며, 자기에게 있어서는 말이나 행실이 냄새를 발하여 사람과 물건을 감촉시키면 도리어 자기의 이해가 된다는 것을 생각하지 않고 있다」

세상은 사람과 물건에만 향기가 있는 줄 알고 향기로운 냄새와 구린내를 구별한다. 하지만 자기 입에서 나오는 말의 냄새가 어떤 줄은 알지 못한다. 그것이 상처가 되는지 치유가 되는 것인지 분간을 하지 않는다.

옳고 그름은 아는 사람은 자신의 냄새가 깨끗하여야 한다. 그래야 시, 공간에 대한 냄새를 분별할 수 있는 것이다. 향기로운 것이 무엇인지, 누린내가 무엇인지를 모르는 사람은 그것이 함께 있어도 문제가 되지 않을 것이며, 때론 둘이 섞여도 잘 살고 있는 것이다. 하지만 결코 그 둘은 함께 있을 수 없으며, 한 공간에 공존할 수 없는 것이다. 만일 한 그릇에 담는다면, 곧 냄새가 섞여 향기는 사라지고, 결국 그릇에는 누린내로 가득 차게 될 것이다.

그런데 오늘날 크고 작은 집단에서 향내와 구린내가 함께 있으니, 이게 웬 일인가? 시간이 지나면 향내마저 구린내로 바뀌어 구린내가 나는 사회로 변해버리고 말 것이다.

2-3. 말라카의 눈물

말레이 반도 중남부의 말라카(Malacca)는 오랫동안 한적한 어촌이었으나, 14세기 인근 수마트라 섬에서 온 파라메스바라가 이슬람 왕국을 세운 후, 인도양과 남중국해를 잇는 지리적 이점 덕분에 해상 실크 로드의 거점 도시로 성장하였다. 1511년 포르투갈이 말라카를 정복하여 아시아 최초의 유럽 식민지로 삼고 향신료 무역을 독점했으며 기독교 전파를 위한 기지로 만들었다. 이 무렵 명나라의 정화가 이끄는 함대도 말라카를 방문하였는데, 이때부터 중국인들이 말라카로 이주해 살기 시작했으며 현지인과 결혼하여 중국과 말레이 문화가 섞인 페라나칸 문화를 만들었다. 이후 1641년에는 네덜란드, 1824년에는 영국이 차례로 말라카를 정복해 식민지로 삼았다. 이런 역사적 배경 때문에 말라카에는 서양 식민지풍 건물과 중국풍의 건물들이 잘 보존되어 있어 2008년 유네스코에 의해 세계 문화유산으로 지정되었다.

바바 뇨냐(Baba Nyonya)란 남성인 바바와 여성인 뇨냐에서 온 말로, 중국인 남자와 말레이 여자가 결혼해서 서로 융합하면서 생성된 독특한 페라나칸 문화를 말한다.

15세기 명나라에서 많은 뱃사람들이 들어와 그 일부는 이 땅에 정착했다. 그 뒤에도 주석 광산의 노동자로 많은 이주민들이 중국에서 들어왔고, 그들은 화교사회를 만들어 갔다.

말레이시아의 이국적인 역사는 고대의 스파이스 루트Spice Route의 역사와 복잡하게 얽혀 있다. 말레이시아는 동남아시아 중심부에 전략적 크로스윈드crosswinds[156] 위치를 두고 있으며, 유럽, 동양, 인도 및 중국의 무역로에 중추적인 역할을 수행하는 고대 해상 기지였다. 해상 허브는 말라카 남동부에 위치하고 있다. 여기 번성 한 항구가 생겨 동양과 서양이 만나는 곳이 되었다. 그것은 동남아시아에서 가장 영향력있는 항구로 말라카의 지위를 확립한 것이다. 세계 각국의 상인들은 말라카 기슭에 사업만 있는 것이 아니다. 그들은 국가의 역사, 문화, 종교, 전통 및 그 요리의 과정에 극적으로 영향을 미치는 유산을 남겨둘 것이다.

오늘날에는 향신료가 풍부하고 쉽게 구할 수 있지만, 고대에는 희귀하고 귀중한 맛이었다. 주로 부자나 귀족이 약이나 향수, 향의 핵심 성분이 되는 이들 향료를 찾는 것은 당연하며 방부제로서도 매우 매혹적이었다. 기록에 따르면, 기원전 300년경 인도와 중국의 상인이 말레이시아 해안을 따라 무역을 했을 때 향신료 경로로 말레이시아의 말라카로부터 시작된 것으로 보인다.

400년경에 말라카는 향신료 루트의 핵심 항구로 자리 매김 하는데, 중국의 실크와 도자기, 티모르산의 백단향, 유향, 몰약과 남부 아라비아의 향기로운 수지는 말라카에 집하되어 정향, 육두구, 후추와 같은 것들과 이들 향료로 교환하였던 것이다.

말레이시아의 주요 수출 품목 중 하나는 고추(주로 사라왁 산)인데, 이것이 전체의 1/4 이상을 차지하고 있다. 이국적인 이 향신료는 말레

156) 골프장의 코스에 부는 바람으로, 왼쪽에서 오른쪽 또는 오른쪽에서 왼쪽으로 부는 바람. 시합에서는 바람의 방향에 따라 공의 낙하지점이 달라지기 때문에 중요한 변수로 작용한다. 바람의 방향이 움직이는 곳. 다음

이 요리, 인도 요리 및 중국 요리의 한 부분인 커민, 고수풀, 육두구 및 정향나무와 함께 말레이시아 요리의 주요 향신료로 남아 있다.

말라카는 지난 과거에 중국, 포르투갈, 네덜란드 등에 의해 정복되어 왔다. 그래서 도시가 전략적으로 말라카 해협 국경에 있었다. 그것은 향신료 길을 따라 생긴 주요 항구였고 그 항구는 전 세계의 중국 정크와 향신료가 가득한 선박의 기착지였다. 이곳은 중국에서 온 실크와 도자기, 인도의 구자라트Gujarat에서 코로만델Coromandel[157], 직물과 녹나무는 보르네오에서, 티모르에서는 백단향, 육두구, 메이스Mace[158], 정향을 수마트라의 몰루카Moluccas에서는 금과 후추, 말레이시아 서부에서는 주석이 들어왔다. 이 지역의 바다는 항상 강한 바람이 불고 있었고 선원들이 해변에 왔을 때 말라카는 안전한 장소였다. 말라카는 말라카 해협을 지배하고자하는 모든 사람들에게 중요한 장소였다. 그리고 그 해협은 향신료 무역에 매우 중요했다. 그래서 말라카는 세계 무역의 중심지로 성장할 수 있었다.[159]

인도에서 시작된 향은 의학과 종교, 문화로 체계화된 중국을 거쳐, 우리나라에 와서는 예와 의전, 불전과 생활에 사용됨으로써 정신세계의 한 영역으로 다루어졌다. 그 후 일본으로 전파되어 오감의 중요한 부분으로, 의식과 놀이의 문화로 발전 계승되고 향도(香道)에까지 이르렀다. 특히 중국 당(唐)나라의 장안(長安)에서는 향 문화가 꽃을 피웠는데, 양귀비가 목욕했었던 전설의 화청지(華淸池)에는 향 목이 산처럼 쌓여 있었다고 한다.

---

157) 인도산 흑단의 일종

158) 육두구나무에 열리는 육두구의 가종피를 말려 만든 향신료

159) http://www.langkawi-gazette.com.

향의 전래는 실크로드의 반대 방향으로, 주로 동남아의 향 생산지나 페르시아 쪽 나라들로부터 조공으로 다량의 향 목이 중국으로 들어왔다. 그것은 당나라 초기 화가가 그린 거대한 향 목을 멘 행렬의 그림에도 잘 나타나 있다 또한 현재 남아 있는 당나라 말기의 연석(宴席) 메뉴에 향 목이 있는 것을 보아 연회장에서도 향이 사용되었음을 알 수 있다.[160]

수(隨)의 양제(煬帝)는 장안과 낙양사이에 네 개의 운하를 만들었다. 길이는 370킬로미터로, 그 사이에 여러 개의 궁전을 향목으로 짓고, 운하에 용선이라 부른 배를 띄우면 향을 십리 밖에서도 맡을 수 있었다고 한다. 양제의 초기에는 제사나 의식, 의학과 깊은 관계가 있었지만, 어느덧 향은 부의 상징으로 여겨졌다.

송나라 때 장준은 가난한 집안 출신으로 갑자기 출세를 하자 집안 구석구석에 큰 향로를 설치하고 하루에 수천 민(緡 : 화폐 단위)씩 향을 태우며 향운(香雲)이라고 자랑하다가 국고를 횡령하기에 이르러 파직 당하였다고 한다. 이것을 일컬어 '장준망국(張俊亡國)' 이라고 부른다.

아무튼 옛날 기록을 보면, 값 비싼 침향으로 베개와 부채 살을 만들고, 옷에 사향으로 만든 노리개를 달았으며, 집 마루에 향나무를 간 것으로 보아, 향이 사치의 한 부분이었다는 것만은 부인할 수 없다. 또한 향 품이나 향 제조법이 의학과 관련해 지금껏 전해져 오는 것도 중국의 다양한 문화와 역사관이 있었기 때문일 것이다.[161]

8세기 말에서 19세기 초에 걸쳐 청나라 소주(蘇州)에 살았던 심복(心腹)의 자서전인 『부생육기(浮生六記)』를 보면 일상생활에서의 향을

160) 송인갑, 앞의 책, 218.

161) 송인갑, 앞의 책, 218-219.

엿볼 수 있다.

"운이는 언제나 침향과 속향을 사용했다. 먼저 이것을 밥솥에 넣고 속속들이 찐 다음, 화덕 위에 불에서 2센티미터 가량 떨어지게 걸쳐 놓은 구리철사에 올려놓고, 천천히 불을 쬐었다. 그렇게 하니 향기가 더욱 그윽하고 그을음도 나지 않았다… 가끔 어떤 사람들이 잘 놓여 있는 것을 아무렇게나 집어서 향내를 맡고, 또 아무렇게 나 갖다 놓는 것을 볼 수 있는데, 이들은 향을 다루는 법을 잘 모르는 사람들이다."[162]

"여름에 연꽃이 처음 필 때는, 꽃들이 저녁이면 오므라들고 아침이면 피어난다. 운이는 작은 비단 주머니에 엽차를 조금 싸서, 저녁에 화심(花心: 연꽃잎 속)에 놓아두었다가 아침에 꺼내어 샘물을 끓여 차를 만들기를 좋아했다. 그 차의 향내가 유난히 좋았다."[163]

전통 중국의 관행은 종교적인 매라에서 개인 향기의 사용을 강조했다. 개념은 세속적인 사용에도 심오한 영향을 미쳤다. 변화하는 계절에 따라 불쾌감을 주는 여러 가지 냄새를 포함하여 특정 종류의 냄새를 연계시키는 조기 삼투압에 대해서도 마찬가지다. 외국 향신료와 방향족이 처음 중국에 도착했을 때가 한 무제[164] 통치와 관련되어 있었기 때문에 그의 통치력의 확산을 위한 새롭고 강력한 향기가 개발되

162) 심복(心腹). 『부생육기(浮生六記)』. 지영재 역. 을유문화사, 1999. 59

163) 심복, 앞의 책 67.

164) 한무제 유철(Han Wudi BC 156년 7월 30일 ~ 87년 3월 29일) 유학을 바탕으로 하여 국가를 다스렸으며 해외 원정을 펼쳐 흉노를 크게 무찌르고 남월, 위만조선 등을 멸망시켜 당시 한족 역사상 두번째로 넓은 영토를 만들어 전한의 전성기를 열었다. 위만조선을 멸망시키고 요동지역에 한사군을 설치하기도 했다. 진시황제·강희제 등과 더불어 중국의 가장 위대한 황제 중 한 사람으로 꼽힌다.

었다. 이것은 차례차례로 개인 향기 장치 및 향 버너의 보급으로 중국의 물질문화에 상당한 영향을 미쳤을 수도 있었다.[165]

경제적으로 중요한 실크로드와 향신료무역 루트는 오스만 제국에 의해 차단되었다가, 1453년 비잔틴 제국이 무너지면서 처음에는 아프리카 주변의 항로를 발견하고 항해의 시대를 촉발시키면서 탐험과 모험에 박차를 가했던 것이다 .

향신료 거래는 주로 아시아 , 동북 아프리카 및 유럽의 역사적인 문명 간의 무역을 말한다. 계피, 계수나무, 카다몬, 생강, 후추, 심황과 같은 향신료는 동양에서 상거래를 위해 오래 전부터 알려져 왔다. 이러한 향신료는 기독교 시대가 시작되기 전에 중동으로 향했는데 이 향신료의 전설은 상인들에 의해 환상적인 이야기로 재탄생되기도 했다.

그리스 로마의 항로는 로마에서 인도를 따라 가는 항로였다. 지난 첫 천년 동안의 인도와 스리랑카로 향하는 항로는 홍해의 해상 무역의 지배력이 강했던 인디언들과 에티오피아인들에 의해 통제 되었다. 악숨 왕국은[166] 1세기경에 홍해를 개척했다. 그 후 이슬람권이 성장하

---

165) Milburn, Olivia, "Aromas, Scents, and Spices: Olfactory Culture in China before the Arrival of Buddhism", Journal of the American Oriental Society; Ann Arbor136.3 (Jul-Sep 2016): 441-464.

166) 기원전 550년경에 셈족 계열의 민족이 서아시아의 농법과 철의 기술을 가지고 홍해를 건너, 오늘날 에티오피아 지역으로 이주하였다. 이들은 기원전 120년경에 악숨을 도읍으로 하여 왕국을 건설하였다. 기원후 1세기경에는 에티오피아고원 이외에 북동부의 다나키리 사막에서 동부의 소말리아, 홍해를 넘어 아라비아 반도에까지 그 세력을 확대하였다. 악숨 왕국은 상아, 노예, 흑요석 등을 수출하고, 이집트로부터 의복, 유리 제품 등을, 인도에서는 철과 면포를 수입하면서 교류와 무역이 왕성하였다. 다음

면서 7세기 중반까지는 아랍의 무역상들이 해상 항로를 지배하기 시작했다.

아랍 상인들은 결국 레반트Levant[167]와 베네치아Venetian 상인을 통해 유럽으로 물품을 팔았으나 오스만 투르크족의 등장으로 1453년까지 바닷길을 끊었다. 중세시대에는 이슬람 교역자들이 극동의 원산지 지역을 두드려 인도양의 무역거래에서 페르시아만과 홍해까지 인도양의 해양 향신료 무역 루트를 지배했다.

유럽의 무역 개척자들에 의해 무역의 중심은 바뀌었으며 양념 무역, 특히 검은 후추가 유럽 상인들에게 주요한 거래 물품이 되었다. 희망봉을 경유 하여 유럽에서 인도양까지의 케이프 루트는 1498년에 포르투갈 탐험가인 바스코 다 가마Vasco da Gama에 의해 개척되어 무역을 위한 새로운 해운 항로가 되었다.

로마는 5세기에 양념 무역에서 한 역할을 했지만, 아랍인과 달리이 역할은 중세를 거치지 않았다. 이슬람의 부상은 유대인과 아랍인 상인 특히 이집트부터 마침내 레반트를 경유하여 유럽으로 물건을 옮겨가면서 무역에 중대한 변화를 가져왔다.

8세기부터 15세기까지 베네치아공화국은 중동과의 유럽 무역의 독점권을 행사했다. 향료 , 허브 , 마약 및 아편 과 관련된 실크와 향신료무역으로 이 지중해의 도시 국가는 놀랄 만큼 풍요롭게 되었다. 향신료는 의약품 에 사용되는 중세 시대의 가장 비싸고 수요가 많은 제

167) 베네치아 상인을 비롯한 무역상들이 십자군 원정 이후 티레 시돈 같은 도시들과 교역을 하게 되면서 이 말이 널리 쓰이게 되었다. 처음에는 소아시아와 시리아의 해안지방만을 가리켰으나 뒤에는 그리스부터 이집트에 이르는 지역까지 포함하게 되었다.

품 중 하나였다. 그것들은 모두 아시아와 아프리카에서 수입되었다. 베네치아 상인들은 오스만 제국이 생길 때까지 유럽을 통해 물품을 유통 시켰고,1453년에 콘스탄티노플이 멸망하자 육지와 해로를 연결하는 유럽인들은이 무역에서 배제되었다.[168]

포르투갈이 아시아에 도착하기 전인 1400년대부터 이미 중국은 정화(1371-1433)이 이끄는 원정대를 서쪽으로 보냈다. 정화장군의 원정대는 향신료 무역의 장악이라기보다는 명나라의 힘과 권력을 과시하기 위한 정치적 원정이 목적이 아니었을까 생각 된다,

정화의 원정으로 중국은 인도양에서 향신료를 비롯한 물품의 교역로를 장악할 수 있었지만 정화의 성공은 내치를 중시하는 성리학적 정치제도를 표방하는 조정의 문제로 해상활동은 중단되었고 그 기록마저도 파기되었다. 이 사건은 결국 유럽이 아시아 향료루트를 손쉽게 지배할 수 있었던 계기가 되었는지도 모른다.

168) 프레드 차라(2013), “향신료의 지구사”, 강경이역, 휴머니스트, 145-147.

2-4. 알렉산드리아의 향기

알렉산드리아는 BC 332년 알렉산드로스 대왕이 이 도시를 건설한 후 이집트의 수도로 삼았으며, 고대에는 헬레니즘 학문과 과학의 중심지이기도 했다. 지중해 연안 나일 강 삼각주의 서쪽 끝에 위치한 이 도시는 지금의 수도인 카이로에서 북서쪽으로 183㎞ 떨어져 있다. 지중해로 뻗은 T자 모양의 갑이 염호(마리우트 또는 마레오티스)와 바다 사이를 가르면서 형성된 돌출부에 있다. 이 T자 모양의 자루부분은 원래 파로스섬과 연결되는 방파제였는데, 점차 바닥에 실트가 쌓이면서 2개의 항구-동쪽의 구 항구와 서쪽의 신 항구- 사이에 낀 지협이 되었다.

기록상에 나타나 있는 최초의 향료는 기원전 2,500년경 이집트 제5대 파라오 사훔Sahum이 훈트 지방을 여행하면서 8만 포대의 물량을 사왔다는 것이다. 고대 이집트 사람들은 수지를 이용하여 향료를 제조하는 것에 대한 풍부한 지식을 가지고 있었다. 그들은 향료를 애용했을 뿐만 아니라 그 지식을 미라를 만드는데 사용하였다.

이집트 역사 연구로 유명한 에이벰즈는 파피루스로 만들어진 고대 이집트의 서적에서 여러 가지 향료에 대한 기록들을 발견하였다. 거기에는 몰약, 육계, 갈바늄Galbanum, 수지 등을 사용한 많은 향료 물질의 이름이 기재되어 있었고, 구취 제거에 사용하는 처방도 있었다.[169] 고대 이집트에서는 존재하지 않았던 알코올 기반의 향수는 없었지만,

169) 송인갑, 앞의 책, 51.

향기 제조는 이 위대한 문명에서 중요한 역할을 했다. 발삼과 향나무, 향신료, 과일이나 수지를 증류와 추출을 통해 매우 간단한 방법으로 만든 향 연고(향고)와 향수 오일은 건강한 피부에 적용되거나 부상을 입었을 때 그들은 화장품 또는 치료 목적으로 사용했다.

"사제들은 온 몸을 풍성하게 장식하였고, 연꽃, 몰약과 함께 기름 부음을 받았다. 그들의 머리에 화환을 두르고, 와인을 마시며, 향기로운 식물들이 즐비한 곳에서 그들은 아름다운 춤을 추었고, 마음의 소원을 빌며 향기에 취해 있었다."

이집트 도시들은 모든 도시와 마찬가지로 냄새 나는 곳이었다. 건조한 동물의 배설물로 요리하며 그 연기와 냄새 집에 가득했다. 쓰레기통은 썩어가는 농작물과 동물 시체로 가득 차있었으며, 때로는 그들이 치우지 않고 버려진 채로 남겨졌다. 시골에서 단순히 묻힐 수 있는 동물들의 배설물과 인간의 배설물은 도시에서 쉽게 처분되지 않았다. 이러한 종류의 악취는 고대 이집트 사람들에게 고통을 줄 수 있었다. 하지만 그들은 멋진 꽃과 아름다운 향기를 좋아했으며, 그들은 그 냄새로 삶의 희열을 느끼고 싶어 했다.

고대 이집트에서 가장 선호하는 향수는 델로스Delos섬의 것이었고 나중에는 멘데스Mendes[170]의 향수였다. 선호는 존경으로 바뀌었고, 단순히 향수를 만들기 위해 성분을 혼합하는 방식뿐만 아니라 성분을 생산하는 다양한 장소에 따라 가치를 매기게 된 것이다.[171] 이집트의

170) 고대 이집트의 지방 중 하나, 현지명은 텔 티마이 엘 암디드(Tell Timai el Amdid)와 텔 엘 루바(Tell el Rub')이다

171) Raymond Oliver Faulkner(2004), "The ancient Egyptian pyramid texts 1910", 200

신들은 인간처럼 달콤한 냄새를 좋아했다. 더군다나 향을 태우는 것은 신께 드리는 제사에서 비롯된 냄새다. 성전은 기름, 몰약, 향, 꽃과 같은 원료를 할당을 받아 작업장에서 약용 목적을 위한 향기로운 약제와 미라를 만들기 위한 기름과 연고, 신전의 제사를 위해 태우는 향으로 제조하였다. 이집트에서는 금요일마다 집회가 열리곤 했는데, 그곳에는 몸에 향을 뿌린 사람들이 모여 들었고, 여자들은 향료가 들어있는 물로 목욕을 하고, 남자들은 향고를 발랐으며, 부자나 귀족의 집에는 향기가 흘러 넘쳤다. 축제가 열리면 거리에 향을 피웠기 때문에 가난한 사람들도 덩달아 좋은 향기를 즐길 수 있었다고 한다.

파라오시대의 이집트에서는 '키위(혹은 키피 : Kyphi)'라 불리는 조합향유가 널리 사용되었다. 16가지 성분이 함유된 이 향유는 아스파라가스, 카다몸[172] 시프르Cypre, 덕Duck, 벌꿀, 주니퍼[173], 몰약[174], 건포도, 사프란Saffron, (번홍화 番紅花) 등으로 만들어졌다. 정신을 맑게 하고, 기분을 도취시켜 즐겁게 하는 작용이 있어서 밤의 향료로 애용되었으며 벅을 수도 있었다.[175] 키위연구가인 로레는 한층 더 오래된 비법을 찾아냈다. 육계[176], 박하, 창포(菖蒲, Calamus), 향모(香茅, Lemon Grass), 주

Kessinger Publishing, 296.

172) Cardamom: 소두구, 아시아 열대의 생강과 식물로 향신료로 쓰임.

173) Juniper: 로뎀나무, 노간주나무 종류에서 채취한 수지.

174) Myrrh, 몰약 : 감람과 미르라 나무에서 얻어지는 수지로 숲속의 향기를 불러일으킨다.

175) 송인갑, 앞의 책, 51-52.

176) Cinnamon- קנמון(히 키나몬) 계피로 향수의 원료나 향신료로 사용되며 세일론, 말레이시아, 세이셸에서 생산되고 강하고 달콤한 에센스는 오리엔탈 계열의 향에 핵심이 된다.

안(晝顔: 메꽃), 세난타스, 렌티스크스 라우르스, 카시아[177] 등을 각각 동량씩 채취하여 건조시켜 분말로 만들어 잘 섞어 놓고, 같은 양의 페니키아 두송, 카시아, 헤나(Henna: 고벨화), 시프르, 론그스를 일주일 동안 포도주에 담가놓는다. 그 다음에 건포도를 5일간 포도주에 담가서 테르핀Terpin수지와 봉밀을 섞어 놓는다. 이 모두를 혼합하여 몰약을 더한 후 전체를 잘 혼합하여 제조한다. 꽤 복잡한 비법으로 세심한 주의가 필요했다고 한다. 키피를 애용하였던 클레오파트라는 몸 전체에 시돈산 감송유를 발랐으며, 양손에 바른 향료는 한번에 400데나리온[178]어치였다고 한다.[179]

디오스코리데스Dioscorides[180]에 따르면 키피kyphi는 열 가지 성분으로 구성되어 있으며, 플루타르코스Plutarch[181]의 이집트 출처에 따르면 다음과 같이 16가지 성분을 사용하여 만든다. 키피Cyphi는 꿀Honey, 포도주Wine, 건포도Raisins, 사이프러스cyperus, 수지Resin, 몰약Myrrh, 아스팔라투스aspalathus[182], 시슬리스seselis[183], 유향mastich, 역청Bitumen,

177) Cassia-קרדה(키다), קציעה(케찌아) : 시나모뭄 카시아(Cinnamomum cassia-계피)의 향기로운 수피(樹皮)로 만들어진 향신료.

178) 1데나리온은 성인 1인의 하루 품삯.

179) 송인갑(2012), "후각을 열다", 청어, 51.

180) 고대 로마시대의 학자로 AD 58-70년 경에 저술한 '약용학'에서 600여종 이상의 식물의 추출법과 사용법에 대하여 기록하였다.

181) 46년 그리스 델포이 인근의 보이오티아지역에 있는 카이로네이아의 작은 마을에서 태어났다. 《플루 타르코스 영웅전》의 저자로 널리 알려진 고대 그리스 시대의 철학자, 정치가 겸 작가이다. 위키백과.

182) 남아프리카 핀보스 지역에 주로 서식하는 콩과식물로 270여종 이상이 있다. 루이보스티도 그 중 하나이다. 다음백과.

183) 유럽 중 남부가 원산지이지만 잉글랜드와 스코틀랜드의 일부 지역에서는 보통 집 근처의 목초지에서도 볼 수 있다. 종명인 시슬리(cicely)는 향기를 풍기

러시Rush[184], 수영Sorrel[185] 카다뭄cardamum, 그리고 창포calamus의 16가지 성분으로 구성된 화합물이다. 이 화합물의 원료가 되는 대부분의 물질은 향기로운 성질을 지니고 있기 때문에 감미로운 발산과 호기심을 불러 일으켜 공기가 바뀌고 몸은 부드럽게 움직이며, 수면에 도움을 준다. 그리고 매일 소름 끼치는 걱정, 고민과 긴장은 와인의 도움 없이도 마치 묶였던 매듭을 풀듯이 해결해준다.

이집트에서는 육계와 감송향을 주성분으로 하는 향료를 애용하였고, 이집트의 항구도시인 알렉산드리아에는 거대한 향료 공장이 있어 다양한 향료 제조가 이루어졌으며, 다른 나라와의 교역도 활발하였다. 특히 산뜻한 장미향, 시프르향, 백합향은 남성용으로 애용되었고, 향의 지속성이 강한 몰약(沒藥), 메가레이온, 감화향(甘樺香), 박하향(薄荷香), 감송향(甘松香)은 주로 여인들을 위한 향으로 사용되었다. 당시에는 알코올을 알지 못하였기에 기제로서 불휘발성 기름이나 포도주를 이용했는데, 좋은 포도주를 사용하면 한층 부드럽고 좋은 향기를 낼 수 있었다. 이렇듯 이집트는 고대 향료의 본산지라고 해도 과언이 아니었다.[186]

다 라는 뜻을 가진 그리스어 seselis 또는 seseli 에서 유래한다. 풀 전체가 아니스와 같은 냄새를 풍겨서 예전부터 요리에 많이 이용하였다. 다음백과.

184) 온대지역에서 볼 수 있으며 특히 습하거나 그늘진 곳에서 자란다. 골풀과(一科 Juncaceae)에는 골풀속(一屬 Juncus)과 꿩의밥속(Luzula) 식물들이 속하는데 골풀속 식물은 'common rush'이고 꿩의 밥속 식물은 'woodrush'라고 한다. 다음백과

185) 괴승애 : 연한 잎은 식용하며 밀원, 관상, 사료로도 이용한다. 어린순을 데쳐서 나물이나 국을 끓여 먹고 잎은 채소나 샐러드, 샌드위치, 스프, 소스 등에 이용한다. 향미료로 쓰이기도 한다. 다음백과.

186) 송인갑, 앞의 책, 51-52.

고대의 향은 수지를 주로 이용하였다. 지금의 향은 에센스오일로 증류해서 쓰고 있지만 이 당시의 기술로는 액체 형태보다는 고체나 가루의 초기 형태인 인센스incense로 자연 그대로의 향료를 많이 사용한 것으로 보인다. 또한 각 향료를 섞어 소금을 쳐서 성결하라고 한 것을 보면, 소금은 가루상태인 향료의 부패를 막는 방부제로 쓰인 것이다.[187]

하늘의 향기는 신성한 향기에 초점을 맞추고 기독교 전통에서 냄새의 역할을 다한다. 종교와 냄새는 오래전부터 얽혀 있었고 레이나즈Reinarz는 고대 기독교의 변이를 "무취의 행위에서 향기로운 신앙으로 옮겨 갔다"고 지적했다. 그는 향기가 기독교 실천에서 점점 더 중요한 역할을 하기 시작한 이래로 4세기에 집중한다. 향기는 신성한 공간으로 모독을 변형시키는 중요한 요소였다. 그것은 동시에 신성의 존재를 전하는 것으로 생각되었지만 동시에, 에로틱 한 욕망을 이끌어 냈다. 따라서 그리스도인들은 지나가는 사람들이 알아차릴 수 있는 향기를 입지 않도록 권고 받았다. 로마 황제에게 향을 제공하는 것을 거부하는 것이 범죄라고 언급하는 것이 흥미롭다.[188]

고대 이집트의 왕 람세스 3세(기원전 12세기)는 향신료를 획득하기 위해 더욱 모험적인 원정을 감행했다. 그는 해양원정대를 편성해 홍해 북쪽에서 남쪽까지 행해한 후 아라비아반도의 해안을 따라 유프라테스 강까지 페르시아 만을 거슬러 올라간다.[189]소포클래스는 기원

187) 송인갑, 앞의 책, 55.

188) Jonathan Reinarz (2014), "Past Scents: Historical Perspectives on Smell" (Studies in Sensory History), University of Illinois Press, 51.

189) 장 마리 펠트((2005), "향신료의 역사", 김중현역, 좋은책만들기, 33.

전 5세기에 테베를 '소리와 향기, 신음과 찬가와 훈향이 짙게 뒤섞여 있는' 도시로 묘사했다. 고대 세계의 도시들은 후각 및 다른 감각들의 풍요로운 혼합물을 제공해 주었다.[190]

로마시대에는 유향과 몰약의 공급이 수요량을 따르지 못해 값이 천정부지로 뛰어 올랐으며 한때 금값에 버금가기도 하였다. 로마가 향수와 향료의 최대 소비국이 되면서 유향 수입은 로마재국의 재정을 뒤흔드는 주요 원인이 되었다. 로마제국 시대에 제사의식 같은 성스러운 목적으로 사용되던 아라비아 향료들은 점차 인간의 욕망을 위한 사치스럽고 퇴폐적인 용도로 쓰이게 되었다.[191] 로마 사람과 그리스 사람들은 매년 3,000톤 이상의 유향을 수입했고, 로마제국시대에 제사의식 같은 성스러운 목적으로 사용되었던 아라비아 향료들은 점차 인간의 욕망을 위한 사치스럽고 퇴폐적인 용도로 쓰이게 되었다.[192]

향신료를 서양에 본격적으로 선파한 사람들은 십자군이었다.[193] 중세에 향신료는 경제적으로나 사회적으로 큰 비중을 차지하고 있었다. 서양에서 향신료 무역의 독점권을 지키고 빼앗기 위해 싸운 것은 요리에 대한 호기심 때문이 아니라 향신료 무역이 주는 막대한 경제적 이득과 정치적 종교적 이유에서 일어난 전쟁이었다.[194]

고대 로마 사람들은 의사들이 사용하는 식물성 약품과 요리사들이

---

190) 콘스탄스 클라센, 데이비드 하위즈, 앤소니 시노트저(2002). "아로마, 냄새의 문화사", 김진옥 역. 현실문화연구, 28.

191) 셀리아 리틀튼(2009), "지상의 향수, 천상의 향기", 도희진역, 뮤진트리, 234.

192) 셀리아 리틀튼(2009), "지상의 향수, 천상의 향기", 도희진역, 뮤진트리, 234.

193) 아니위베르 외(2001), "향신료", 노정규역, 창해, 18-19.

194) 앞의 책, 18.

이용하는 향료들을 모두 스파이스species라는 이름으로 불렀다

로마의 지배 하에서 알렉산드리아는 세계 최대의 무역 중심지가 되었으며, 인도의 향료와 매운 양념들이 거래되는 중심시장이었다. 로마와 인도 간의 교역은 300여 년 이상 크게 번성하다가 감소되기 시작했다. 물론 로마와 인도와의 직접교역이 향료교역에 있어서 아랍인의 주도권을 약화시키기는 했으나 완전히 빼앗지는 못했다. 로마의 향료무역이 5세기에 활기를 띠다가 6세기에 쇠퇴한 데 반해 아랍의 교역은 중세의 모든 시기에 걸쳐 활발히 이루어졌다. 10세기경 베네치아는 레반트(지중해의 동부 연안 제국)의 향료무역으로 인해 번성하기 시작했는데,13세기 초반에는 중동과의 교역을 독점했고 15세기경에는 유럽에서 절대적인 위력을 떨쳤다.

베네치아는 동양과의 향료무역으로 부를 축적하기도 했는데, 알렉산드리아에서 향료를 구입하여 북부 · 서부 유럽의 상인들에게 비싼 가격으로 팔아 폭리를 취했다.

알렉산드리아에서 들여온 향료의 원산지를 알게 된 한편 베네치아의 주도권을 분쇄할 수 없다는 사실을 깨달은 유럽인들은 15세기 말엽에 향료 생산국으로 가는 항로를 찾기 위해 배를 건조하여 위험한 항해를 감행하기 시작했다.

향신료를 찾아 떠난 항해의 가장 큰 이유는 값이 비싸고, 희귀하였다는 것이다. 향신료는 기독교인들에게 병적 집착에 가까운 기호품이었고, 이슬람교도들에게는 손쉬운 돈벌이 수단이었다.[195] 당시 사람들이 인도와 향신료에 관한 전설적인 이야기를 전적으로 진지하게만

195) 잭 터너(2012), "스파이스", 정서진역, 도서출판 따비, 46-47.

받아들일 의도가 없었는데도 그것들은 오늘날 사실에 근거한 의견을 교란하고 부주의한 사람들의 덫으로 작용한다. 현대의 시각으로 허구와 사실을 구분하는 것은 어렵지 않지만 중세시대민해도 그 경계는 불분명했다.[196]

절대적 의미에서 향신료 무역은 중세에서 근세로 넘어오며 규모가 커졌지만 상대적 의미에서 향신료는 관심 밖으로 밀려났다. 새로운 교역이 등장하면서 다른 기호 식품이 대체되면서 과거 화려했던 향신료의 명성을 무색하게 만들었다.

계몽주의 세대의 경제는 향신료에 대한 비난에 오랫동안 맞서 왔던 상인들의 논리를 무너뜨렸다.[197] 향신료는 국가의 무기이고 경제였던 시절은 지나갔다. 이제는 향신료를 하나의 문화와 음식의 다양함을 추구하는 양념으로 사용되어 진다. 향료무역은 아시아와 유럽문화의 융합을 가져왔고, 그 융합은 동남아시아 곳곳에 산재되어 있다. 이것은 향료가 이어진 문화의 교류로 오늘날에도 그 줄기는 계속 이어지고 있다.

196) 잭 터너, 앞의 책, 118.

197) 잭 터너, 앞의 책, 499.

2-5. 냄새의 정체성

후각의 의식화와 사회화의 감각적 특징은 사회 문화적인 이데올로기와 상징의 특성과도 연결된다.[198] 시대가 변할수록 이러한 개인의 의식화 사회화는 점차 변화하며, 개인과 집단 속에서 끊임없이 후각의 지각은 진화하고 있는 것이다. 후각적 본능의 초기 단계 사회화는 냄새를 지각하는 신체의 반응에서부터 비롯된다. 신체의 냄새를 통해 자신의 존재를 지각하는 이런 현상은 사회적 존재로서의 개인의 정체성과 관련이 있다.[199] 냄새는 개인적인 취향과 정체성을 나타내기도 하지만 사회의 구성원으로 가지는 정체성을 무시할 수 없다.

후각도 역사성을 가지면서 사회에서 정치와 권략의 구성 요소로 작용하여 후각적 신분과 제도를 만들고 그에 따른 후각적 이데올로기를 형성한다. 후각은 근대에 와서야 제도와 대중 이데올로기의 양면에서 사회 권력의 구성요소가 되고 있다.[200] 하지만 아직도 한국사회에서 후각의 존재는 감각의 한 부분으로만 여기지 사회 전반에 걸쳐 권력의 요소로 인식하고 있지는 않다.

후각세포는 28일마다 재생된다. 따라서 매달 새로운 코를 얻게 되는 것이다. 우리의 냄새는 암시적 성향을 띤다. 실제 방에 냄새가 난다고 말하면 전혀 냄새가 나지 않는 물건에서도 냄새를 느낄 수 있다.

---

198) 정진경(2016),"1930년대에 나타난 후각 이미지의 사회. 문화적 의미". 부경대 박사학위논문, 48

199) 정진경, 잎의 책, 49.

200) 정진경, 앞의 책, 53.

우리의 후각은 다른 감각보다 좀 더 감성과 연결되어 있다. 모든 감각 발달 중 첫 번째이다. 심지어 태어나기 전에 후각은 완전히 발달되고 기능을 한다. 또한 특정 단어로 냄새환상을 만들 수 있다. 어떤 향에 이름을 부여함으로써 향은 부여된 이름으로 인지된다. 하지만 다른 이름을 같은 향에 부여하게 되면 향은 새로운 냄새를 가지게 될 것이다. 후각은 쉽게 감지된다. 제과점이나 화원에 들어갔을 때 아로마 향을 바로 감지하지만 물건을 구매하러 상점에 들어가면 계산대에 오기도 전에 냄새에 익숙해져 냄새를 맡지 못할 것이다.[201] 냄새는 사람들의 생활에서 중요한 역할을 한다. 냄새는 인간의 감정을 움직일 수 있고, 기억을 끌어내기도 하며, 배고픔을 느끼게도 하고, 긴장을 완화시키거나 없애버리기도 한다.[202] 또한 흡연은 후각을 손상시키며, 여성은 평균적으로 남성보다 예민한 후각을 지녔지만 빨리 지치기도 한다. 향수시장을 이끌어가는 많은 조향사들의 다수가 남성인 것도 그러한 사실에 기인한 것이다. 하지만 모든 사람은 연습과 주의력을 통해 후각을 증가시킬 수 있다

> "후각은 생의 비밀, 낮은 지대의 뒷골목에 가장 핍진하게 밀접해 있는 감각이며 가장 능동적으로 어딘가로 끊임없이 흘러가는 감각이다."[203]

신음은 반응이며 치유는 감응이다. 물론 감응은 반응 없이는 불가능하다. 반응의 불을 댕기는 것이 바로 후각이다. 냄새 맡지 못하면

201) Surprising Facts about Our Sense of Smell

202) 김상희(2007), "감성브랜드 맥락에서 본 기업 브랜드 아이덴티티로 감성아이덴티티 제안" 한양대 석사학위논문, 23.

203) 한병철,(2014) "투명사회", 김태환 옮김 , 문학과지성사. 『김선우의 사물들』130쪽) 재인용

결국 치유는 없는 것이다. 하여, 살아야 하는, 살아 내야만 하는, 생명은 끊임없이 냄새를 좇아 흘러가는 것이다.[204] 후각은 생명의 근원이며 원천이다. 숨을 쉬는 것은 생명의 연장이며 그것을 통해 따라오는 많은 후각적 요소들이 생명의 값어치를 결정하는 것이다.

후각자극을 사용한 브랜드 중 단연 돋보이는 브랜드는 싱가포르항공이다. 다양한 방법을 통해 항공여행의 감성적 체험을 강조하는 캠페인을 전개하는 것으로 유명한

싱가포르항공은 '스테판 플로리디안 워터스 Stefan Floridian Waters'라는 독자적인 향을 개발하였다. 이 향은 승무원들이 직접 사용할 뿐 아니라 기내의 집기 뿐 아니라 전반적인 기내 인테리어에 모두 적용되어 향을 통해 싱가포르항공의 아이덴티티를 강화시켰다.[205] 매장 디스플레이, 자동차 인테리어 등 다양한 목적의 공간 디자인, 향이 적용된 제품의 디자인 등 후각 자극이 직접 활용되는 분야의 디자인에 향에 대한 연상색채를 적용하여 동일한 향에 대한 호감도를 상승시키고, 그에 따라 향이 적용된 공간이나 제품 등에 대한 소비자의 긍정적인 태도를 유발할 수 있을 것이다. 패키지 디자인 및 광고나 게임의 영상 디자인 등 후각 자극의 간접적 연상을 요하는 디자인 분야에서 향에 대한 연상색채를 적용하여 소비자들이 실제로 향을 맡을 수 없는 경우에도 해당 향이 전달하려는 이미지와 동일하거나 흡사한 이미지를 효과적으로 어필할 수 있을 것이다.[206] 하지만 아직도 후각적 요소가

---

204) 한병철,(2014) "투명사회", 김태환 옮김 , 문학과지성사.

205) 박민영(2012), "후각 중심의 감성디자인을 위한 색채 공감각 연구",이화여대 석사학위논문, 9.

206) 박민영, 앞의 책, 81.

향수나 향 관련 재품에 국한되어 있어 보편화되기에는 시간이 필요할 것 같다. 그 이유는 후각적 요소가 학문이나 문화적 역사적으로 유입된 것이 아니라 상품으로 존재하고 있기 때문일 것이다. 향은 사람들마다 다르게 느끼기에 단순히 후각적 요소만으로는 디자인이나, 광고 등에 적용시키기에는 다소 무리가 있기에 감각의 통합 또는 후각의 시각화 등 다양한 시도가 필요할 것 같다.

신생아에 있어서 어머니의 젖꼭지는 필요한 영양소의 유일한 원천이다. 산모의 냄새는 음식 섭취와 깊은 관련이 있으며, 산모의 냄새로 인해 가슴에 접근하지 못한 신생아는 출생 직후에 모유 섭취가 어렵게 된다. 결과적으로 효과적인 모유 수유를 유지하고 수립하는데 도움을 주는 수단을 개발하는 것이 모유 수유 선택에 유리하다고 생각된다. 임산부의 가슴 냄새는 신생아를 위한 음식 공급원의 존재를 알리는데, 이러한 젖 냄새는 신생아에게 1시간에서 산후 몇 주까지 긍정적인 반응을 나타낸다. 어머니의 후각 지각은 음식과 청각 및 촉각 자극과 같은 강화 자극에 의해 증강되며, 유아는 일반적으로 수유중인 여성의 냄새에 이끌리며 특히 어머니의 독특한 향기에 반응한다는 것을 알 수 있다.[207] 아이는 익숙한 냄새를 기억하고 있다. 물론 뱃속이긴 하지만 그 냄새를 정확히 기억하고 있는 것을 보면 인간은 대단한 후각을 가졌다고 할 수 있다.

인간의 냄새는 많은 동물에 비해 약하지만, 여전히 매우 민감하다. 사람은 수천 가지의 다른 냄새를 인식 할 수 있으며, 극소량에서도 냄

207) Porter, R.H.; Winberg, J. (1997). "Unique salience of maternal breast odors for newborn infants". Neuroscience and Biobehavioral Reviews. 23: 439449.

새를 감지할 수 있다. 인간의 코는 실제로 냄새뿐만 아니라 맛의 주요 기관이다. 우리의 혀에 있는 소위 맛 봉오리는 단맛, 신맛, 쓴맛과 짠맛의 4가지 특성만 구별할 수 있다. 그 이외 다른 맛은 혀의 후각돌기를 통한 비강으로의 전달과 우리의 비강에서 높게 나타나는 후각수용체에 의해 감지된다. 많은 냄새나는 물질은 후각 시스템뿐만 아니라 온도, 통증 등에 민감한 우리 코의 신경 종말 시스템 인 '체세포 감각'시스템을 활성화 시킨다 냄새에 대한 인식은 냄새 자체가 아니라 경험과 감정의 냄새 이러한 감각과 관련되어 있다.[208] 똑같은 해변의 비린내를 맡고도 어떤 사람은 불쾌해 하는가하며, 또 어떤 사람은 마음이 경쾌하고 즐거워지는 것은 무엇 때문일까? 이러한 차이는 후각 시스템이 대뇌 안에서 거치는 경로와 관련이 있는데, 대뇌 내 후각신경 기저는 연상, 학습(해마)이나 감정 발생(편도체)과 특히 밀접하게 연관되기 때문이다. 저장된 후각 정보는 각종 기억, 연상과 서로 뒤얽히기 때문에 우리가 특정한 냄새를 맡고 그것을 정확히 식별하기도 전에 그 냄새는 이미 우리 대뇌 속 깊은 곳에 있던 기억을 활성화시켜 보다 심층에 있는 정서적 반응을 이끌어낸다.

냄새에 대한 식별이 태아 단계에서 이미 시작된다는 사실이 여러 연구를 통해 밝혀졌다. 모체가 섭취하는 음식에 따라 태아가 접하는 양수의 냄새나 맛이 다르게 된다. 마늘을 먹거나 술, 음주, 흡연을 한 임산부에 대한 검사 결과, 출생한 아이들이 다른 아이들에 비해 이런 냄새들을 보다 좋아하는 현상이 발견되었다.[209] 향기에 대한 선호는 나이가 들어감에 따라 바뀌기도 한다. 연구에 따르면 냄새에 대한 3세

208) www.sirc.org/publik/smell_human.html (SIRC "The Smell Report").

209) 헬스부(대기원시보) 장샤오칭 기자, 2016.01.12.

유아의 후각은 성인과 기본적으로 같았지만, 사춘기에 이르면 특정한 냄새들에 대해 보다 민감해졌다. 그러나 후각은 사람마다 큰 차이를 보인다. 다양한 검사를 통해 여성의 후각이 남성보다 민감한 것으로 나타났는데, 이는 신생아도 예외가 아니었다. 정리하자면, 향기에 대한 사람의 반응은 최초로 경험했던 감정과 크게 관련되며 이러한 연상 작용은 사람의 정서나 행동에 계속해서 영향을 준다. 물론 유전적인 요인도 관련이 있는데, 예컨대 고수(코리안더)의 향기가 비누 향 같다고 느끼는 사람은 유전적으로 후각이 민감하여 고수와 비누가 공통적으로 가지고 있는 화학물질인 아세트알데히드를 판별해내는 것이다.

1920년대 과학자들은 사람의 코가 약1만 종류의 냄새를 판별해낼 수 있을 것으로 생각했다. 그러나 <사이언스>지에 실린 최근 연구 결과에 따르면 이는 지나치게 보수적인 추정치로, 록펠러대학 연구원들은 인류의 후각이 1조 종의 냄새를 구분할 수 있다는 사실을 발견했다. 아무리 후각이 둔감한 사람이라도 약 8천만 가지의 냄새를 인식할 수 있으며, 후각이 아주 민감할 경우 1천조 종까지도 식별해낼 수 있다고 한다. 이는 사람이 후각 시스템을 통해 공포, 혐오 등의 정서 및 다양한 연령, 성별을 감지해낼 수 있는 이유를 일정 부분 설명해준다. 연구에 따르면 사람의 체취를 통해 그의 연령과 성별을 알아낼 수 있다. 어머니는 아이를 한 시간 동안만 안고 있어도 아이의 냄새를 기억하게 되며, 이는 자신의 아이가 아닌 다른 아이의 경우에도 마찬가지다.[210] 우리는 문화를 통해 전달된 정보로 기본적인 안전과 건강에

210) 헬스부(대기원시보) 장샤오칭 기자, 2016.01.12.

대한 규범들을 내재적으로 학습한다. 연기 냄새가 화재가 의미한다는 것을 알기 위해 꼭 불타는 집에 갇혀본 적이 있어야 하는 것은 아니다. 연기가 위험을 나타낸다는 것을 학습하는 것으로 충분하다. 우리들 각자가 세상의 냄새를 좋아하거나 좋아하지 않는 것은 냄새에 대한 특정한 개인의 사연과 문화의 역사, 그리고 이를 통해 우리가 거기에 부여하는 성격과 의미 때문이다. 고약한 냄새가 나는 것은 없다.

생각이 그런 냄새를 만드는 것이다.[211] 지난 9개월 동안 아기의 보금자리였던 양수에는 아기와 엄마 모두의 화학적 성분이 들어있다. 아기가 자기 엄마에게서 그토록 쉽게 알아보는 것은 그 같은 친숙한 냄새 때문이다. 신생아는 또한 엄마와 직접적인 신체 접촉을 해야 엄마와 이모를 신속하게 구별할 수 있다. 이것은 모유를 먹은 아기와 분유를 먹은 아기의 한 가지 차이점이다. 엄마의 가슴과 겨드랑이에 직접 코를 갖다 댄 모유 수유 아기들은 엄마의 특징적인 냄새를 친밀하게 느낀다. 그렇게 직접적인 접촉이 많지 않은 분유 수유 아기는 엄마의 냄새를 파악하는데 훨씬 많은 시간이 걸린다. 같은 이유로 아기는 아빠의 피부와 친밀하게 접촉하지 않으면 아빠의 냄새를 알아보는 데 어려워한다.[212] 결국 아이들에게 있어 부모의 냄새는 심리적인 안정감과 평온함을 주기에 부모의 신체적 접촉은 아이 성장을 위해 매우 중요한 것이다.

부모 특히 엄마도 자기 아이의 냄새를 날아보는 능력이 뛰어나다. 제왕절개를 한 여자마저도 자기 아이의 몸을 만져볼 시간이 별로 없었는데도(2시간 반 이하) 자기아이의 독특한 냄새를 금방 알았다. 예루

211) 레이첼 허즈, "욕망을 부르는 향기", 장호연 옮김, 뮤진트리, 70.

212) 레이첼 허즈, 앞의 책 171-172.

살렘 헤브루 대학의 과학자들은 갓 태어난 아기와 한 시간 미만 접촉한 여자들의 90%가 냄새만으로 자기 아이를 금방 알아본다는 것을 발견했고 그 가운데는 10분만 접촉하고도 알아본 여자가 있었다고 한다.[213] 아빠도 냄새로 자기 아이를 알아볼 수 있지만 엄마보다는 못하며 이것은 엄마가 아이와 더 많은 시간을 보내기 때문이 아니라 엄마가 여자이기 때문이다. 여자들이 남자보다 자신의 냄새를 더 잘 구별하기 때문에 그들은 '자신'을 효과적인 기준으로 활용하여 누가 자기 아이인지 알아낼 수 있는 것이다. 부모가 자기 아이의 냄새를 알아맞히는 데 는 부모자식이 서로 비슷하다는 점이 크게 작용한다. 우리에게 독특한 체취를 부여하는 유전자는 우리의 MHC[214]에서 나오며 부모 양쪽이 각각 50%의 유전자를 자식과 공유한다.[215]

후각인상은 주체가 객체를 월등히 압도한다는 근본적인 특징을 지니고 있지만 후각적 변별을 독립적이고 객관적으로 할 수 없다는 특징 때문에 주로 상징적으로 나타난다.[216] 개인과 사회의 후각정체성은 그들이 속해져 있는 집단과 환경의 굴레 속에서 벗어나기가 어렵다. 그것은 일종의 후각적 섹터가 존재하기 때문이다. 하지만 후각적 장벽은 같은 사회 안의 집단에서도 일어난다. 오웰은 노동자 계급의 육체에서 나는 악취는 "넘을 수 없는 장벽"이라고 주장한다.[217] 이러한 경계는 개인적 상황에서는 중화와 첨가를 활용하여 -가령 향수 같은

213) 레이첼 허즈, 앞의 책, 172.

214) 주요 조직 적합 유전자 복합체(major histocompatibility complex)

215) 레이첼 허즈, 앞의 책, 173.

216) 정진경(2016), "후각의 시학", 푸른사상사, 47. 제인용 (게오르규 짐멜)

217) 정진경, 앞의 책, 54-55.

것- 모호하게 만들기도 한다.

후각은 위생과 환경에 있어서도 나타나기 시작한다. 냄새는 우리의 의식과 상관없이 감성에 영향을 주기에 후각의 위생개선운동은 사회 개혁운동과 관련되기도 한다. 병원에서 개인의 침상을 만든 것은 타인의 냄새로 인해 내가 질병에 걸려서는 안 된다는 논리에서 비롯된 것이다.[218] 문화적인 측면의 후각 상징들은 시대의 변화와 상관없이 인간의 내적인 진실로 자리를 잡은 것들이다.

후각적 차원에서 냄새혼합은 정체성의 상실을 의미한다. 그래서인지 인종 간 냄새의 혼합은 사회적인 금기의 기능으로 자리 잡고 있다.[219] 이러한 우리와 다른 냄새를 풍기는 나라와 민족을 만날 때 확실히 깨닫게 된다. 냄새의 뒤섞임은 견딜 수없다는 사실을 말이다. 그래서 과거 타 민족과의 결합은 후각적 이유로 인해 금지되었을지도 모른다. 외국여행을 하다보면 냄새는 그곳의 사람과 도시 그리고 문화를 대변하고 있다는 생각이 든다. 즉 냄새는 인간의 감정, 행동, 판단에 영향을 끼치는데, 그중에 냄새가 가장 큰 영향을 끼치는 것으로 유명한 분야는 바로 소비자 행동이다.[220] 기분 좋은 향기가 은은하게 퍼지면 사람들이 지출하는 돈에 영향을 끼친다는 사실이 발견되었다.[221] 라스베이거스에 위치한 한 카지노에서 진행된 연구에서, 슬롯머신이 설치된 구역에 흥분하게 하는 향기를 퍼뜨린 날에는 카지노를 방문한

218) 정진경, 앞의 책, 56.

219) 정진경, 앞의 책, 137.

220) 살마 로벨((2014), "센세이션",오공훈역, 시공사.286.

221) 살마 로벨, 앞의 책, 286. 재인용 (Does age attenuate the impact of pleasant ambient scent on consumer response ?)

사람들이 도박을 하는 경우가 그렇지 않는 날보다 훨씬 많았다. 어떤 냄새는 고객의 행동뿐만 아니라 놀랍게도 인간의 인지 및 운동 능력 수행에도 영향을 끼친다. 몇 가지 연구를 통해 페파민트 및 계피 향은 주의력과 기억력을 포함한 인지 능력 수행능력은 물론 사무 업무능력에도 심지어 비디오 게임능력도 향상 시킨다는 결과가 밝혀지기도 했다.[222] 우리는 생선 냄새와 의구심을 서로 연관시키며 이렇게 연관성을 이루는 각 요소는 상대요소를 활성화 시킨다, 그래서 냄새 맡는 감각이 제공하는 귀중한 정보를 진지하게 받아들여야 한다.[223]

냄새 인식은 냄새 자체와 더불어 그 냄새와 얽힌 경험과 정서로 이뤄진다. 냄새는 그저 생물학적, 심리학적 현상이 아니다. 문화적·사회적·역사적 현상이다.[224] 그래서 냄새에 대한 인식은 우리가 자연스럽게 익히게 되는 삶의 한 방편인 것이다.

/;;/ 현내 서앙 문화에서 냄새는 가장 얕잡히는 감각이다. /../ 18~19세기에 감각을 재평가했는데, 그 결과대로 서양 문화에서 냄새의 자리가 삽혔다. 18~19세기 철학자와 과학자는 이성과 문명을 시각이 이끈다고 여겼다. 후각은 광기와 야만의 감각이라고 일컬었다. 다윈과 프로이트는 사람의 시각이 후각보다 우선권을 얻도록 진화했다고 믿었다. 냄새를 좇는 사람은 야만인, 타락자, 변태 미치광이였다. /../ 현대에 냄새는 잠자코 있도록 억눌렸다. 드물게 대중 매체의 주제가 되는 때도 도덕 정신적 타락과 엮었다. 파트릭 쥐스킨트가 지어서 크게

222) 살마 로벨, 앞의 책, 288, 재인용(Cognitive enhancement through stimulation of the chemical senses 외)

223) 살마 로벨, 앞의 책, 298.

224) 콘스탄스 클라센 외, “아로마-냄새의문화사” 김진옥 옮김, 현실문화연구, 23.

성공한 소설 <향수>가 알맞은 보기이다. 주인공 그루누아가 처녀를 죽여서 몸내를 맡는 이야기이다. 역시나 그루누이는 천한 집안 자식인데다 미치광이 변태이다.

아기의 첫 감각이 냄새의 세계라고 추측할 만한 근거들이 있다. 우리의 생명은 햇빛을 보는 것이 아니라 양수 안에 번져 있는 일종의 삶의 냄새를 맡는 것으로 시작한다. 후각은 오래된 것일 뿐 아니라 뇌의 발생단계에서도 초기에 만들어지는 감각이다. 후각은 갓난아기들의 행동에서 두드러진 역할을 하다가 시간이 갈수록 다른 감각기능 혹은 언어 같은 대뇌기능들로 대치된다.[225] 어머니가 갓 태어난 신생아인 자신의 아이를 식별할 수 있는 것은 냄새의 유전적 유사성으로서 어머니는 자신의 아이에게서 자기 자신의 냄새를 맡는다. 또는 아이의 냄새가 어머니에게 각인 된 것이다.[226] 냄새의 감각 -진실성의 감각이기도 하는데, 신체의 탁월한 지혜를 부여하는 동물적 본능의 원천으로부터 정보를 가져오고, 심리학자에게 거짓과 환상을 가려내는 도구를 제공하기도 한다- 은 사람이 지성과 씨름할 때 그 모습을 드러내는 냉철한 논리를 권좌에서 몰아냈다. 냄새는 사람이 감추고 있는 본능과 욕망을 알 수 있기에 내재되어 있는 탐욕과 거짓을 드러나게 만든다. 마치 후각이 기본적인 기능을 초월할 때, 냄새는 육감, 즉, 직관적 지식의 감각으로서 기능하는 것이다.[227]

한 냄새가 얼마나 강한지 그리고 그 냄새를 얼마나 오래 맡았는지

---

225) 라이얼 왓슨(2002), "코 : 낌새를 맡는 또 하나의 코, 야콥슨 기관" 이한기 역, 정신세계사, 35.

226) 라이얼 왓슨, 앞의 책, 132.

227) 라이얼 왓슨, 앞의 책, 282.

에 따라서 감수성이 달라지는 것을 자체 적응이라고 하며, 특정한 냄새에 대한 적응이 다른 냄새에 대한 감수성에 미치는 영향을 교차 적응이라고 한다.[228] 인간이 가장 먼저 느끼는 감각은 양수 안에 포함된 냄새일 것이다. 태아가 9주가 되면 후각상피에 후각모가 있는 세포들이 나타난다. 태아는 5개월부터 냄새를 맡는다고 할 수 있다.[229]

유아들의 코는 친숙한 냄새를 좋아하며 그런 냄새에 즉시 집착한다. 후각상실은 아주 천천히 진행되어서 본인이 전혀 깨닫지 못하는 것이 특징이다. 80세 이상은 후각의3/4, 65-80세 사이에는 대체적으로 절반가량이 냄새를 맡지 못한다.[230] 결국 냄새는 인간의 노화와 함께 그 기능을 다해가는 것이다. 그래서 후각의 퇴보는 나이와 비례하고 그 기능이 일찍 오면 치매에 걸릴 확률이 그만큼 높다는 말일 것이다.

냄새의 의식적 기억학습은 확실히 후각의 기능의 퇴보를 늦추어 치매에 강하게 대응하는 의학적 요인이 된다.

2-6. 냄새의 시공간

이전에는 공간과 시간이 서로 아무런 관련도 없다고 믿어왔다. 물리공간은 평평한 3차원 연속체로 점을 움직여 배열할 수 있는 모든 모양인데 이 공간에는 유클리드 기하학[231]을 적용할 수 있다. 그 3차원

228) 피트 브론 외(2000), “냄새: 그 은밀한 유혹”, 이인철 역, 까치, 81.

229) 피트 브론 외, 앞의 책, 100.

230) 피트 브론 외, 앞의 책, 106.

231) 유클리드 기하학(-幾何學, Euclidean geometry)은 고대 그리스의 수학자 에우

공간은 데카르트 좌표를 써서 가장 자연스럽게 나타낼 수 있으며 직선도 손쉽게 나타낼 수 있다. 시간은 공간과 별개의 것으로 간주되며 1차원 연속체로서 무한대까지 완전히 균일하다고 본다. 시간에서 '지금'이라는 것은 어떤 다른 순간 사이에 과거와 미래를 결정짓는 기준으로 받아들여진다.[232] 냄새가 있는 시간과 공간은 별개로 존재하지 않는다. 그것은 시공간이 하나의 축에 의해 움직이는 추와 같은 것이다. 냄새가 발생되는 시점은 바로 그 공간의 시간대이며 자연스럽게 시간이 흐르면 공간 또한 변해가는 것이다.

공간과 시간을 따로 생각하는 한 운동하는 물체에서 움직임이 완전히 멎은 절대정지 상태를 상상할 수 없다. 균일하게 움직이는 공간 좌표계에 균일한 시간 연속체를 덧붙이면 가속되지 않는 모든 운동을 표현할 수 있으며, 이러한 계를 관성기준계라 하고 이러한 우주를 뉴턴 우주Newtonian universe라고 부른다. 또한 4차원 시공간 연속체를 쓰면 헤르만 민코프스키의 이름에서 따온 민코프스키 우주Minkowski universe[233]라 부르는 또 다른 잘 정의된 평평한 기하학 토대를 마련할 수 있다.[234] 하지만 민코프스키의 휘어지지 않은 평평한 4

클레이데스가 구축한 수학 체계로 《원론》은 기하학에 관한 최초의 체계적인 논의로 알려져 있다. 유클리드의 방법은 직관적으로 받아들일 수 있는 공리를 참으로 간주한다. 위키백과

232) 다음백과

233) 민코프스키 공간(Minkowski space은 물리학과 수학에서 사용되는 아인슈타인의 특수상대성이론을 잘 기술하는 수학적 공간을 말한다. 이 공간에서는 일반적인 3차원 공간과 1차원의 시간이 서로 조합되어 시공간의 4차원 다양체를 표현한다. 위키백과.

234) 다음백과.

차원의 공간은 사실상 이론에 불과하다고 한다. 마찬가지로 휘어지지 않은 4차원의 세계에서는 냄새가 존재할 수가 없을 것이다. 냄새는 기본적으로 움직임에 따른 시공간이 있어야 하기 때문이다.

패트릭 쥐스킨트의 소설에서 후각을 형상화하는데 있어서 우선 냄새에 대한 묘사와 냄새를 맡는 행위에 대한 묘사로 구분할 수 있다. 냄새에 대한 묘사는 소설 속 화자가 먼저 다양한 냄새와 연관되어 있는 시간적, 공간적 배경에 대해서 설명하고 있다.

> "이 책에서 이야기되고 있는 시대에는 우리 현대인들로서는 거의 상상도 할수 없을 정도의 악취가 도시를 짓누르고 있었다. 길에서는 똥냄새가, 뒷마당에서는 지린내가, 계단에서는 나무 썩는 냄새와 쥐똥냄새가 코를 찔렀다. 부엌에서는 상한 양배추와 양고기 냄새가 퍼져 나왔고, 환기가 안 된 거실에서는 곰팡내가 났다. 침실에는 땀에 절은 시트와 눅눅해진 이불 냄새와 함께 요강에서 나는 코를 얼얼하게 할 정도의 오줌냄새가 배어있었다. 거리에는 굴뚝에서 퍼져 나온 유황냄새와 무두질 작업장의 부식용 양잿물 냄새, 그리고 도살장에서 흘러나온 피 냄새가 진동하고 있었다.
> 시공간적 배경을 냄새를 통해서 묘사하는 것 외에도 화자는 또한 사람들을 다양한 냄새로 특징화한다. 그래서 화자에 따라면 "사람들한테서는 땀 냄새와 함께 빨지 않은 옷에서 악취가 풍겨왔다. 게다가 충치로 인해 이 공간에서는 일반적인 3차원 공간과 1차원의 시간이 서로 조합되어 시공간의 4차원 다양체를 표현한다. 구취가 심했고 트림을 할 때는 위에서 썩은 양파 즙 냄새가 올라왔다. 어느 정도 나이가 든 사람들한테서는 오래된 치즈와 상한 우유, 그리고 상처 곪은 냄새가 났다."[235]

235) 남완석2008), "감각의 매체적 형상화- 파트릭 쥐스킨트의 소설『향수』와 톰티크 베어의 영화 <향수>에서 문자와 시각을 통한 후각의 묘사에 대한 비교연구", 한양대학교 현대영화연구소 현대영화연구 5권, 90.

쥐시킨트는 당시의 후각의 시공간적 상황을 세밀하게 그려내고 있다. 그만큼 이 책에서는 후각적 상상력의 개념화를 위해 시공간에 대한 냄새의 묘사가 꼭 필요했던 것이다.

그렇게 모든 사람들은 직업이나 성별, 계층에 관계없이 냄새를 풍긴다. 냄새가 자극한 기억은 한 가지 중요한 면에서 독보적이었다. 감정 면에서 탁월했던 것이다. 감각 자극 중에서 냄새가 기억을 유도할 때 우리는 가장 많은 감정을 열거했고 감정이 가장 강렬하다고 보고했으며 마치 그 옛날 그 장소로 다시 돌아간 것 같다고 했다[236] 즉 우리가 맡은 냄새가 갈망하는 사물에서 나는 것이 아닐 때, 그 냄새는 오히려 자신이 원하는 사물로 대체시켜 버리기도 한다. 냄새는 그것이 이끌어내는 정보의 정확성이라는 면에서 볼 때 다른 종류의 감각보다 특별히 뛰어난 점은 없지만 강렬한 감정을 동반한다는 점에서는 확실히 독보적이다. 내 생각에는 냄새가 불러일으키는 기억에 수반되는 강력하고 독특한 감정이 바로 냄새가 '최고의' 기억단서로 간주되는 중요한 이유가 아닐까 싶다.[237] 우리가 음식을 갈망할 때는 아주 특정한 음식을 갈망한다. 가령 피자가 아니라 치킨 윙을, 치즈 스틱이 아니라 모퉁이 빵집 가게에서 파는 밀가루가 들어가지 않은 초콜릿케이크를 갈망한다. 우리가 원하는 음식이 아닌 다른 대체물에 만족하지 못하는 것은 갈망에 우리의 기억이 관여하기 때문이다.[238]

우리는 음식을 먹을 때 냄새를 두 번 맡는다. 먼저 음식을 입에 가져갈 때 코로 냄새를 들이마시는데 이를 정비측 후각orthonasal olfac-

---

236) 레이첼 허즈(2013), “욕망을 부르는 향기”, 장호연 옮김, 뮤진트리, 85..

237) 레이첼 허즈, 앞의 책, 87.

238) 레이첼 허즈, 앞의 책, 195.

tion이라 하고 이어 음식물이 입속에 들어있을 때 냄새가 입천장을 통해 거꾸로 비강으로 들어가는 것을 후비측 후각retronasal olfaction이라고 한다. 후비측 후각은 입속의 맛에서 나온다고 생각하기 쉽지만 이는 환각이다. 그럼에도 사람들이 후각을 잃을 때 미각도 사라졌다고 확신하는 것을 보면 이 환각이 얼마나 강력한지 알 수 있다. 우리의 뇌는 후각과 미각을 미끈하게 봉합하여 향미를 통해 우리의 음식 세계를 구성하게 하는 속임수를 부린다.[239] 결국 우리가 먹었던 음식의 맛은 마치 미각에서만 느낀 것 같은 착각 속에 빠지고 만다. 우리는 냄새를 코로 맡든, 입안에서 느끼던 향기는 후각에서 나온다는 것을 알아야 할 것이다.

후각체계는 시각체계가 이미지를 청각체계가 소리를 인식하는 것과 거의 동일한 방식으로 냄새를 인식한다. 먼저 냄새의 성분상 특징을 감시하고, 그 다음으로 뇌가 그 특징들을 종합하여 주변에 대한 후각적 이미지를 형성한다.[240] 하루를 보내면서 우리는 형태와 크기, 구성이 다른 수많은 냄새조각과 마주친다. 우리가 느끼는 냄새의 강도는 냄새의 농도에 따라서만이 아니라 냄새와 마주치는 속도, 즉 냄새 구름 속을 어떤 속도로 지나가느냐에 따라서도 달라진다.[241] 곧 냄새의 공간과 시간의 흐름이 영향을 준다는 말이다.

향이 기분에 끼치는 영향을 비교하기가 어려운 또 한 가지 이유는 향이 기억을 떠올리게 하는데 무척 능하기 때문이다. 후각은 일찍 발달하며, 기억과 끊을 수 없는 관계를 가지고 있다. 한 가지 냄새가 한

239) 레이첼 허즈, 앞의 책, 112.

240) 에스더 M. 스텐버그((2013), "공간이 마음을 살린다", 서영조역, 더퀘스트., 130.

241) 에스더 M. 스텐버그, 앞의 책, 133.

가지 기분과 반복해서 연관을 갖게 되면 그 냄새와 기분을 확고하게 연결 지을 수 있다. 이는 파블로의 조건형성 과정을 통해 발생하는 현상으로 한 가지 색이 한 가지 기분을 연상시키는 것과 같은 방식이다. 특정 냄새가 특정 기분과 연결되는 일이 여러 번 반복해서 일어나면 그런 조건 형성이 이루어지고 감정이 강력하다면 순식간에 조건형성이 이루어질 수도 있다.[242] 사실 냄새는 공간에 따라 같은 류의 냄새라 할지라도 다르게 나지만 우리의 기억은 동일시하는 경향이 있다, 가령 담배냄새는 어떤 담배이냐에 따라 다르지만 우리의 뇌는 충분한 검토 없이 담배라는 냄새의 동일성을 부여해 버린다. 그런데 똑 같은 종류의 담배라 할지라도 시간과 공간이 따르면 그 냄새의 동질성을 느끼지 못하고 다른 담배냄새라고 착각하는 것이다.

사실 냄새가 실존하는 공간에서는 냄새의 흐름은 타원으로 발생하여 물체에 부딪히면 흡수하고 산개한다. 환경적 요인으로는 습기, 온도, 바람 등이 있고 농도의 요인으로는 보류성과 휘발성으로 나뉜다. 구조물적 요인으로 매개체, 구조물 등이 있다. 하지만 냄새는 경계를 가지지 않는다. 그래서 냄새는 집단을 획일화 시키지 못하며, 시각, 청각과는 달리 집단 공간에서 개별화하게 되는 것이다. 때론 냄새를 선택할 수는 없으나 그것은 공간과 시간의 의미를 분명하게 해준다. 냄새는 공간의 정체성을 공고이하고 공간에 존재하는 모든 물체에 영향을 준다는 것이다.

공간적 지각의 본질은 잠재의식적이어서 시각적 감각뿐만이 아니고 촉각, 후각의 기억이나 경험이 공간의 감각에 가해지는 것이다. 홀

---

242) 에스더 M. 스텐버그, 앞의 책, 146.

Hall의 소리나 진동, 좁은 통로 벽의 유체적 촉감, 무더운 방의 분위기나 온도, 축축한 지하실의 냄새, 이들 모두가 여러 가지 정도에 따라 공간적 감각의 구성요소가 되는 것이다.[243] 코도 눈이나 귀와 마찬가지로 냄새 맡은 것을 기억에 남긴다는 것이다. 누구나가 냄새와 관련된 추억들을 가지고 있는 것도 그 때문이며, 미각과 연관되어 있어서 맛있는 음식 냄새를 맡으면 자연스럽게 입맛을 다시며 입안에 침이 고이게 된다.

따라서 후각적 측면에서만 살펴보면, 선천적 시각장애인인 경우에는 냄새의 경험으로, 후천적 시각장애인인 경우는 냄새의 기억을 통하여 공간을 인지하고 판단하기 때문에 후각을 고려한 도시건축 디자인은 장애인들에게 중요한 고려 대상이 되어야 한다. 후각을 통한 공감각을 제일 직접적으로 체험할 수 있는 장소는 식당이나 시장 골목이다. 자연스럽게 형성되어 있는 것처럼 보이지만 그들만의 질서를 가지고 형성되어 있다.[244] 하지만 이 질서는 냄새의 공유와 뒤섞임으로 인해 후각적 경험이 적거나 훈련되지 못한 경우에는 냄새의 질서를 이해하지 못하고 악취로 느낄 수도 있다

2006년 일본 거대 텔레콤 기업인 NTT 커뮤니케이션즈는 테런스 멀릭의 신세계가 출시되는 동안 악취를 표시하는 새로운 방법을 개발했다. 영화 전체에 걸쳐 7가지 중요한 순간마다 향기는 영화 릴과 연결된 인터넷 서버에서 방출되어 효과적으로 향기를 보냈다. 사용 된

243) 김지현(2005), "오감의 자극을 위한 체험 공간" 경기대 석사학위논문, 8.

244) 이훈길, "후각으로 인지하는 공간- 장애인에게는 오감을 고려한 공간 필요"에이블뉴스,: 2012, 2. 28.

향기는 영화에서 표현하려고 시도했던 감정을 관객에게서 불러일으켰다. 로맨스, 페퍼민트, 로즈마리, 오렌지와 자몽, 유칼립투스, 티 트리, 약초들. 그것이 어떻게 작동하는지 시각적으로 표현하였다. 이러한 방법은 영화에서 자주 사용하고 있지만 영화라는 시각적 공간과 시간이 유리되어 현실화되기가 어렵기 때문에 냄새가 주는 감동이 덜할 수밖에 없다. 그래서 이런 문제를 해결하려면 영화 속의 시공간을 얼마나 몰입시킬 수 있는가에 달려있는 것이다. 곧 2D의 영화보다는 가상현실을 응용한 4D의 영화가 몰입감이 높고 그 시공간 속으로 스며들어가기에 더 나은 효과를 제공하게 된다.

시간적 기억과 의미적 기억의 구별은 매우 중요하다. 시간적 기억력으로 우리는 인생의 많은 부분을 포함한 여러 사건들을 기억 할 수 있다. 의미적 기억력으로는 현상이나 대상들을 인식해서 언어로 표현할 수 있다. 자동차 한 대가 어디에서 와서 얼마나 빨리 갔느냐는 것은 시간적이고, 자동차처럼 빨리 다가오는 물체를 인식할 수 있는 것은 의미적이다. 냄새는 이 두가지 기억과정이 모두 관련되어 있다.[245]

어떤 냄새를 맡으면 우리는 그것에 따른 감정적, 향락적, 사건적 연관에 많은 의미를 부여한다. 사건적으로 관련되어 있는 기억들은 특히 냄새로 잘 유발 된다.

---

245) 피트 브론 외(2000), "냄새: 그 은밀한 유혹", 이인철역, 까치, 123-124.

2-7. 게스 게임

겐지 모노가타리의 향은 대개 인물과 상응하며 대상 인물의 교양과 성격 내면을 드러내는 역할을 한다. 그러나 스에쓰무하나의 경우에는 이와 같은 상관관계에서 벗어나 있으며 내면화 되지 못한 외부의 힘에 의한 향이 갖는 기능의 한계를 보여 주고 있다. 반면 카오루의 태생적인 향은 인물과 상응하는 향의 범주를 초월하여 그 자신도 인식하지 못하는 내면을 폭로하는 향으로 후각표현이 다다를 수 있는 궁극적인 기능과 의미를 제시하고 있다.[246]

일본에서 초기 향 문화는 왕과 귀족 등 상류계급의 전유물이었다. 고대 일본의 향 문화는 향기를 옷에 배게 하는 훈의(薰衣)에서 비롯된다. 옷을 펴서 걸친 다음 그 아래 향을 피워 향기를 배도록 한 뒤에 입는 방식이다. 특히 화려한 귀족문화가 꽃을 피운 10세기 이후 헤이안 왕조는 종교적 의미로 향을 공향(恭香)하는 유행과 함께 훈물(薰物)을 유희의 세계와 접목시켰다. 이것을 '다키모노아와세'(薰物合せ)라고 하는데 이러한 향 문화는 동아시아 3국 중에서도 일본의 유일하고 독특한 전통이다.[247] 오늘날에도 이러한 일본의 향 문화는 카네기 홀에서 향 피우고 두 시간동안 피아노 앞에 앉아 아무 연주도 하지 않은 채 관객에게 보이고 들려주는 연주회를 하는 것도 이 범주를 벗어나지 않은 것 같다. 헤이안 귀족들은 공간의 악취를 차단하고 자신의 생활공간의 방향(芳香)을 유지하기 위해 향을 향유하고 있었다. 여기엔

---

246) 김병숙(2010), "源氏物語 의 感覺表現研究", 한국외대 박사학위논문, 223.

247) 김영(2015), "향(香)과 헤이안왕조(平安王朝)",日本文化學報 第66輯, 109.

귀족과 서민이라는 신분의 차이에서 오는 대비적 특이성과도연결 된다. 헤이안 귀족은 향을 피워 실내공간을 좋은 향으로 가득 채우고 훌륭한 향이 배인 의복을 착용해 주위의 악취를 차단함으로써 귀족만의 특권을 누리고 있었다.[248]

향은 때로는 맡지 않고 듣는다(聞香)라고 한다. 향이 일본에 소개된 것은 6세기경 백제로부터 불교와 함께 전래되면서부터이다. 초기에는 종교적 의미로 사용 되어, 향이 불전을 정화시키는 작용이 있음을 알게 된다. 특히 불공을 드릴 때에 사용하는 향을 공향(供香)이라 하며, 여기에 자극받은 나라 시대 후기의 귀족들은 향을 자신의 저택에 피워 즐기는 습관을 만들었다. 이 경우에 피운 것을 공훈(空薰)이라 했다. 공향의 경우는 대상이 부처지만, 공훈의 경우는 대상이 인간이고, 자기 자신인 점이 큰 차이였다. 이것은 곧 공향은 종교적이고 의식적인 데에 비해, 공훈은 실생활용으로 개성적이고 의식적 행위를 동반하지 않으며, 방 한구석에 살짝 피워 놓으면 그것으로 충분하였다. 또한 공훈물이 활발히 사용됨으로써 단순히 향목을 태우는 것만으로 끝나지 않고, 향목을 비롯해 여러 가지 물질을 섞어서 조제해 낸 일종의 새로운 조향 향을 만들어낸 것이다. 이는 중국에서 도입된 향과 향제조 기법 그리고 일찍부터 동남아와의 무역으로 얻어낸 다양한 향목이 있었기에 가능했다.

특히, 귀족 문화가 꽃을 피운 10세기 이후 헤이안(平安)시대에는 공훈의 유행과 함께 훈물(薰物)을 유희의 세계로 끌어들이는 것이 행해졌다. 그것이 훈물합[249]이다. 다시 말하면 향을 놀이 문화로 계승, 발전

248) 김영, 앞의 책 110-111.

249) 薰物合(다키모노아와세): 훈물을 서로 내놓으면서 노는 놀이.

시켰음을 의미한다. 이 놀이 문화는 한 중 일 삼국에서 유일한 일본의 향 문화인데, 헤이안 시대의 궁정을 그린 고전 소설인 무라사키 시키부의『겐지 모노가타리(原氏物語)』[250]를 살펴보면 상세히 알 수 있다.[251]

"입궐하는 날이 되자, 주작원은 수많은 선물들을 보내왔다. 의복이나 빗의 상자, 그에 따르는 세간, 향을 담는 항아리를 넣은 상자 등 어느 것이나 보통 물건이 아니었다. 또 여러 가지 종류의 훈물도 일찍이 유례가 없을 정도로, 백 보 밖에서도 향기가 나도록 공을 들여 조제했다."[252]

"본처는 향로(의복에 향기가 배어들게 하는 향로)를 가까이 끌어당겨서 수흑 대장의 옷에 향을 쬐었다.…수흑 대장은 옷차림을 단정히 하고, 작은 향로를 소매 속에 넣어 향을 쪼였다."[253]

"정월 그믐께 한가한 시기에, 겐지는 훈물을 조제하였다. 대재대이가 헌상한 향목들을 보니, 아무래도 옛날보다 질이 떨어지는 것 같이, 당에서 온 물건들을 여럿 가져오게 했다. 겐지는 혼자 침전에 가서 승화제(承和帝)의 비법에 따라 두 종류의 훈물을 조제했다. 자의상은 동쪽 대옥에 장막을 치고, 특별히 깊숙한 곳에 설비를 하여, 팔조의 식부경궁에게서 전수받은 조제법으로 겐지와 경쟁하듯 조제했다. 그동안 아주 비밀을 지키고 있었다. '훈물의 향내가 깊고 얕은 차이로도 우열이 판정되겠지

250) 여류작가 무라사키 시키부[紫式部: 978~1016]가 지은 것으로 황자(皇子)이면서 수려한 용모와 재능을 겸비한 주인공 히카루 겐지[光源氏]의 일생과 그를 둘러싼 일족들의 생애를 서술한 54권의 대작이다. 네이버 백과사전. http://100.naver.com/ .

251) 송인갑, 앞의 책, 220-221.

252) 무라사키, 시키부.『겐지이야기(源氏物語)』. 전용신 역. 나남 출판사, 1999.「회합(繪合)」편.

253) 앞의 책.「진목주(眞木主」편.

요.' 겐지가 말했다."[254]

"머리에 꽂은 꽃은 침향이나 자단으로 대를 만들었는데, 같은 금속 제품이라도 훌륭하게 도안하고, 색을 잘 다룬 것이 신선한 느낌을 주었다."[255]

"박래의 백보의 향을 태워놓았다. 하엽(荷葉)의 방법으로 조합한 명향을 꿀과 섞어서 분말을 만들어 향내를 내었는데, 꽃이 향과 어우러져 말할 수 없이 훌륭한 향기가 흐르고 있었다."[256]

일본에서는 華道(화도), 茶道(다도)와 아울러 香道(향도)라는 것이 있는데, 다른 두 가지에 비해서 향도는 일반 사람들에게는 덜 친숙하다. 향수나 허브(花草類)의 붐으로 '주어지는 향기'에 대한 정보가 증대하는 가운데, 일본인이 옛날부터 독자적으로 지녀온 '스스로의 감성이 찾아 낸 향기'를 현대생활과 문화의 현장에 되살려 보는 시도이기도 하다. 정보량의 비교에서도 알 수 있듯이 어느 의미에서는 '향기의 시대'가 도래했다고 한다. 시각에 의한 비주얼문화, 청각에 의한 오디오 문화, 그리고 미각을 즐기는 미식문화가 성행하고 있는 오늘날 우리들은 성숙한 문화의 증거로 '향기의 문화'를 찾기 시작한 것이 아닐까.

헤이안 시대 귀족들이 향기를 사랑한 것도, 향기가 마음을 풍요롭게 해주기 때문이었을 것이다. 그렇다면 이 풍요로움은 향의 덕이다. 향에 대한 덕론(德論)도, 가마쿠라 시대(13~14세기) 무렵부터 송(宋)의

254) 앞의 책. 「매지(梅枝)」편.

255) 앞의 책. 「봄나물」편.

256) 앞의 책, 「청귀뚜라미」편.

영향으로 지식 계급에 속한 사람들 사이에 헤이안 시대와는 다른 해석이 생겨난다. 이러한 해석은 서민들 사이에 전해져서 종장(宗匠 : 향도를 진행하는 자)이 생기자, 그들은 문향의 명덕(聞香明德)이라는 슬로건을 내걸고 제자를 지도하기 시작했다.

15세기 후반이 되자 훈물합은 향목으로 행해지게 되었는데, 향목이 보통의 물품이면 단순히 향합(香合)이라 하고, 명품인 경우에는 명향합(名香合)이라고 칭했다.

16세기 후반에 접어들자 향의 십덕(十德)이라 하여 열항목에 걸친 향의 효능이 정립되고, 향도제법(香道制法)이 제정되어, 향도는 점차 학예적 영역의 한 분야로 자리 잡게 된다.

17세기는 일본에서 르네상스라고 불릴 만큼 향도의 전성기를 맞아, 지식 계급의 문인들이 나타남으로써 향이 도(道)로서 확립된 것이다. 개인의 이름을 딴 향 가게가 생긴 것도 이때쯤이다.

18세기가 되자, 향합이 행해지지 않고 놀이의 방법이 바뀌어 버린 것이다 주로 조합 형식에 의한 것으로, 두 종류 이상의 향을 사용하여 하나의 주제를 후각으로 표현하려고 한 것이다.[257]

침향은 인도의 동부, 아샘 지방, 베트남, 보르네오, 말레이 반도, 인도네시아 등, 동남아 열대 지역에서 나는 아퀼라리아(Aquilaria)에 속한 식물로, 썩거나 병들어 수지가 흘러나와 향이 된 것을 말한다.

침향은 만들어지는 방법에 따라 상품(上品) 순으로 생결(生結 : 인위적으로 나무를 베어 수지가 생기는 것), 숙결(熟結 : 저절로 썩어서 생기는 것), 탈락(脫落 : 물에 의해 썩어서 생기는 것), 충루(蟲漏 : 병충해에 의해서 생기는

257) 송인갑, 앞의 책 223-224.

것)로 구분되며, 검고 윤이 나는 각침(角沈), 노랗고 윤이 나는 황침(黃沈), 옆으로 줄무늬가 있는 혁침(革沈)이 모두 상품이다. 일본의 문헌을 보면, 에도(江戶)시대부터 본격적인 향의 분류가 시작되었으며 , 침향 외에는 향으로 취급하지 않았고, 당시『육국열향지변』이라는 책을 편찬하면서 향도가 형성된 것으로 보인다. 그 분류는 종장(宗匠: 향도를 이끌어가는 향 전문가)의 주관적 판단에 많이 좌우되었는데 육국열전에 의한 분류를 상품(上品)순으로 나열해 보면,

가라(伽羅),[258] 라국(羅國),[259] 진나하(眞那賀),[260] 진남만(眞南蠻),[261] 촌문다라(寸門多羅),[262] 좌회라(左會羅)[263]로 나뉘는데 이 중에서도 주목해 보아야 하는 것이 진나하이다. 말레이 반도 말라카가 원산지인데, 물론 말라카가 재배지역은 아닐 것이고 말레이지역에서 생산되는 것을 이곳으로 집하 했을 것으로 보인다.

그런데 왜 일본에서는 말라카의 침향을 마치 뇨냐의 가슴에 서려있

---

258) 인도어로 방향이란 뜻을 가졌으며, 그 모양이 우아하고 쓴맛을 내는 것을 상품으로 친다. 자연스럽고 우아한 아름다움이 있어 궁인(宮人)에 해당하며, 유일하게 오미가 풍부하다

259) 샴 왕국의 일부인 나국을 말한다. 자연스러운 향과 백단의 맛이 있어 주로 쓴 향을 말하며, 무사(武士)와 같다.

260) 말레이 반도의 말라카향. 가볍고 향기가 빨리 옅어지는 것을 상품으로 치며 , 향기가 삐뚤어진 데가 있어 비유하자면 여자의 한과 같다.

261) 인도 동쪽 해안 지역인 말라바르(Malabar). 단맛이 많고 수지가 풍부하다. 백성에 해당한다.

262) 남태평양 수마트라 섬을 말한다. 신맛이 많고 가라와 비슷하다. 품격은 지하인(地下人)에 해당된다

263) 남태평양의 소로 또는 인도 서부(서인도제도)의 삿소울을 가리키는 것이 아닐까 한다. 차갑고 신맛이 많으며 , 진향이 풍부해, 그 품격은 스님에 해당한다.

는 눈물처럼 '여지의 한'이라고 비유했을까하는 의문이 든다.[264]

오늘날 일본은 전통의 향도를 문화와 역사로 답습하여 하나의 놀이로 계승했다. 전통 향을 제조하고 향 마을을 만들어 향의 세계화, 현실화를 시켰다 천년 이상을 거쳐 향기와 인연을 맺어 온 일본의 전통이 자연스럽게 오늘날의 향기의 문화를 뒷받침하고 있다. 왕조시대의 향낭(香囊)은 지금도 의상이나 문서의 방향제로서, 또 방충 보존제로 사용되며 생활 속에 존재한다. 그 전통과 함께 향기는 시대와 더불어 살며 각 시대 마다 새롭게 발견되기도 하는 것이다.

향기의 향(香)은 본래 곡물이 잘 익었을 때 나는 좋은 냄새를 표현한 것이라 한다. 향기는 풍요로움의 증거이기도 한 것이다. 그렇게 생각하면 향기는 그 풍요로움을 키워온 토양에도 존재한다고 할 수 있다. 향기의 문화는 시대의 반영이며, 또 시대 그 자체라 생각할 수도 있나.

일종의 세스 게임과 같은 향도는 말 그대로 향기를 즐기는 것을 기본으로 한 예도에서 다도와 꽃꽂이와 마찬가지로 동작에 정신적 안정을 추구하는 일본 고유의 예도다. 그 역사는 다도와 꽃꽂이와 같이 무로마치 시대[265]에 본격적으로 시작되었다. 하지만 그 이전에 향도의 시초가 되었던 시점은, 단순히 향나무를 피워 향을 즐겼던 쇼토쿠태

---

264) 송인갑, 앞의 책, 253-255.

265) 무로마치 막부가 일본을 통치하던 시기로, 아시카가 다카우지가 막부를 세운 1336년부터 1573년까지를 가리킨다. 아시카가 가문이 중앙 권력을 장악했기 때문에 아시카가 시대(足利時代)라고도 한다.

자의 아스카시대[266]부터인 것으로 알려져 있다. 물론 종교적인 측면도 컸겠지만, 무엇보다'좋은 향기를 즐긴다'라는 인간의 쾌락을 만족시키는 것이었다.[267]

이것은 아마도 백제에서 불교가 전래되면서 함께 전해진 향기문화가 일본향도에 영향을 미쳤을 것이다. 오늘날 식물에서 추출한 오일성분(에센셜 오일)을 따뜻하게 데워 몸에 바르기도 하고, 그 향기를 흡입하여 다양한 의료 효과를 얻는 아로마테라피가 주목받고 있지만, 일본 고유의 향도도 엄밀히 말하자면「일본 아로마테라피」라고도 말할 수 있다. 또한 전 세계에서 향기를 예술로 승화시켜 영성을 추구하는 방식은 일본 향도 이외에는 찾아 볼 수 없다.

향도는 현재 오이에류(御家流)와 시노류(侍奴流)의 두 유파가 있다. 그 역사는 무로마치시대의 상죠니시 사네타카(三條西實隆)로 시작되어, 후에 두 개의 유파로 분리되어 오이에류라는 귀족들의 유파와 시노류라는 무가의 유파로 나누어진다.

쌍방 모두에게 예의범절이나 다도 예법의 작법은 비슷해 다 같이 정서의 안정을 목표로 하고 있다. 오이에류는 향기와 분위기를 즐기는 멋스러운 놀이로 마음의 여유를 얻는 것을 목적으로 한다. 시노류는 방식이 단순한 가운데 깊음을 강조하며, 정신 수양의 완성을 통해 마음의 단련을 도모하는 것을 목적으로 한다. 둘 다 궁극적 인 목표는 동일하지만 작법이나 마음가짐에는 많은 차이점이 있음을 알 수 있다.

---

266) 문화사(文化史)에서, 6세기~7세기에 이르는 쇼오토쿠 태자(聖德太子)를 중심으로 한 일본 최고의 불교문화 전성시대.

267) 北小路 功光(1978),『香道への招待』. 普門館.

향도에 참석하는 향인들의 규칙은 향수를 사용하지 않으며, 가죽 장신구는 냄새가 나기 때문에 피하는 것이 좋다고 한다. 착석순서는 연장자 순으로 예의에 맞도록 앉는다. 제 시간에 도착해야 하며, 향도가 끝날 때까지 자리에서 떠나지 않는다. 더워도 부채를 사용하거나 문을 열지 않는다. 향로는 정중하게 다루며, 향나무를 떨어뜨리지 않도록 주의한다.

향로는 오른손으로 잡고 왼손에 실어 시계 반대 방향으로 듣고 입을 앞으로 향하게 한다. 오른손으로 향로를 덮고 향로를 수평으로 단단히 듣는다. 타 유파의 의식을 지니고 있어도 행하는 방식을 존중한다. 참으로 어렵고 힘든 격식이다. 향도라고하면 먼저 조향(組香)모임이 연상되는 풍조가 있는 것은 사실이지만, 향도의 기본은 어디 까지나 향을 듣는데 있는 것이며, 한 조각의 향나무 냄새에서 감춰진 광대하고 끝이 없는 우주를 풀어가는 것이야말로 최고의 경지라고 한다.

안내를 받은 참석자는 윗사람부터 자리에 앉으며. 마지막으로 자리에 앉는 무사는 윗사람과 함께 중요한 역할을 한다. 다음은 주최 측의 주역인 종장과 기록원이 자리하고 향로를 보낼 위치에 선임자가 앉으며 다음은 서로 돌려 마친 향로를 되돌릴 위치에 착석하고 있는 것이 기본이다.[268] 인사 후 본격적인 향 게임이 시작된다. 조향을 기록하는 용지를 받아두면 시향이 시작된다. 먼저 향로에 조합 된 향을 시범적으로 맡고 기억한다. 본격적인 시합이 시작되면 향동이 가져오는 향기를 맡고 몇 번째 향인지 기록지에 기록한다. 여기서 가장 중요한 점은 시향 시에 일일이 냄새를 기억해야 한다는 것이다. 향의 경연이 모드 끝나면 기록지를 거두어 각자의 점수를 기입하고 최고 득점자에

268) http://www.kogado.co.jp/archives/892.

게 종장의 상석에 가까운 자리에 앉히고 칭송한다.

헤이안 시대의 향도는 두 마리의 말을 두고 두 팀으로 나누어 경쟁을 하게 했는데 정답을 맞힐 때마다 말을 목표지점으로 한 걸음씩 이동시켜 먼저 도착한 말을 가진 편이 승리하는 일종의 게스 게임이 이루어졌다.

> "첫 번째 향이다. 초목에서 나는 냄새다. 영릉 향과 감송 향이 어우러진 계곡의 물을 느끼게 하는 '여름'이다. 두 번째 향을 향동이 가지고 왔다. 향의 냄새가 아니다. 오히려 향수의 냄새다. 자단목과 향나무가 적절히 배합되어 가을 단풍을 맡는 것 같다
> 세 번째 향은 많이 맡던 냄새다 회향과 팔각, 그리고 칡꽃인 갈화의 배함으로 봄의 상쾌함을 전해준다. 마지막 향은 백단의 뿌리와 갈근, 그리고 몰약과 용뇌의 이름과 분열의 다툼이 있는 차갑고 무거운 냄새를 가졌다. 겨울의 삭막함을 느끼기에 부족함이 없는 향이었다. 이 모든 향기는 향동을 통해서 다 보여주었다.
> 게임의 시작을 알리는 사원의 종이 울린다. 어느새 마을 사람들이 하나 둘씩 모여 주변을 에워 쌓다. 그중에 할머니의 모습도 보였다.
>
> 향동은 첫 번째 향을 피워 탁자를 돌아 걸어갔다. 이세는 어릴 때부터 맡아온 동양의 향이라 그다지 어렵게 여기지는 않았다. 그런데 이 향이 처음 맡았을 때와 다르다는 것을 알았다. 점차 변해가는 동양향의 신비스러움을 잊고 있었던 것이다.
> 어쩌면 자신의 능력을 너무 맹신한 탓인지도 모른다. 머릿속에서 모든 것이 뒤죽박죽 되었다. 이세는 탁자 위에 있는 하얀색 2번 패를 집어 탁자 중앙에 던졌다. 두 마리의 말은 출발선에서 대기하고 있었다. 토호판은 4번의 흑색 패를 던졌다. 종장은 패는 4번이다.
> 이세가 틀린 것이다. 토호판의 흑마가 한 걸음 나아간다. 쓰엉의 짧은 탄식 소리가 들려온다.[269]"

269) 송인갑, "향기의 천사" 중 향도의 경연 일부(미 발표작).

3부

후각, 도시를 디자인하다

3-1. 냄새지도(스멜스케이프)

냄새는 시간 속에서 존재한다. 시간과 더불어 변화하는 것과 마찬가지로, 또한 공간 내에서 존재한다. 안다만제도에서는 제루라는 이름의 벽오동과 식물의 꽃이 필 때면 해풍이 불어 올 때 바닷가에 서 있는 경우가 아니라면 그 냄새에서 벗어나기란 거의 불가능하다. 강한 꽃향기 덕분에 안다만은 바다의 소금냄새에 둘러싸인 향기의 섬이 된다. 정글의 꽃과 바다 사이에 이런 대조를 통해 안다만 사람들이 사는 공간을 후각적으로 정의하게 된다. 그 공간은 부락, 동물 소굴, 상이한 식물 구역 등의 좀 더 지역적인 냄새에 따라 세분화 된다. 이들 냄새의 지형도가 안다만제도의 후각적 지형도, 즉 '향경smellscape'을 형성하게 되는 것이다.[270]

향경은 고정된 구조가 아니라 오히려 환경 조건에 따라 변할 수 있는 매우 유동적인 패턴이다. 안다만 사람들은 이 공간을 시간에 따라 변전하는 것으로 경험하고 개념화한다. 그 공간은 냄새가 강한 물질의 존재여부, 열기, 바람의 강도 등에 따라 더 넓을 수도 있고 좁을 수도 있다.[271] 우리는 이 안다만제도에서 만들어지는 향경을 이해하고 배워야한다. 그동안 도시는 나쁜 냄새가 지배하고 있음에도 냄새에 대해 그다지 관심을 가지지 않았다. 하지만 냄새도 환경이라는 인식이 점차 확대되면서 도시의 냄새는 골칫거리가 되었다. 냄새의 지도는 이

270) 콘스탄스 클라센 외(2002), '아로마 - 냄새의 문화사', 김진옥역, 현실문화연구, 133.

271) 콘스탄스 클라센 외, 앞의 책, 134.

향경을 중심으로 만들어 진다, 모든 도시에는 도시 나름대로의 향경을 가지고 있다.

> "매일매일 달콤한 냄새를 맡는다는 것은 지긋지긋한 일이다."

이것은 냄새의 집중이나 노출을 통해 냄새가 어떻게 인식되는가에 대한 이해로서, 냄새는 연습을 통해 컨트롤을 할 수 있다는 것이 아니라는 것을 보여주는 말이다. 즉 지속적으로 냄새를 맡는다고 해서 무뎌지는 것이 아니며, 또한 어떤 리스크에 연관된 환경적 상황에 대한 노출이 자발적인지, 의무적인지에 따라 환경의 리스크를 더 잘 받아들어지는 것과는 다르다.[272] 다시 말하면 담배 냄새를 계속 맡는다고 해서 담배 냄새에 무뎌지지 않는다는 말이다. 결국 우리의 환경에서 냄새의 문제는 자발적이라기보다는 무차별적으로 노출되어 있기에 문제 해결이 생각하는 것보다 쉽지가 않은 것이다.

> "나는 양조장으로부터 불어오는 다양한 냄새를 맡는다. 나는 때때로 맥아의 냄새가 나는 것에 놀라움을 느낀다. 땅으로부터 나는 다양하고 환상적인 냄새이다. 날씨의 변화는 바람의 정도에 영향을 주고 이는 냄새를 다르게 맡게 만든다."

온도나 바람의 영향으로 맡게 되는 냄새는 기억을 되살리게 하는데 도움을 준다.[273] 사실 냄새는 환경에 따라 우리가 느끼는 강도의 차이가 다르게 나타난다. 온도와 습도 그리도 바람 등의 변수와 각 사람

---

272) Victoria Henshaw(2014), 'urban Smellscapes", Routledge, 64-65.

273) 앞의 책, 65-66.

의 감각에 따라 다르지만 좋던 싫던 냄새는 우리의 기억을 부르는 것만은 확실하다.

교통과 관련된 냄새는 많은 사람들이 원하지 않지만 가장 많이 맡는 냄새라고 볼 수 있다. 도시냄새를 떠올리면 교통과 관련된 냄새를 떠올리게 되는 것이 사실이다. 교통에 관련된 냄새를 지각하고 받아들임은 넓은 신뢰와 개인적 형성, 전문적 지식, 정보 액서스, 냄새를 컨트롤하거나 영향을 주는 능력과 깊이 연관되어 있다.

그래서 우리는 냄새의 지도를 이해하고 만들기 위해 철저한 조사와 계획이 필요한 것이다. 그것은 도시에 있는 공원과 고궁, 그리고 공장, 매연, 음식거리 등 다양한 곳에서의 명확한 냄새를 파악하고 정확한 근거에 의해 맵을 그려가야 하는 것이다.

만약 버스의 매연에 대해 법적으로 규제를 요청하거나 요청하지 않는 것과 매연을 참고 받아들이느냐 그렇지 않느냐는 개인적인 관점에서 봐야 한다. 대부분의 사람들은 교통 매연(냄새)에 대해 부정적으로 생각하지만, 과거 대도시에 살던 사람은 교통 매연에 대해 관대하다.[274] 왜냐하면 그때는 지금처럼 매연의 문제가 심각하지 않았고 냄새가 문제를 유발하지 않았기에 관대한 것이다. 그래서 그들은 냄새가 중요하다는 사실을 인식하지 못하고 있으며 해결방안에 대해서도 별 관심이 없는 것이다. 하지만 오늘날에는 도시에서의 자동차 매연은 심각한 지경이 되었고, 미세먼지를 유발하고 나쁜 냄새를 퍼뜨려 사람들로 하여금 생활하기 힘들게 만들고 있다.

274) 앞의 책, 71-74.

냄새지도를 만드는 이유는 먼저 냄새를 분류하고 그에 따른 해결 방안을 가지기 위해서다. 폴 로다웨이Paul Rodaway의 분류는 냄새(odor)를 인간과 환경에 국한시킨 단순한 관점에 대해 반대하고 대신 사람과 환경으로부터 냄새를 통제할 수 있는 4가지 방법인 세척cleansing,[275] 제거deodorisation,[276] 통합synthesis,[277] 표시labelling[278]을 제시하였다. 하지만 이 분류에는 도시의 환경을 고려하지 않는 측면이 많아 새로운 카테고리가 필요하게 되었고, 헨쇼는 분리Separation,[279] 제거Deodorisation,[280] 중화Masking,[281] 냄새첨가Scenting[282]로 분류하였다.[283]

하지만 우리나라의 경우 이 네 가지의 방법을 사용하기가 쉽지 않다. 왜냐하면 환경의 선진국처럼 사람들에게 후각과 냄새에 대한 사전교육도 없었을 뿐 아니라 관심조차 없기 때문이다. 이 문제는 도시의 환경을 책임지고 있는 중앙정부, 지자체 등의 중요한 의사결정을 하는 공무원들이 냄새에 대해 너무 관대하다는 것이다. 일전에 한 공무원에게 냄새의 중요성에 대하여 설명하자 그가 하는 말이 선생님은

---

275) 세척을 통해 냄새를 제거

276) 냄새중화(masking odor)의 추가를 통해 원치 않는 냄새를 제거

277) 추출(extraction)혹은 합성 냄새(synthetic odor)같은 냄새의 제조

278) 선호하는 속성 및 문화적으로 공간과 어울리는 냄새를 추가하는 것

279) 냄새가 나는 지역을 다른 지역과 분리시키는 것

280) 쓰레기 관리, 세척 및 유지 활동을 통해 냄새를 환경으로부터 제거하는 것

281) 냄새를 의도적 혹은 비의도적으로 환경 속에 넣어서 다른 냄새와 섞이거나 중첩시키는 것

282) 새로운 냄새를 맡음으로써 사람의 기분이나 행동에 영향을 주고 후각 경험을 강화시킬 목적으로 특정 지역에 집어넣는 것.

283) 앞의 책, 144-154

'개 코겠어요'라며 후각에 대한 심한 굴욕감을 주었는데 그분의 대답이 우리의 현실을 보여준 것이다. 그래도 희망적인 것은 성남시의 한 구청에서 붙인 현수막을 보고난 후였다. "우리 동네에 나쁜 냄새가 나는 곳이 있으면 알려주세요. 우리 구청에서 해결하겠습니다"라는 구절이었다.

그래서 하나의 방법을 제안한다면 먼저 1) 교육, 2) 구역별 냄새지도 작성, 3) 데이터베이스 4) 종합대책을 수립하고 도시의 냄새 지도화를 선행하는 것이다. 그 후에 해결방안으로 악취의 원천에 대해서 1) 제거, 2)분리, 3)폐쇄 또는 중화, 4) 발향-좋은 냄새- 으로 분류하면 좋을 듯하다.

냄새의 제거는 일정 주기뿐 아니라 일간, 주간, 연간에 따라 달라질 수 있으며, 단기간은 계절이나 날씨의 결과로 나타날 수도 있다 더운 날씨에는 집에서 문을 열어 놓는 경우가 많으므로 실내의 냄새가 밖으로 흘러나갈 수 있다. 하지만 극도로 더운 경우는 반대로 문을 닫고 에어컨을 켜기 때문에 반대 효과가 나올 수 있는데 싱가포르가 그 예다.

지중해 연안의 경우 더운 여름에는 가을이나 겨울보다 낮에 도시공간을 활용하는 빈도가 3-4배나 더 높다. 또한 여름과 겨울에 공해 오염 냄새는 모두 심해질 수 있음. 따라서 격리는 다양하고 복잡한 방식으로 사람들의 냄새 인지에 영향을 줄 수 있다. 환경으로부터 쓰레기 냄새를 줄이거나 제거하기 위한 목적을 가진 다양한 활동을 통틀어 말하는 것인데, 여기에는 쓰레기 수거, 세척, 유지 활동 등의 과정이 포함되며 이는 도시의 냄새원인을 제거하거나 세척하는 것이 목표다.

또한 냄새나는 지역 - 가령 쓰레기 하치장 등 -을 다른 곳으로 이동시켜 냄새를 분리하거나, 도심에서 나는 교통 관련 냄새를 보행자가 맡지 않도록 보행도로가 아닌 주변도로 쪽으로 냄새가 나도록 이동시키거나 학교나 병원 등에서는 금연 지역으로 지정한 후 별도의 흡연 지역을 지정하는 것도 좋은 예라고 볼 수 있다. 하지만 냄새는 기계적으로 차단된 것이 아니므로 냄새가 유입될 수 있다는 것을 명심해야 한다.

환기와 다른 기계적인 수단을 통해 원천으로 부터의 냄새를 분리하여 성공한 곳이 호텔이나 공항의 배기구를 갖춘 투명 흡연 부스를 예로 들 수 있다. 또한 환기구를 통해 냄새를 배출하는 곳이 있는데 대표적인 곳이 레스토랑이라고 볼 수 있는데, 이것은 환기구를 통해 음식 냄새를 도로에 뿌려 사람들이 냄새를 맡고 음식을 먹고 싶어 하게 만든 계획된 곳이기도 하다.

반면에 향이 나는 세척액이 있는데, 예를 들면 공중 화장실 근처에는 합성 레몬 냄새가 나는데 사람과 관련된 냄새를 숨기기 위하여 사용이 된다. 따라서 세척제나 향기가 나는 세척액의 경우 비슷한 목적으로 사용되지만 향기가 나는 세척액이 좀 더 좋은 냄새와 관련이 있으며 이는 병원이나 화장실에 널리 쓰이고 있다. 따라서 도시에서의 제거는 단지 나쁜 냄새를 제거하고 살균하는 목적에 국한되지 않고 분리separation와 발향scenting practices과도 관련이 있는 것이다.

중화는 냄새의 강도의 문제라기보다는 냄새의 질에 대한 문제인데, 이러한 관점으로 새로운 향이 기존 향과 결합하여 냄새의 질을 새로운 것으로 변화시킨다. 이는 파란색 물감과 노란색 물감이 섞이면 녹색이 만들어지는 것과 비슷한데, 만들어진 녹색은 파란색도 노란색도 아니고 고유의 색을 갖듯이 중화의 경우도 새로운 냄새가 만들어지는 것이다.

교통과 관련된 매연 냄새의 경우 중화의 속성 때문에 다른 오염 물질의 냄새를 맡지 못하게 하고 공기 중에 떠다니며 다른 냄새를 파괴할 수도 있으며 일시적 혹은 영구적으로 인간 후각 능력을 감소시킬 수 있다. 따라서 가장 흔한 경우는 세척제와 향이 나는 세척물을 사용하는 것인데, 이것들은 악취를 제거할 뿐 아니라 그 자체의 독특한 냄새로 남아 있는 냄새를 덮어버리는 역할도 한다.[284] 하지만 중화가 어려운 경우도 있다. 이미 오염도가 심해서 중화로 해결하기 어렵거나 중화하여도 환경이나 사람들의 인식으로 인해 재 오염이 될 가능성이 있는 경우에는 중화와 아울러 냄새의 원천을 폐쇄시키는 것도 하나의 방법이 될 것이다.

특정 냄새와 특정 시설을 연관 짓게 하는 역할로 예를 들어 가죽 상점, 구두 가게, 펫샵 등을 들 수 있는데, 이러한 냄새는 특정 지역에 대한 긍정적인 감정 애착을 형성하는데 도움을 줄 수 있다. 하지만 서비스 목적으로 제공하는 상업적인 비 음식 냄새commercial non-food odour는 사람들에 따라 다른 경험을 제공하기도 한다.

이러한 상점들은 특정지역과 종종 관련이 있고 고객에게 냄새와 관련된 기억을 제공함으로써 향후 후각 경험을 제공하고 다른 감각 정보와 함께 기억 속에 저장이 되어 특정 도시에 대한 멘탈 맵mental map을 형성하는데 도움을 주기도 한다.

환풍구를 통해 빵 냄새, 고기 굽는 냄새 등 음식 냄새가 가장 많이

---

284) 앞의 책, 153-154.

활용되는 곳은 슈퍼마켓인데, 하지만 냄새에 대한 개인차가 크므로 냄새가 사회적 환경에 이로운지 여부는 의견이 분분하므로 환경에서의 냄새를 고려할 때에는 좀 더 광범위한 윤리적 복잡성에 대해 고민을 해야 한다.[285]

대부분의 도시 전문가는 냄새가 계획의 본질적 요소라기보다는 부수적 요소로 생각하는 경향이 많다. 하지만 냄새가 다른 냄새 속으로 스며들고 섞이며 덮는 속성을 고려할 때 어떻게 후각 환경을 만들어야 하고 이러한 활동이 도시 계획에서 어떻게 녹아들어 가야 할지에 대해서 그들은 분명히 고려해야 할 것이다.

냄새를 발산시키는 요인 중에 공기와 바람은 사람의 후각인지에 필수적인 역할을 하는데 개인의 후각 경험에 다양한 방식으로 영향을 주고 도시 스멜스케이프 디자인의 핵심 요소를 제공한다. 또한 수분은 후각 인지에 중요한데 왜냐하면 수분을 통해 비강의 점막에 냄새 입자는 용해되어 후각 수용체로 냄새 정보가 전달되도록 하기 때문이다. 그러나 수분의 강도인 습도는 높을수록 확산이 잘되지 않는다는 것을 알아야 한다.

도시 스멜스케이프는 자연 풍경, 인간의 환경, 사람 그리고 활동 시 배출되는 다양한 냄새의 조합이라 할 수 있는데, 바람은 미시 수준 micro-level에서는 신선한 공기와 냄새로 매연과 같은 나쁜 냄새를 깨끗하게 하거나 희석시키는 효과를 갖지만 여러 냄새가 광범위하게 섞여있는 환경의 지역에서는 바람은 오직 냄새를 지배하는 환경을 확산시키는 효과가 있다. 그러므로 도시의 냄새 재생과 회복을 위해서는

285) 앞의 책, 158-164.

공기와 바람 , 나무, 숲, 녹지 공간, 물과 수로, 비 자연non-natural원천의 회복을 위한 냄새가 반드시 필요한 것이다.

도시는 점점 밀집되고 공간에 대한 요구는 점점 경쟁적이 되면서 자연환경은 점점 위협받으며 기존 녹지도 점점 밀집되는 경향을 보이고 있다. 또한 도시 생활 속에서 사람들과 도심 냄새 오염원 간의 갈등이 점점 증가되고 있으며, 따라서 회복 환경에 대한 요구는 증가하며 이러한 요구가 충족될수록 거주자들은 점점 건강해지고 행복할 것이다. 또한 도시에 녹지와 식재를 하는 것은 도시의 열섬(heat island) 효과를 방지하고 공기 질을 좋게 하여 거주자들의 이해관계를 해결하는데 도움을 줄 것이다.

냄새는 시간 속에서 존재하고 시간과 더불어 변화하는 것과 마찬가지로 또한 공간 내에서 존재하고 변화한다. 자신들이 사는 공간을 우각적으로 정의하며 그 공간은 지역적인 냄새에 따라 세분화 된다. 이들 냄새의 지형도가 후각적 지형도, 즉 향경을 형성하게 되는 것이다.

후각은 "건축의 어두운면"이라고 말한다. 그것은 사람들이 생각하고, 그 결과로 건축의 냄새와 일치하지 않는다는 의미이다. 그것은 디자인한 공간의 예상치 못한 치명적 결과로 다가온다.

냄새에 관한 심리적 연구의 산구자인 트라이그 엔젠Trygg Engen이 최초로 공식화한 이론에 따르면 냄새는 경험하기 전에는 아무 의미 없는 빈 통과 같으며 냄새를 경험하는 순간 지각의 맥락(장소, 상황, 사람, 사건)과 맥락이 갖는 정서적 가치가 달라붙어 이후 그 냄새는 정서적 의미와 가치를 지니게 되며 좋아하거나 싫어하게 된다고 한다. 커피 냄새가 향기로운 것은 커피를 마실 때 느끼는 신체적, 감정적 편안함이 그 향에 달라붙어 있기 때문이다. 냄새가 주는 쾌락적 반응을 이런 식으로 설명하는 이론을 가리켜 냄새 연상 학습론이라고 한다.

냄새는 건축설계에 있어서 무의식적으로 잊고 있는 부분이지만 매우 중요한 한 부분을 차지하는데(건축가 Ellna), 개인의 지식적인 수준과 상관없이 다른 감각 이상으로 무의식적으로 감성과 행동에 좀 더 영향을 준다. 도시 디자인 및 플레이스메이킹에 있어 냄새에 대한 고려는 도시의 경험과 특징을 증가시키고 공간 인지를 강화시키며 도시에 살고 있는 사람들의 생리적 및 심리적 상태를 호전시켜 주며, 특히 도시의 냄새를 디자인 시 다름을 인정해야한다. 같은 냄새라 해도 사람들에 따라 각각 다르게 인지할 수 있고 여러 종류의 냄새가 동시에 검출될 수 있음을 이해해야 한다. 지역에 살고 있는 대부분의 사람들이 수용할 수 있는 범위에서 냄새의 유형, 범위, 강도 등을 결정해야 하며, 곧 지역 특성 즉, 개발, 사용자, 지역의 이슈 등의 목적에 따라 냄새가 디자인되고 관리되어야 하는 것이다.

냄새는 도시 환경 경험, 인식, 공간의 정체성에 중요한 역할을 하므로 도시 디자인 및 관리에 널리 고려되어야 하며 사람에 따라 다르게 느껴지기 때문에 도시에서 스멜스케이프를 책임지고 있는 실무자들은 계획 시행 전에 냄새와 장소와의 연관성에 대해 이해하려고 노력해야 함과 아울러 공간 경험의 하나의 감각적 요소에 그치는 것이 아니므로 미래의 인간적 공간을 디자인할 경우 냄새와 소리, 촉감, 시각, 온도 등 다른 감각과의 상호작용에 대해서도 관심을 가져야 한다.[286]

건축 환경은 냄새의 농도, 희석, 움직임에 직접적으로 영향을 주는

286) 앞의 책, 221

데, 적절한 바람의 세기는 장소 및 용도에 따라 다를 수 있고 전체적인 환경의 질과 도시의 스멜스케이프간에는 매우 밀접한 관계가 있는데, 일반적으로 강한 바람의 경우 공기 질을 좋게하고 냄새를 제거하는 긍정적 의미로 이해할 수도 있지만 동시에 체온을 떨어뜨리는 부정적 의미로도 이해될 수 있다. 따라서 전체적인 오감적 디자인 속에서 후각의 역할을 고려해야 한다.[287] 그리고 각 물질마다 고유의 냄새가 있으나 다른 물질에 의해 냄새가 묻히는 경우가 있음을 알아야 한다.

냄새지도는 서로 다른 공간 수준을 의미하는데 즉 길가의 카페의 커피, 향수, 음식냄새 등의 미시적 수준에서 바다, 산, 교통, 오염 등의 거시적 수준까지 분류된다. 냄새를 규제하기 위한 다양한 방법으로는 바람과 공기 흐름을 조절하고, 보행 도로를 만들며, 나무와 식재를 심고, 공원과 녹지를 조성하며, 물과 수로의 활용과 교통 규제 방안 등이 필요하다.

특정 공간을 따라 움직이면서 체크할 수 있는 이동성 표기 방법으로 시간에 따라 한 사람 혹은 여러 사람으로 부터의 냄새 인식의 차이를 평가할 수 있는 장점이 있지만 좀 더 광범위한 디자인을 위한 냄새와 감각적 환경을 평가하기에는 너무 단순하다. 그럼에도 불구하고 다양한 감각 사이의 관련성을 제공하고 사용자가 쉽게 사용할 수 있는 도구라는 것이다.[288] 하수구나 교통 오염 지역 등의 냄새 배출에 대하여 조사하고, 보행자의 성향 등을 포함한 지형도를 작성함으로써 도시 전문가들은 도시디자인을 계획할 때 보행자를 위해 쾌적한 버스

287) 앞의 책, 186-188.

288) 앞의 책, 212-215.

승강장의 위치를 계획하거나 가정에서의 냄새 배출을 줄이는데 많은 도움을 받을 수 있을 것이다.

결국 냄새지도는 후각도시디자인을 위해 선행되어야 하며, 정확한 냄새의 흐름과 시공간의 개념을 가지고 조사하고 기획하여야 원천적인 문제를 해결 할 수 있는 것임을 반드시 알아야 한다. 이것은 단지 후각적 도시디자인에 국한되는 것이 아니라 시각, 청각, 등 오감 전체를 활용하고 융합하는 도시디자인을 위한 것이다.

3-2. 위치기반서비스를 활용한 후각플랫폼

후각 도시디자인Urban smellscape design에 선행되어야 할 것은 냄새표준화 작업을 통하여 냄새지도를 만들며, 공급자의 기본 맵을 바탕으로 유저들의 엡 참여로 냄새지도의 빅테이터를 만들어 가는 것이다. 이는 도시에 있어서 가장 중요한 감성적요소 중 하나인 후각을 디자인함으로서 도시디자인의 새로운 지평을 열고자함이다.

후각도시 디자인은 다양한 방법으로 도시의 냄새지도를 구상한다. 도시의 어느 지역이 최악의 냄새를 가졌는지를 파악하고 공기 흐름 조작하거나 녹지 공간 및 보행자 친화적인 거리를 사용하여 이를 바꿀 것을 권장하고 있다.

어쩌면 IT전문가들은 자동차 유저들에게 목적지로 가는 가장 최적의 냄새를 따라가는 길 찾기 앱을 만들 것이며, 시 담당자는 소셜 미디어 빅 데이터를 사용하여 거주자가 냄새의 영향을 받거나 오염되는 일을 보다 일관되게 모니터링 할 수 있을 것이다. 냄새가 도시에 중요하다고 생각하지 않거나 쉽게 할 수 있는 방법이 없기 때문에 도시는 더 많은 후각 관리가 필요한 것이다.

냄새는 기록할 수 없다고 주장한다. 도시에는 많은 냄새가 있지만 가능한 한 기록하여 데이터화 하여야하며, 또한 사람들이 소셜 미디어를 통해 냄새나는 장소에 대해 말하는 것을 후각적으로 사용해야 한다.

거리를 설계-공기 흐름-하고, 도시의 산책로와 도로주행을 통한 매연의 흐름, 하다못해 작은 공원과 수목에 대한 그들의 생각까지도 냄새에 포함시켜야 할 것이다. 그러한 도시의 냄새지도를 구글 또는 네이버지도 등 유사한 위치서비스 맵과 접목하는 것이다. 꽤 가까운 장래에 새로운 길 찾기 도구는 포인트 간 최단 경로뿐만 아니라 능동적으로 쾌적한 짧은 길도 잘 제시 할 수 있다. 예를 들어 배출 가스가 방출되는 거리를 피할 수 있도록, 냄새를 맵핑할 수 있는 새로운 도구를 개발할 수 있게 해주며 건강과 환경문제도 아울러 해결하게 될 것이다.

또한 이러한 플랫폼을 오픈시켜 사용자들(유저)의 실공간과 시간의 냄새정보를 취합하여 실시간으로 도시의 냄새지도를 알려주는 것이다. 아울러 도시의 곳곳에 숨어 있는 냄새를 유저들로부터 제공받아 빅 데이터화 시켜서 다양한 도시의 문제를 해결하기도 하고 필요한 정보를 공유하기도 하며, 후각적 문제가 발생한 지역은 즉각적인 솔루션을 제공하게 될 것이다. 어쩌면 냄새지도가 보편화 된다면 부동산의 가격 결정이 교통, 학군, 입지의 편리성 등의 입지 조건이 아니라 냄새가 좋은 곳인 냄새환경의 최적지가 가장 비싸지지 않을까 한다.

90년대, 아프리카의 여러 나라를 대상으로 한 연구에서 마켓, 버스 정거장 등 사람들이 많이 모이는 곳의 공기 오염도는 매우 높은 결과를 얻었는데, 2000년 현재에도 마찬가지였다. 이러한 현상은 아프리카뿐만 아니라 아시아 특히 우리나라의 도시도 매우 심각하다. 산업의 발달은 도시를 급속하게 오염시켰고, 도시의 냄새를 나쁘게 만들었다. 기름 냄새를 맡으며 이 냄새가 좋다고 말하는 사람은 없을 것이다. 이러한 오염을 야기하는 벤진 등의 화학약품들은 냄새를 통해서 의식되기도 하지만 신경계로 바로 들어가기가 인체에 치명적인 결과로 이어지게 된다.

아직까지 아무도 시도해 보지 못한 후각은 사람들이 가장 잘 느끼는 미래지향적인 감각으로 도시디자인에 있어서 중요한 요소가 될 것이다. 또한 유저 지향적 어플리케이션으로 공급자의 기본 스멜맵을 이용한 도시의 냄새 빅테이터로 만들어 사용함으로 확장성을 가진다. 스멜스케이프 맵은 기존의 맵과 결합하여 도시 냄새의 관리, 조절 및 디자인에 핵심 콘셉트의 역할을 한다. 그래서 스멜스케이프 맵은 오감의 총체적인 도시 디자인화로 도시개발자, 관공서, 부동산, 환경, 여행, 건축 등 도시의 모든 업무에 필수적인 맵이 될 것이다.

냄새지도는 하루아침에 연구개발 되지 못한다. 이 사업은 컨텐츠와 IT의 결합으로 이루어지는 후각플랫폼으로 그 사업의 영역은 무궁무진하게 이어질 것이다. 기술적 활용과 진폭에 대한 기대가 수그러들면서, 위치정보의 공유가 개인 간의 참여와 개방을 촉진하여 관계를 단단하게 만들 수 있다는 기대를 심어준다. 즉 기술을 통한 사회적 효용이 증대될 수 있음을 말한다.

과연 우리는 위치 기반에 어떤 정신을 스며들게 할 때, 참여→공유→개방이 실현될까? 소셜 네트워크 서비스가 위치 기반으로 활성화되기 위해, 모바일 웹은 어떤 선순환과 신뢰 그리고 사회 자본을 형성되도록 구성되어야 할까?

위치 기반 서비스는 참여와 공유 그리고 개방이 선 순환될 때, 빛을 발한다. 개방정책은 매쉬업mash-up[289]으로 구현된다. 기업의 개방 정책은 위치 기반 서비스의 소통을 도울 수 있다 지도 서비스와 위치를 활용한 고급정보 활용에 있어서, 다음은 위치 정보 관련 역기능에 대한 부담 또한 안고 사업을 하게 될 수도 있다. 과거 '아고라'의 정치적 부담을 졌던 기억만큼, 민감하고 조심스러운 위치정보는 황금알이면서도 동시에 리스크가 될 수도 있기 때문이다

삼청동 길 스멜스케이프[290]의 기본을 살펴보자.

289) 감자를 으깨듯이 웹의 콘텐츠를 가져다가 결합시켜 새로운 가치를 발생시키는 기술.

290) 서울예대 실내디자인과, 박동명외 직품

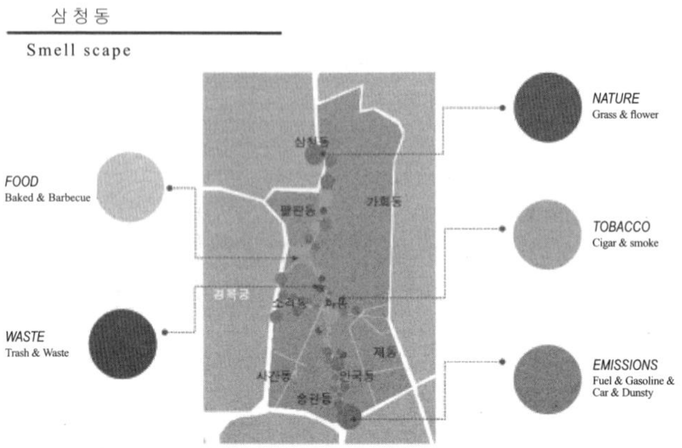

삼청동 문화거리 - 화개길- 감고당길 - 율곡로 – 안국동 - 인사동

바닥(돌)

돌담

목재

이곳은 보이는 곳과 숨어있는 곳의 차이가 심한 지역이다. 그러나 관광지역으로 몇 가지 문제의 해결과 가지고 있는 자원을 잘 활용한다면 훌륭한 향경을 지닌 지역이 될 것이다.

- 흡연부스와 쓰레기통이 필요하다.
- 돌바닥과 돌담, 목재 등 친환경적 소재로 인한 감성과 서정이 풍부한 곳이다.
- 한국전통양식의 목조 건물이 즐비하다
- 가로수와 주변의 수목 공원화(청와대, 경복궁 등)가 잘되어 있어 도시의 공기 정화가 이루어지고 있다.

후각 모바일 플랫폼 구성은 후각플랫폼과 후각어플로 이루어진다.

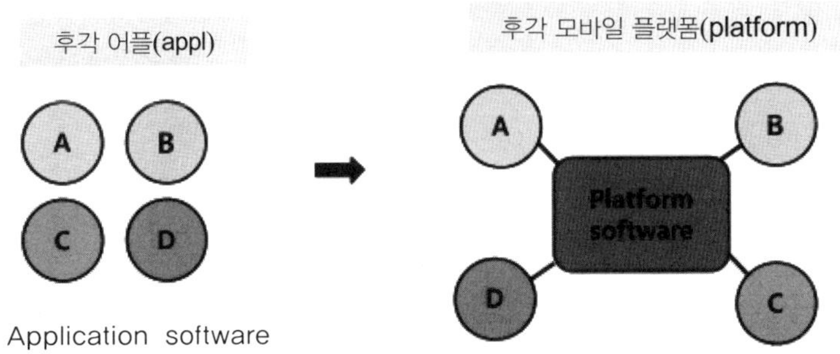

후각 모바일 플랫폼의 개발 프로세스는 먼저 공급자 기본 냄새지도개발하고 도시 전체를 냄새표준화 컬러도표를 사용하여 스멜맵을 완성해야 한다. 그리고 기존의 구글, 네이버 지도 앱과의 공유를 통하여 위치서비스를 구현한다. 또한 도시의 중요한 관공서, 부동산, 환경, 관광 등 관련업체와의 협의를 통한 다양성 추구를 꾀하는 것도 사업화의 한 방편이 될 것이다.

플랫폼의 구현은 어플을 활용한 유저 참여 빅 데이터를 만들어 가야 하는데 이것은 냄새지도 앱을 통하여 도시의 냄새지도를 제공하고 정량화되어 있는 기존의 지도를 활용하여 작성된 앱에 각 유저들의 의견을 업데이터하여 후각네비게이션 등 도시스멜스케이프를 만든다.

스멜 스케이프 맵 구성도

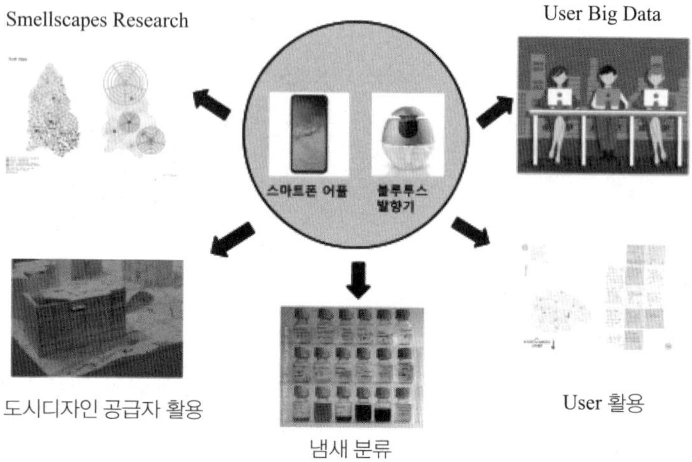

장소의 진정성place authenticity은 냄새 인지smell perception와 함께 복잡하다. 개인의 경우 특정 공간에 대한 개인의 경험에 따라 긍정적으로도, 부정적으로도 인지를 할 수 있기 때문이다. 특정 공간을 대표하는 진정성은 유동적일 수 있는데 개인, 사회 및 문화적 맥락에 따라 달라질 수 있기 때문이고 역사적인 관점, 사람과 커뮤니티 그리고 특정 지역 활동과도 관련이 있다. 따라서 특정 장소에 대한 기획 시에 특정 관점이 부각되지 않고 여러 관점이 골고루 융합되도록 짜야한다.

특정 냄새에 적응이 되기 때문에 사람들은 익숙한 냄새에 대해서는 별로 신경을 쓰지 않으며 강렬하거나 새로운 냄새에 대해서만 신경을 씀. 따라서 특정지역의 거주민 보다는 방문객들이 그 지역의 배경 냄새 즉 베이스노트를 느끼게 된다.[291]

291) Victoria Henshaw(2014), 'urban Smellscapes', Routledge, 197-201.

냄새는 개인의 지식적인 수준과 상관없이 다른 감각 이상으로 무의식적으로 감성과 행동에 좀 더 영향을 준다. 도시 디자인 및 플레이스 메이킹placemaking [292]있어 냄새에 대한 고려는 도시의 경험과 특징을 증가시키고 공간 인지를 강화시키며 도시에 살고 있는 사람들의 생리적 및 심리적 상태를 호전시켜준다.

도시의 냄새 디자인시 다름을 인정해야하며 같은 냄새라 해도 사람들에 따라 각각 다르게 인지할 수 있고 여러 종류의 냄새가 동시에 검출될 수 있음을 이해해야 한다. 지역에 살고 있는 대부분의 사람들이 수용할 수 있는 범위에서 냄새의 유형, 범위, 강도 등을 결정해야 하는데 곧 지역 특성 즉, 개발, 사용자, 지역의 이슈 등의 목적에 따라 냄새가 디자인되고 관리되어야한다.[293] 즉 도시 냄새의 디자인은 냄새의 인지에 각별히 신경을 써야 한다. 이것은 나이, 성별, 환경 요인 등 많은 변수에 의해 다르기 때문에 지역을 고려해서 디자인 되어야 한다.

도시의 냄새디자인을 위해서는 다양한 냄새 효과에 대해 조사가 필요하다. 그 효과를 살펴보면 기대효과anticipation effect[294], 방문효과Entrance effect[295], 출발효과Departure effect[296], 일시효과Transition effect[297]와 그 외 정지효과, 중립효과, 발산효과, 범람효과 등을 고려해야 한다. 그래서 그것에 맞는 냄새제거 방향을 설정하는 것이다. 방향이

292) 건물이나 지역을 그 이용자에게 더욱 유용하게 만드는 것.

293) Victoria Henshaw, 앞의 책, 201-205.

294) 특정 장소에 도착하기 전에 상상하는 냄새

295) 특정 공간에 도착시 나는 냄새

296) 특정 공간을 떠날 때 나는 냄새

297) 특정 공간을 움직일 때 나는 냄새

설정되면 분리, 탈취, 중화, 향기 투여 등 어떤 기법을 사용할지 고려하여 기존 지역의 환경 즉, 식물, 음식, 지형적 특성 등과 구현할 냄새 성분 사이의 균형을 이루어야 한다.[298] 결국 후각도시디자인을 위해서는 냄새지도와 아울러 명확한 후각 솔루션을 가지고 있어야 하는 것이다.

냄새 디자인은 도시의 냄새를 인식시키는데 도움을 주지만 한편으로는 합성 냄새의 도입으로 개인에게 건강문제를 야기하거나 점점 더 환경에 대한 감수성이 예민해져서 환경 위생에 대한 요구가 증가 할 수 있다. 하지만 긍정적 측면으로 본다면 향후 냄새를 전달하고 관리하는 기능을 제공해주는 새로운 기술 개발을 촉진시키는 자극제 역할을 할 수도 있다. 그래서 가능하다면 냄새 투여에 관한 부분은 신중히 이루어져야 할 것이다. 도시 냄새제거를 쉽게 하려고 냄새투여를 신중히 결장하지 않으면 심한 후유증을 앓게 될 것이다.

냄새는 도시 환경 경험, 인식, 공간의 정체성에 중요한 역할을 하므로 도시 디자인 및 관리에 널리 고려되어야 한다. 또한 냄새는 사람에 따라 다르게 느껴지기 때문에 도시에서 냄새 디자인을 책임지고 있는 실무자들은 계획 시행 전에 냄새와 장소와의 연관성에 대해 이해하려고 노력해야 하며 도시의 냄새지도는 공간 경험의 하나의 감각적 요소에 그치는 것이 아니므로 미래의 인간적 공간을 디자인할 경우 냄새와 소리, 촉감, 시각, 온도 등 다른 감각과의 상호작용에 대해서도 신경을 써야한다.[299] 결국 도시 냄새디자인은 하나의 문제가 아니라 다른 것과 함께 고려되어야 하며, 인위적인 방법을 선택하는 것보다 자

298) 앞의 책, 216-218.

299) 앞의 책, 221-224.

연의 후각적 환경을 잘 이용함으로서 기회비용을 줄이고 환경에 미치는 영향도 긍정적으로 평가받게 될 것이다. 다만 도시 디자인에서 그동안 고려하지 않았던 냄새는 향후 중요한 요소로 존재한다는 사실을 잊어서는 안 될 것이다.

3-3. 후각 공간디자인 연출사례

어려서 주사나 치과 도구 같은 공포의 대상을 접하면서 소독약 냄새를 습관적으로 맡게 되면서 병원은 늘 무서운 장소로 각인되기 일쑤였다. 이렇듯 후각은 특정 공간의 특성을 결정짓는 강력한 소재로 작용한다. 일반적으로 딱딱하고 삭막한 공간에 새로운 냄새를 입히게 되면 전혀 다른 분위기로 탄생될 수 있다. 예를 들어 법원에서 편안한 느낌을 갖는 향냄새가 난다면 판검사나 피의자, 배심원 모두 심리적 긴장감을 줄일 수 있을 것이다.

장소의 진정성은 냄새 인지와 함께 복잡하다. 개인의 경우 특정 공간에 대한 개인의 경험에 따라 긍정적으로도, 부정적으로도 인지를 할 수 있기 때문이다.

특정 공간을 대표하는 진정성은 유동적일 수 있는데 개인, 사회 및 문화적 맥락에 따라 달라질 수 있기 때문이고 역사적인 관점, 사람과 커뮤니티 그리고 특정 지역 활동과도 관련이 있음. 따라서 특정 장소에 대한 기획 시에 특정 관점이 부각되지 않고 여러 관점이 골고루 융합 되도록 짜야한다.

특정 냄새에 순응이 되기 때문에 사람들은 익숙한 냄새에 대해서는 별로 신경을 쓰지 않으며 강렬하거나 새로운 냄새에 대해서만 신경을 쓰게 된다. 따라서 특정지역의 거주민 보다는 방문객들이 그 지역의 배경 냄새를 느끼게 될 것이다.[300] 냄새들은 각자 그 냄새에 대한 카테고리가 있다. 공장, 교통 등으로 오는 냄새 등 오늘날 이 냄새들은 도시냄새의 구성요소들이다. 도시 후각 디자이너는 도시냄새의 디자인을 할 때, 냄새 지도의 경험, 장소지각을 강화하기 위한 시도를 계획하고 친환경적 소개 등 도시의 회복에 관심을 두어야 한다.[301] 도시의 냄새에 대한 명확한 규정을 가지고 표준화된 측정이 필요하다. 그리고 쾌적한 도시 후각공간을 설계하여야 한다.

다음은 서울예술대학교 실내디자인과 학생들의 팀티칭 작품이다. 아직은 공간에 대해 명확한 후각지도를 그려내지 못하지만 우리가 볼 수 없었던 도시의 후각을 체험하고 기록한다는 것에 초점을 맞추었다. 특히 후각의 모호한 개념을 이미지화, 시각화함으로서 도시디자인에 있어 획기적인 전환점의 계기가 될 것으로 사료 된다.

각 작품에 대해 추가적인 설명보다는 이 작품을 통해 냄새를 포집하고 분석하며 표준화를 통한 냄새의 분류를 경험해야 한다. 그래야 구체적인 도시 후각지도를 만들 수 있으며, 실제로 적용할 수 있을 것이다.

---

300) Victoria Henshaw(2014), 'urban Smellscapes', Routledge, 197.

301) 앞의 책, 81-83.

1) 이태원 경리단 길 스멜스케이프[302]

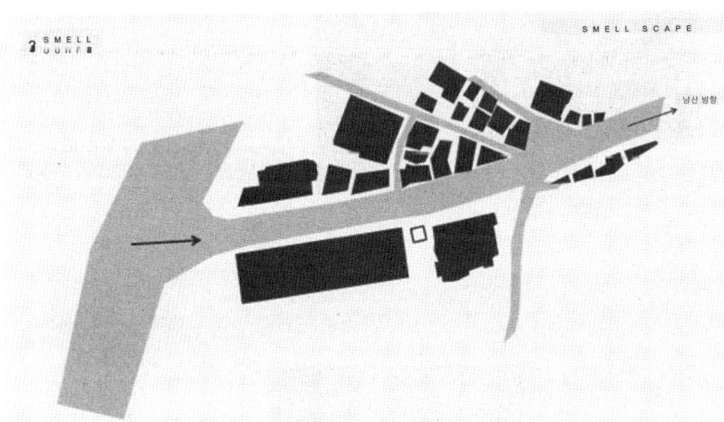

302) 서울예대 실내디자인과 최지원, 박미혜, 임수빈 작품.

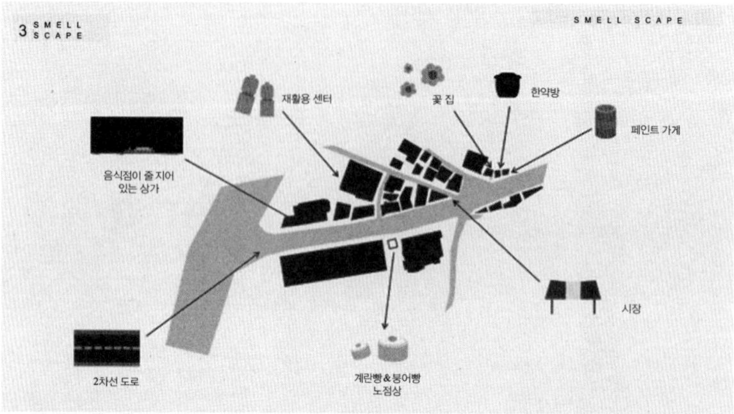
3 SMELL SCAPE
SMELL SCAPE
재활용 센터
꽃 집
한약방
페인트 가게
음식점이 줄 지어 있는 상가
시장
2차선 도로
계란빵 & 붕어빵 노점상

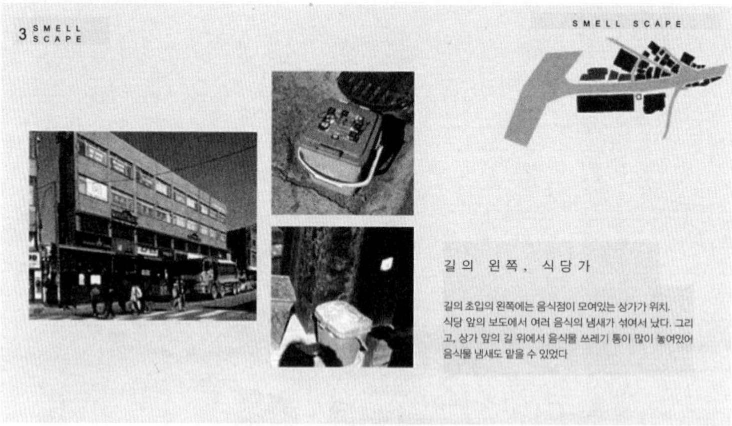
3 SMELL SCAPE
SMELL SCAPE
길의 왼쪽, 식당가
길의 초입의 왼쪽에는 음식점이 모여있는 상가가 위치.
식당 앞의 보도에서 여러 음식의 냄새가 섞여서 났다. 그리고, 상가 앞의 길 위에서 음식물 쓰레기 통이 많이 놓여있어 음식물 냄새도 맡을 수 있었다

3 SMELL SCAPE
SMELL SCAPE
길거리의 붕어빵
경리단길의 이름의 이유인 국군재정관리소(구 육군 중앙 경리단)의 건물이 길의 초입에 위치.
국군재정관리소의 길목에 위치한 붕어빵 노점상의 빵굽는 냄새를 길의 시작에서 맡을 수 있었다

3 SMELL SCAPE

SMELL SCAPE

용산 재활용 센터

조사를 하러 가기 전에 지도를 보며 미리 사전 조사를 해보았을 때 재활용센터라고 해서 폐지와 병들이 많은 그런 쓰레기들의 집합소를 생각하고 있었는데, 방문하였을 때 본 모습은 폐 가전제품들이 주로 있었고, 센터가 길목에 위치한 시장과 이어져있어서 시장의 짠 냄새와 꿉꿉하고 오래된 냄새를 맡을 수 있었다.
우리가 미리 예상하고 생각했던 폐지와 쓰레기들은 그 센터의 맞은편 길 위에서 볼 수 있었다

3 SMELL SCAPE

SMELL SCAPE

시장과 숯불구이

경리단 길 도입부에는 현대적인 음식점으로 줄지어 있었다면 더 안쪽으로 들어 갈 수록 주민들이 생활하는 동네모습을 볼 수 있었다. 대표적으로 시장이 보였다.
시장길목 옆으로 두개의 숯불구이점이 위치해 있어서 주변에 숯불구이냄새가 강하게 났다. 시장 안에는 재래식 시장에서 맡을수 있는 짠내, 흙냄새, 정겨운 냄새가 났다

3 SMELL SCAPE

SMELL SCAPE

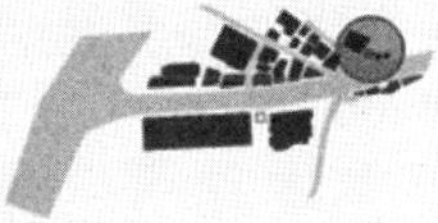

꽃 집

꽃집이 있어서 꽃의 향기가 날 것 같아서 가까이 다가갔으나 생각했던 꽃 향기의 냄새가 아닌 주변에 있던 음식점 냄새가 꽃 향기를 덮어 나지 않았다

3 SMELL SCAPE

SMELL SCAPE

한 약 방 냄 새

한약을 다리는 냄새가 가계근처로 가니 났다. 그래서 주변 냄새들이 한약방냄새에 묻혀 주변냄새가 나지 않았다

3 SMELL SCAPE

SMELL SCAPE

2 차 선 도 로

주변상권 중심에 2차선도로가 위치해 있어 차의 이동이 많아 걸어다니면은 매연냄새가 느껴졌다.

4 FINAL

SMELL SCAPE

개 발 전

개 발 후

경리단길은 초입에 있는 국군재정관리소의 옛 이름에서 유래되어서 경리단길 이라고 불리고 있는데 실제 주소 명은 회나무길이다.
이 회나무길은 이태원이 큰 벌판에 회나무들이 많이 있어 붙여진 이름이다. 그러나 지금은 유명세와 개발로 인해 상점과 차들이 많아져 본래의 자연적 모습을 전혀 상상도 할 수 없게 변했다. 그래서 옛 정서를 느낄 수 있도록 경리단길 곳곳에 자연적인 향기를 심어주어 옛 경리단길의 본래의 모습을 잊어버리지 않게 냄새를 통해 옛 모습을 잃지 않는다.

2) 안산천 스멜스케이프[303]

안산천[安山川]

경기도 안산시의 수암동 수암봉에서 발원하여 개다리를 지나 양상동·월피동·성포동·고잔동 등을 거쳐 시화호로 흘러 들어가는 하천.

303) 서울예대 실내디자인과 박진아, 전현선, 박지현, 양희전, 홍지원 작품.

2014-2 공간연출론 팀 프로젝트 Prof. 송인갑 교수님

01 SITE 안산 천

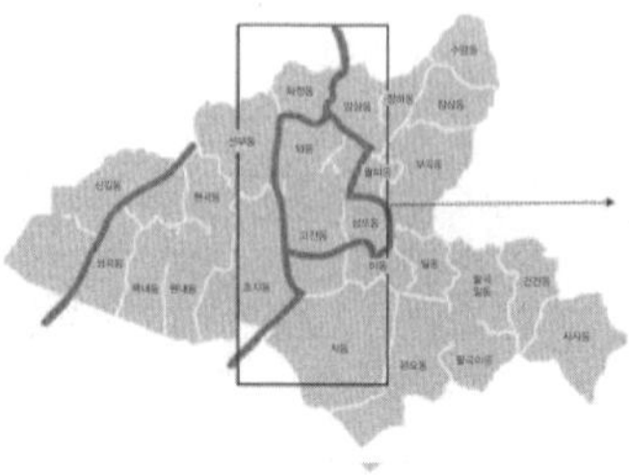

안산천
[安山川]

위치: 경기도 안산시의 수암동 수암봉에서 발원하여 개다리를 지나 양상동 · 월피동 · 성포동 · 고잔동 등을 거쳐 시화호로 흘러 들어가는 하천

2014-2 공간연출론 팀 프로젝트 Prof. 송인갑 교수님

01 SITE 안산 천의 특징

자연환경

안산천 유역의 수종: 침엽수와 활엽수가 분포하지만 두 수종이 혼합된 혼합림이 대부분이다.
하천 연안토질: 하천의 범람으로 인해 퇴적된 충적층이 분포하고 있으며 고잔 동 지역의 안산천 하류 지역은 해저퇴적층으로 점토 및 실트로 구성되어 있고 비교적 두꺼운 층을 이루고 있다.

현황

해안교를 통과하여 시화호로 유입되는 하천이다.
유역면적은 54.75㎢이고 유로연장은 12.25㎞이다. 안산천은 행정구역상 안산시의 15개 동의 유역 면적을 가지며 토지 이용 현황은 총 토지 자원 54.75㎢ 중 임야 면적이 34.35㎢로 62.7%를, 농경지 면적은 7.00㎢로 12.8%를 차지한다. 그 중 논 면적은 2.02㎢, 밭 면적은 4.98㎢이다. 대지 면적과 기타 면적이 11.57㎢, 1.83㎢로 21.1%, 3.4%를 각각 점유하고 있다.

수질

하천오염의 주원인은 생활하수가 미처리되어 하천으로 직접 유입함으로써 오염이 심화되고 있다. 쓰레기, 농약, 비료 등의 기타 오염원에 의해 수질은 더욱 악화되고 있다.
최근 환경에 대한 국민의 관심이 높아지고 쾌적한 공간 조성에 대한 국민의 욕구가 커지고 있어, 도시 지역에 인접하여 안산천 갈수기 건천화 방지, 악취 발생 억제 및 소하천의 정비사업 등 하천의 수질을 개선하여 쾌적한 도시 공간 조성에 기여하고자 하천정비사업을 시행 중에 있다.

2014-2 공간연출론 팀 프로젝트 Prof. 송인갑 교수님

01 SITE 안산 천의 문제점

편의시설의 문제

- 안산 천의 편의시설 휴식공간이 부족
- 어두운 산책로 , 자전거 도로

환경·악취의 문제

- 안산 천에 정화되지 않은 생활오수 유입
- 물 고임으로 인한 악취

2014-2 공간연출론 팀 프로젝트

Prof. 송인갑 교수님

01 ITEM 안산 천의 긍정적 측면

안산은 공단이 위치해 있고 외국인의 도시로 생각되고 있어 많은 공해와 지저분한 환경 등 좋지 않은 이미지로 인식 되고 있는 것이 사실.

BUT

실제로 안산,안산천은 전국적으로 도시 녹지 율이 상당히 높은 편에 속한다.

이는 안산의 어디를 가도 생태공원이 조성되어 있고,
안산 천 전 코스가 자연 친화적으로 만들어져 있다는 것을 증명하는 점이다

02 ITEM 자전거와 안산 천

추진배경
저 탄소 녹색성장 지구온난화로 인한 기후변화와 글로벌 에너지자원의 고갈 문제를 적극적인 의지와 범국가적인 노력을 통해 위기가 아닌 기회로 활용하기 위함.

02 ITEM 페달로 란?

안산시 페달로
[PEDAL路].

안산시민의 발이 된 페달로 자전거

누구나,언제나,어디서나 쉽고 편리하게 이용할 수 있는 공공자전거 무인대여 시스템으로 안산시의 대기오염,
고유가 문제를 해결하고, 건강한 사회 및 시민들의 삶의 질을 높이고자 마련되었다.

1. 페달로 이동경로

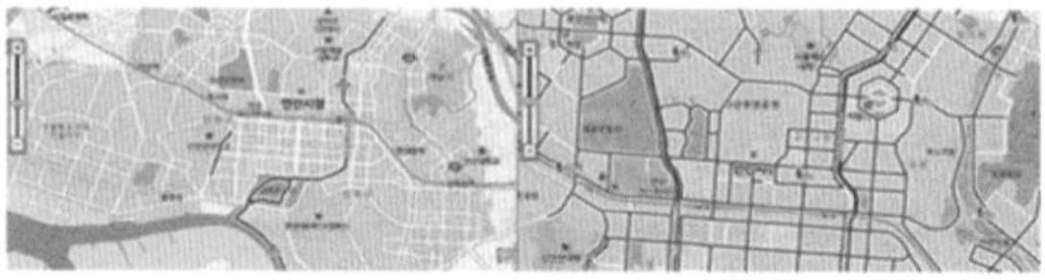

주로 안산의 자전거 도로와 페달로 정거장,안산 천을 중심으로 동선이 이루어진다.

2. 아이템4 – STREET LAMP

가로등의 설치가 부족해 늦은 시간 자전거를 타거나 산책을 했을 때 다소 위험할 수 있음

2. 아이템4 – STREET LAMP

1. 어두운 안산천을 밝힘
2. 조명의 열을 통해 향을 확산

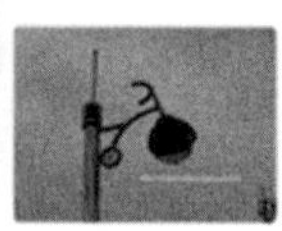

3) 서울역사 스멜스케이프[304]

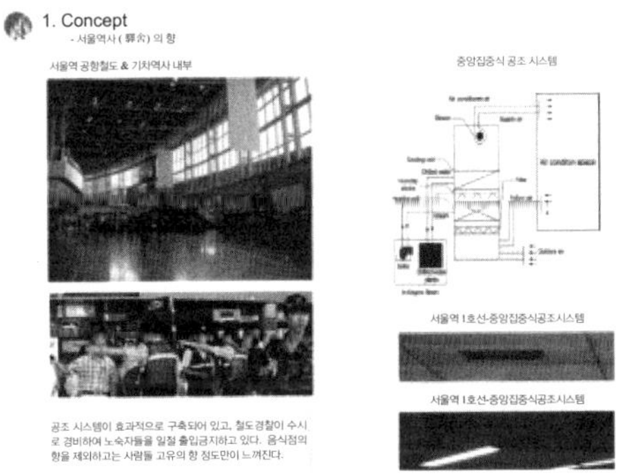

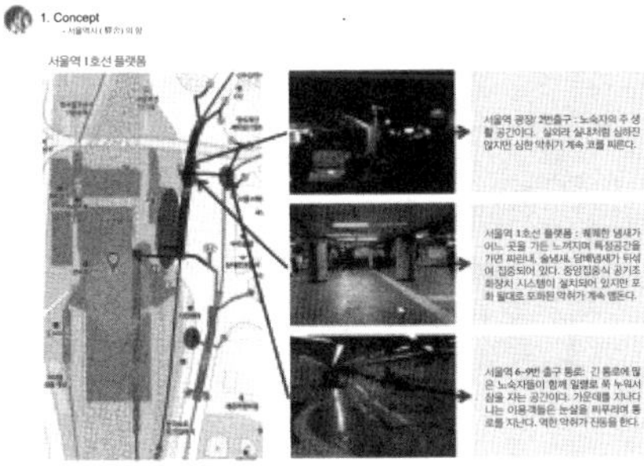

---

304) 서울예대 추진호, 이준영 작품.

1. Concept

- 문제점 및 해결방안

문제점 : 300명의 서울역 거주 노숙자의 악취,
일일 유동인구 9만명으로부터 나오는 냄새

담배냄새, 술냄새, 음식냄새, 곰팡이냄새, 찌린내 등이 뒤 섞여 심각한 악취가 난다. 중앙집중식 공조시스템을 사용하고 있음에도 불구하고 악취가 지하철 통로 곳곳에 배여있다.

해결방안은 무엇인가?

<Table 2-2> Key characteristics of the odor

화합물	냄새의 특성	원인물질명
황화합물	양파, 양배추 썩는 냄새	메틸메르캅탄(CH_3SH), 황화메틸[$(CH_3)_2S$], 이황화메틸(CH_3SSCH_3) 등
	계란썩는 냄새	황화수소(H_2S) 등
질소화합물	분뇨 냄새	암모니아(NH_3), 에틸아민($CH_3CH_2NH_2$) 등
	생선썩는 냄새	메틸아민(CH_3NH_2), 트리메틸아민[$(CH_3)_3N$] 등
알데히드류	자극적이며, 새콤하고 타는 듯한 냄새	아세트알데히드(CH_3CHO), 프로피온알데히드(CH_3CH_2CHO), 노말부틸알데히드[$CH_3(CH_2)_2CHO$], 이소부틸알데히드[$(CH_3)_2CHCHO$], 노말발레르알데히드[$CH_3(CH_2)_3CHO$], 이소발레르알데히드[$(CH_3)_2CHCH_2CHO$] 등
탄화수소류	자극적인 신나 냄새	아세트산에틸($CH_3CO_2C_2H_5$), 메틸이소부틸케톤[$CH_3COCH_2CH(CH_3)_2$] 등
	가솔린 냄새	톨루엔($C_6H_5CH_3$), 스티렌($C_6H_5CH{=}CH_2$), 자일렌[$C_6H_4(CH_3)_2$] 등
지방산류	자극적인 신냄새	프로피온산(CH_3CH_2COOH) 등
	땀냄새	노말부티르산[$CH_3(CH_2)_2COOH$] 등
	젖은 구두에서 나는 냄새	노말발레르산[$CH_3(CH_2)_3COOH$], 이소발레르산[$(CH_3)_2CHCH_2COOH$] 등
할로겐 원소	자극적인 냄새, 자극성 냄새	염소, 불소 등

〈죽초액탈취제를 이용한 하수처리장 악취 및 영양염류 제거에 관한 연구,조연옥,순천대학교 산업대학원:환경공학과 2008 참고문헌〉

1. Concept

- 문제점 및 해결방안

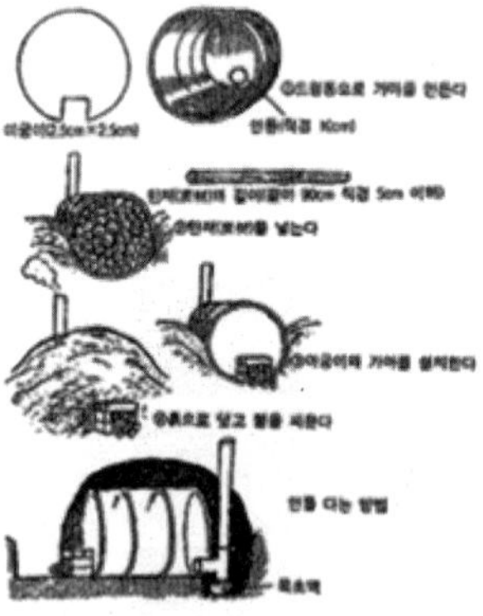

인체에 무해하고 생분해성인 식물성 천연추출물을 이용하여 장시간 대량분사한다. 특히 쓰레기 매립지,가축축사 악취제거에 뛰어난 효과를 보이는 목초액을 사용한다.

〈참고문헌 : 식물성 천연탈취제를 이용한 암모니아계 악취의 제거 /2004/ 군산대학교 재료 화학공학부 김명호〉

2. Story

- 스토리텔링

장원급제의 마음을 다지는 유생의 길.

조선시대 과거 시험을 보러 온 유생들은 장원급제를 기원하며 해가 뜰 때부터 질 때까지 도성을 한 바퀴 돌곤 했다. 도성을 따라 돌다보면 안쪽에는 궁궐이 보인다. 그 당시 선비들은 이 궁궐을 바라보면서 장원급제의 마음을 다지며 스트레스를 해소하기도 하였다.

창의문 숙정문 혜화문

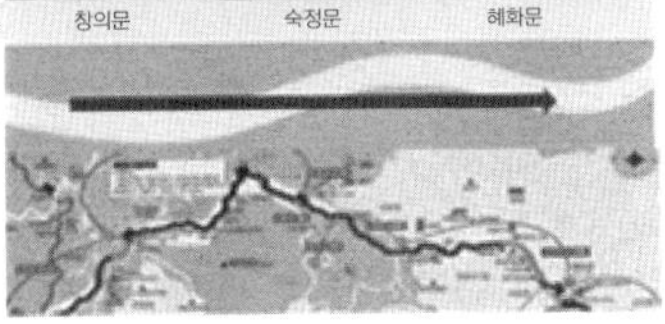

Top Note Middle Note Last Note1 Last Note2

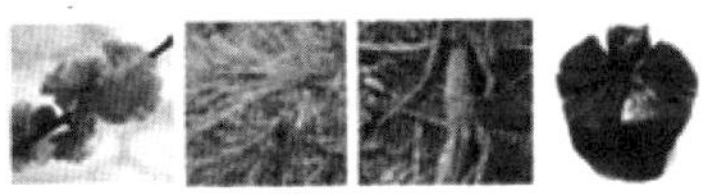

매화 솔잎 칡(葛) 숯(목초액)

3. Purpose

- 공간 향 설비 계획

중앙집중식 공조 시스템

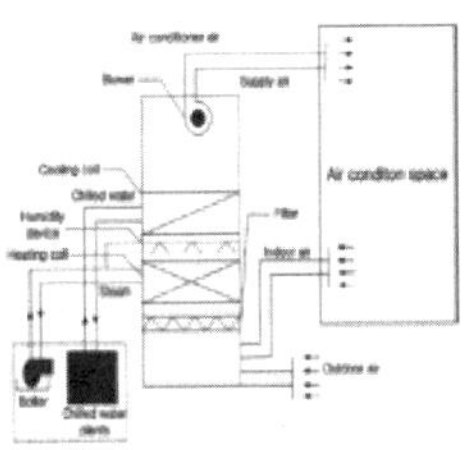

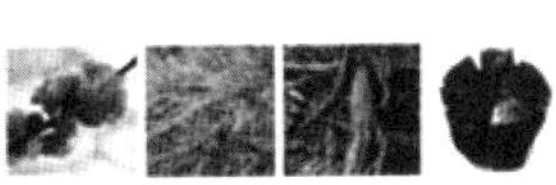

매화 솔잎 칡(葛) 숯(목초액)

계단 센서 → 팬 작동

3-4. 냄새, 길을 묻다

말레이시아 파항주에 있는 고산지대 카메룬하일랜드에는 원주민인 오랑아슬리Orang Asli들이 이곳 밀림에 많이 살고 있다. 오랑아슬리는 말레이시아어로 "숲의 사람" 즉 최초의 인간 이라는 말이다. 오랑아슬리는 4만여년 전 동아프리카에서 유라시아를 거쳐 말레이시아로 흘러들어 온 이주민의 후예다. 다른 지역 에서는 발견 되지 않은 초기 인류의 DNA를 갖고 있다.

토착민인 오랑아슬리는 문명이 그들에게 다가오는 것을 아직도 받아들이지 못하고 있다. 아메리카 원주민인 인디언들이 신천지 개척의 명분으로 상륙한 앵글로색슨 청교도들에 의해 인디안 보호구역에 감금되어 사육되듯이 살아가는 것과는 조금 형편이 다른 삶을 그들은 살아가고 있다. 하지만 넓은 의미에서 그들의 삶 역시 수적으로 우세한 말레이 종족으로부터 그들이 살아가던 땅을 힘에 눌려 양보한 결과다.

카메룬하일랜드의 밀림은 원시 그대로라 함부로 들어갈 수 없는 곳이라고 한다. 꼭 가야한다면 밀림을 잘 아는 오랑아슬리와 반드시 같이 가야 한다. 카메룬 하일랜드의 하부라는 곳에서 깜풍 24에 사는 원주민 청년을 만났다. 깜풍은 마을을 말하는 것이며 24는 산 아래 카메룬하일랜드가 시작되는 중심지 타파에서 24km 떨어진 곳이라는 뜻이다. 이곳 오랑아슬리의 마을은 보통 10-20가구 내외로 카메룬하일랜드의 길 가장자리에 위치해 있으며 깜풍 25, 깜풍 20 등 마을 이름은 없고 숫자로 마을을 표시하고 있다.

깜풍에 사는 그들의 삶은 상상할 수 없을 정도로 열악한데, 수도와 전기는 물론 먹고 사는 문제도 밀림에서 가져오는 열대과일을 팔아 생계를 유지한다고 하였다. 그래도 이들은 나은 편으로 가까운 도시에서 일하거나 문명의 혜택도 볼 수 있지만 밀림 속 곳곳에 군락지어 사는 오랑아슬리는 문명의 혜택을 많이 받지 못한 자연 그대로이다. 마치 말레이시아의 원시를 보는 것 같다 그들의 피부는 아프리카인처럼 거칠고 검은 피부이며 아이러니하게도 자신의 땅에 버려져있는 주인 같은 이방인이었다.

수 만년의 태고의 고독이 숨 쉬는 카메론하일랜드의 밀림을 향해 첫발을 디뎠다. 하얀 색으로 내리는 햇빛의 내음이 산에서 불어오는 바람과 함께 무수한 은구슬처럼 우리 곁을 스치고 갔다, 태고의 맑음이 있고, 깊은 우주의 신비가 있는 자연의 땅이었다.

밀림에 아침이 왔다. 열대과일나무 너머로 구름을 머리에 이고 있는 큰 산이 눈에 들어온다. 빛나는 태양은 숲의 짐승들을 여인의 품처럼 감싸 안고 있었으며, 숲의 깊숙한 곳과 흙에서 묻어 나오는 냄새는 온 사방으로 휘젓고 돌아다녔다.

맑고 푸른 잎 위에는 나비가 떠다니고 멀리 보이는 나무뿌리에는 온갖 벌레들이 제각기 모습을 드러내고 있었다. 과거와 현재의 유희 속에 피어난 꽃들이 저마다의 향기를 뽐내며, 독특한 공간의 이미지를 만들어 낸다.

은빛을 내뿜는 두리안나무와 마주한다. 너무나 찬란하여 모자를 깊게 누르며 살며시 고개를 들어 냄새를 들이켜 본다. 나무에 길게 늘어선 잎에서 쏟아지는 초록이 빗물과 어우러져 짙은 푸름의 물이 되어 모자 위로 굴러 떨어진다. 아주 어려운 길을 지나 만나게 된 두리안나무, 아무 말도 없이 자신이 지내온 시간의 흐름을 내게 보여준다. 태고의 원시로부터 이어온 두리안은 영원함을 전해주지만, 오히려 순간을 만난다.

아열대의 뜨거운 빛이 대지를 향해 불어오자 이 순간을 기다렸다는 듯이 눈물을 쏟아낸다. 눈물은 향기가 되어 숲 속에 숨어 있는 모든 냄새를 가두어 진한 원시의 냄새를 퍼뜨리며 하늘로 올라간다. 그리고 자신이 지켜온 아주 긴 외로움과 행복에 대하여 말한다. 원시는 아무에게 모습을 드러내지 않는다. 밀림을 사랑하고 아끼는 그들에게만 보이는 것이다. 아련한 들려오는 천상의 향기에 눈을 뜬다. 밀림의 소리와 향기다. 라임, 오렌지블로섬, 피치, 바질, 레몬, 베르가못, 네놀리 등 뜨거운 열대과일과 녹색의 잎이 노래하는 상쾌하고 초록빛이 가득한 순수하고 시원한 녹색의 바람의 소리가 들려온다. 바이올렛, 프리지아, 자스민, 히야신스, 릴리오브드밸리, 로즈, 갈바눔, 마리골드와 스파이스를 하나로 묶어 여인의 우아함과 달콤함, 그리고 아이리스, 샌들우드, 앰버, 머스크, 오크모스, 세이지, 베티베르, 세다 우드, 스타이어랙스(Styrax: 때죽나무)가 조합된 태고의 깊고 오묘한 밀림의 묵은 내음이 코끝을 맴돈다.

이제 말레이인이 많이 살고 있는 싱가포르로 가기 위해 냄새에게 길을 묻는다. 청각과는 달리 후각은 투안과 같은 극소수의 인간주의 지리학자에 언급 되었을 뿐 지리학분야에 있어 냄새에 대해 연구는 전무하다시피하다.(Rodaway, 1994) 외국인이 거주하기에 안전하고 편안한 도시, 국제 경쟁력을 갖춘 첨단의 세계 도시를 지향하는 싱가포르 정부에게 냄새는 불결함의 상징이다.

다른 동남아 도시와는 달리 싱가포르에서는 열대 지역 특유의 냄새가 철저하게 억압된다. 이는 생존에 대한 강박관념으로 생산성을 높일 수 있다면, 어떤 문화적 가치도 쉽게 배제하거나 포용할 수 있는 유연성, 극도의 실용주의를 표방하는 싱가포르정책에 기인한다.[305]

냄새는 강렬한 정서적 반응을 불러일으킨다. 냄새에 대한 인식은 냄새 그 자체에 대한 지각뿐 아니라 그와 관련된 경험 및 정서로 이루어진다(Classen 1993) 싱가포르 사람들, 특히 1960년대 이전을 경험한 세대는 두리안 냄새를 맡으면서 가난했지만 여유로웠던 '깜풍'[306]에 대한 추억도 함께 떠올린다.(Chan 2003) 도시 개발로 인해 말레이 전통 가옥과 마을은 사라지고 현대식 빌딩이 들어섰지만 냄새는 아주 조금의, 거의 식별할 수도 없는 에센스 한 방울에도 거대한 기억의 구조를 의연히 간직하고 있는 것 같다.

도시와 사람의 청결함을 강조했던 리콴유의 정신은 냄새에 대해서도 같은 생각을 가지고 있는 것 같다. 외관상 도시는 깨끗한 냄새를 가지고 있다. 하지만 그 이면에는 각 구역마다 인종에 따라 그들만의 냄새를 가지고 있었다. 인디아구역에서는 카레의 냄새가, 이슬람계의 마을에는 향신료 냄새가 각 문화에 따라 보이지 않는 다양한 냄새가 코를 찔렀다. 냄새만으로 그곳을 찾을 수 있으며, 냄새가 그들의 정체성을 나타내었다. 그 중에서도 두리안은 말레이시아 이민자들을 상징한다. 그들은 길거리에서 두리안 향기를 맡으면서 과거를 추억한다.

---

305) 김학희(2003). "후각의 지리학?:동남아시아의 두리안을 사례로". 대한지리학회 학술대회논문집, 209-214.

306) Kampung: 말레이어로 전통적인 말레이 농촌, 특히 도시 근교에 위치한 마을을 의미

부드럽고 달콤한 유혹을 혀로 느끼면서 건조하고 빡빡한 싱가포르 사회에서 삶의 여유와 쾌락을 찾는다. 그래서 냄새에는 힘이 있으며 신체적, 심리적, 사회적, 지리적 차원에서 우리에게 영향을 미치는 것이다.[307]

냄새는 정서적인 감성을 이끈다. 특히 동남아의 열려 있는 공간에서는 다른 지역과는 달리 자연의 냄새에 익숙하며 그들의 삶에 영향을 및고 있다. 특히 지리적으로 서로 연결되어 있어 동남아시아는 냄새의 연결고리가 이어져 있다.

타 국가에서는 꺼려하는 두리안 냄새는 말레이인들에게 깜풍에 대한 추억을 떠올리기도 하고 두리안의 향기를 맡으며 과거를 추억하기도 한다.[308] 두리안의 독특한 향기는 익숙하지 않는 사람들에게는 악취지만 그들에게는 고향이고 자신의 추억인 것이다. 두리안은 그들에게 길이다. 과거로 돌아가는 그들만의 길인 것이다.

"기억해내지 않아도 그리워지는 것이 있다면, 그것은 후각으로부터 오는 것이다"

냄새는 한 곳에 머물지 않으며 끊임없이 바람을 통해 공간과 공간으로 이동하기 때문이다. 그것은 어디든지 상관없이 자유롭게 이동하며 사람의 후각을 깨우고 있는 것을 말한다.

후각 길을 만들기 위해서는 고려해야 할 사항이 매우 많다. 향경 지도를 통한 감각의 길 제시하려면, 냄새의 흐름을 이해해야 한다. 냄새

307) 앞의 책, 213.

308) 앞의 책, 213.

가 발생하면 타원으로 번져 나가 물체에 부딪히면 흡수 또는 산개 된다. 환경적 요인으로 습기, 온도, 바람 등을 고려해야 하고, 농도의 요인으로 보류성과 휘발성을 매개물 요인으로 매개체, 구조물 등을 알아야 한다.

냄새는 경계가 없으며, 집단을 획일화 시키지 못하고 개별화시킨다. 또한 냄새는 공공 공간에서 선택적이지 못하며 시간과 공간의 의미를 명확히 부여한다. 무의식적으로 기억되며 자신이 있는 공간의 정체성을 분명히 하고 냄새가 차지하는 공간의 모든 물체에 영향을 주는 것이다.

당신의 냄새가 걸어온다. 냄새가 서울에서 근무하는 도심지역의 비즈니스맨, 주민들 그리고 걷는 사람들과 함께 산책하였다.

건축, 도시 계획, 인테리어 디자인은 청각 공간, 그리고 후각 경험 등으로 주어진 작은 생각과 함께, 주로 시각적 주제로 운영되고 있다. 그럼에도 불구하고, 냄새가 빛이나 소리, 분위기, 이야기를 생산하며 강력한 공간 지각을 형성한다. 사람들이 적극적으로 냄새를 기록하거나 생각하지 않는다. 하지만 실제로 냄새는 특정장소나 공간에 있어 사람들의 인식에 큰 영향을 미친다는 것이다.

길을 통해 감각적인 냄새를 맡아도 인종적인 반감에 대한 감각의 표현을 하는 사람은 아무도 없다. 실제로 냄새가 저녁 식사 시간에 조금 강하게 났다 해도 이웃주민들은 싫어하지 않고 오히려 음식 냄새를 즐긴다. 냄새를 구성하는 방법은 모던이즘에서 유래했으며 또한 분리된 것이다.

냄새에게 길을 묻는다. 냄새는 대답할 것이다. 나를 따라오면 된다고 말이다.

3-5. 서울 게토(Ghetto)

유대인에 대한 최초의 강제 격리구역은 1280년 이슬람 왕국 모로코에서 만든 밀라millah였다. 어떤 이슬람 국가에서는 유대인의 집과 문 크기까지도 제한하는 엄격한 게토 제도를 시행했고 14, 15세기에는 유럽 전역에서 유대인 강제격리가 이루어졌다. 프랑크푸르트암마인의 게토와 프라하의 유덴슈타트(유대인 거리)가 유명했다. 요즘에는 소수민족들이 따로 모여 사는 도시의 특정지역을 게토라 부른다.

미국에서는 흑인과 이민 온 사람들이 법적 규제 때문이 아니라 경제적·사회적 압력 때문에 게토에서 살고 있다. 현대의 미국 법률은 게토의 폐지를 추구한다. 1964년에 민권법이 통과되었지만 처음 게토를 만들어냈던 그런 사회 편견 때문에 이 법은 실효를 거두지 못하고 있다.

기독교인들의 도시에 살면서 그들만의 공간(게토)에 모여 살고 기독교와 교류보다는 자신들의 생활방식을 고집하며 어울리지 않았다(유명한 바르샤바 게토는 천년이 넘는 전통을 자랑하는 유태인 거주 구역을 뜻하는 말이었다. 지금은 그 의미가 바뀌었고, 의미를 바꾼 사람이 바로 히틀러임). 중세에 흑사병이 유행했을때도 유태인들의 피해는 상대적으로 적었다고 한다. 이는 다른 이유 때문이 아니라 유태인들의 주변을 청결하게 하는 그들의 생활습관 덕분이라고 하는데, "위생"에 대한 개념이 없던 유럽인들에게는 그런 유태인들이 두려움과 저주의 대상이 되기도 했다.[309]

장미를 자신의 화단에 심어져 시각적 외관과 가치를 위해 길러졌다. 장미의 색과 모양을 완벽하게 만들기 위해 가꾸었지만, 이것은 장미의 냄새를 아름답게 풍기는 의도하지 않은 결과를 낳게 되었다. 이 향기로운 냄새는 예전에 가장 영적이었던 장미를 새로운 감각의 변화를 가져다주었다.[310] 냄새는 어떤 사물이 가지고 있던 속성을 바꾸어 준다. 우리가 기대하지 않았던 결과는 곧 그 사물의 속성이 됨을 말하는 것이다. 그래서 장미는 색과 모양이 아니라 아름다운 향기로 기억하고 있는 것이다.

전통적인- 먹고, 피우고, 마시고- 행동들은 거리의 냄새와 마주하여 증가한다. 신선한 알코올 냄새는 도시 선반에 있어서 꼭 부정적이지만은 않다. 그러나 밤을 넘어 풍겨나는 신선하지 않은 냄새 역시 존재하는데, 대표적인 것이 담배냄새다. 이를를 제거하는 것은 영국의 전통 펍의 역사적인 위치를 제거하는 것과 같은 것이다.[311] 우리나라에서도 이제 흡연을 한다는 것만으로 사람들- 비흡연자-로부터 배척 받고 그들이 마음껏 피울 수 있는 공간조차 한정되었다. 그들에게 밤은 영

309) 다음백과.

310) David HOWES(2013), "The Social Life of the Senses", Ars Vivendi Journal No.3 (February 2013) 4-23.

311) Victoria Henshaw, 앞의 책, 118.

국과 별반 다르지 않은 것 같다. 밤의 공간은 냄새가 활동적으로 활개치는 시간이다. 그리고 냄새의 근거를 묻어 버리기도 한다. 무엇인가 은밀한 행위가 냄새에 편승해서 나타나기도 한다.

2007년부터 영국은 다른 유럽국가처럼 외부에서 담배를 피우는 것에 대한 법안을 만들었다. 건강을 위한 금연운동을 벌여 흡연자의 비율이 줄어들었다. 도쿄, 캘리포니아, 인디아의 경우는 옥외에서 담배를 피우는 것에 대해 엄격한 잣대를 댄다. 대부분의 흡연 법률 제정은 흡연자를 변화시켰다. 사람들은 담배 냄새에 대해 서로 다른 반응을 하는데, 비흡연자는 담배 냄새를 싫어한다. 담배냄새는 매우 강하고, 탁하여 어떤 사람들은 호흡에 불편함을 느끼고 구역질을 하기도 한다.

흡연자의 경우, 담배냄새를 좋아하는 사람이 일부 있고, 대부분은 그저 그렇거나 좋아하지 않는다. 흡연은 즐기지만 냄새는 좋아하지 않는다는 맛과 냄새의 이중적인 기호를 가진 것이다.

펍이나 바, 클럽의 담배냄새를 싫어하는 사람들도 있다. 이것은 직접적인 담배냄새가 아니라 공간에 찌들어 있는 오래 된 냄새라는 것이다. 하지만 이 담배냄새가 펍이나 바, 클럽이 지니는 문화적으로 중요한 인테리어 환경을 형성하는데 일조하고 있음을 부인할 수 없다.

새로운 흡연과 관련된 법제정은 흡연 부스를 만들어 흡연자들의 공간을 만들어주었고, 이는 흡연자들의 행동에 영향을 주었다. 외부 흡연이 가능한 곳이 많지 않기 때문에 집이나 친구들의 집 등 흡연할 수 있는 공간이 줄어들었고 이는 술집 등에 많은 영향을 주었다. 이에 대해 흡연자는 스스로 흡연 권리를 주장하기도 한다.

흡연자 스스로도 흡연공간에 대해 부정적으로 보고 있으며, 비흡연자 역시 흡연공간에서 담배를 피우는 사람들에 대체로 부정적인 시각이다.

흡연자와 비흡연자 사이에는 갈등이 일어난다. 특히 비흡연자의 경우 걸으면서, 무방비로 맡게 되는 담배냄새에 불쾌감을 느낀다.[312]

금연법률은 거리와 공공장소에서 담배를 피우는 것에 대해 영향을 미친다. 거리에서 피우는 담배냄새는 다른 사람들에게 영향을 미치는데, 밖에서 피는 담배냄새는 공간 안에서 피는 것보다 더 빨리 퍼지며 주변의 다른 냄새보다 더 강하게 느껴진다.

물론 밖에서 피우는 담배냄새가 담배를 피우지 않는 사람의 머리, 옷, 피부에 오랫동안 머무르는 것은 아니다. 그러나 담배를 피우는 장소를 지정하는 것은 매우 중요하며, 흡연의 비율을 낮추는데 영향을 주었다.[313]

냄새는 위험하다. 정크 푸드를 먹는 것보다 나쁜 냄새를 맡는 것이 우리의 건강에 미치는 영향이 더 크다. 냄새는 우리의 몸속에 바로 들어와 폐로 들어가기 때문에 어떤 냄새를 맡느냐는 매우 중요하다.

나치는 유태인들의 탈무드식 삶의 방법과 유럽을 휩쓴 페스트에도 살아남은 그들만의 공간(게토)에 모여 살며 청결함을 유지하는 생활에 대한 모독으로, 특히 히틀러는 냄새에 관한 인종차별적 정치론을 통해 유태인들에게 악취의 혐의를 뒤집어씌우고 이 악취를 육체적. 도

312) 앞의 책, 119-124.

313) 앞의 책, 125.

덕적 타락과 연관시킴으로써, 유태인들을 혐오스럽고 사회에 위험한 자들로 낙인찍고자 하였다. 가난하고, 무지하고, 도덕적으로 타락한 자들은 악취가 난다는 사회적 관념을 히틀러는 유대인의 주거환경을 통한 삶의 한 방식에서 찾아냈던 것이다.[314]

아우슈비츠를 포함한 유대인 포로수용소들의 후각적 환경은 짐승의 우리나 도축장과 같았다. 그들은 자신의 배설물과 씻지 않음으로 몸에서 나는 냄새, 시체를 태우는 냄새 등으로 스스로 무너져 버리고 스스로 자기 비하에 빠져버리는 결과를 낳았다. 나치는 많은 것을 숨겼고, 비공개화 했지만, 냄새만은 막을 수 없었다. 냄새는 담을 넘어 경계를 지나 끝없이 흘러감으로 말이다.

히틀러는 '나의 투쟁'에서 유대인의 냄새를 다음과 같은 말로 표현하였다.

> "도덕적인 면과 또 다른 측면에서 유태인을 정화하는 것은 당연한 일이라고 말하지 않을 수 없다. 그들의 겉모습만 보아도 그들이 물과 친하지 않는다는 것을 알 수 있었으며, 괴롭게도 종종 눈을 감고도 그 사실을 알 수 있었다. 나중에 나는 카프탄을 입고 있는 사람들의 냄새만 맡아도 메스꺼움을 느끼게 되었다. (중략) 이 모든 것들은 결코 매력적이라고 할 수 없다. 그런데, 육체적 불결함에 덧붙여 이들 '선민'들의 도덕적 오점을 발견하고 나자, 단연코 혐오감을 갖지 않을 수 없었다."[315]

지독한 냄새에 길들여지면, 인간은 그것으로부터 절대 벗어날 수

---

314) 콘스탄스 클라센, 데이비드 하위즈, 앤소니 시노트저.『아로마 냄새의 문화사』.김진옥 역. 현실문화연구, 2002, 228.

315) 앞의 책, 228.

없게 된다. 스스로 포기하게 되는 것이다. 극한의 삶 속에서 말이다.

냄새도 그것을 맡는 인간의 후각 없이는 스스로를 충족시킬 수 없다. 결국 냄새의 자기실현은 인간의 후각을 통해 사라짐으로서 기억하게 되는 부산물로 충분한 것이다. 사실 냄새는 스스로 존재하는 것 같지만 그 주체인 사람의 후각 없이는 존재할 가치가 없다. 요컨대 냄새는 인간의 삶과 감성의 충족을 위한 후각의 객체라는 것이다.[316]

> "저는 세상에 있는 냄새를 전부 알아요. 파리에 있는 모든 냄새를요. 이름을 모르는 것들이 좀 있기는 하지만요. 그러나 그 이름들도 배울 수 있어요. 이름이 있는 냄새는 전부 다 말입니다. 그건 그렇게 많지 않거든요. 기껏해야 수천 개 정도지요. 저는 이제부터 그걸 전부 배우겠습니다. 여기 이 향유의 이름을 결코 잊어버리지 않을 겁니다. 안식향이라고 했죠. 안식향, 안식향..."[317]

세상의 냄새는 모두 이름이 있는 것이 아니다. 오히려 이름 붙여지지 않는 것이 훨씬 많을 것이다. 냄새는 언어나 기호로 표현할 수 없는 그 무엇이 있어서, 하나의 이름으로 짓거나 설명할 수 없다. 맡는 사람마다 다르게 느끼기 때문이다.

빅터 플랭클 박사는 유태인으로서 나치 치하의 강제 수용소의 삶을 3년이나 체험했다. 강제 수용소에서는 죄수가 자신을 지탱할 힘을 모두 상실하도록 모든 상황이 꾸며진다. 삶에서 친숙했던 모든 목표가 빼앗겨 버린 것이다. 이제 그에게 남아 있는 것은 인간으로서의 마지막 자유-자신의 태도를 선택할 수 있는 능력뿐이다. 고통 속에서도

---

316) 송인갑, 앞의 책, 75-76.

317) 파트리크, 쥐스킨트.『향수』. 강영순 역. ㈜열린책들, 2009.

고통의 의미를 찾고 살아남고자 노력하거나, 또는 보다 쉬운 죽음을 선택하는 것이다. 강제 수용소에서 아주 훌륭한 사람이나 연약한 사람은 수용소에서 살아남지 못했다. 그러나 평범한 보통 사람들은 이런 죽음의 고난 속에서, 자신의 고통의 가치를 선택함으로써 죽음의 운명에서 벗어날 수 있었다. 이 사실은 매우 주목할 만한 일이다. 초인도 아니고 영웅도 아닌 평범한 사람들이 죽음과 삶의 경계선에서, 굶주림과 혹독한 노동 속에서도 웃을 수 있었고 감사도 했으며 심지어 문화까지 향유할 수 있었다. 이 평범한 사람들이 절망 가운데에서 살아남기 위해서 최선을 다하고 또 생존할 수 있었다는 것은 참으로 놀라운 일이다.

이 절망은 후각에 이르러 극에 달한다. 숨을 쉬지 않고 살 수 없기에 후각은 공간에 남겨진 모든 것을 받아들여야 한다. 생존을 위해 끝없이 호흡하는 그들에게 수용소는 마치 지옥의 냄새 같은 악취를 풍기고 있었던 것이다. 하지만 그들은 그 냄새를 선택할 수밖에 없었고, 아니 일종의 유희처럼 즐겼는지도 모른다. 스스로 변화시킬 수 없는 환경이었기에 말이다.[318]

나치의 학살은 냄새도 예외일 수는 없었다. 하지만 냄새만은 지울 수가 없었다. 그것은 지나간 슬픈 추억의 잔재로 후각의 기억 속에 영원히 망각되지 않은 채 남아있기 때문이다. 감정의 전달에 영향을 주는 것은 행복과 두려움이다.

> "특정 냄새, 예를 들어 생선 비린내를 싫어한다는 이들도 산책 도중 어시장에서 풍겨오는 냄새는 싫지 않다고 말하곤 한다. 그건 그들이 생선 비린내를 시장이라는 공간 체험의 일부로 수용하기 때문이다. 어시장에

---

318) 송인갑, 앞의 책, 77-78.

서 생선 냄새가 나는 건 당연하다는 걸 받아들인 것이다."

후각 자극이 적절한 체험의 맥락 안에 있을 때 사람들은 그것을 즐기게 된다는 것, 즉 어지간히 비린내를 싫어하지 않는 한, 인공 라벤더 향기로 절여진 어시장보다는 비린내 밴 어시장을 좋아한다는 얘기다.

후각 자극에 여성이 남성보다 훨씬 민감하다는 일반적인 생각과 달리 남녀 간에 차이가 없었다고 한다. 역한 냄새를 맡았을 때 남성들은 대충 참는 반면 여성들은 상대적으로 격한 거부반응을 보이기 때문에 그렇게 인식돼온 것일 뿐, 실제 현장 조사에서 후각 자극을 감지하는 능력과 수용 반응은 유의미한 차이를 보이지 않았다.

냄새나 향기가 인간 행동에 미치는 영향 연구는 일찌감치 시작됐다. 미국의 카지노 도시 라스베가스의 호텔들이 환기시스템을 통해 '운명의 정수 Essence of Destiny' 같은 향수를 뿜어대거나 슈퍼마켓에서 훈제 베이컨 냄새를 내보내 신선식품 매출을 신장시키는 것처럼 후각이 마케팅에 활용된 예도 흔하다. 미국의 한 우유업체가 샌프란시스코 버스 정류장 우유 광고판에 쿠키 향기를 분사하는 장치를 설치했다가 주민들의 항의로 철거한 사례를 소개하면서 "우리의 감각, 특히 후각은 알게 모르게 조작되고 있다"고 말했다.[319] 사라져가는 향기를, 유물처럼 보존해야 한다는 얘기도 했다. 예컨대 우리가 박물관 같은 데서 중세의 감옥을 체험할 때, 중세 감옥의 향기를 재현할 수 있다면 우리는 감각적으로 훨씬 풍부하게 그 공간을 경험할 수 있을 것이다. 오래된 술집에서 풍기던 고유의 냄새를 그리워하는 이들이 적지 않다. 그 냄새는 체취와 술·안주·담배 냄새 등이 뒤섞여 나오던 냄

319) 가디언, 2014.4.1.

새다. 금연정책이 시행되면서 냄새만 사라진 것이 아니라 그 냄새를 통해 소통하고 추억했던 그 모든 것이 사라져 버린 것이다.

이제 서울의 게토에서 냄새에 찌들어 살게 된다. 이 게토는 악취로 이루어진 유태인 수용소보다 못할지도 모른다. 미세먼지와 담배냄새, 쓰레기와 매연, 그 모든 냄새가 우리를 가두어 놓는다. 후각에 대한 자각을 가지는 후각 혁명을 기대해 본다. 게토에서 나와 자유롭게 숨을 쉬는 서울을 만나고 싶다.

3-6. 도시의 숨겨진 냄새

1868년 런던에 최초로 설치된 하수도는 물을 사용하여 분뇨와 오물을 처리할 수 있는 가장 효율적인 방법이면서 또한 분뇨처리과정에서 발생하는 악취와 직접 대면하지 않아도 되는 혁신적인 수단이었다. 그러나 지금까지 일반 대중에게 친숙하고 자연스러운 냄새였던 분뇨와 오물 냄새가 악취로 구분되고, 이것의 탈취라는 지각을 뒤흔드는 대변화는 결코 자연스럽게 이루어지지는 않았다.[320]

냄새에 대한 가치 판단과 후각의 상징적 체계 변화 뒤에는 특정계급의 이해관계가 존재했다. 19세기 후반 유럽 전역에 보급 된 하수도

320) 최은아 (2007). “감각의 문화사 연구”. 카프카연구, 17, 147.

라는 위생화 조치의 원동력은 부상하던 근대 시민계층의 '청결'이데올로기였으며 시민계층은 그들의 섬세한 후각으로 탈취와 환기라는 근대 후각의 역사를 만들어 냈다.[321]

하수냄새 시각화를 통해 하수냄새 오염도를 파악 할 수 있는 하수냄새지도 작성방안을 마련하여 효율적인 하수냄새 관리에 기여하고자 하였다.[322] 하수냄새 민원지도는 하수냄새 민원발생특성 분석을 통한 빈도분석 및 하수냄새 관리 우선지역 선정 방안이 포함되어야 한다. 하수냄새민원 발생 특성을 파악하기 위해 하수냄새 민원 발생 자료를 공간적, 시간적, 상관성분석이 필요하며 주요내용은 공간적 분석으로 다(多) 발생지역에 하수냄새 중점관리지역 선정한다. 그리고 시간적 분석으로 월별, 계절별 발생빈도 분석으로 다발생시기 선정해야 한다. 끝으로 상관분석인 하수도시설, 환경, 사회, 문화, 경제적 인자 등을 고려해야 한다.[323] 이 시스템은 풍향, 기압, 온도 등 기상을 측정하는 기상탑, 암모니아·황화수소 등 복합악취를 측정하는 악취센서, 원격 무인 악취 포집기, 주민모니터요원의 후각에 의한 냄새의 종류와 강도를 모니터할 수 있는 모니터링시스템, 악취 발생지역을 색출할 수 있는 지리정보시스템(GIS) 등으로 구성되어 있어 분석 관리프로그램을 이용하여 실시간 하수냄새지도를 작성 할 수 있다.[324] 하수냄새지도는 하수도 뿐만 아니라 도시의 냄새와도 직결되는 것이기에 이 지도는 도시환경에 중요한 역할을 하게 될 것이다. 이 지도가 완성된다면, 도시를 덮고 있는 쓰레기와 악취물에 대한 지도도 만들어야 한다.

---

321) 최은아, 앞의 책, 148.

322) 최영준 외(2014), "하수 냄새지도 작성방안 연구", 서울시.256.

323) 앞의 책, 275

324) 앞의 책, 279.

하수냄새 오염도를 파악하기 위한 하수냄새지도의 국내외 작성사례를 조사한 결과, 미국, 일본 등 대도시에서 하수냄새민원지도를 사용하고 있었으며, 국내의 경우는 한국건설기술연구원에서 경기도 성남시 및 서울시 광진구를 대상으로 하수냄새농도 지도를 시범 작성하였다. 하수냄새지도 작성방법은 하수냄새민원을 분석한 하수냄새 민원지도, 하수냄새 농도측정에 의한 하수냄새 농도지도, 실시간 하수농도측정 지도가 작성이 있었으며 복합지도도 작성할 수 있다[325]

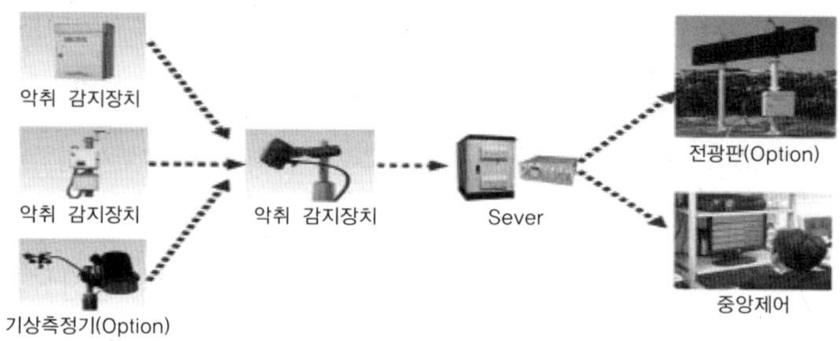

악취 모니터링 시스템 구축도 (출처: ENCOCO)

유럽의 도시들은 대체로 지저분했다. 특히 수로는 대부분 뚜껑 없는 하수구에 지나지 않다는 것은 놀라운 사실이 아니다. 특히 런던의 플리트 강은 악취로 악명이 높았다. 인근 카르멜의 수사들은 플리트 강의 악취가 지독해서 제단에 피우는 유향 냄새를 덮어 버리고 심지어 수사들의 죽음까지도 유발한다고 주장했다.[326] 이때는 1차 후각 혁명이 일어나기 직전이다. 결국 유럽의 도시들은 냄새로 인해 시민들은

325) 최영준, 앞의 책, 307.

326) 콘스탄스 클라센, 데이비드 하위즈, 앤소니 시노트저.『아로마, 냄새의 문화사』 김진옥 역. 현실문화연구, 2002, p79.

문제를 삼았고 위생과 청결을 위한 사회적 이슈는 곧 시민혁명 발발 요인의 하나가 된 것이다.

> "크사비에르 신부는 심호흡을 하며 냄새를 흠뻑 들여 마셨다. 그에게 제2의 고향이나 마찬가지인 스페인 카스티야 지방에서는 9월 초가 되면 한여름의 열기로 인해 한껏 부풀어 오른 바람에 메마른 초목 냄새, 먼지 냄새, 바위 냄새 등이 실려 왔다. 그런데 이 보헤미아 지방 깊숙한 곳, 프라하 성벽 앞에서는 베어낸 풀 냄새, 햇빛에 말린 건초 냄새, 기름진 대지의 냄새, 프라하를 둘러싸고 있는 숲의 향긋한 냄새가 밀려왔다. 그런데 그 냄새들 사이에는 어유, 그을음, 불에 탄 지방, 곰팡내 나는 습한 강물, 가정용 연료, 난방용 토탄, 황과 육즙 소스, 배설물과 관상용 나무들, 땀, 향수, 향연과 약초의 냄새도 뒤섞여 있었다."[327]

> "오랫동안 씻지 않은 몸뚱어리에 배어 있는 악취, 뜨거운 부엌에서 급하게 치른 성교에서 남은 정액 냄새, 공포로 인해 약한 방광에서 새어나온 오줌의 지린내가 그와 함께 남아있었다."[328]

---

327) 리하르트 뒤벨.『악마의 성경』. 강명순 역. 대산출판사, 2008, 218.

328) 앞의 책, 276. 13세기 초 남부 보헤미아의 포들라쉬츠에 있는 베네딕트 수도원에서 있었던 코덱스 기가스(악마의 성경)에 대한 비밀을 소설화한 책. 코덱스 기가스(Codex Gigas)는 세계에서 가장 방대한 필사본 중 하나이다. 코덱스(Codex)는 성경이나 고전의 사본(寫本)을 의미하는 책을 말하며, '기가스(Gigas)'는 그리스어로 '거인(giant)'을 뜻한다. 이 필사본은 내부에 있는 거대한 악마의 그림 때문에 종종 '사탄의 성경' 또는 '악마의 성서(Devil's Bible)'라고도 한다. 코덱스 기가스(Codex Gigas)는 나무로 된 겉표지를 가죽으로 싸고 금속장식을 하고 있다. 50cm × 92cm × 22cm 에 달하는 이 중세 필사본은 본래 320장의 페이지로 구성되어 있지만 이중 베네딕트 수도원의 규율이 포함되어 있었을 것으로 추정되는 8장이 어떤 의도에서인지 뜯겨나간 상태이다. 코덱스 기가스의 무게는 거의 75kg에 달하며, 책의 낱장을 구성하는 피지는 160 마리의 당나귀 가죽으로 만들어진 것이다. 전설에 따르면 코덱스 기가스(Codex Gigas)는 수도원 규율을 어기고 독방에 갇힌 한 수도사에 의해서 만들어졌다

사람들은 공기 오염의 원인이나 교통 매연 결과에 대한 개선 또는 흡입량에 대한 범위를 채택하길 원한다. 냄새의 원천과 냄새가 검출되는 여타 대기질에 대한 중립적인 배경들에 대해서는 매우 다양한 의견이 있다. 주민들은 건강하기 위해서는 교통매연을 멀리해야 한다고 알고 있다. 어떤 사람들은 대기오염이 건강에 안 좋다고 알고 있다. 공기 매연에 대해 부정적인 사람들은 도시주변에서 자연의 냄새를 맡으며 이를 상쇄하고자 노력한다.[329] 어떤 특정 객체에 대한 정보의 수집은 냄새뿐만 아니라 촉각, 시각, 청각, 미각, 느낌 등은 감각적 자극을 통해 수집되는 것이다. 냄새는 특히 볼 수도 없고 잡을 수도 없는 것이다. 사회에서는 주로 시각적 패러다임 및 오염으로 만들어진다. 그것은 냄새로 검출되는 것보다 주로 보여 지고 인식되는 것이 더 옳다고 생각되는 것에 근원한다. 그러나 스모그처럼 눈에 보이는 것보다 더 유해한 것도 있기 때문이다. 시각으로 모든 것을 판단해서는 안 된다.

냄새 검출은 인간과 동물의 감각으로, 냄새의 근원은 휘발성 물질의 방출로 공기가 운반하며 이때 온도가 영향을 주어 냄새가 다르게 나타난다. 화학물질은 그 자체로서 냄새를 가지기보다 대기와 도시가 가지고 있는 냄새와 결합하면서 향을 낸다. 때문에 어디에 사느냐에

고 한다. 자신의 죄를 회개한 수도사는 지은 죄를 면책 받고 수도원의 영광을 높이기 위해 하루밤만에 책을 만들 생각을 하게 되었고, 그 속에 인간의 모든 지식을 담고자 하였다. 그러나 한밤중이 가깝도록 혼자 힘으로는 도저히 작업을 진행할 수 없다는 것을 깨달은 수도사는 악마에게 영혼을 팔아 도움을 청했고, 악마는 그를 도와 책을 완성시켰으며, 수도사는 그의 도움에 대한 보답으로 악마의 그림을 그려 삽입하였다는 것이다.

329) Victoria Henshaw(2014), 'urban Smellscapes', Routledge, 74-75.

따라 냄새에 대한 지각은 달라진다.

냄새는 지역의 특성을 결정한다. 교통으로 인한 냄새는 장소에 대한 다양한 판단을 하게 만든다. 보행자를 고려한 교통 냄새지도를 만들어야 한다. 버스정류소 등에서 맡게 되는 냄새 등을 고려한다.[330] 도시로부터 방출되는 많은 냄새들의 가능성을 줄이고 원천으로부터의 냄새를 배출을 컨트롤 하는데 중요한 역할을 하는 것이 기술적 진보이다. 건강한 도시를 만들기 위해서는 이에 대한 전제가 필요하다.

냄새는 시스템을 통해 컨트롤 하는 것은 가능하다. 이를 통해 음식과의 조화를 이룰 수 있는데 도움을 준다. 더불어 냄새를 통해 삶의 스트레스를 해소하도록 도와준다. 레스토랑에서 풍기는 냄새로 스트레스가 해소된다. 건물을 건축시 냄새와 관련된 설계를 하는 것이 냄새 관련 스트레스를 줄이는 데 중요하다. 냄새가 소비구매를 향상시킨다.

1997년 UK에서는 마을과 도시 중심가에 있어서 외부로의 인구이동이 매우 중요한 역할을 한나는 것을 새롭게 발견하였다. 유럽에서 UK로 들어온 24시간 도시의 발전은 저녁과 밤의 경제와 카페문화를 발전시켰다.

밤에 도시를 지배했던 알콜 냄새가 아침까지 남아 때때로 사람들을 불쾌하게 만든다. 전통적 영국식 주점은 그들이 가지는 독특한 인터리어로 인해 맥주의 냄새가 사람들로 하여금 다르게 느끼도록 하는 장점을 가지고 있다.

킵 브리턴 리포트keep britain report에 의하면 도시환경과 관련 흡

330) 앞의 책, 77-80

연관련 쓰레기는 흡연금지구역을 따라 증가한다. 흡연자들은 사적 공간에 대해서는 신경 쓰지만 공적 공간에서는 신경을 쓰지 않기에 담배 쓰레기가 증가하는 것이다. 흡연관련 쓰레기는 도시 냄새케이프에 직접적인 영향을 준다. 담배꽁초는 도시 곳곳에 있고 그것이 풍기는 냄새는 좋지 못하다. 이를 청소하고 도시거리를 깨끗하게 하기 위해서 많은 재정이 필요한 것이 사실이다. 흡연공간에서 나는 담배연기는 비흡연자들이 앉아서 먹고 마시는 곳까지 영향을 미치고 있다. 노천카페는 커피를 마시는 사람에게 즐거움을 주고 도시를 활기차게 만들지만 노천카페에서 흡연자와 비흡연자 사이의 갈등을 일으킨다.[331] 이 갈등은 가해자와 피해자라는 사호관계가 형성되면서 심각한 사회문제로 대두되고 있다.

후각 공해(벨기에) 환경에서 풍기는 악취는 불쾌하지만, 아무 말도 못하고 대책도 없이 코를 막고 당하며 살고 있다. 그러나 이와 같은 유형의 오염 방지에 대한 방법은 있다. 냄새의 세계: 냄새란 몇 가지 특징으로 정의된다. 냄새의 검출 수위(냄새가 검출될 수 있는 최소의 농도)와 특색(여타 냄새와 식별 구별될 수 있는 요인). 수락 가능성(Acceptability : 냄새의 쾌적 여부). 적응성(Adap-tability : 익숙해질 수 있는지 여부)으로 볼 수 있다.

인간의 후각은 다음 9종의 계열로 분류되는 많은 냄새들을 식별할 수 있다.

가. 가볍고 경쾌한(Ethereal : 과일) 냄새.
나. 향기(Aromatic : Campher 장뇌, Almond 아몬드).

331) 앞의 책, 125-127.

다. 방향성(Fragrant : Flower 꽃).
라. 신성한 냄새(Ambrosial : Musk 사향).
마. 불쾌한 냄새(Repulsive : 때, 더러움).
바. 마늘, 파속의 냄새(Alliacious).
사. 단내, 화독내(Burning smell).
아. 카프릴릭 냄새(Caprylic : 치즈, 지방, 땀 냄새).
자. 구역질(Nauseous) : 썩은 냄새.

냄새란 인간의 후각 조직의 자극으로 느끼게 되는 휘발성 기체의 방출이라고 할 수 있다. 이와 같은 느낌은 냄새의 특성에 따라서 쾌적하거나 불쾌한 것으로 느껴진다. 냄새의 특성은 주관적이기 때문에 같은 체질의 사람 간에도 스트레스 상태나 후각 교육에 따라 사람마다 다르기 마련이다.

불쾌한 악취는 건강과 생활 품질에 영향을 주고, 나쁜 냄새는 호흡 장애, 심리적 변질의 원인일 수 있기 때문에 나쁜 냄새는 중독 까지는 아니라 하더라도 호흡 장애를 유발케 할 수 있다. 후각 방사에 따른 공기 오염은 주민 생활에서 반복되는 문제점이기는 하지만 식별 및 계량화에서 문제 해결이 가능하다.

직업 활동에서 생기는 나쁜 냄새라고 해서 반듯이 구역질나는 것만은 아니다. 제과점이나 레스토랑에서 맡게 되는 냄새가 쾌적한 냄새들이라 할지라도 자주 반복해서 냄새를 맡게 되면 불만의 대상이 될 수도 있다. 어떤 직업 활동에서 생기는 나쁜 냄새는 대부분의 경우 유황, 암모니아, 알데하이드 등으로 부터 유도된 부산물 성분이다.

산업으로 인한 냄새의 주요 원인은 비료, 동물의 표피가공처리 공장, 염색, 플라스틱, 기름 및 지방 생산 공장 및 제약 업체라고 할 수 있다. 문제의 해결은 경우에 따라서 다르겠지만, 생산 공정이 수정 개선되어야 할 것이다. 생산 시설의 이동은 최후의 해결책이기는 하지만, 비현실적이라고 한다. 가축 사육 및 가축 사료 가공 농장의 후각적 오염은 가축 분뇨, 가축 혹은 가축 사료로 부터 생길 수 있다. 이에 대한 해결은 작업 방법, 폐기물 처리 개선과 가장 청결한 시설을 갖추는 것이다.

폐수 정화 시설. 전반적으로 폐수 정화 시설에서는 더러운 물의 방출이나 폐수 처리 공정으로 나쁜 냄새가 생기게 마련이다. 해결책이라면 최선의 산소처리, 방수포 사용 혹은 악취 제거 시설의 설치 및 일부 폐수 처리 공정의 변경이라고 할 수 있다. 도심지의 견고한 폐기물 처리공장과 퇴비 살포 공장. 유기 물질은 표면에서 썩어서 악취를 발산하게 된다. 이에 대한 해결책은 발효 기간 중에 최선의 산소 처리, 강력한 통풍으로 퇴비 살포, 가스 흡입, 방수포 사용이라고 할 수 있다.

냄새의 계량화Quantify. 냄새는 주관적 특성에도 불구하고, 냄새의 객관적 측정이 가능하다. 냄새나는 분자(Molecule)의 양적 질적 분석을 기초로 한 화학 연구를 활용할 수 있다. 그러나 한 냄새의 강도와 수락가능성Acceptability과 냄새가 오염으로 야기 시키는 공해에 관한 최선의 정보는 후각측정기Olfactometer로 획득할 수 있다. 신규 EU 표준규격(European norm : EN13725)이 각 회원국에서 채택되는데, 이는 높은 효율의 후각측정기로 냄새의 농도 측정에서 회원국 간에 통일된 공동 측정 방법을 정의하고 있다.[332] 냄새는 도시의 공해이며, 오염의

332) 원용서, "후각공해", 한국소비자보호원 해외소비자정보위원(벨기에), TEST sante,AOUT/SEPTEMBRE 2004.

한 부분이다. 향기와 향수가 우리사회에 많은 영향을 끼치고 있는 사이에 오염된 악취는 우리 곁을 맴돌며 서서히 우리를 삼키고 있다. 냄새는 살아있다는 것을 의미하지만 점차 도시화되면서 냄새는 환경의 표본이 되어 버렸다. 이제 너무 많이 와버린 후각 공해를 심각하게 생각할 때다.

좋은 냄새, 향기로운 냄새, 우리의 몸이 원하는 원시의 냄새가 아닐지라도 그저 숨쉬고 살아가는데 지장이 없는 후각의 공해로부터 벗어나고 싶다.

3-7. 후각도시와 후각박물관

한 국가나 도시 이미지는 아주 작은 곳에서부터 나온다. 특히 새로운 문화의 창출은 다른 어떤 것보다 그 도시의 이미지를 상승 시키고 시민들에게 자부심을 느끼게 한다. 그래서 후각도시는 기존의 평범한 도시를 향기, 즉 후각이라는 테마를 가지고 미래지향적인 친환경, 친자연적인 모습으로 사람들이 머물고, 가꾸며, 찾아들 수 있는 곳이다. 또한, 그 속에서 쉬면서 즐기며 소통하고 치유하는 감성적인 복합문화 예술 도시로서의 새로운 랜드마크가 되며, 나아가 한국의 미래형 주거 문화와 예술의 복합마을로 자리매김하여 세계적으로 새로운 패러다임을 제시하게 될 것을 제안해 본다. 다만 이러한 도시를 만들기 위해서는 주변의 자연환경과 지역민의 관심, 그리고 투자가 이루어져야 할 것이다. 먼저 촉각, 후각, 미각 등 오감을 활용한 전시 및 프로그램 필요가 필요하다. 지리적인 여건이 좋지 않거나 연계된 관광코스가 없을 경우 향기도시 만들기는 매우 중요하다고 할 수 있다. 만족스러운 후각 현장체험은 방문 후에 강한 이미지로 방문자의 기억에 오래 남게 된다. 결과적으로 후각은 테마 도시의 소재로 적합할 뿐만 아니라 둘레 길에 꼭 필요한 요소로 향후 후각도시 완성을 위한 교두보로서의 역할을 위한 충분한 잠재력을 가질 수 있다. 인공의 향으로 물들은 아이들에게 나무와 꽃과 숲의 자연에서 느끼는 냄새를 맡게 해야 한다. 자연의 순담한 냄새로 옳고 그름을 배우며 후각을 통해 세상 살아가는 법도 배우게 될 것이다. 후각과 길 그리고 문화예술을 접목시키는 향기가 나는 아름다운 도시가 필요한 때다.

도시로부터 방출되는 많은 냄새들의 가능성을 줄이고 원천으로부터의 냄새를 배출을 컨트롤 하는데 중요한 역할을 하는 것이 기술적 진보이다. 건강한 도시를 만들기 위해서는 이에 대한 전제가 필요하다. 냄새는 시스템을 통해 컨트롤 하는 것은 가능하다. 이를 통해 도시의 이국적인 음식과의 조화를 이룰 수 있는데 도움을 준다. 더불어 냄새를 통해 삶의 스트레스를 해소하도록 도와준다. 레스토랑에서 풍기는 냄새로 스트레스가 해소된다. 건물을 지을 때 냄새와 관련된 설계를 하는 것이 냄새 관련 스트레스를 줄이는 데 도움이 되는 중요한 요소다.

냄새가 소비구매를 향상시킨다. 패스트푸드는 높은 회전율을 가지며, 집중된 냄새 방출과 배출유지를 한다. 이것은 다른 식당에 비해 매우 정교하고 복잡한 시스템을 가진다. 패스트푸드 냄새는 도시환경 안에서 일반적으로 검출된다. 사람들은 패스트푸드는 좋아하지만 그 냄새는 좋아하지 않는다. 이렇듯 패스트푸드 레스토랑의 냄새는 여타 식당에 비해 좋지 않은 냄새를 풍긴다고 할 수 있는데, 이 냄새 역시 도시의 한 부분이라는 사실이다.

같은 냄새라도 도시의 어느 장소에서 맡느냐는 다르다. 그래서 음식냄새에 대한 지각은 장소에 따른 음식 타입에 대해 중요한 연결고리를 갖는다.[333] 분명한 것은 좋아하는 음식의 냄새라 할지라도 어느 곳에서 맡느냐에 따라 전혀 다른 선호도를 가지게 되는 것이다.

1997년 영국에서는 마을과 도시 중심가에 있어서 외부로의 인구이동이 매우 중요한 역할을 한다는 것을 새롭게 발견하였다. 유럽에서 영국으로 들어온 사람들의 24시간은 도시의 발전에 있어서 밤의 경제와 카페문화를 발전시켰다.

밤에 도시를 지배했던 알코올 냄새가 아침까지 남아 때때로 사람들을 불쾌하게 만들었다. 선통적 영국식 주점은 그들이 가지는 독특한 인테리어로 인해 맥주의 냄새가 사람들로 하여금 다르게 느끼도록 하는 장점을 가지고 있었다. 라이브 바는 통풍이 안 되고 땀 냄새로 진동하기도 한다. 또한 담배냄새로 인해 주점 안에 따로 흡연실을 만들기도 했다. 그러나 어떤 사람들은 담배냄새로 찌든 그곳을 좋아하여 주점에 오기도 했다. 이것은 사람들이 냄새에 대하여 다양한 기호도를 가지고 있으며, 쉽게 향기와 악취를 나눌 수 없음을 알게 한다.

도시 설계에 있어서 중요한 포인트는 공공 외부 공간과 상호작용하는 사적인 공간을 고려해야 한다는 것이다. 영국 디자인 기관은 카페, 레스토랑, 마켓으로 이어지는 상황에서 발생하는 안팎의 냄새가

333) Victoria Henshaw, 앞의 책, 102-106.

교차되는 설계가 될 수 있도록 지방자치단체와 사적기관에 제안하였다. 예를 들어 노천카페에서 풍기는 커피 냄새는 도시 환경을 새롭게 만들어준다. 카페나 바가 도시 사람들의 삶에 있어서 중요한 역할을 한다고 본다. 펍에서 사람들은 다른 사람들을 만나 얘기를 하는데 이는 공간적 유대관계가 아닌 오줌, 맥주, 소시지 냄새가 섞이면서 향기로운 피난처로 등장하기 때문이다.[334] 공간은 냄새의 소통이 쉽다. 곧 사람들은 자기가 있는 공간의 냄새에 어느 정도 시간이 지나면 자연스럽게 친숙해진다. 순응됨을 말하는데, 이곳은 냄새의 호불호에 따르는 것이 아니라 냄새가 주는 공간의 정체성을 느끼면서 편안함과 안정감을 찾게 되는 것이다.

24시간 도시의 문제점은 공중화장실과 여성, 노인이다. 특히 화장실의 지린내와 암모니아 냄새 등은 사람들에게 불쾌감을 주며, 이는 도시에 부정적인 영향을 미친다.

주차장의 경우 자동차 배기가스 냄새뿐만 아니라 오줌냄새가 진동한다. NCP의 조사에 의하면, 잔디 깎는 냄새, 빵 굽는 냄새, 장미냄새보다 소변 냄새가 더 강한 냄새를 풍긴다고 한다. 거리의 소변과 구토, 그리고 그것에서 발생하는 냄새는 밤 문화와, 알코올 소비와 결합되어 발생하는 것과 공공 화장실에서 결합되어 발생하는 것이다.

화장실 시설의 부족과 관련하여 길모퉁이나 가게 출입구 등에서 발생하는 소변냄새는 사회에 부정적인 영향을 준다. 그래서 공공화장실에서 레몬향이 날 수 있도록 하여 사람들로 하여금 냄새거리를 걸을 때 불쾌감을 주지 않도록 해야 한다.[335] 우리나라에서도 화장실의 냄새를 완화시키기 위해 방향제를 사용하고 있는데 그 방향제의 냄새가 화

334) 앞의 책, 113-118.

335) 앞의 책, 127-129.

장실 냄새보다 더 좋지 않은데, 이것은 냄새에 대한 정확한 지식 전달을 위한 교육시스템이 없으며, 중요하게 여기지 않기 때문일 것이다.

후각도시는 궁극적으로 후각을 테마로 산업, 교육, 음식, 농업, 길, 문화, 관광, 치유 등의 융합, 혁신, 창조를 통해 만들어진 '미래 감성도시'를 말한다.

후각혁신도시 구성

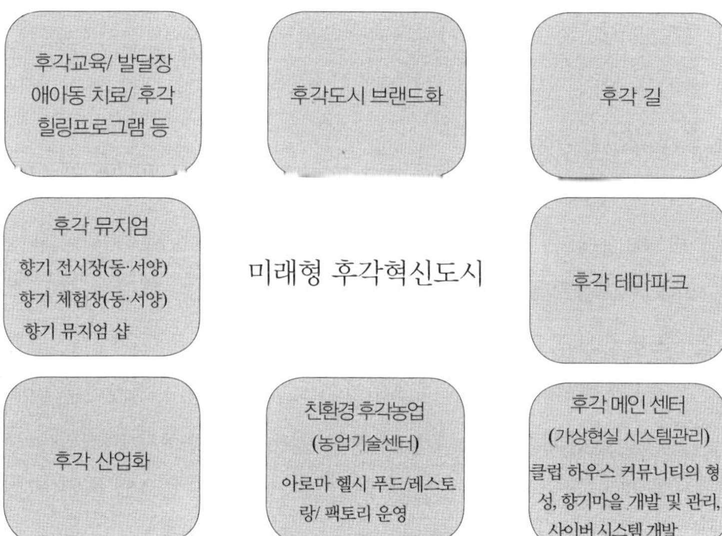

한국적 후각 박물관을 만들고 싶다. 일상과 역사, 그리고 감성을 담아 놓은 향 박물관말이다. 인간과 공간과 시간을 향으로 조화시켜 만들어진 곳이다. 그리고 그곳에는 향기만 있는 것이 아니라 유리 크리스털이 밖을 지키고 있다. 냄새를 교육하고 체험하며, 후각이 우리 삶에 있어서 얼마나 소중한 것인가를 가르치고 체험할 수 있는 공간으로 말이다.

고조선에서 이어오는 우리의 역사에 담겨있는 향기를 맡고 배우며, 미래를 설계하는 시간을 가지게 하고 싶다. 아이에게는 꿈과 미래를 청·장년에게는 현실을 그리고 노인에게는 과거를 느끼게 하는 소통의 장소로 만들고 싶은 나의 작은 상상으로 대신해 본다.

후각 도시와 후각박물관의 건립과 관련한 기초조사의 일환으로 국내외 박물관 및 유서시설과 도시재생에 대한 현장방문과 자료조사를 통하여 성공과 실패한 박물관의 새로운 개념, 역할 경향을 파악하는 데 큰 도움이 되었으며, 후각박물관 설립방향은 단순한 전시프로그램에 의해 운영되는 박물관은 관람객에게 감동을 주지 못할 뿐만 아니라 교육적인 효과도 떨어진다.

먼저 촉각, 후각, 미각 등 오감을 활용한 전시 및 프로그램 필요가 필요하다. 지리적인 여건이 좋지 않거나 연계된 관광코스가 없을 경우 박물관 관람만을 위한 방문은 쉽지 않다 먹거리나 체험을 즐길 수 있는 축제 프로그램 및 문화관광코스가 필요하며, 특히 박물관 주변의 향기마을 만들기는 매우 중요하다고 할 수 있다. 만족스러운 박물관 관람 및 현장체험은 방문 후에 강한 이미지로 방문자의 기억에 오래 남게 된다. 결과적으로 후각은 박물관의 소재로 적합할 뿐만 아니라 우리나라 최초의 후각박물관으로서의 위상을 나타내며, 향후 후각도시 완성을 위한 교두보로서의 역할을 위한 충분한 잠재력을 가질 수 있다.

후각박물관의 전시를 시간과 공간의 개념으로 구분하여 보면 다음과 같다.

개념	전시종류	내용
시간	상설전시	- 우리나라와 서양 후각의 역사와 정보 제공 해주는 것을 원칙으로 한다. - 전시물 교체 주기가 길며 거의 반영구적이므로, 가능한 한 유지, 보수가 용이한 매체를 다양하게 도입하여 전시장을 연출한다.
	기획전시	- 후각과 관련된 작품을 전시하거나 직·간접적으로 연관을 가질 수 있는 회화, 공예, 영상 등 상황에 맞는 기획연출을 원칙으로 한다. - 일정한 기획 의도와 전시 주기를 가지고 진행되므로 별도로 운영자의 기획능력이 요구된다.
공간	실내전시	- 후각역사관과 조향/현대관(연출전시관)으로 구분되는 상설전시실과 기획전시실이 해당되며, 영상관은 전시 개념의 기능을 할 수 있는 공간배치 및 실내디자인이 요구된다. - 향기바 및 뮤지엄 샵도 넓은 의미에서 실내전시의 범주에 포함될 수 있도록 박물관 전시의 전체 개념 속에서 기획 되어야 한다.
	야외전시	- 보조 공간의 전시물은 박물관 주변의 향기마을에서 담당할 수 있도록 배치한다. - 주변 향기마을의 기획 및 배치에 따른 사전 연구가 필요하다.

파리향수박물관(LE GRAND MUSEE DU PARFUM)[336] 사례

2017년 개장한 파리 향수 박물관은 파리 생토노레 거리에 위치해 있다. 기존의 박물관처럼 유물전시와 역사를 담은 박물관이 아니라 미래를 보여주는 향수 박물관으로 후각적 전시가 뛰어나다. 70개 이상의 향기 앙상블을 확인할 수 있는 곳, 파리 향수 박물관! 다양한 향수를 전시하고 직접 보고, 향기를 맡고 느끼고 만지고 테스트하는 공간이다. 향수에 대한 미스터리를 풀어 향수의 세계에 대한 이해를 돕

336) 5/3 Rue de Faubourg Saint-Honore, 75008 Paris, France. http://www.grandmuseeduparfum.fr/en/

는 것을 목적으로 하고 있다. 특히 에듀테인먼트의 성격이 강하며 가상현실 체험의 공간으로 꾸며진 곳에서는 놀라움을 금치 못한다. 3개의 투어 공간으로 구분되어 있다.

향기정원 등 다양한 방법으로 후각을 일깨우는 감각 몰입의 세계로 초대한다. 후각이 평가 절하된 현대에 후각의 중요성과 후각에 따른 감각적 힘 등을 인터렉티브한 경험을 통해 깨닫게 될 것이다. 퍼퓨머를 통해서 보는 향수에 대한 시각, 제작과정 그리고 기술을 확인할 수 있는 전시공간이다. 향수제조사가 사용하는 향수 재료를 한 눈에 볼 수 있고, 그들이 주로 사용하는 향수재료와 작업공간을 엿볼 수 있다. 향수제조 작업공간에서는 세계적으로 유명한 향기배합가의 창의적인 제조과정을 보게 되며, 향수제조 연구실에서는 새로운 향수를 제작하기 위해 만들어진 상상의 향을 공식화, 계량화하는 생생한 모습을 보게 될 것이다.

하얀 깔대기 모양의 오브제에 놓여있는 브론즈 컬러의 공을 들면 향기가 난다. 그렇다고 오래들고 있으면 부저가 울린다. 도난을 방지하기 위해서란다.

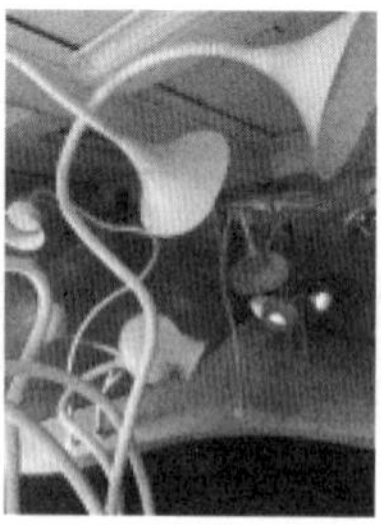
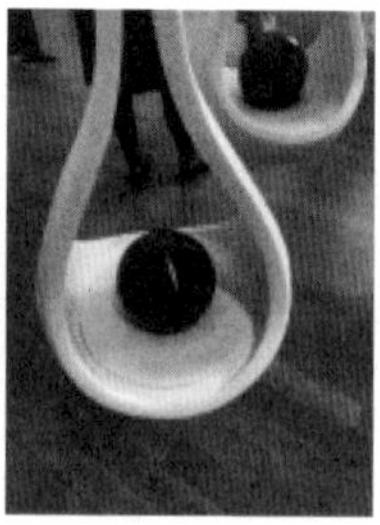

사진 자료는 향수 전시보다는 후각 전시와 향 시그니처를 보여주고 맡을 수 있는 공간을 보여 준다.

빛과 어우러져 나는 향기는 미래의 한 공간 온 것 같은 착각에 빠지게 만든다.

우리에게도 이런 박물관은 아니지만 후각의 미래를 보여주는 박물관이 만들어지기를 바라는 마음이다. (사진자료 김운기)

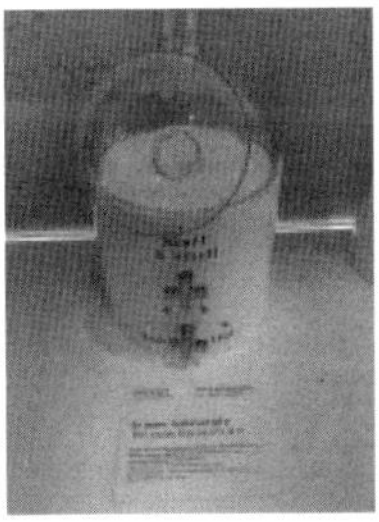

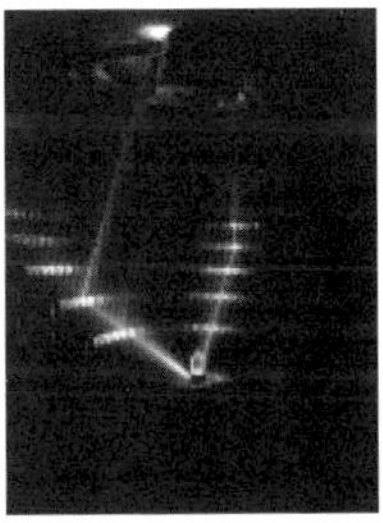

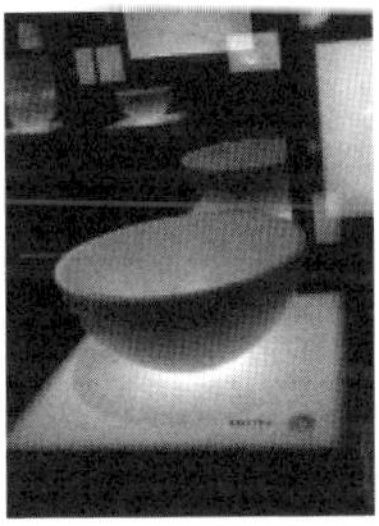

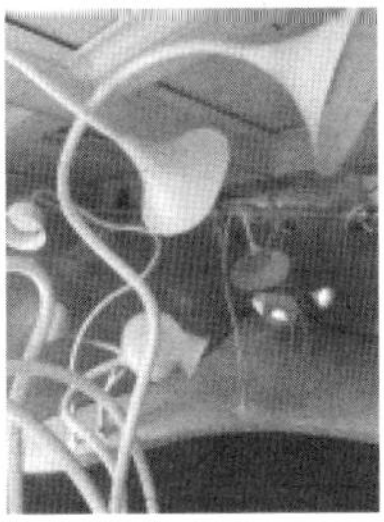

4부

후각 융합

4-1. 후각교육

후각은 인간의 감성과 가장 관련 있는 오감 중 하나이다. 엄마 뱃속에서 태아에게 가장 먼저 생기는 감각은 후각으로 임신 12주가 지나면 벌써 엄마의 양수 속의 냄새를 맡을 수 있는 능력이 생기게 된다. 엄마가 좋아하는 음식물이나 알코올, 흡연 등의 냄새가 고스란히 양수에 전달되며 태아는 이때 맡았던 냄새가 출생 후에도 선호하는 냄새로 기억되고 이와 관련된 음식을 오랫동안 좋아하게 된다. 출생 직후 엄마의 친숙한 냄새는 낯선 환경에 노출된 아기의 심리적 안정을 유지하고 엄마와의 소통의 도구로서 매우 중요한 역할을 하게 되는 것이다.

냄새와 관련된 기억은 나이가 지나도 특정 이미지나 소리와 관련된 기억보다 오래 남으며 기억 보다 풍부한 감정이 동반되어 있다. 알코올을 포함한 중독 환자나 우울증 환자의 경우 과거 불우한 어릴 적 시절을 회상하면서 불쾌한 냄새에 대한 기억을 떠올리는 경우가 많다는 연구 결과를 통해 유아시절의 감성 교육이 성인기의 정신 건강에 지대한 영향을 줄 수 있음을 예측할 수 있다.

우리가 사물이나 현상을 이해할 때 주로 시청각 자료에 기초한 정보 학습에 의존하고 있지만 실제로 사물을 정확하게 이해하기 위해서는 다중 감각 그중에서 후각적 요소도 함께 학습되어야 한다. 특정 사물을 이해할 때 냄새도 함께 기억이 되면 오랫동안 사물을 기억할 수 있을 뿐 아니라 사물에 대한 정확한 이해를 통해 다양하게 응용할 수 있는 사고 습관을 학습하게 된다.

후각은 감정과 관련이 있는 감각이므로 특정 냄새를 맡음으로써 신속하게 스트레스를 줄이고 마음을 안정시키는데 큰 도움을 주게 된다. 개인마다 좋아하는 사물의 종류가 다르고 좋아하는 취향의 냄새도 다르기 때문에 후각 감성 교육프로그램을 통해 좋아하는 냄새를 찾고 이를 프로그램 속에서 적극 활용한다면 마음의 안정을 찾아주는데 큰 도움을 줄 수 있다.

행복 및 즐거움과 관련된 내용을 교육하면서 특정 냄새를 제공하게 되면 특정 냄새는 행복 그 자체가 되고 평소에 특정 냄새를 맡게 되면 행복한 감정을 갖게 되고 긍정적인 사고를 갖게 하는데 큰 도움이 된다. 아동기 때의 다양한 기억들은 성인의 성격 형성 및 스트레스 대처방식 등에 큰 영향을 주기 때문에 불우한 기억보다는 행복한 기억을 떠올릴 수 있도록 유아기 초기부터 체계적인 교육을 받는 것이 중요하다.

우리는 주로 학습할 때 시청각 자료에 근거한 단편적인 정보를 얻고 있지만 후각적 요소가 함께 제공되면 사물에 대한 이해가 보다 쉬워지고 사물간의 변별 능력이 높아지게 된다. 또한 후각의 학습은 기억력의 증대, 후각을 중심으로 감성의 통합을 꾀하며 다양한 후각적 표현을 통해 언어 능력을 키우게 될 것이다.

4차 산업혁명에서 후각은 중요한 매개체이다. 이미 선진국에서는 모든 산업분야에서 후각의 중요성을 깨닫고 연구 개발하며 현재 적용하고 있다.

인간이 느낄 수 있는 5개의 감각 중 시각과 청각에 후각을 더하여 수업에 활용했을 때 학생들은 수업에 대한 몰입감과 집중도를 높일

수 있을 뿐만 아니라 학습효과도 높아짐을 실험 후 설문을 통해서 알 수 있었다.[337]

후각은 인간의 감성과 가장 관련 있는 오감 중 하나이다. 엄마 뱃속에서 태아에게 가장 먼저 생기는 감각은 후각으로 임신 12주가 지나면 벌써 엄마의 양수 속의 냄새를 맡을 수 있는 능력이 생기게 된다. 엄마가 좋아하는 음식물이나 알코올, 담배 등의 냄새가 고스란히 양수에 전달되며 태아는 이때 맡았던 냄새가 출생 후에도 선호하는 냄새로 기억되고 이와 관련된 음식을 오랫동안 좋아하게 된다. 출생 직후 엄마의 친숙한 냄새는 낯선 환경에 노출된 아기의 심리적 안정을 유지하고 엄마와의 소통의 도구로서 매우 중요한 역할을 하게 되는 것이다.

특정 냄새가 코로 들어오면 후각 세포를 통해 대뇌의 편도체 (amygdala)를 자극하게 된다. 편도체는 인간의 감성에 영향을 수는 가상 중요한 뇌 기관의 하나로서 특히 인체에 유해한 냄새가 들어오면 편도체가 과잉 활성화 되면서 불쾌한 감정 반응을 유발하게 되는데 이는 인체가 생존하는데 매우 중요한 방어 기제중 하나이다. 냄새 자체는 원래 좋고 나쁨이 없다. 그림을 그리기 전의 흰 여백의 캔버스와 같다고 할 수 있는데 여기에 냄새를 맡았을 때의 다양한 상황과 섞이게 되면서 감정이 입혀지게 되는 것이다.

예를 들어 바다 냄새를 맡았을 때 엄마 품에서 편안한 잠을 청하고 있는 상황이라면 바다 냄새는 행복 그 자체로 기억될 것이지만 자연재해의 일종인 쓰나미를 경험한 사람의 경우 바다 냄새는 불안을 떨

337) 이소영(2014), "아동의 학습효과 향상을 위한 실감형 교육콘텐츠의 설계 및 구현"안동대 석사학위논문, 65.

게 하는 공포의 냄새가 될 것이다. 또한 어릴 적 특정 음식을 먹고 심하게 토하거나 열이 난 적이 있다면 성인이 되어도 그 음식 냄새만 맡아도 불쾌한 감정이 떠올라 혐오 음식으로 작용할 것이기 때문이다.

냄새와 관련된 기억은 나이가 지나도 특정 이미지나 소리와 관련된 기억보다 오래 남으며 기억 보다 풍부한 감정이 동반되어 있다. 알코올을 포함한 중독 환자나 우울증 환자의 경우 과거 불우한 어릴 적 시절을 회상하면서 불쾌한 냄새에 대한 기억을 떠올리는 경우가 많다는 연구 결과를 통해 유아시절의 감성 교육이 성인기의 정신 건강에 지대한 영향을 줄 수 있음을 예측할 수 있다.

우리가 사물이나 현상을 이해할 때 주로 시청각 자료에 기초한 정보 학습에 의존하고 있지만 실제로 사물을 정확하게 이해하기 위해서는 다중 감각 그중에서 후각적 요소도 함께 학습되어야 한다. 특정 사물을 이해할 때 냄새도 함께 기억이 되면 오랫동안 사물을 기억할 수 있을 뿐 아니라 사물에 대한 정확한 이해를 통해 다양하게 응용할 수 있는 사고 습관을 학습하게 된다.

후각은 감정과 관련이 있는 감각이므로 특정 냄새를 맡음으로써 신속하게 스트레스를 줄이고 마음을 안정시키는데 큰 도움을 주게 된다. 개인마다 좋아하는 사물의 종류가 다르고 좋아하는 취향의 냄새도 다르기 때문에 후각 감성 교육프로그램을 통해 좋아하는 냄새를 찾고 이를 프로그램 속에서 적극 활용한다면 마음의 안정을 찾아주는데 큰 도움을 줄 수 있다.

행복 및 즐거움과 관련된 내용을 교육하면서 특정 냄새를 제공하게 되면 특정 냄새는 행복 그 자체가 되고 평소에 특정 냄새를 맡게 되면 행복한 감정을 갖게 되고 긍정적인 사고를 갖게 하는데 큰 도움이 된다. 아동기 때의 다양한 기억들은 성인의 성격 형성 및 스트레스 대처방식 등에 큰 영향을 주기 때문에 불우한 기억보다는 행복한 기억을 떠올릴 수 있도록 유아기 초기부터 체계적인 교육을 받는 것이 중요하다.

후각 교육 프로그램 속에는 사물의 각각 냄새를 익힌 후에 응용과정으로 다양한 냄새를 혼합하여 새로운 냄새를 만들어 내는 과정이 있다. 여러 냄새를 혼합하여 자신만의 냄새를 개발하는 동안 창의력이 향상되며 개발된 냄새를 다양하게 활용함으로써 자율감과 자신감이 향상될 수 있다.

냄새를 활용하여 지적장애나 주의력 결핍장애 같은 학습장애 환자들에게 치료적인 도움을 줄 수 있다. 지적 장애나 학습장애 아동들의 경우 감정 표현 능력이 결여되어 있고 사회성이 부족한 경우가 많다. 특정 냄새를 통해 심리적 안정을 유도하고 감정 표현 기법에 활용할 수 있으며 대인 관계를 연결시키는 매개체로 후각이 활용된다면 보다 빠르고 쉽게 일상생활에 적응할 수 있을 것이다. 또한 후각을 통한 기억력 증진 훈련을 통해 인지 기능의 호전도 함께 기대할 수 있다.

감성교육을 위한 다양한 수단들 중 인간의 감성에 가장 영향을 주는 감각인 후각 핵심 아이템으로 선정하고 이를 활용한 도구와 시스템을 개발하였다. 후각 감성교육시스템의 구성은, 다양한 자연풍경 등의 힐링적 소재를 후각 아이텐티티로 해석한 후 이미지화하여, 이를 효과적으로 구현하기 위한 USB 향 발현 시스템의 연상에 도움을 줄 수 있는 기억 속의 영상 구현MIR Memory Image Realization과 사운드를 통한 뇌파 활용인 MSI Memory Soundinterface 릴랙스 훈련프로그램으로 구성된다. 향은 후각 아이덴티티의 연상이 용이하도록 관련 향과 천연 추출재료를 적절히 배합한 것으로 리필형태의 향기페이퍼로 제공된다.

이 교육시스템은 일반적인 아로마 오일이나 방향제 등의 아로마테라피와는 근본적으로 다르며, 개인의 과거 특정경험에서 나오는 공감각적 기억을 후각적으로 재해석하여 '후각 아이덴티티(OLI)'를 찾은 후 이를 바탕으로 다양한 천연물질을 조합한 개인 맞춤형 향기을 제조하므로 후각(Oli) 향의 복제가 불가능(후각의 이미지화) 또한 OLI 기반의 시나리오를 바탕으로 다양한 맞춤형 영상 및 사운드를 개발할 수 있으며, USB를 통한 향 발현 시스템이므로 컴퓨터 프로그램을 통해 향에 대한 제어가 가능하고, 뇌파를 활용한 MSI 릴랙스 프로그램 등 기존 제품과 연동이 가능하여 호환성 및 감상 치유 효과가 배가 되는 강점을 가진다. 이러한 후각 감성교육 시스템은 의학, 심리학, 교육학, IT 등 개별적인 전문분야를 넘어선 새로운 융합 영역으로 볼 수 있다.

해부학적으로 후각은 코를 통해 대뇌와 직접 소통을 하게 되는 유일한 감각이다. 다른 감각의 경우 '시상'을 거치게 되는데 여기서 여러 감각이 통합되고 어떤 감각이 체내로 들어왔는지 의식적으로 인지할 수 있게 된다. 하지만 후각의 경우 시상을 거치지 않고 바로 감성 학습의 핵심 기관인 편도체에 바로 영향을 주기 때문에 의식하지 않고도 감성에 영향을 주게 되는 매우 강력하고 직관적인 감각이다. 달리 표현하면, 후각 외의 다른 감각의 경우 외부에서 들어오는 감각을 상황에 따라 의식적으로 차단할 수 있지만 후각의 경우 의식적 차단이 불가능하다는 얘기이다. 화재에 대한 외상후 스트레스 장애를 앓고 있는 환자의 경우 화재 장면-시각-이나 사이렌 소리-청각- 등은 의식적으로 통제를 함으로써 불안을 경감시킬 수 있지만 바비큐 냄새-후각-가 코로 들어오면 통제 불가능이 되면서 극도의 공포감을 느낄 수 있다. 이들의 치료를 위해 중요한 요소는 다른 감각 자극보다 바비큐 냄새를 상쇄시킬 수 있는 다른 좋은 향기를 제공하는 것이다.

감성 학습의 가장 핵심적 대뇌 기관은 변연계의 중심에 위치하고 있는 편도체amygdala이다. 좌측과 우측에 복숭아씨 모양의 작은 대뇌 기관으로 편도체는 크게 3가지 경로에 영향을 준다. 먼저 안와전두엽orbitofrontal cortex에 영향을 주어 감정 상태에 따른 판단과 행동을 하는데 도움을 준다. 둘째로, 해마hippocampus는 편도체 바로 옆에 있는 대뇌 기관으로 장기 기억으로 저장되는데 매우 중요하다. 마지막으로 시상 하부hypothalamus로서 예를 들어, 편도체 정보가 불안하다고 판단을 하면 심박동수가 올라가서나 식은 땀이 나는 등의 신체 반응을 나타내게 된다.

후각 교육은 기본 교육과 심화 과정으로 나눌 수 있으며 기본과정은 향의 표준화 과정으로 후각 교육의 가장 기초이자 필수과정이다. 심화과정의 경우 대상군에 따라 장애인과 비장애인을 위한 후각 교육으로 나눌 수 있으며 장애인의 유형에 따라 후각 감성-인지 교육, 후각 사회성 교육, 후각 이해력 교육 등으로 나눌 수 있다. 또한 후각 감성-인지 교육의 경우 레벨에 따라 다음 3단계 교육으로 나눌 수 있다.

처음 시작하는 후각 감각교육sensorial education은 어려서 특정 사물에 대한 이름을 익히듯이 표준화된 후각 향 및 유사 향에 대한 학습을 하는 후각 교육의 가장 기초 단계로 애덤스식 의식적 후각학습을 시작한다. 냄새의 분별력, 공간에서의 인지, 후각적 언어의 학습 등을 통해 공감각과 학습능력 기억력을 증강시킨다.

후각 감성교육emotional education은 릴랙스 단계로, 감각 교육이 각 향에 대한 냄새를 구분하는 단계라면 감성 교육은 냄새가 편도체에 영향을 주어 편도체를 안정화시키는 단계이다. 어떤 사람에게는 바닷물 냄새가 행복의 아이콘이 될 수 있지만 어떤 사람에게는 공포의 냄새가 될 수 있다. 후자의 경우 쓰나미를 경험한 사람의 경우 해당 될 수 있을 것이다. 따라서 감성 교육은 과거의 행복한 기억과 관련된 향을 제공하여 심리적 안정을 시키는 레벨이다.

마지막 단계인 후각 감성인지 교육emotional and cognitive education은 긍정적 강화를 촉진시킨다. 감성 교육이 편도체를 안정화시키는 단계라면 감성 인지 교육은 편도체를 안정화시킬 뿐 아니라 해마에 행복한 기억을 학습시키는 단계까지 포함 한다. 예를 들어 '사랑'과 관련된 후각 동영상을 틀어주면서 과거 엄마에 대한 사랑을 떠올리게 하고 그러한 과거 경험이 없는 경우 후각 향을 통해 유사 기억을 학습시키는 역할을 한다.

현재 후각 감각 교육과 감성 교육은 세계적으로 적용된 예가 있지만 후각 감성-인지 교육까지 발전된 예는 전무한 실정이다. 시각이나 청각, 공감각 등 다른 감각과 후각이 결합된 후각 통합 교육은 무궁무진하게 응용 및 개발이 가능하며 기존의 단독 자극 보다 교육적 효과가 배가된다. 또한 흥미적인 요소를 증가시키기 위해 후각을 활용한 게임을 개발할 수도 있다.

또 우리가 냄새를 가장 잘 연상할 수 있는 색은 분홍색, 연보라색, 연노란색, 초록색 등이고 회색이나 갈색, 검은색 등 일반적으로 어둡게 느껴지는 색에서는 냄새를 거의 연상하지 못한다. 또 냄새는 흐릿한 색을 띤 것처럼 느껴지며 구조적(構造的) - 여기에서의 뜻은 확실한 형체를 갖고 있다는 뜻임, 냄새의 형체가 안개처럼 느껴지기 때문에 대조적으로 쓴 표현임 - 인 물체에서는 냄새가 연상되는 일이 거의 없다.[338] 미술수업에 활용된 후각적 체험이 아동의 감성을 효과적으로 자극할 때 예술 활동에 필수적인 창조적 창의적사고가 일어날 수 있다.[339] 후각은 색채를 표현함에 있어서 흥미로운 감각이다. 향기를 통해 기분이 조종되고, 그로 인한 결과가 다르다는 것, 충분히 연구해 볼만한 가치가 있다. 후각적자극의 흥미로움과 다양한 감정변화의 요소들을 색채교육프로그램을 개발하는데 활용하여 학습자들의 폭넓고 다양한 사고력을 증진시킬 수 있는 교육이 필요한 것이다.

후각이 주는 정서와 심리적인 행복감을 통해 사회적 마케팅뿐만 아니라 청소년기에 있는 감성이 예민한 학생들에게 교육적으로 활용하여 보다 감성적이고 인간의 본능적인 부분을 이해할 수 있는 교육으로 적용한다면 디자인을 공부하는 학생들에게는 더없이 큰 효과로 나타날 것이다.[340] 결국 감성의 세계는 감각에 따라 각기 다른 모습으로 나타나지만 그것은 하나라는 사실이다. 인간의 뇌는 상상할 수 없을 정도로 다양하지만 서로 연결된 감각시스템을 가지고 있음이다.

---

338) 이한나(2010), "공감각적 특성을 활용한 색채교육 프로그램에 관한 연구-후각적 자극을 중심으로," 국민대 석사학위논문, 64.

339) 이은정(2016), "후각·미각 체험을 통한 미술과 발상 지도방안 연구" 한국교원대 석사학위논문, 12

340) 이한나, 앞의 책, 78.

후각 교육의 단계

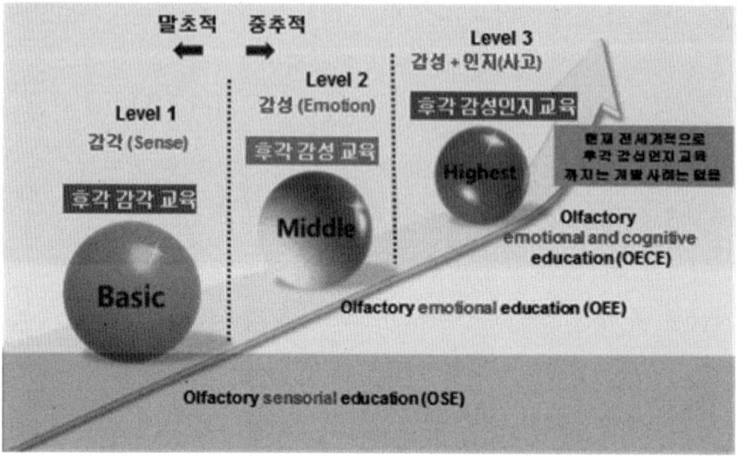

4-2. 후각투어

후각은 인간에서 가장 먼저 생기는 감각으로 임신 12주가 지나면 태아는 벌써 엄마의 양수 속 냄새를 느끼기 시작하며 후각을 통해 태아는 정서적 안정감을 느끼게 됨. 후각은 인간의 감성과 가장 밀접하게 관련이 있으며 과거로의 여행을 쉽게 도와주는 안내자 역할을 한다.

후각을 주제로 한 관광 및 BCI(뇌-컴퓨터 연동 기술)로 힐링 상태의 정량적 평가. 현재 힐링 관광은 주로 숲이나 자연 체험, 명상, 요가, 템플 스테이 등이 대부분을 이루고 있으며 후각을 주제로 한 후각 힐링 관광은 거의 개념조차 전무한 실정으로 힐링 관광에 있어 세계 최초의 시도 영역임. 또한 개인 혹은 단체별로 관광 안내소 내에 설치된 뇌파 힐링 평가시스템을 통해 힐링 상태의 평가가 가능하다. - 예를 들어 뇌파와 사운드가 연동되어 심리적으로 안정이 될 수록 새 소리가 증가하도록 하여 음향 크기 변화로 힐링 상태를 평가한다. -

후각 힐링 관광과 기존 힐링 관광의 차이점

기존 힐링 관광	차이점	후각 힐링 관광
자연 혹은 토속문화 체험	힐링 관광	후각 테마 여행
없음	힐링 상태 평가	BCI 뇌파시스템을 통한 힐링의 객관적 평가
토속 관광 상품	파생 관광 상품	후각 힐링 상품 (휴대용 TOI 향 및 기기 등)
유사한 힐링 관광상품 간의 경쟁구도로 국내시장의 지속적 성장에는 한계	비즈니스 우위	후각을 주제로 한 새로운 힐링 관광시장 창출 및 기존 힐링 시장과 연계하여 시너지 효과
체험형 상품이 많기 때문에 온라인 홍보에 다소 한계	온라인을 통한 홍보 효과	관광지 별 TOI 향을 이용하여 오프라인뿐 아니라 온라인을 통한 홍보 효과도 우수

후각 힐링 관광 상품 개략도

현재 후각 힐링 관광산업은 힐링 관광산업의 새로운 영역이므로 아직 시장이 형성되어 있지 않아 규모를 예측하기 어렵다. 하지만 후각 힐링 관광은 관광산업과 스트레스 힐링 산업의 융합 분야이므로 각각의 시장 규모를 통해 예측해 볼 수 있다.

정부는 2017년 현재 국내 관광 시장소비액을 현재보다 약 25% 증가한 30조원으로 증가시키겠다고 발표하였다. - 2014년 현재 약 7-8조 규모, 연간 성장률은 약 8% - 또한 삼성경제 연구소는 2010년 명상, 요가, 스파 등 국내 스트레스 (힐링) 산업 규모는 약 1조원에 이르며 향후 급성장을 예고하였다. 후각 힐링 관광 산업은 기존의 힐링 관광 시장을 잠식하는 것이 아니라 오히려 새로운 힐링 관광 시장을 창출하여 힐링 관광 산업의 전체 시장 규모를 키우는 역할을 하며, 후각 힐링 관광[341] 시장은 국내 힐링 관광 시장 규모 약 1조원 - 세계 힐링 산업 규모는 전체 여행 산업 규모의 14%정도에 해당되는바 국내 관광 수입 규모를 감안 - 과 스트레스 산업 시장 규모 1조원과 합친 현재 약 2조원 정도의 시장 규모가 예측된다.

힐링 관광 wellness tourism의 성장 배경 및 정의를 살펴보면 전 세계적 경제 침체로 인한 취업난 및 실업의 증가, 경제적 어려움 등으로 힐링에 대한 관심이 급증하였으며 전체 관광 산업 중 힐링 관광의 비중이 점점 커지고 있다. 국제적으로 '힐링 관광'에 관한 용어는 일반적

---

341) 후각 힐링관광(olfactory wellness tourism, OWT)은 새로운 영역의 힐링 관광이다. 현재 전세계 힐링 관광은 건강 숲 , 명상, 요가, 건강 음식, 스포츠 등 다양한 여가 활동을 포함하고 있다.하지만 후각 힐링 관광은 세계 최초로 개발된 새로운 영역의 힐링 관광으로서 후각적 주제를 바탕으로 하는 힐링 관광을 말한다.

으로 'healing tourism'이 아닌 wellness tourism'으로 통용된다. 위키피디아에 의하면 힐링 관광의 경우 '신체적, 정신적, 영적 활동을 통해 건강과 웰빙을 증진시키기 위한 목적의 여행'으로 정의하고 있다.

관광지 영상과 관광지별로 다양하게 개발된 TOI(tour zone olfactory identity, 관광 지역 고유의 향기)를 활용하여 여행지에 실제 가보지 않아도 후각적 기억을 통해 실감적 간접 체험이 가능하며 실제 여행을 하고 싶은 동기 부여를 제공한다.

후각 힐링 관광의 감성적 효과를 평가하기 위해 관광 안내소 내 뇌파 분석을 통한 힐링 평가 시스템(BCI)을 설치하여 힐링 치유 평가 기능이 포함하고, 영상과 휴대용 향기(TOI)를 후각 힐링 관광 상품으로 판매하여 여행지의 추억을 쉽게 떠올릴 수 있다.

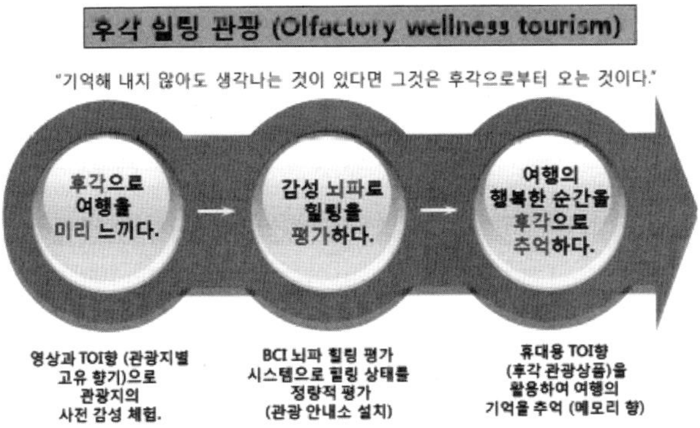

TOI향 (관광지별 고유 향기 : TOI, tour zone olfactory identity)의 개발은 동서양의 향 조합을 접목시킨 향으로 바람, 흙, 물 등을 포함한 자연의 냄새를 활용하여 개발되는 특정 관광 지역의 고유 향기를 말하며 지역별 관광지의 다양한 TOI향 개발이 가능하며 휴대용 TOI향은 후

각 여행을 떠올리는 추억 관광 상품으로 활용할 수 있다.

이것은 청소년 정신 건강, 우울증이나 중독 질환 등의 정신 질환의 예방 및 치료를 위한 다양한 후각 힐링 관광 상품으로 개발이 가능하다. - 학교, 기업, 지방자치 단체 등 후각 관광시장의 확대-

세계 힐링 관광의 규모(2012)은 대략 4,380억 달러로 - 전세계 여행산업 규모 3조 2000억 달러의 14% 매년 9.1%의 빠른 연간 성장률 -> 6,780억 달러 추정 (2017년) - 전체 여행산업의 성장 속도보다 50%이상 빠른 증가 폭이다.

이것은 힐링 시장의 변화에 기인한 것으로 유럽과 북미 위주로 현재는 아시아, 라틴 아메리카, 중동부 및 북부 아프리카(2017년)이며 탑 5 국가의 경우 미국, 독일, 일본, 프랑스, 오스트리아로 되어 있으며 전체 힐링관광 비용 지출의 63%를 차지한다. 하지만 2017년까지 점차 아시아, 남아메리카, 아프리카 등의 국가로 힐링 관광이 확산될 것으로 예측하여 향후 국내의 힐링 관광 산업에 대한 미래는 밝으며 다양한 힐링 상품의 개발 필요하다. 힐링 관광객은 일반 관광객에 비해 130% 이상을 관광 경비로 지출하기 때문에 관광 수익의 증가에 기여하며 직접적으로 1,170만개의 일자리와 1조3천억 달러의 부가가치를 창출한다.[342]

현재 의료 관광이외의 국내 힐링 관광은 자연 휴양림 혹은 올레 길 체험 - 에코 투어리즘 -, 갯벌 혹은 농촌마을 체험슬로우 투어리즘 - , 사찰 체험 템플 스테이 - 처럼 휴식형 관광 자원을 이용하는 경우가 많다. 국내 힐링 관광의 경우 지자체간의 유사한 힐링 상품으로 뚜렷

342) (Global wellness tourism economy) 보고서 참조, 2013.

한 차별화가 되어 있지 않고 힐링을 위한 전문 숙박시설이나 병원 등이 부족하며 의료 관광 이외의 힐링 관광에 대한 정부 차원에서의 다각적 이해 및 홍보 노력이 해외 국가에 비해 다소 부족하다.

후각 힐링 관광의 예상 장애 요인으로는 후각 힐링 개념 인식의 부족과 기존 힐링 관광의 기득권 및 후각 힐링에 대한 인프라 부족, 그리고 온라인 관광의 인식 부족을 들 수 있다. 그 극복을 위해서는 후각 힐링 관광 관련 기기 및 향 페이퍼 등 다양한 상품 개발과 힐링 향기에 대한 독보적인 위치 정착, 힐링 관광을 넘어선 치료/예방 관광분야 연구와 후각 힐링 관광 연구소 공동 발족 등이 필요하다.

개발프로세스는 다음과 같다.

먼저 관광지역 영상과 BCI System 개발로 기존 영상 텍스트 활용 또는 재촬영 - 관광공사/지자체 - 과 BCI 뇌파 프로그램 개발과 삽입 - 메모리 힐링 - 백 사운드 및 BCI 사운드 힐링이 되면 사운드 증가 - 의 개발이 필요하다. 그 다음으로 오감을 활용한 메모리 힐링 시스템으로 동서양 향 조합을 접목시킨 리얼리티 향 - 바람, 흙, 물 등을 포함한 자연의 냄새를 표현한 지역 고유의 향기 - 이 개발돼야 한다.

마지막으로 후각 힐링 관광의 상품화 개발이다. 각 관광 센터내 뇌파분석을 통해 측정 가능한 힐링 시스템 설치와 정량화를 위한 - 관광 센터내 개인(온라인), 단체(스마트 폰 활용) - 시스템 개발과 아울러 후각 힐링시스템을 응용한 상품화 - 영상과 휴대용 향기만으로 기억하는 힐링 관광 - 이 함께 이루어져야 한다.

4-3. 후각 헬스케어

자폐증의 경우 사회성이 결여된 질환으로 기본적으로 감정 표현이나 대인관계 맺기 능력에 있어 심각한 장애를 보인다. 후각을 활용하여 감정 표현과 사회성 교육을 시키면 기존의 교육을 보다 쉽게 수행할 수 있다. 예를 들어 기분이 좋아지는 냄새와 웃는 얼굴을 매칭시키고 웃는 얼굴을 연습시키면서 그때의 기분 상태를 후각을 통해 이해시키는 것이다. 기존의 자폐증 환자를 위한 특수 교육 프로그램과 함께 병행되면 교육 효과는 시너지가 될 것이다.

비만은 음식중독의 일종이다. 비만 인구가 점점 증가하면서 고혈압이나 심근경색, 뇌졸중등 혈관질환의 위험성은 점점 증가하게 된다. 현재 비만 치료를 위해 식욕을 줄이는 약물이나 식이섬유, 운동요법 등이 처방되고는 있으나 개인차에 따라 효과면에서 많은 차이를 보이고 있다. 심지어 일부 환자들의 경우 체질을 개선시키려는 노력보다는 오직 비만 성형시술을 통해 인위적 체형 교정에만 집착하는 경우도 있다. 비만은 유전적인 요인도 있지만 후천적으로 특정 음식에 대한 지나친 집착으로 체중증가가 생기는 것도 주요 요인 중 하나이다. 미각의 경우 70%는 후각에서 비롯되는 것이기 때문에 특정 음식에 대한 후각적 선호도가 변하게 되면 음식에 대한 집착은 줄어들게 된다. 가상현실기법을 활용해서 특정음식 장면과 냄새에 이어 혐오자극 예를 들어 구토 장면과 관련 냄새를 반복 자극시 점차 비만유발과 관련된 특정 음식에 대한 집착을 줄일 수 있고 이러한 훈련을 기존의 치료방법과 병행하면 치료적 효과를 증가시킬 수 있다.

분노조절이 새로운 사회적 화두가 되고 있다. 스트레스는 증가하고 있으나 이를 해소하기란 쉽지 않다는 얘기이다. 분노감은 직장에서 능률 감소는 물론 가정불화, 나아가서 다양한 사회범죄의 단초를 제공하기도 한다. 최근 들어 기업에서는 스트레스를 줄이고 분노감정을 해소시키기 위해 상담사를 고용하거나 직장 내 휴게실을 설치하여 힐링 프로그램을 활용하고 있다. 편안한 휴게실에서 마사지를 받거나 긴장완화 훈련을 하면서 자신이 선호하는 향기가 함께 제공이 되면 힐링 효과는 배가 될 수 있다.

우리의 가장 강력한 기억중의 하나는 냄새에 의해 촉발되는데, 과거 사건과 관련된 냄새는 종종 순간적으로 떠올려진다. 냄새는 우리에게 사물과의 연상을 통해 영향을 미치는데 사물의 촉감, 맛, 시각과는 본질적으로 다르다.(에드가 알란 포우)

냄새는 맛과 관련되어 있으며 정상노화과정에서 그 기능을 점차 잃게 되는데, 이것은 매우 불행한 일이다. 왜냐하면 다른 감각보다 기억과 회상에 더욱 밀접한 관련이 있기 때문이다.

대뇌에서 냄새를 맡게 되는 과정은 다른 감각과는 많은 차이가 있다. 최근 연구에 따르면 후각 감각은 훈련될 수 있다는 것이다. 여러 향료 통이나 연필 깎은 것, 심지어 식물 잎을 옆에 두어 뇌의 후각 수용체를 자극하기 위해 주기적으로 맡으면 도움이 된다고 한다. 하루 30분 정도 훈련하면 되는데, 이것이 후각 능력을 강화시키는 좋은 방법이고 이렇게 하는 많은 이유는 분명히 있다.

음식과 꽃 그리고 오븐속의 빵에 대한 즐거움과 이에 대한 회상을 하는 것은 우리가 후각 기능을 예민하게 유지하는 방법 중 하나이다.

이 방법은 의식적인 후각 기억 방법으로 오랜 시간이 지나도 기억은 계속해서 유지되며 언제든지 떠올릴 수 있는 기억이다.

하지만 후각기능의 소실은 삶을 불행하게 만든다. 아무런 감동과 환희를 느낄 수 없는 병적인 공동 상태에 빠질 수 있다. 그것은 삶의 가장 중요한 부분을 잃은 것과 다름이 없는 것이다. 일부 연구에 의하면 후각 소실은 아연부족의 결과일 수도 있다고 한다. 만약 아연부족이 의심된다면 미네랄이 높은 물질인굴, 렌즈콩, 해바라기씨 또는 미네랄을 섭취하면 도움이 된다고 한다.

공기 중에 가습기를 사용하는 것은 후각 기능을 향상시키는데 도움을 준다. 공기 중에 대부분 인지할 수 있는 허브와 향신료로 공간을 채우는 것도 좋을 것 같다. 하나씩 냄새를 맡고 어떤 물질인지 인지하고, 특정 냄새가 유도하는 기억에 대해 얘기를 나누면 재미있을 뿐 아니라 감각적, 인지적, 회상적으로 도움을 주게 된다.[343] 이런 방법은 치매를 예방하고 기억을 증강시키는 아주 좋은 것이다.

초파리Drosophila melanogaster[344]의 고지방 다이어트 유도 스트레스에 의한 후각 감수성, 행동 및 전사 프로파일링에 대한 WCU[345] 연구

343) "Olfactory Stimulation for Alzheimer's and Dementia", By John Schmid on January 6, 2010, BEST ALZHEIMER'S PRODUCTS.

344) Drosophila melanogaster : 초파리의 종으로 토마스 헌트 모건 (Thomas Hunt Morgan)이 상속의 기본 메커니즘 연구에 사용하는 작은 과실 파리.

345) WCU Biomodulation은 세계 수준의 연구중심대학 육성 사업(World Class University, 약칭 WCU)은 노벨상 수상자 등 연구역량이 탁월한 해외학자를 대한민국의 대학에 유치하여 대학의 교육 및 연구력을 강화하고, 미래 국가 발전 핵심 분야의 연구를 촉진하고 인력을 양성하고자 교육과학기술부의 주도로 도입된 사업이다.[1] 2008년 32개 대학 130개 사업단이 선정되어 이 과제를 수행하고 있다.

를 살펴보면, 고지방 식단은 초파리의 항상성 처리에 대한 후각 기능 부전으로 이어진다. 즉 고지방식과 후각과의 직접적인 관련성을 보여 주었다. 과실 초파리의 역기능인 고지방식의 과도한 스트레스는 후각에 중대한 영향을 미친다. 비만은 후각 감수성을 감소시키고 행동 변화와 냄새에 대해 반응한다. 후각은 에너지 항상성을 유지하는 기본적인 감각 중 하나로 비만 치료 후, 이러한 현상은 비만이 내부에 유해한 영향을 미쳤음을 암시한다. 더욱이 비만인들은 음식물 섭취하가를 아주 선호하는데, 오히려 음식이 아닌 적절한 냄새로 음식 섭취를 조절 할 수 있다.[346] 고 하였다. 이를 위한 실험은 다각도에서 진행이 되는데 결국 냄새는 어떤 물질에 대한 선호도를 떨어뜨린다는 사실을 알게 되었다. 비만을 일으키는 정크 푸드의 섭취를 영상과 냄새로 선호도를 약하게 하여 음식물 섭취를 얼마든지 조절 가능하도록 하는 것이다.

향기는 알츠하이머 치매 환자를 위한 후각 자극에 도움을 준다. 알츠하이머가 아니더라도 아로마테라피는 인체에 좋은 영향을 준다. 한 연구에서 44명의 대상군과 38명의 대조군 간에 통증, 우울감, 불안, 스트레스 수준을 아로마테라피 시작 전과 끝나고 나서 시행하였고 시행 후에 통증, 우울감, 불안, 스트레스 모두 유의한 수준으로 감소하였다.[347] 라는 보고가 있다. 후각 상실은 알츠하이머 같은 치매의

346) Jin Hee Kim (2011), "Olfactory Sensitivity, Behaviors, and Transcriptional Profiling by High Fat Diet-Induced Stress in Drosophila melanogaster" WCU Biomodulation Seoul National University. 30.

347) Shuk Kwan Tang and M. Y. Mimi Tse,"Aromatherapy: Does It Help to Relieve Pain, Depression, Anxiety, and Stress in Community-Dwelling Older Persons?", BioMed Research International Volume 2014 (2014), Article ID 430195, 12pages.

초기 증상일 수도 있지만 정신적으로 완전히 건강한 사람이 치매처럼 행동하는 원인이 되기도 한다. 따라서 나이든 사람은 정신 건강과 관련된 진단을 받기에 앞서 우선 후각 기능 테스트를 받아볼 필요가 있다.[348]

에새스 오일은 이미 치매 치료에 많은 효과를 주고 있고, 선진국에서는 의료용으로 진정 및 치료로 사용하고 있다. 그래서 이 질환에 도움을 주는 에센셜 오일은 먼저 전통적인 라벤더는 마음을 차분하게 하고 감정 밸런스를 유지한다. 이것은 항 우울제이고 불면증 치료에 활용된다. 레몬 밤은 알츠하이머 질환을 가진 환자에서 가장 많이 연구된 에센셜 오일이고 가장 효과적이지만 단가가 비싼 것이 흠이다. 페퍼민트는 마음을 자극하고 동시에 신경을 안정시키는 역할로 최근 건망증에 많이 활용된다. 로즈마리는 자극 효과와 행복감을 주며, 몸과 마음을 자극한다. 로즈마리 오일에 노출되면 인지 기능이 향상된다고 한다. 베르가못은 기분을 상승시키고 차분하게 하면 밸런스를 유지시킨다. 스트레스, 불안, 가벼운 우울증을 호전되며, 불면증도 완화시킨다. 다만 에센셜 오일의 사용만이 치매환자의 후각에 도움을 주는 유일한 방법은 아니다. 신선한 빵 혹은 쿠키 냄새는 대부분 사람들에게 말을 하지 않아도 관련 기억을 떠올리게 한다. 캠프화이어의 연기 냄새, 봄날의 벚꽃 냄새, 추수감사절의 칠면조 구이 냄새 등 이것은 모든 사람들이 과거의 어느 시점으로 돌아가게 하는 데 충분하다.[349] 즉 환자에게 남겨져 있는 후각 기억을 찾아 그 냄새를 맡게 해주

348) 레이첼 허즈, 앞의 책, 219.

349) Olfactory Stimulation for Alzheimer's and Dementia", By John Schmid on January 6, 2010, BEST ALZHEIMER'S PRODUCTS.

는데, 특히 아름다웠던 시절의 후각 기억이 있다면 유사한 공간과 냄새를 지속적으로 제공하면 치매 환자들의 증상이 호전 될수 있을 것이다. 그래서 우리에게는 의식적 후각교육의 학습이 필요하다.

매일 매일 이러한 대뇌 영역을 활성화시키기 위해 후각 자극을 사용하여 자폐증 환자를 치료했는데 후각 자극과 촉각 자극을 감소시킴으로 효과를 배가시켰다.

후각 자극을 통한 대뇌자극은 자폐증을 가진 아동에게 낮은 비용으로 효과적인 치료방법이라 하겠다. 대부분 자폐증을 가진 환자의 경우 냄새에 대흔 특별한 감수성을 가지고 있기 때문에 이러한 대뇌 영역은 이러한 인지적 감수성을 매개하는 시스템에 관여할 것으로 생각된다.

무작위 임상 시험에서, 표준검사를 사용하여 모든 어린이에서 '완전'자폐증 진단을 확인한 다음 처음과 6개월 후에 IQ검사와 자폐증 중증도 검사를 실시했다 표준 치료 요법만을 받은 뇌 활성화 그룹의 42%와 대조 그룹의 7%가 증상이 임상 적으로 유의하게 개선되었음을 발견했다. 또한 대조군 점수에 비해 뇌 활성화 요법을 받은 아동의 IQ 점수는 10.5 포인트 차이가 있었다.[350] 이러한 후각자극 효과는 다른 감각과 달리 뇌에 직접적으로 미치는 영향이 크므로 앞으로 치매와 자폐증 등 뇌 관련 치료에 많은 도움을 줄 것으로 사료된다.

후각을 잃은 많은 사람들이 몸무게에 변화가 있다고 말하는데 그것은 잃어버린 미각을 보충하기 위해 일부러 예전보다 더 많이 먹거나 아니면 음식에 흥미를 잃거나 음식 먹는 것을 잊어버리고 잘 안 먹

350) Michael Leon, "Brain activation via olfaction", Flavour (2014) 3(Suppl 1): O19.

기 때문이다.[351] 좋은 냄새는 즐거운 자극의 원천으로, 냄새감각과 기억사이에 강한 인지작용을 하여 식사시간을 기억하거나, 즐거운 과거를 연상할 수 있는 기회를 제공하게 된다. 정원과 옥외는 또 다른 긍정적인 후각자극의 원천으로 인정되고 있다.[352]이것은 후각 기억의 영향이다. 가장 아름다웠던 시간의 기억은 시각이나 청각보다는 후각으로 기억된다. 그럼 의미에서 자연의 풍광이나 자연의 식물은 후각자극에 많은 도움을 주는 것이 확실하다.

또한 치유정원Therapeutic Gardens은 잘 보지 못하거나 잘 듣지 못하는 거주자들에게 외부에 있는 동안 풍부한 감각적 경험을 주는 또 다른 방법의 하나이다. 향기는 정서적으로 강력한 영향을 줄 수 있기 때문에, 향기로운 식물과 꽃이 있는 정원은 치유에 효과적이다.[353] 이 치유정원은 시각과 아울러 후각적 요소가 강하므로 시너지 효과를 낼 수 있는 하나의 방법으로 각광 받을 것이다.

후각 힐링 시스템은 경험으로 헤아리는 것이 아니라, 미리 헤아려서 경험하는 것이다 과거 '미생'이라는 드라마를 통해 직장인들의 비애와 스트레스가 부각된 적이 있다. 대부분의 직장인들은 격무에 시달리며 자신의 스트레스를 해소하지 못한 채 하루하루를 버티고 있는 경우가 많다. 술이나 담배, 패스트푸드 등을 통해 몸과 마음은 점점 망가져 가는 것이다. 이러한 사람들에게 심리적 안정에 도움이 되는 방법은 개인마다 다양하지만 향을 활용한 방법은 매우 신속하고 효율적으로 스트레스를 관리할 수 있다.

351) 레이첼 허즈, "욕망을 부르는 향기", 장호연 옮김, 뮤진트리, 218.

352) 최영미, 앞의 책, 45.

353) 최영미, 앞의 책, 46.

4-4. 뉴미디어와 후각

후각과 예술에서의 뉴미디어는 시공간의 통합을 묶어주는 하나의 통로이며 감각의 통합을 만들어주는 융합의 매개체이면서 예술로서의 후각을 추구하는 것이다.

뉴미디어 아트의 핵심 테마 중 하나는 데이터베이스의 시각적 뷰를 만드는 것이다. 3D 프린팅의 출현은 가상 세계와 물리적 세계에 합류하여 새로운 미디어 예술에 새로운 다리를 열었다. 이 기술의 등장으로 예술가들은 새로운 미디어 예술의 전산 기반을 조각의 전통적인 물리적 형태와 조화시킬 수 있게 되었다. 후각과 미디어아트와의 융합은 인간의 감성을 예술로 이끌어 주는 핵심적인 감성으로 단순히 예술과 감성이라는 차원을 넘어서 다양한 학문과 기술 그리고 인간을 연결하는 새로운 패러다임이라 할 수 있다.

전통적인 후각예술의 표상으로 후각의 시각화를 추구한 작품이다.

뒤샹의 변기는 냄새 자체를 작품에 도입하지는 않았지만 후각을 재생하는 상상력을 작품에 도입함으로서 당대 사람들에게 충격을 주고 새로운 방식으로 예술을 창조하였다.[354] 곧 후각의 시각화의 초기 작품이라고 하겠다.

만시니는 뒤샹보다 더 나아가 1961년 자신의 똥을 30g씩 90개의 캔에 나눠 포장한 작품 '예술가의 똥 Artist's Shit'을 통해 많은 사람들에게 큰 충격을 주었다.[355] 이는 실제 냄새나는 오브제를 도입함으로서

354) 김학희(2008), "현대미술에서 지리적 상상력의 중요성: 후각을 재생한 예술작품을 사례로" 대한지리학회 학술대회논문집, 275.

355) 김미중(2009), "후각을 통한 시각예술 연구", 경기대 석사학위논문, 28.

후각과 시각의 융합을 예술로 승화시켰다.

후각은 냄새의 감각에 요소 또는 암시를 포함하는 시각 예술의 여러 부분을 제시한다. 후각의 도입으로 시각 감각의 우위를 파괴하려는 시도는 국내 및 국제 예술가들에 의해 만들어졌다. 후각은 미술계에서 소홀하게 여기는 감각이다. 미술 작품은 은유적으로 '냄새'를 나타내거나 적어도 관람객을 위해 냄새를 만들어야하지만, 전통적 사고로는 갤러리 공간에서 냄새가 나는 것을 싫어한다. 마샬 맥루한 Marshall McLuhan은 인쇄기의 발명과 보편적인 문해력Literacy[356]의 확산을 통해 다른 사람들보다 시각적인 감각의 우선 순위를 제시하고 있다.

역사적인 발전은 구텐베르그Guttenberg가 지배했던 시각적인 감각에서 점차 '음향과 공간, 소리, 냄새' 등 다양한 감각에 대한 변화하는 시험적 작가들과 관객의 반응이 있어왔다. 지난 한 세기 동안의 개인위생의 폭발과 상상할 수 있는 거의 모든 향기를 합성하는 능력이 우리의 후각 인식과 존재론적 관계에서 떨어져 나갔다.

대부분의 예술 형식은 감각의 중성화를 요구한다. 관중들이 무대에서 무용수와 배우의 몸에서 나는 악취에 대해 불평하는 것과 공연자의 헌신적인 노력의 표식으로 느끼는 냄새는 어떻게 다른 것인지는 생각해봐야 할 것이다.[357] 이것은 후각에 대한 무지함에서 빚어진 아이러니이다.

후각 예술은 또한 상품화와 고정된 의미에 저항한다. 냄새는 그 순간 존재하며 기술이나 녹음 장치로 캡처할 수 없다. 작품의 지속성은

356) 문자를 읽고 쓰고, 이해하는 능력

357) Olfactory Exhibition #3: Collecting Fragrances (27. Aug 20. Nov, 2016).

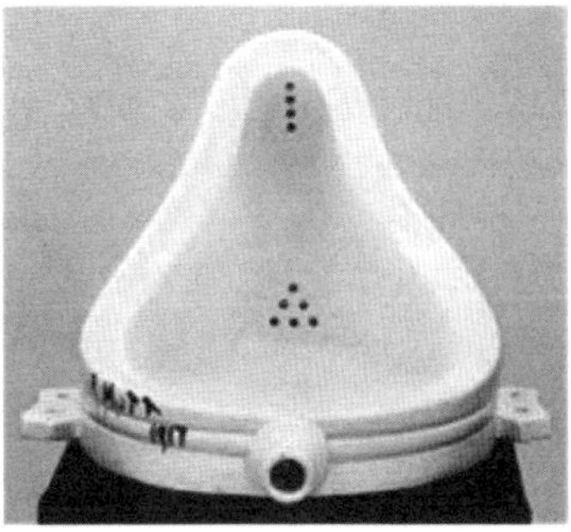

Marcel Duchamp (Fountain, 1917)

Piero Manzoni (똥, 1961)

갤러리 관객의 기억과 기록을 통해서만 가능한 것이다. 프루스트는 사람들이 죽은 후에도 물건의 냄새와 맛이 그대로 남아있다고 하였다. 냄새는 기억이며 경험이기 때문이다.

실험적인 배치의 향기와 예술을 다루는 전시회가 있었다. 이전시회는 향수수집이라는 전시로 개인적인 후각세계에 초점을 맞추었다. 그들은 개별적으로 향수를 만드는 컬렉션에서 작품을 골라낸다.

이 프로젝트는 후각문화연구소Scent Culture Institute(베른 - 취리히)와 협력하여 개발되었으며, 쿤스트 뮤지엄Kunstmuseum에 있는 프로젝트 룸의 총 4개의 실험 파트로 진행되었다. 첫 번째 전시는 미술 자료의 향기와 관련이 있으며 두 번째 전시는 자연을 다루는 풍경, 묘사 및 향수를 표시하는 컬렉션을 기반으로 하였다. 네 번째 전시회에서는 향수와 함께 일하는 현대적인 위치가 작가 인 하빕 아살 (Habib Asal)이 제시하였는데. 쿤스트 뮤지엄 툰Thun의 수집물에서뿐만 아니라 냄새 감각과 다른 방식으로 작동하는 후각 실험이었다.[358] 후각과 뉴미디어는 감각의 새로운 패러다임, 뉴미디어와 후각융합 공학, 화학, 기계

358) Dan Jones(Editor), "The Whiff of the Real" Olfaction Exhibition.

등의 기술을 사용한 새로운 매체 예술로 작가와 관객의 상호작용을 통해 과학기술과 공학기술 그리고 문화적 배경과 예술이 골고루 융합되는 것을 말한다.

후각의 현실적인 통로로 후각의 시각화와 시각의 후각화가 이루어지고 후각도시 박물관을 통해 과거와 현재와 미래의 예술적 융합이 이루어져야 한다. 이것은 새로운 후각미디어 시티Olfactory New Media City를 추구하게 된다.

* 후각 전시 사례

본 전시는 전주남부시장내의 전주현대미술관(JeMA)의 요청으로 2018 후각프로젝트의 일환으로 기획된 것이나 시기적으로 아직 이르다는 판단아래 전시시기를 저울질하고 있다. 하지만 지방미술관에서 이런 전시를 요청하고 기획했다는 점만으로도 후각예술의 가능성과 미래를 보여준 것으로 사료되어 게재해 본다.

전시의 주제는, "시장, 시간을 지나온 향기"로 「시장은 오랜 시간을 견뎌왔다. 많은 것이 변했지만 아직도 시장은 기억하고 있다. 그때의 냄새를…」

Sub Theme

A : '흔적'

오래 전의 시장이 냄새를 남기다

B : '조우'

과거와 현재의 시장이 미래에서 만나다.

C : '문 앞에 서다'

드디어 시장이 냄새의 공간으로 들어가다.

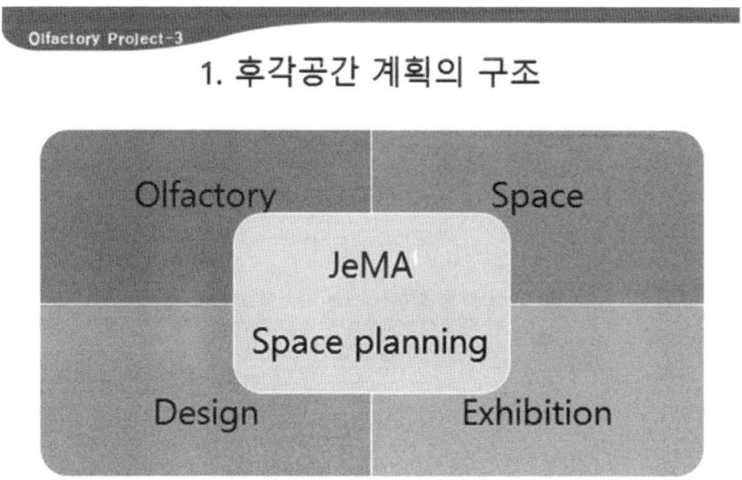

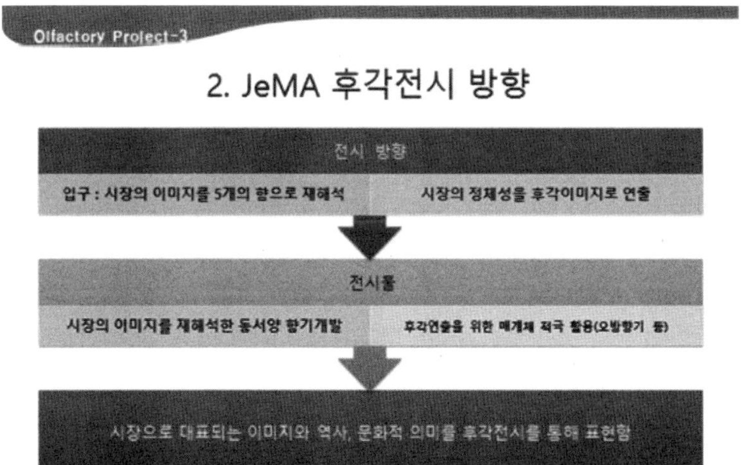

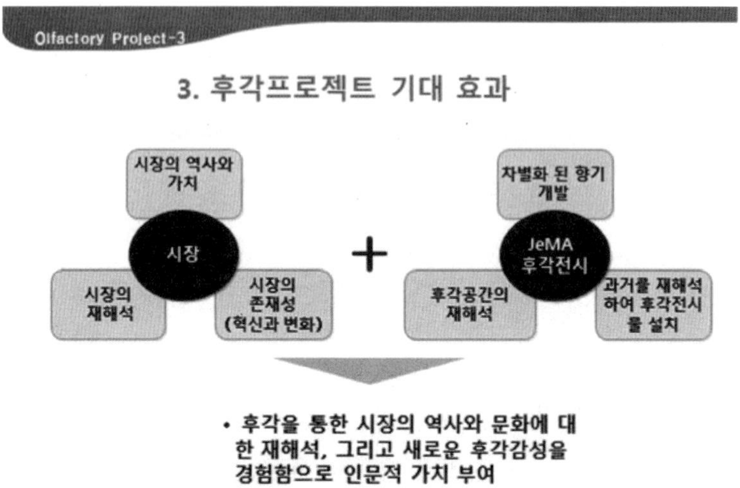
Olfactory Project-3
3. 후각프로젝트 기대 효과
시장의 역사와 가치
시장
시장의 재해석
시장의 존재성 (혁신과 변화)
+
차별화 된 향기 개발
JeMA 후각전시
후각공간의 재해석
과거를 재해석하여 후각전시를 설치
• 후각을 통한 시장의 역사와 문화에 대한 재해석, 그리고 새로운 후각감성을 경험함으로 인문적 가치 부여

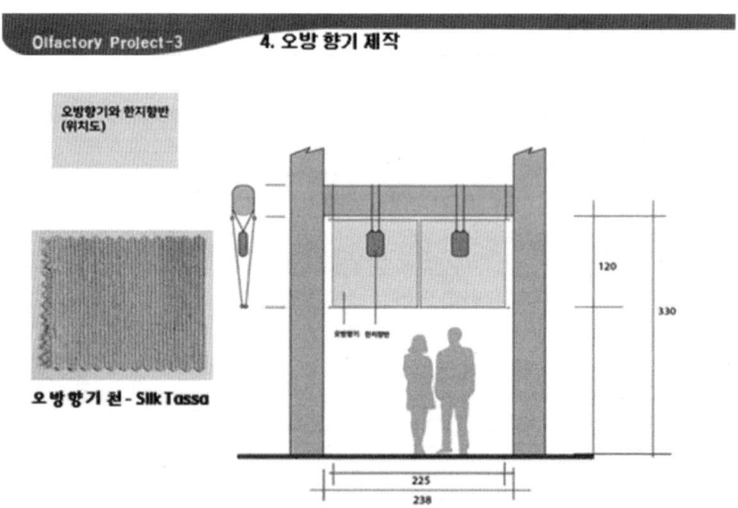
Olfactory Project-3
4. 오방 향기 제작
오방향기와 한지향반 (위치도)
오방향기 천 - Silk Tassa
120
330
225
238

Olfactory Project-3

4-1. 공간 향 큐브 설치(JeMA 실내)-오방향낭으로 설치할 수 있음

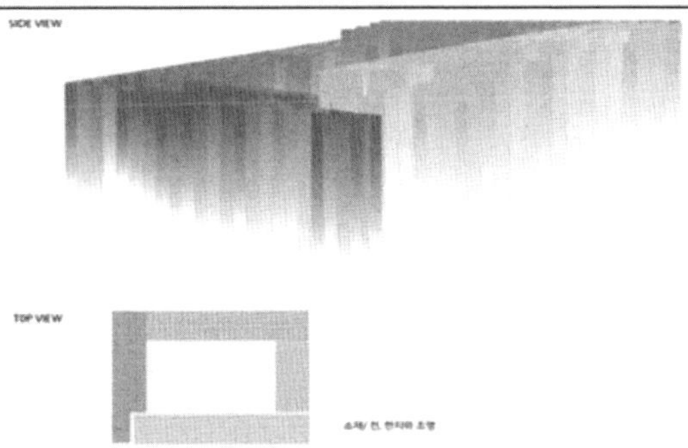

- 네 개의 면은 각기 다른 향으로 처리한다. 소재는 명주와 한지의 혼방천으로 조명과 색의 조합으로 이루어진다.
- 각기 다른 향기는 적절히 조합되어 하나의 공간에서 큐브를 통해 아름다운 향기로 표현된다.
  (시작의 재탄생과 미래를 의미)

Olfactory Project-3

4-2. 공간 향 큐브 설치(2층지역)

작품 투시도

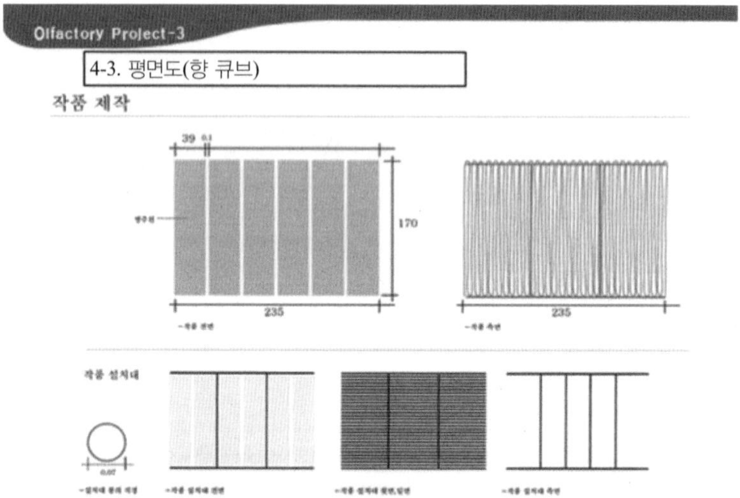

후각예술에 전시공간을 할애할 가치가 있을까하는 질문의 대답은 예스라는 것이다. 왜냐하면 고기 썩은 냄새가 진동하는 타이탄 아룸[359](시체꽃)의 전시로 굉장한 인기를 끌었기 때문이다. 사람들은 이 꽃을 보고 가까이서 냄새를 맡으려고 긴 줄을 서는 것을 마다하지 않았다. 독특한 후각적 현상이었다.[360] 사람들은 좋은 향기만을 원하는 것이 아니라 꽃에서 나는 독특한 냄새가 후각적 상상을 깨트렸기에 어

---

359) 아모르포팔루스 티타눔(인도네시아어: Bunga bangkai, 학명: Amorphophallus titanum) 또는 영명 타이탄 아룸(titan arum)은 열대지방에 서식하는 천남성과의 여러해살이풀이다. 마치 하나의 꽃으로 보이는 거대한 꽃대를 올리는 것으로 유명하다. 그 생김새가 독특하거니와, 꽃에서 풍기는 동물 썩는 듯한 심한 악취로 세계 각지의 온실에서 재배하는 표본이 개화할 때마다 화제가 되곤 한다. 인도네시아 수마트라섬의 고유종으로, 적도 부근의 열대우림에 자생한다. 위키백과

360) 에이버리 길버트, 앞의 책, 273

쩌면 더 선호했을지도 모른다. 만약 장미꽃에서 곰팡내가 난다면 순식간에 판매가 매진될 것이다. 시각과 후각의 부조화는 때때로 삶의 자유로움을 가져다주기 때문이다.

4-5. 복원의 딜레마

알츠하이머병은 아주 초기 단계에서부터 후각기능과 연관된 뇌의 신경 통로가 손상을 입는다는 연구 결과들이 나와 있다. 이러한 연구 결과를 바탕으로 미국 컬럼비아 대학 의과대학의 다반제르 디바난드 Davangere Devanand 박사 등은 치매의 전단계인 인지기능이 저하된 사람 147명, 치매환자 100명, 건강한 사람 63명을 대상으로 40개 품목에 대한 UPSIT를 실시한 결과 박하, 정향, 가죽, 딸기, 라일락, 파인애플, 연기, 비누, 천연가스, 레몬 등 10가지 냄새를 구분하지 못하는 것이 치매와 연관이 있는 것으로 나타났다고 보고하였다.[361]

UPSIT와 같은 후각인지도 검사를 다른 치매검사 방법과 병행하면 치매의 조기발견 가능성을 높일 수 있다. 그러나 일반적으로 신체적, 심리적, 인종학적 요소들이 후각 인지도 검사에서 중 변수로 작용하므로 이를 정량화하는 것이 시급하다. 이를테면 위 연구에서 제시한 10가지 냄새는 미국인을 대상으로 한 것이기 때문에 한국인에게는 다르게 나올 수도 있다는 점이다.

---

361) Annals of Neurology, 2015.06.13.

최근 아로마젯이라는 회사에서 개발 완료한 디지털올팩토메터digital olfactometer는 UPSIT를 기기화한 것으로서 이를 사용하면 보다 더 확실하게 치매 조기 진단이 가능할 것으로 기대된다.

자연 재해나 심각한 사건, 사고를 경험한 후 심리적 트라우마로 인해 공포감, 불면, 인지기능 장애, 대인관계 장애 등 다양한 정신과적 증상을 경험하는 질환을 외상 후 스트레스 장애라고 한다. 일반적으로 외상 후 스트레스와 관련되어 사건 당시의 상황을 떠올릴 때 충격적 장면이나 소리, 촉감 등이 전부일 것을 생각하지만 실제로 임상적으로 환자를 대하면 트라우마와 관련된 냄새를 기억하고 있음을 알 수 있다.

이는 당시의 냄새가 그대로 기억되었다 기보다는 자신만의 공포 스토리 속에서 왜곡되어 저장된 형태로 볼 수 있다. 하지만 후각은 트라우마와 관련된 기억을 떠올리게 하는 촉매 역할을 함과 동시에 치료적으로 활용이 가능한 데 즉, 과거의 좋은 기억과 관련된 냄새를 학습시킴으로써 트라우마와 관련된 공포 증상을 상당부분 경감시킬 수 있다.

치매 환자는 과거의 기억이 서서히 사라져가는 퇴행성 질환이다. 후각기능을 시작으로 인지기능이 점점 감퇴되어 과거 기억이 사라지므로 대인관계나 일상생활 유지에 많은 어려움이 따른다. 후각은 과거 기억을 떠올리는 중요한 매개체 역할을 한다. 된장찌개 냄새를 맡으면서 갑자기 어머니와의 추억을 떠올릴 수 있고 뻥튀기 냄새에 동심으로 돌아갈 수도 있다. 현재는 과거 기억의 회상을 돕기 위해 옛날 사진이나 이미지가 주로 활용되는데 관련된 향이나 냄새를 활용하면 회상 효과를 촉진시킬 수 있다.

미국 워싱턴대학 의대 존 모리스 교수팀은 2분 동안 8가지 질문을 던져서 응답을 통해 치매를 조기에 판별하는 '치매 확인(Ascertain Dementia 8, AD8)' 방법을 개발했다. 짧은 시간에 가까운 친구나 가족이 던지는 8가지 질문에 예, 아니오로 응답할 수 있는 것이다. 인지력 변화가 개인의 일상생활에 영향을 미치고 있는지 그렇지 않은지를 체크하는 것. 가족과 친구가 간단하게 체크할 수 있는 'AD8' 치매검사로 다음 각 질문에 '예, 아니오'로 응답하고 2개 이상의 질문에 '예'라는 응답이 있으면 자세한 검사가 필요하다고 한다. 자가 치매진단 프로그램으로 소개한다.

- 집안 경제상황이 나쁘게 돌아가는데도 어떻게 해야 할지를 모르겠다.
- 취미활동이나 다른 활동에 대한 관심이 줄었다.
- 같은 질문이나 이야기를 반복한다.
- TV 리모컨이나 전자렌지 등 가전제품의 사용법을 익히는 것이 힘들다.
- 올해가 몇 년도인지, 지금이 몇 월인지를 잊을 때가 있다.
- 가계부 같은 복잡한 경제 문제를 다루기 힘들다.
- 약속을 잘 기억하지 못한다.
- 생각과 기억력에 문제가 지속된다.

냄새를 제대로 맡지 못하면 노인성 치매의 초기신호일 수 있다는 연구결과가 나왔다. 미국 시카고 러시 대학 메디컬센터의 로버트 윌슨 박사는 연구논문에서 일상생활에서 흔히 접하는 냄새를 제대로 맡지 못하는 것은 노인성 치매 초기에 뇌에서 나타나는 특징적 증상인 '신경섬유 엉킴'이 시작되고 있다는 증거라고 밝혔다.

윌슨 박사는 '기억-노화 연구'에 대상자로 참가하고 있던 중 사망한 노인 백여 명의 뇌부검을 실시한 결과 평소 12가지 냄새를 구분하는 테스트에서 성적이 좋지 않은 사람일수록 뇌의 엉킨 신경섬유 밀도가 증가한 것으로 나타났다고 말했다. 이 같은 조사 결과는 냄새를 맡는 데 어려움이 나타나면 노인성 치매의 초기증세일 수 있음을 보여주는 것이라며 치매 진단에 후각검사를 도입할 필요가 있다고 말했다.

알츠하이머병은 아주 초기 단계에서부터 후각기능과 연관된 뇌의 신경 통로가 손상을 입는다는 연구 결과들이 나와 있다. 이러한 연구 결과를 바탕으로 미국 컬럼비아 대학 의과대학의 다반제르 데바난드 Davangere Devanand 박사 등은 치매의 전단계인 인지기능이 저하된 사람 147명, 치매환자 100명, 건강한 사람 63명을 대상으로 40개 품목에 대한 후각인지도검사를 실시한 결과 박하, 정향, 가죽, 딸기, 라일락, 파인애플, 연기, 비누, 천연가스, 레몬 등 10가지 냄새를 구분하지 못하는 것이 치매와 연관이 있는 것으로 나타났다고 보고하였다. UPSIT[362]와 같은 후각인지도 검사를 다른 치매검사 방법과 병행하면 치매의 조기발견 가능성을 높일 수 있다. 그러나 일반적으로 신체적, 심리적, 인종학적 요소들이 후각 인지도 검사에서 중 변수로 작용하므로 이를 정량화하는 것이 시급하다. 이를테면 위 연구에서 제시한 10가지 냄새는 미국인을 대상으로 한 것이기 때문에 한국인에게는 다르게 나올 수도 있다는 점이다. 최근 아로마젯이라는 회사에서 개발 완료한 디지털 후각기능검사기digital olfactometer는 UPSIT를 기기화한 것으로서 이를 사용하면 보다 더 확실하게 치매 조기 진단이 가능할 것으로 기대된다.

362) University of Pennsylvania Smell Identification Test.

톨스토이 역시 잊음의 중요성을 알고 있었다. 그는 <세 가지 질문>이라는 짧은 우화에서 과거의 기억에서 벗어나라고 가르친다. 톨스토이에 의하면 이 세상에서 가장 중요한 시간은 과거가 아닌 '지금'이다. 가장 중요한 사람은 '지금 나와 함께 있는 사람'이고 가장 중요한 일은 '지금 나와 함께 있는 사람에게 잘 하는 일'이다.

알츠하이머 치매가 후각기능 저하와 연관이 있음을 확인하는 새로운 연구결과가 나왔다. 미국 펜실베이니아대학 의대 정신의학 전문의 데이비드 롤프 박사는 치매의 전 단계인 경도인지장애MCI: mild cognitive impairment 때부터 후각기능이 떨어지기 시작해 치매로 이행되면서 더욱 나빠진다는 연구결과를 발표했다고 사이언스 데일리가 보도했다.

노인 728명을 대상으로 인지기능 테스트와 함께 진행한 후각 검사 결과 이 같은 사실이 확인됐다고 롤프 박사는 밝혔다. 이들은 여러 가지 신경심사법에 의해 일단의 정신의학 전문의 평가단으로부터 인지기능 정상, 경도인지장애, 치매 등 3그룹 중 하나로 이미 판정을 받은 사람들이었다. 롤프 박사 연구팀은 이들에게 16가지 냄새를 구분해내는 후각 식별 테스트Sniffin' Sticks Odor Identification Test와 표준 인지기능 테스트인 몬트리올 인지평가Montreal Cognitive Assessment를 시행해 이들이 어느 그룹에 속하는지를 분류, 앞서 전문가 평가단 판정과 일치하는지를 비교했다.

전체적인 결과는 인지기능 테스트에 후각 기능 검사를 추가할 경우 진단의 정확도가 현저히 높아지는 것으로 나타났다. 이를테면 인지기능 테스트만으로는 MCI 그룹의 75%를 식별할 수 있었는데 후각 기능 검사를 추가할 경우 정확도는 87%로 크게 올라갔다. 같은 MCI 그룹에서도 정도가 가벼운 경우와 상당히 진행된 경우를 더 정확하게 구분할 수 있었다.

건강한 노인 그룹과 치매 그룹의 구분은 말할 것도 없었다. 이 결과는 간단한 후각 검사가 MCI와 치매를 구분하는 것은 물론 MCI에서 치매로 이행될 위험이 매우 높은 사람을 찾아내는 데 유용한 보조수단이 될 수 있음을 보여주는 것이라고 롤프 박사는 설명했다. 일부 규모가 큰 치매 클리닉에서는 이미 후각 기능 검사를 활용하기 시작했다고 그는 밝혔다.

후각은 기억의 복원 시점을 찾기 위한 중요한 도구라 할 수 있다. 자신의 삶에서 즐겁고 행복했던 시간으로 복원 시점을 정해야 한다. 물론 많은 과거의 일들을 추적하며, 그들의 삶을 정밀하게 이해해야만 그 시점을 정할 수 있는 것이다. 이때 후각은 그 무엇보다도 이 시점을 찾아내는데 탁월한 능력을 발휘하게 된다. 다시 말하면, 냄새는 과거의 시간을 기억하는 매개체이기 때문이다. 시골집에서의 메주 냄새, 얼큰하게 취해서 안아주던 아버지 품안의 가슴시린 냄새, 어머니가 쓰시던 분 냄새, 동네 뒷산의 진달래 향기 등 그러한 냄새가 기억의 복원 시점으로 돌아가게 함으로써 기억을 되찾을 수 있다는 말이다.

서구에서는 이 기억의 복원을 위한 냄새로 레몬, 라벤더 등 그들만이 기억하는 아름다운 향기를 찾아 사용하고 있다. 하지만 이러한 냄새는 나라와 민족, 성별, 나이, 살아온 땅과 방식 등 각자의 환경에 따라 분명한 냄새의 차이가 있음을 알아야 한다. 무턱대고 서구의 방식과 냄새를 이용할 수 없는 것이다. 우리의 기억을 불러일으키는 냄새, 그것을 찾아야만 복원이 가능한 것이다.[363]

363) 송인갑, 앞의 책, 19.

영국에서는 냄새로 치매증은 물론, 우울증까지 치료하는 '냄새 치료법'이 각광을 받고 있다. 2차 대전 당시 폭격이 있고 난 후 불타는 건물에서 났던 냄새, 그 당시 세탁을 할 때 맡을 수 있었던 독특한 비누 냄새 등이 유년 시절의 기억을 상실한 노인들에게 새로운 기억 회생의 효과를 거두고 있는 것이다. 영국 중부 잉글랜드에 있는 워릭 대학교에서 올팩션 연구 그룹의 일원으로 일하고 있는 심리치료사 존 킨쥐 박사는 일명 회상 치료법reminiscence therapy이라고 불리는 방법으로 많은 치매증 환자들에게 새 희망을 불어넣고 있다고 더 타임스 신문이 보도했다. 때로는 반세기 전에 유행했던 차의 향기, 그때 해변에서 맡을 수 있었던 바다 내음이 1대1 치료에서 효과를 보고 있다고 킨쥐 박사는 말했다. 그러나 폭격으로 불타는 건물에서 나는 냄새처럼 현대의 일상생활에서 쉽게 경험할 수 없는 전쟁의 독특한 냄새들을 집단적으로 투여 했을 때 기억 회생의 효과가 훨씬 탁월했다고 킨쥐 박사는 설명했다. 이는 뇌리에 남아 있는 과거의 인상적인 장면의 잔상들, 혹은 우리의 손끝이나 발에서 피부가 기억하고 있을지도 모르는 촉감, 우리가 오래전에 맛보았던 어떤 맛이나 귓가에 아련히 남아 있는 곡조, 폭음, 음성 등이 오랜 시간이 흐른 뒤에 우리에게 일깨워내는 기억의 양 보다는 냄새가 기억의 양과 지속력에서 훨씬 강하다는 것을 반증하고 있는 셈이다.

영국의 헐 시에서 온 블랜취 턴스톨(91)이라는 할머니는 이 냄새치료법으로 과거를 되살려 낸 경험을 한 뒤 "정말 놀랍다. 냄새 하나로 모든 것을 생각해낼 수 있게 됐다"고 감격하기도 했다. 턴스톨 할머니 같은 경험은 이미 한둘이 아니다. 현재 연구팀은 1940년대에 맡을 수 있었던 여러 가지 유형의 냄새들을 '노스탈지어 방향팩', '낡은 찻주전자', '블랙 레인지', '병원' 혹은 '세탁하던 날' 등등으로 나누고, 그 냄새를 낼 수 있는 액체를 약병에 담아서 제공하고 있다. 한 노인은 야전 병원의 냄새를 담은 '병원' 약병 마개를 따고 코를 갖다 댄 직후 반세기 전 자신이 가지고 다니던 소총의 총기 번호를 줄줄 외기도 했다.

요크셔 지방에 있는 에덴 캠프 박물관에서는 폭격으로 불타는 건물에서 나는 냄새를 담아서 '2차 대전' 약병을 팔고 있는데, 지금까지 상업용으로 시판된 기억 회생용 냄새 중 가장 인기가 높은 것으로 전해졌다. 영국의 냄새 전문가, 향수 전문가들은 현재 갖가지 유형의 냄새, 그리고 그것을 인공적으로 제조할 수 있는 방법들을 컴퓨터로 분석해놓고 있다고 더 타임스는 말했다. 킨취 박사는 "인간의 여러 가지 감각 중 취각은 기억 회생에 가장 중요한 역할을 하고 있으며, 다른 어떤 감각도 도달할 수 없는 곳을 건드릴 수 있다"고 말했다.[364]

후각을 통한 치매 조기 검사시스템은 기억의 복원을 위한 준비단계라 할 수 있다. 알츠하이머 질환이 처음 생기기 시작하는 부위는 후각 뇌 피질로 이곳에 후각 중추의 타우 단백질이 축적되어 후각기능을 상실하는 것이 초기 증상이라 할 수 있다. 이러한 초기 증상은 발견하기가 쉽지 않으며, 증상이 시작되었을 때는 병의 진행이 상당히 진행된 것이므로 치료를 위해서는 초기에 발견하는 것이 매우 중요하다.[365] 현재 시행중인 전 세계의 후각인지도 검사 방법은 미국 펜실베니아 의대의 UPSIT, 미국 러시대학의 시나몬과 페인트 시너를 활용한 검사,

364) 조선일보/파리=김광일기자 : kikim@chosun.com [해외의학] 냄새로 '잃어버린 시간' 찾는다.

365) 하버드, 콜롬비아대학 연구팀에 의해 타우 단백질 축적이 뇌로 퍼져 알츠하이머가 진행됨을 발견하였다. (2012. 2)

일본 돗토리 대학의 히노키와 멘톨 등 12종의 향을 활용한 검사, 호주 멜버른대학 신경정신과 병원의 커피, 장미, 표백제, 위스키 등 40종의 향기를 활용한 검사 등이 있다. 하지만 인종과 문화, 나라에 따라 검사를 위한 익숙한 냄새가 다르기 때문에 우리나라도 우리가 선호하는 향을 찾아 표준화해야 할 것이다.

이 시스템의 구성은 전체적인 시스템을 이끌어 가는 시각과 청각이 제공되는 영상을 위한 모니터와 후각키트, 뇌파와, 심전도 검사 카트 등을 통해 측정하여야 한다. 이것은 단순하게 뇌파의 측정만으로 쉽게 조기 치매 여부를 판별할 수 있으며, 이 시스템에 냄새 반응도 측정과 감성의 변화를 체크하는 시스템이 보강된다면 좀 더 정확한 진단 검사가 될 것이다.

4-6. 브라운 스위스[366]

동물의 후각은 사람보다 더 발달되어 있다. 특히 냄새는 동물들을 사육하는데 있어 중요한 요인이 되는 것이다. 좋은 냄새를 맡은 젖소

366) 미국에서는 이 품종을 젖소 종으로 분류하지만, 다른 젖소 종들보다 뼈가 두껍고 살이 많아 미국 이외의 나라에서는 유육 겸용으로 사육하는 경우도 있다. 몸 색깔은 연한 갈색이나 회색에서 짙은 갈색이나 회색까지 다양하다. 다른 젖소 품종들과 비교해보더라도 평균유지방이 함유된 양질의 우유를 생산하는 우수한 소로, 꾸준히 우유를 착유할 수 있다. 이탈리아·오스트리아·헝가리·미국·멕시코·남아메리카의 여러 나라에서 많이 사육한다.

는 양질의 우유를 만든다. 냄새를 활용한 농업과 축산업의 혁명이다. 후각은 인간보다는 동물에서 더욱 발달되어 있어 후각 산업은 동물이나 곤충 등을 활용한 농업에 적용을 하면 획기적인 효과를 가져 올 수 있다. 예를 들어. 젖소가 좋아하는 냄새를 개발하여 축사에 상시 제공하면 젖소의 심리적 안정을 도와 우유의 생산량을 높일 수 있다. 또한 꿀벌이 좋아하는 꽃냄새를 천연 향으로 개발하면 꿀벌로 인해 매개되는 다양한 농작물의 수확량을 높일 수 있다.

특히 후각이 민감한 개의 경우가 그러한데, 애완견은 주인의 냄새만 맡아도 좋아한다. 개에게 있어서 주인 냄새는 마치 인간이 향수를 맡을 때처럼 강하게 반응한다는 연구결과가 나왔다. 최근 미국 에모리 대학 연구팀은 12마리 개의 뇌를 자기공명영상(fMRI)로 분석한 연구결과를 행동프로세스저널journal Behavioural Processes에 즉각 발표했다. 연구팀의 이번 논문은 인간이 사랑하는 사람의 향수를 맡았을 때 즉각적이고 감정적으로 반응한다는 사실에 기초하여 시작됐다. 이것은 인간보다 월등히 후각이 발달된 개가 같은 상황에 놓인다면 더욱 강하게 반응할 것이라는 추측에서다. 이를 증명하기 위해 연구팀은 피 실험 견에게 주인의 냄새, 같은 집에 사는 인간의 냄새, 만난 적 없는 인간의 냄새, 같은 집에 사는 개의 냄새, 만난 적 없는 개의 냄새를 각각 맡게 했다.

그 결과 피 실험 견들은 '동족'들을 제치고 주인 냄새에 가장 강하게 반응하는 것으로 나타났다. 특히 이 같은 결과는 주인이 눈앞에 없는 상태에서 이루어져 애완견들은 주인의 냄새만으로도 기분 좋은 상상을 하는 셈이다.

이 연구를 이끈 그레고리 번즈 박사는 "개는 주인과 만난 적 없는 사람의 냄새를 정확히 구분해 내 긍정적인 감정으로 연결시킨다" 면서 "주인의 냄새만으로도 개는 주인의 모습을 떠올리며 꼬리를 치게 된다"고 설명했다.

냄새를 맡는 능력은 코 안 후각 상피의 넓이와 후세포의 개수로 결정된다. 개는 인간에 비해 코의 길이가 길어서 비강의 넓이 또한 인간보다 넓고, 넓은 비강 속에는 더 많은 숫자의 후세포가 분포되어 있다. 인간에 비해 더 많은 주름으로 이루어져 있는 개의 후각 상피는, 그 표면적을 비교했을 때 인간의 10~50배 정도 더 넓다. 그리고 인간이 약 500만 개의 후세포를 가지고 있는 것에 비해 개는 2억 개 정도의 후세포를 가지고 있다. 그렇기 때문에 공기 중의 냄새에 보다 강한 자극을 받는다. 세포의 수나 표면적에서만 차이가 나는 것은 아니다. 하나의 후세포가 냄새를 감지하는 감도(感度) 또한 인간보다 훨씬 민감하다. 예를 들어 땀의 성분을 냄새로 구별하는 능력을 비교한다면 인간의 100만~1억 배에 이른다고 한다. 그 때문에 개는 인간이 느끼지 못하는 희미한 냄새에도 민감하게 반응할 수 있다.

그리고 개의 코끝은 냄새를 맡기 쉽도록 항상 젖어 있다. 개는 남겨진 냄새를 맡는 것만으로도 냄새의 주인공이 어느 쪽에서 와서 어느 쪽으로 가고 있는지, 암컷인지 수컷인지, 성견인지 강아지인지 알 수 있다고 한다.

산보 도중에 다른 개와 만나면 개들은 서로 킁킁거리며 엉덩이 부근의 냄새를 맡는다. 이유는 항문선(肛門線, 특유의 냄새나 악취를 분비하는 선. 동물의 항문 근처에 있다)에서 나는 냄새로부터 나이와 성별 같은 정보를 모으기 위해서다. 처음 만난 개들끼리 서로 냄새를 맡는 이유는 냄새 속에서 정보를 얻어 서로를 더 잘 알기 위해서다. 이처럼 개의 뛰어난 후각 능력을 잘 살려 활용하고 있는 것이 경찰견이다. 경찰견은 특정 사람이 남긴 유류품의 냄새를 맡고 기억한 후 지면이나 건물, 수풀 등지에 남아 있는 냄새의 흔적을 따라가며 추적해나간다. 그 외에도 마약탐지견, 재해구조견, 산악구조견, 지뢰탐지견 등으로도 맹활약 중이다.

인간은 시각, 촉각, 청각, 미각, 후각의 다섯 가지 감각 가운데 80% 이상을 시각에 의존하고 있다. 한편 개의 경우에는 후각이 40% 이상을 차지하고 있어, 시각보다 냄새나 소리에 의한 정보가 더 중요하다. 원래 야행성이었던 개는 냄새 맡는 행위를 통해 어떻게 행동해야 할지 판단했다고 하니, '코로 생각하는 동물'이라 할 수 있다. 개는 인간에 비해 코의 길이가 길고 비강도 길어 다수의 후세포가 분포되어 있다. 더구나 후각 상피의 표면적은 인간보다 10~50배 더 넓고 후세포의 수도 40배 이상 더 많다. 개는 냄새로 상대를 이해한다.

후각망막은 강아지의 뇌 안에 있는 신경 조직의 구근이다. 그것은 전뇌에 위치하고 있으며 비강 내 세포에 의해 감지 된 향기를 처리하는 역할을 한다. 후각망막은총 뇌의 크기에 비교하여 인간보다 개가 약 40배 더 크다. 인간의 뇌는 큰 시각피질에 의해 지배되는 반면, 개두뇌는 후각피질에 의해 지배하는데, 그래서 후각구근은 강아지 뇌의 1/8을 차지한다. 후각전구는 향기를 처리하는 기능 때문에 개에게 매우 중요하다. 후각정보는 후각 망막에서 감각, 기억 및 행동을 다루는 뇌의 가장 원시적인 부분인 변연계로 이동한다. 이 두 영역 외에도 정보는 맛 감각피질로 이동하여 풍미의 감각을 만든다. 후각 정보는 뇌의 원시적 인 부분과 복잡한 부분 모두에 전달되기 때문에 우리가 생각하는 것보다 많은 방법으로 개의 행동에 영향을 주는 것이다.

개에는 코에 약 2억 2천만 가지의 후각수용체가 있다. 그것은 우리 인간의 코에 있는 수용체의 44배이며, 블러드 하운드 품종은 3억 가지 이상의 후각수용체를 가지고 있어 평균보다 훨씬 많다. 개는 놀라운 후각능력은 먹이를 찾아내고 성행위에서 암컷의 위치를 식별 할 수 있게 도와준다. 각 개는 다른 개에게 풍부한 정보를 전달하는 개개의 후각 프로필을 내 보내는데, 개는 우리가 맡을 수없는 아드레날린과 페로몬 냄새를 맡을 수 있기 때문이다. 인간이 개를 몹시 두려워할지도 모르지만 개는 이런 사실을 알지 못한다. 단지 이 사람이 싸우거나 도망가기 위해 준비를 하고 있으며 공격의 징후가 있는지 주의 깊게 관찰할 뿐이다. 그리고 개는 특정 직업 - 마약 탐지견 등 -에 도움을 줄 수 있는데, 이러한 이유는 개의 후각시스템이 현대 기술로 복제할 수 없을 정도로 복잡하게 이루어져 있기 때문이다.

개들은 냄새를 통해 인간의 암을 발견하는데 높은 성공률을 보였으며, 공항에서 마약과 폭발물을 냄새 맡을 수 있다. 가령 냄새가 강한 대상 물체를 맡고도 다른 물체를 구별 해낼 수 있으며, 바람을 통해 냄새 방향을 구별 할 수 있는 이동식 코를 가지고 있다. 이것은 코의 습기가 이 기능을 도와주기 때문이다.[367]

최근 오스트레일리아 뉴 사우스 웨일즈 대학의 마이클 발렌 주 엘라Michael Valenzuela가 실시한 한 연구에 따르면 두개골 내의 뇌 위치를 조사하여 개 품종 간의 두개골 길이의 차이를 선택적으로 번식

367 http://www.umm.edu/

시켜 개과 뇌를 재구성했는지 여부를 결정했다. 핏불과 아키타 같은 가장 짧은 두개골을 가진 개들은 중요한 뇌 조직 개편을 보여주었다. 단순한 향기는 우리와 개를 위한 복잡한 의미, 기억 및 감정적 유대 관계를 가질 수 있다.

후각은 변연계를 통한 기억과 감정에 직접적으로 연관되어 있으며, 삶의 마지막 순간의 기억이 냄새를 맡고 있으며, 향기를 사용하여 도움을 주는 긍정적인 감정을 이끌어 낼 수 있다. 인간의 후각능력은 전통적으로 미세한 감각이라고 여긴다. 하지만 동물과 비교해 보았을 때 인간 후각수용체는 유전자 손실이 많이 일어나고 있다. 가령 개의 경우 18%, 다람쥐 원숭이도 18%이며, 쥐는 20%, 고릴라는 28%, 오랑우탕은 32%이나 사람은 54%로 후각수용체 유전자 손실이 많아 후각능력의 감소가 일어나는 것이다.[368] 손실이 적은 동물의 후각은 통신수단으로 사용되며, 사회적 행동의 다양한 영향을 가져다주고 집단 및 개별의 인식을 하며 냄새로 짝짓기를 하여 종족을 번식시키는 중요한 감각인 셈이다.

4-7. 새로운 답 New Answers

후각은 기존의 전통적인 답이 아닌 새로운 답을 요구하고 있다. 이미 인류는 산업의 확대와 편리 그리고 이익을 위해 세상의 모든 것을 파괴해버려 더 이상 지구는 지탱할 수 없을 정도로 회생불가능하게

---

368) Mark Sergeant. The Psychology of the Sence of Smell, Nottingham Trent Univ.

되었다. 특히 후각적 오염은 심각할 정도다. 마스크가 없으면 걸어 다닐 수가 없다. 매연과 미세먼지, 오염된 공기는 숨쉬기조차 힘들게 만들었다.

냄새의 공유지는 공기이고, 하늘이며, 우리가 살고 있는 공간 모두를 포함한다. 냄새는 공유지에서 발생되더라도 공유지에만 한정 되지 않는다. 냄새는 한 곳에 머물지 않으며 끊임없이 바람을 통해 공간과 공간으로 이동하기 때문이다. 그것은 사유지에서 공유지로, 공유지에서 사유지로 어디든지 상관없이 자유롭게 이동하며 사람의 후각을 깨우고 있는 것이다. 하지만 공유지의 남용과 오용으로 인한 비극은 곧 냄새 비극으로 이어질 것이고, 그 상황은 생각조차하기 싫을 정도다. 그러나 냄새도 환경이라는 측면에서 본다면 이 심각성은 상상을 초월하는 매우 위험한 것인데도, 사람들은 냄새에 대하여 매우 관대하다는 사실이다.[369]

공간에서의 악취는 인간을 포함한 생물의 배설물이나, 부패해서 생기는 냄새, 그리고 공장이나 공업제품에서 발생하는 냄새를 말한다. 특히 도시의 악취는 어제 오늘의 이야기가 아니다. 인류가 도시화되기 시작하면서 자연은 파괴되고 점차 도시의 냄새는 오염이 되어 갔다. 문명의 발전이 인간을 좀 더 살기 좋게 만들어 주었지만 사실은 인간의 감성 퇴화를 촉진시키고, 자연의 혜택인 치유로부터 멀어지게 한 것이다. 이미 선진국에서 시행하고 있는 냄새도 환경이라는 주제를 이해한다면 우리가 얼마나 냄새에 대하여 무지했는가를 알 것이다.

369) 송인갑, 앞의 책

이제 사람들은 냄새를 구별하기 시작하였으며 좋은 냄새의 가치를 알게 되었다. 향수의 사용으로 자기의 냄새를 감추고 사적인 공간에서 아름다운 향기를 드러나게 하였으며, 차량이나 가정에서 그리고 실내의 공간에서 자신들이 원하는 냄새의 공간을 가지게 된 것이다. 하지만 이러한 냄새는 당장은 도움이 되겠지만 근본적인 문제의 해결책이 될 수는 없는 것이다.

그렇다면 이것을 해결할 수 있는 방법은 무엇일까? 맑은 공기, 좋은 냄새, 그리고 편안한 호흡, 그 답은 숲과 공원이다. 숲은 공기를 정화하고 좋은 냄새를 끊임없이 인간에게 공급해준다. 만일 이 지구상에 숲이 존재하지 않는다면 우리는 이미 나쁜 냄새로 인해 호흡이 어려워지고 결국 죽게 될 것이다. 도시의 냄새가 좋지 않는 것도 도시 곳곳에 냄새를 정화시키는 숲이 없기 때문이다. 숲만이 도시의 냄새를 다시 회복시킬 수 있을 것이다. 그래서 숲이 살아있는 도시의 공원화가 절실해진다.

길가메시 서사시[370]에서 길가메시는 도시를 건설하기 위해서 남부 메소포타미아의 백향목 숲을 파괴했다. 수메르의 최고신으로 땅의 안녕을 영원히 돌보아야 할 엔릴은 침입자들로부터 숲을 보호하기 위하여 반신반인인 훔바바를 보냈다고 한다. 하지만 전사 길가메시가 훔바바를 죽이고 숲을 쓸어버린다. 엔릴은 나무들을 잘라낸 이들에게 저주를 내린다. '너희들이 먹을 양식을 불이 삼킬지어다. 너희들이 마

370) 길가메시 서사시는 B.C. 3천년경부터 구전되던 신화다. 이 작품은 19세기에 와서야 비로소 고고학자들에 의해 발견, 해독 되었다. 역사적 가치뿐 아니라 원형적 영웅서사시로서 문학적인 가치도 뛰어나다. 메소포타미아의 도시국가 우룩을 통치하던 왕으로 3분의 2는 신이고, 3분의 1은 사람인 비극적 영웅이다.

실 물이 불이 들이킬지어다.' 이 이야기는 신화에 불과 하지만 여전히 저주는 오늘날까지 이어오고 있음이다.[371] 성경에서 말하고 있는 가나안땅인 레바논의 백향목도 사라진지도 오래다. 사람들의 필요에 의해 나무가 모조리 베어져 지금은 국기에만 쓸쓸히 남아 있을 뿐이다.

오늘날에도 길가메시는 계속해서 탄생되고 있다. 아마존의 원시림과 아프리카, 아시아 곳곳의 숲이 파괴되고 있다. 숲은 반이 넘게 사라졌다. 90%이상이 없어져 버린 곳도 있다. 이 땅에도 주택, 골프장 건설과 산업자재를 위하여 숲은 이제 우리의 기억 속에만 남아 있을 뿐이다. 나 자신이 환경주의자거나 생태주의자임을 말하는 것이 아니다. 다만 숲을 통하여 나쁜 냄새를 정화시키고 좋은 냄새를 호흡함으로써 생명의 소중함을 일깨우자하는 것뿐이다. 결국 공유지에 있어서 냄새의 새로운 해석과 관리는 더 이상 냄새의 비극을 초래하지 않을 것이기 때문이다.

미국의 한 학자가 외쳤던 숲에 대한 진정성에서 우리가 가야할 분명한 길을 보여주고 있다.

"숲을 위해 싸웠고, 지금도 싸우고 있는 이 전쟁은 옳고 그름 사이에서 영원히 계속될 투쟁이다. 우리는 나무를 지키기 위해 두 눈을 부릅떠야 하고, 추구해야할 가치가 있는 선하고 고귀한 것들을 언제나 기쁘게 찾아가야 한다."[372]

---

371) 데릭 젠슨, 조지 드래펀.『약탈자들』. 김시현 역. (주)실천문학, 2007, pp22-23.

372) 존 무어가 한 말, 그는 미국의 박물학자로, 미국의 삼림보호를 최초로 주장(1895.11.23)하였다. 데릭 젠슨, 조지 드래펀.『약탈자들』. 김시현 역. (주)실천문학, 2007, p123.

창조주의 뜻을 어겨 에덴동산에서 쫓겨난 아담처럼, 우리에게 맡긴 이 땅을 우리의 이익만을 추구하다가, 황폐하게 만들어 버리는 것은 아닌지, 그래서 이 땅에서 마저 쫓겨나지 않을까하는 두려움은 나만이 느끼는 것은 아닐 것이다.

이제 새로운 답을 내놓지 않으면 우리가 살고 있는 지구는 무너져 버릴 것이다. 후각의 자유로움이 이 모든 것을 해결해 줄 것이다.

5부

후각 혁명

5-1. 후각 혁명

"인간은 타고난 본성과 주위의 영향을 받는 존재이다. 한번 타고난 유전적인 조건은 변경시킬 수 없고, 환경은 부분적으로 바꾸는 것이 가능하지만 당장 되는 것은 아니다. 따라서 오직 유전과 환경에 좌우되는 것으로 본다면, 필히 숙명론에 빠질 수밖에 없다. 하지만 인간이 정신적이고 자유로운 존재이며, 그 때문에 책임을 지는 존재라는 점이다."[373]

이제 새로운 혁명은 시작되었다. 우리의 마지막 감각인 후각은 또 하나의 미래를 보여주고 있다. 다가오는 미래의 혁명은 더 이상 지체할 수 없다. 그것은 인간이 만들어 내는 새로운 기술과 감성융합이 필연적으로 다가오기 때문이다.

초기 인류에게 있어서 후각은 지금과는 달리 삶의 필수적인 중요한 감각과 감성의 하나였다. 자신들의 생존과도 직결 되어 있었기에 그들은 냄새로 모든 것을 분별하고 판단하였다. 적어도 그들은 자신이 실존하고 있음을 후각을 통해 깨닫고 있었던 것이다.

고대의 냄새는 두 가지 방향으로 나타났다. 향기로운 것과 일상의 냄새였다. 귀족이나 왕족들은 그 일상의 냄새를 악취라 부르며 그것과 분리된 향기를 즐겼고, 백성들은 일상의 냄새를 숙명처럼 받아들였다. 태어날 때부터 구별된 그들의 계급에 대한 의식은 후각에 있어서도 별반 다르지 않았기 때문이다.

---

373) 빅터, 프랭클.『심리의 발견』. 청아출판사, 2008, p194.

세상은 점점 변화되어 갔다. 십자군전쟁 이후 중세 봉건제도가 무너져 가고 사람들은 자각하기 시작하였다. 특히 상인들의 부와 정치권력의 대립은 그동안 착취당하고 있었던 농민과 도시 시민들에게 자유를 갈망하는 혁명이라는 분출구를 제공하게 된다. 이 시민혁명은 시민들의 의식뿐만 아니라 그들의 후각을 깨우는 단초가 되었음은 말할 나위 없었다.

제1차 후각 혁명이 시작되었던 해인 1750년에서야 비로소 냄새는 개인적인 문제에서 벗어나 사회적인 관심의 대상이 되었다. 곧 시민들은 자신뿐만 아니라 자신이 살고 있는 도시의 냄새를 맡기 시작한 것이다. 도시 곳곳에 나는 악취가 단순히 나쁜 냄새에 국한 되는 것만이 아니라 질병과 직결된다는 사실을 알아 차렸다. 이것은 14세기 중엽 유럽을 휩쓸었던 페스트로 인한 죽음의 냄새에 대한 기억 때문이었다.

근대의 후각 혁명을 주도한 계층은 위생학자와 의사를 비롯한 시민계급이었다. 후각 혁명은 역사적으로 볼 때 과학의 발달 및 도시화와 더불어 진행되었고 이를 이끌었던 것은 빈번한 전염병과 이로 인한 죽음에 대한 두려움이었다.[374] 냄새가 공개적으로 다루어지면 개인적인 것과 아울러 집단의 문제가 되며, 그것은 시민계급인 부르조아적 개인주의와 연합하여 "내재적 깊이"를 암시하는 것이다. 즉 자신의 냄새에 대한 민감성은 필연적으로 일반화된 다른 사람들의 냄새에 대한 혐오감'의 형태를 취하게 된다. 19세기의 부르주아는 자신이 억압되는 것을 오히려 가난한 농민이나 노동자에 대해 불쾌한 표현으로

374) 최은아 (2007). "감각의 문화사 연구". 카프카연구, 17, 161.

투사했다는 사실이다.[375] 개인의 냄새에 대한 혐오감이 곧 집단의 악취로 몰아갔던 것이다. 이것은 오늘날에도 신분과 계급의 차이를 말할 때 다른 냄새를 가졌다고 표현하는 것과 별반 다를 것이 없다.

18세기 말과 19세기 초에 걸쳐 유럽 도시들에서는 위생 혁신을 위한 움직임이 나타나기 시작했다. 공장증설, 도시 인구의 증가와 더불어 쓰레기 및 폐기물 처리는 대단히 큰 문제가 되었다. 이런 혁신의 필요는 19세기 콜레라와 발진티푸스의 유행으로 더욱 절실하게 되었다. 이들 전염병이 폐기물의 악취에 의해 전파되는 것으로 의심했기 때문이다.[376] 곧 후각적 위생은 사람들이 냄새에 더 주의를 기울이게 하는 집단적 상상력에 영향을 미쳤다. 그래서 자신의 유해한 냄새의 그 흔적을 지울 수 있는 사람들에 의해 민간 화장실을 설치하고 화장실과 하수구를 덮는 시도가 있었다. 정부 당국은 공공 공간의 포장, 배수, 환기 및 소독과 같은 규제 조치로 전환했다. 냄새는 단순히 불쾌하다는 이유만이 아니라 도시의 전반적인 위생의 개념과 시스템의 변화를 가져다주었다.

영국, 프랑스의 시민혁명 이후 19세기 유럽에 등장한 민족적 통일국가인 근대국가는 중세 말엽 이후 신흥시민계급의 경제적 발전이 원동력이 되어 민족적 통일과 중앙집권화가 이루어지고 시민계급이 정치적 주체세력으로 등장함에 따라 민주적 통치체제를 갖추게 되었다. 즉 시민계급은 자유를 추구하였고 귀족과 왕족의 전유물이었던 향기

375) OAN W. SCOTT, "OLFACTORY VIGILANCE", The New York Times(1986/11/2).

376) 콘스탄스 클라센, 데이비드 하위즈, 앤소니 시노트저(2002). "아로마, 냄새의 문화사", 김진옥 역. 현실문화연구.109-110

에 점차 관심을 가지게 된 것이다,

1차 후각 혁명은 하층민이나 상류층이 아닌 시민계급의 후각 혁명이다. 이것은 또 다른 후각계급을 형성하며, 근대 시민사회에서 시민계급의 도덕적, 정신적 순수성의 이데올로기는 청결한 위생 개념과 연결되면서 후각문화의 계층화를 가져왔다. 이들은 가난한 하층민의 냄새와 불결함과 구분되는 자신들의 위생 개념을 통해 스스로의 자의식을 발전시킨다.[377] 단순한 냄새의 문제가 아니라 자신의 자아를 인식한 하나의 사건이었다. 이러한 후각 혁명으로 인한 계층화는 이미 과거에 있었던 것인데, 다만 자신들이 아닌 상류층에 해당되었던 것을 자신들이 되찾아 온 것뿐이었다. 그들 스스로가 새로운 계급이 된 것이었다. 결국 시민계층의 후각은 도처에 산재한 분뇨냄새를 점점 더 견디기 어려운 것으로 받아들였고 이를 제거 할 수 있는 배수로와, 특히 하수구의 설치 그리고 질병의 분류화 작업을 진행시킨다.[378] 후각 혁명은 시대의 숙명적인 명제였다. 사람들은 이미 환경에 대한 인식이 생겼기에 개인적인 문제를 떠나 사회적 이슈가 될 수밖에 없었던 것이다.

특히 의사들은 폐쇄 된 공간을 통해 청결한 공기를 순환시키는 미덕을 전파하였지만, 대중은 공기가 몸의 불균형과 질병을 초래했다는 생각에 빠졌다. 어떤 사람들은 묘한 냄새의 힘에 의한 성적 매력을 유발했기에 그것을 생식기관에서 필연적으로 뿜어내는 향기의 효과라고 설명했다. 이러한 것들은 19세기 프랑스에 사회 인식의 풍부하고

377) 최은아, 앞의 책, 148.

378) 앞의 책, 160

복잡한 질감을 불러일으키고, 생활에서 냄새의 의미를 이해하는 배경을 만든 매혹적인 단서를 제공하였다.

18세기까지만 해도 우아함을 지키고자 하는 부르주아 계층의 투쟁은 분뇨와 썩는 냄새를 제거하는 데에 집중되어 있었다. 이러한 부르주아는 세련된 자기 계급에 대한 즐거움과 아울러 자신만의 신체적인 메시지를 얻으려고 노력했다. 물론 사회적인 인식은 절대로 모든 것을 망라하는 감정적 즐거움이 아니었다. 그러나 리얼리즘과 임상의학 그리고 사진의 전성기였던 19세기에 들어와 후각은 '감시'와 '통제'라는 도구적 이성에 바탕을 근대 시각과 동일한 행보를 한다.[379] 도미니크 라포르트(Dominique Laporte)의 견해를 따르면 강력한 중앙집권 국가의 형성이 새로운 후각의 탄생을 위한 전제 조건을 만들어 냈다고 한다.

18세기 계몽주의 이후 근대의 시민계층은 시각중심의 사회 구도를 확립하였을 뿐만 아니라 후각의 역사적, 사회적 의미변화를 주도한 이들이기도 하다. 하지만 당시의 후각적 의미의 변화는 한정적이었다. 시민계층의 의식 개혁으로 좀 더 나은 환경에 삶을 지탱해야 한다는 정도였다. 19세기에 들어와 후각의 계층화 및 도구화가 진행되는 양식은 이성을 바탕으로 한 시각중심주의 문화의 속성과 상응한다.[380] 당시의 후각적 변화는 감각에 영향을 주었다기보다는 사회적인 위생과 환경이라는 집단의 계급적 경계를 무너뜨린 요인이라는 사실이다. 전통적인 계급의 붕괴는 후각적 요인이 단초 가 되어 시작되었지만 완전한 계급의 경계를 무너뜨리기에는 무엇인가 부족했다. 후각

379) 앞의 책, 148.

380) 앞의 책, 170

이 사회의 계층화를 주도하는 감각으로 의미 변화를 겪는 19세기는 사진의 발명과 임상의학의 대두 그리고 과학의 발전과 더불어 절대적인 시각중심적인 체제로 정비된다.[381] 19세기후각을 통한 사회의 계층화 및 위계화 작업은 감각기관의 분석 및 세균학과 미생물학의 비약적 발전에 의해 이루어진다. 이제 악취는 오물이나 배변의 냄새가 아니라 가난한 사람들의 냄새로 정의 된다. 이 가난한 사람들의 냄새는 그들을 경제적 요인뿐만 아니라 정신과 감성의 가난까지도 지니게 만들었다.

그러나 거리에서 오물을 추방하는 데 가장 큰 걸림돌이 된 것은 오히려 엄청난 수의 가난한 사람들 - 거리청소부, 넝마주의, 퇴비 장수 등- 이 바로 그 오물에 의지해 생계를 꾸려가고 있다는 사실이었다. 실제로 1832년 파리에서는 쓰레기 처리를 개선하려는 시도에 대한하여 빈곤층이 폭동을 일으킨 적이 있다.[382] 세상은 아이러니하게도 위생과 생계는 같은 방향을 바라보지 않게 한다. 1차 후각 혁명은 개개인의 후각적 문제를 해결한 것이 아니라 사회적 시각으로 후각의 문제를 해결하였다는데 있다. 이 혁명은 적어도 중산층 이상의 자유시민들 이상의 부르주아를 위한 후각 혁명이라고 할 수 있다.

진지한 혁신주의자들은 변화를 불러일으키는 데 일조하기를 희망하며 도시의 오물과 악취를 생생히 기록하는 일에 정력을 쏟았다.[383]

381) 최은아, 앞의 책, 148.

382) Alain Corbin(1986), "The Foul and the Fragrant: Odor and the French Social Imagination", Harvard University Press, 213.

383) 콘스탄스 클라센, 데이비드 하위즈, 앤소니 시노트저(2002), "아로마, 냄새의 문화사", 김진옥역.현실문화연구, 110.

이후 18-19세기가 냄새에 대한 사회적 인식에 대해 눈을 뜬 시기였다면, 20세기 후각의 개념은 향수와 향료에 의해 개인적인 후각의 계층 구분은 줄었으나 산업화로 인한 공해와 기후변화는 공간에 따른 후각적 차이가 더 심화되었다고 볼 수 있다. 21세기에는 이러한 공간과 계층의 차이가 아닌 리얼리티와 가상현실 등 첨단산업과 도시의 후각 공간 등 새로운 개념으로 후각문화가 형성되어 가고 있는 것이다.

냄새는 서로 다른 범주를 연결하고 경계선을 흐리게 하여 경계를 뛰어 넘는다. 나아가 맛과 마찬가지로 냄새는 순간적인 감각이라서 보존될 수 없다. 다만 보존할 수는 없지만 모방할 수는 있다. 상업적으로 생산되는 합성향기는 소비상품을 이상적인 후각적 이미지로 감싸며 시장에서 위세를 떨치고 있다.[384] 전통적인 에센스는 물질의 내적인 가치를 드러낸 지표였다. 실제로 어떤 냄새와 마주치는 것은 어떤 물질이 존재한다는 증거 그 근원을 추적할 수 있는 존재의 흔적을 만나는 것이었다.

오늘날의 합성향기는 그곳에 존재하지 않는 사물, 부재중인 존재를 환기시킨다. 냄새가 '포스트모던' 감각으로 불리는 것도 이 때문이다. 그렇지만 포스트모더니티는 결코 만개한 후각적 표현을 허용하지 않는다. 오히려 냄새는 사회에서 제거된 다음 환상의 포장된 대행물로서 인간이 이미 돌이킬 수 없을 정도로 소외되어 버린 육체, 정체성, 세계를 재발견하거나 재창조하는 수단으로 재도입된 것이다.[385]

도시 생활에서 시각과 청각의 분리, 그리고 냄새는 감정의 삶에 영향을 미쳤다. 그것은 완전한 외로움의 감각, 그리고 개인이 모든 것에 둘러싸여 있었다는 느낌 폐쇄된 문으로 측면 : 대도시의 사회생활

384) 클라센, 앞의 책, 289.

385) 앞의 책, 270-271.

은 도시와 비교하여 사람들을 경청하는 것보다 보는 기회가 우세하다.[386] 그리고 모든 감각은 그들의 감각을 인식하는 행동에 연루되어있다. 감각과 감각의 사회화에 대해 다양한 감각 기관과 관련된 의미를 검토 할 때 다른 문화에서의 감각은 강력한 감각적 상징주의의 풍요로움을 발견한다. 시력은 이성 또는 요술과 관련이 있을 수 있다. 맛은 은유로 사용될 수 있습니다. 미적 차별 또는 성적 경험을 위해 냄새는 신성함을 나타낼 수 있거나 죄, 정치권력 또는 사회적 배제와 함께 감각적인 의미와 가치 는 사회에 의해 형성되는 감각 모델을 형성한다. 그 사회의 구성원은 세계를 '이해'하거나 감각 인식을 말하는 것이다.(Classen 1997 : 402)

감정의 주된 내면성과 주관성은 부르주아사회에서 개인의 숭배의 효과를 가져다주었다. 이런 의미에서 클라센은 감각기관을 역사화하기 위해 부단히 노력하였다. 외면적인 개인의 감각에 초점을 맞추고 있지만, 실제로 그녀의 작업에서 감각들 사이에서 변화하는 관계를 이끌어 내기위해 감각의 세계를 장미라는 오브제를 통해 표현하고자 하였다. 그래서 장미는 시각적인 것과 후각적인 두 감각 합쳐진 완벽한 상징적인 이미지였다.[387] 사실 보이는 것과 냄새를 맡는 것은 별개의 문제인 것 같지만 감각의 차원에서는 동시에 일어날 수 있는 감각의 일체성 또는 융합이라 부를 수 있다. 이것은 마치 향으로 와인의 생산지를 알아낼 수 있는 후각의 중요한 특징과도 같다. 즉 후각은 청각처럼 학습에 따른 분석을 할 줄 안다는 것이다. 후각은 우선 전체적인 냄새를 감지한다. 그리고 난 후 경험으로 배운 사실에 근거해 냄

386) Ars Vivendi Journal No.3 (Feb 2013)), 6.

387) 클라센, 앞의 책, 10.

새의 성분을 분석한다.[388] 그래서 냄새는 지리적인 차원뿐만 아니라 심리적인 차원에서도 나침반 기능을 하는 것이다.

알랭 코르뱅이 "후각 혁명"이라고 명명한 사건이 발생한 이후 19세기에 이르러 향기는 종교와 의학의 영역에서 쫓겨나 감정과 관능의 영역으로 옮겨갔다.[389] 곧 후각이 개인적 관점에서 조명되기 시작한 것이다.

산업혁명은 향수산업에 있어서 획기적인 전환점이 되었다. 유리용기와 향수제조업자 길드가 하나로 합쳐지면서 오늘날의 향수가 탄생했기 때문이다. 향수의 대중화를 겨냥한 본격적인 향수회사가 생기기 시작하였고, 새로운 예술사조인 아르누보Art nouveau[390]와 아르데코Art deco[391]는 향수용기의 혁명을 가져다주었다.[392] 향수와 용기의 예술적 결합은 2차 후각 혁명의 시작을 알리게 되었다. 20세기 사람들의 후각을 이끌어 갔던 수많은 향수들의 탄생을 예고하면서 말이다. 이것은 사람들에게 후각은 곧 향수라는 인식을 오늘날까지도 심어주고 있다.

1900년 월드 페어의 놀라운 일중의 하나는 르네 랄리크Rene Lalique의 출현이었다. 현대 향수용기와 유리 공예의 전설적인 인물로 평가되

388) 피에르 라즐로(2006), "냄새란 무엇인가", 김성희역, 민음IN, 12-13.

389) 콘스탄스 클라센, 데이비드 하위즈, 앤소니 시노트저(2002). "아로마, 냄새의 문화사", 김진옥 역. 현실문화연구. 17.

390) 19세기 말에서 20세기 초에 걸쳐 유럽에서 일어난 건축, 공예의 새로운 양식, 자연에서 얻은 유동적인 곡선을 사용한 것이 특징.

391) 1910년에서 1930년에 걸쳐 프랑스 파리를 중심으로 서유럽에서 유행한 장식미술.

392) 송인갑(2012), "후각을 열다", 청어, 67.

는 랄리크는 상상 할 수 있는 가장 아름다운 향수용기들을 창조했다. 랄리크가 다양한 소재를 이용해 용기를 고안해내기 시작한 시기에 향수는 본격적인 현대 향수의 시기에 접어들었다고 할 수 있다. 향수용기가 일개 제품이 아니라 유리공예가의 영혼을 불어 넣은 예술품으로 대접받기 시작했기 때문이다.

아르데코의 영향 아래 장식은 명확하고 조화로운 환경의 창조물로 인식되었고, 패션디자이너 폴 푸와레Paul Poiret는 이 움직임의 중요성을 처음으로 이해한 사람이었다. 샤넬에 앞서 1911년에 향수회사 로진Les Parfums de Rosine을 만들었다. 유리, 크리스털, 직물, 금속 등 새로운 재료를 향수용기에 접목함으로 향수용기의 재료에 더 이상 제한이 없다는 것을 증명하였다.[393] 바로 2차 후각 혁명이 시작된 것이다. 2차 후각 혁명은 도시의 환경문제가 아니라 개인의 아름다움에 눈을 뜬 향수의 출현이다. 이 향수는 자그마치 100년 이상을 이어오며 우리의 코를 지배하고 있다. 그래서 많은 사람들은 후각이라 하면 곧 향수를 연상하게 되는 것이다. 하지만 사실 향수는 후각분야에 있어서 아주 작은 조각에 지나지 않는다.

2차 세계대전이 끝난 1950년부터 향수산업에 대한 개념은 근본적으로 수정되기 시작하였다. 대량판매의 시대가 도래 했던 것이다. 그때부터 모든 향수회사들은 누가 그들의 고객이 되고 그들에게 어떻게 접근해야하는지를 자문해야했다. 우선적으로 향수용기는 새로운 투자가치를 인정받게 되었고, 경제적인 요구와 더불어 심미안적인 질과 연결되었다. 전문적인 용기디자이너의 필요성을 절감하게 되면서, 용기디자이너들은 심미적이고, 기술적인 면의 훈련과 숙달 그리고 끊임

393) 송인갑, 앞의 책, 68.

없이 한계에 도전하며 예술품을 만들고자 하였던 것이다. 하나의 향수용기를 만드는 것은 향기를 맡고 이해하며 그 향기의 느낌을 가장 잘 표현할 수 있어야한다. 영혼의 액체를 공간에 가두어 둠으로서 공간을 싸고 있는 용기가 그 역할을 해야 하기 때문이다.[394]

21세기에는 이러한 공간과 계층의 차이가 아닌 리얼리티와 가상현실 등 첨단산업과 도시의 후각 공간 등 새로운 개념으로 후각문화가 형성되어 가고 있다.

토마스 에디슨이 1891년에 처음으로 "키네토스코프"로 불린 활동사진기를 개발한 후 1893년에 세계 최초의 영화 스튜디오인 "검은 마리아"를 차렸다.[395] 자신의 영화를 일반인에게 공개했을 때 언론인들은 카메라가 우리의 눈이 움직이는 방식을 어떻게 복제 할 수 있는지 이해하기 위해 실험실로 몰려들었다. 오디오 레코더와 접촉식 태블릿은 비슷한 효과를 가져와 처음 소개되었을 때 사람들의 상상력을 사로삽았는데, 오늘날 비디오, 오디오 및 터치 기술은 우리에게 친숙하지만, 냄새 또는 맛에 대한 정보를 완전하게 감지하는 장치는 아직 존재하지 않는다. 그것은 3차 후각 혁명의 도래를 가속화시켰다. 전자 코의 개발과 4차 산업혁명의 서막은 후각의 새로운 혁명을 가져다주었고 후각 혁명은 융합이라는 이름으로 그 날개를 펼치기 시작한 것이다.

> "또한 인간의 코에는 약 400 개의 다른 후각 수용체가 있습니다. 우리가 이 모든 것을 포함하도록 기술을 개발할 수 있다면, 우리는 낮은 농도에서 가능한 모든 냄새를 맡을 수 있는 장치를 갖게 될 것입니다"[396]

394) 송인갑, 앞의 책, 69.

395) 송성수, "토마스 에디슨 다시보기" 서울대 자연과학대학 발간[자연과학] 24호.

396) http://www.innovationtoronto.com/

이러한 새로운 전자 코에 대하여 "우리의 궁극적 인 목표는 인간의 코와 같은 실제 인간의 코를 개발하는 것"이라고 서울대 박태현박사는 말한다. 하지만 인간과 코와 같은 전자 코를 기대해서는 안 될 것 같다. 전자 코는 감성이 없기 때문이다.

과학자들은 기계가 사람보다 더 정확하게 냄새를 맡길 수 있는 센서를 만드는 방법을 고안해 냈다. 모든 냄새는 코가 식별 할 수 있는 고유한 패턴을 가지고 있다. 트랜지스터에 결합 된 단백질의 조합을 사용하여, 처음으로 기계는 서로 거울상인 냄새, 소위 키랄 분자를 구별 할 수 있었는데, 이전에는 불가능했던 것이다. 인간의 코는 이러한 분자들 중 일부와 카르 보네의 같은 분자의 다른 형태를 구별 할 수 있다. 예를 들어, 스피어민트 또는 캐러웨이 같은 냄새를 이전의 기계는 이 둘을 구별하지 못했다. 이 개발로 인해 문제를 진단 할 수 있는 신세대 바이오센서를 만들 수 있게 된다.

현재까지 위험을 감지하여 전파하기 위해서는 방송이나 경보음 등 주로 사운드에 의존하는 상태이다. 또한 경보 등에 불이 들어온다든지 하는 시각적 효과를 통해서도 사태의 위급성을 알리게 된다. 하지만 시각 및 청각적 정보는 위험 상황이 이미 도래된 상태의 정보 전달에 치중을 하기 때문에 초동 대처 시간을 충분히 확보하지 못할 수 있다. 인간은 태어날 때 선천적 및 후천적 냄새를 인지할 수 있는데 후천적 냄새의 경우 주로 좋아하는 냄새로서 엄마의 식습관이나 환경에 영향을 많이 받는다. 하지만 선천적으로 감지할 수 있는 냄새는 건강에 위협을 줄 수 있는 나쁜 종류의 냄새로서 본능적으로 피해야 하는 냄새가 주가 된다. 즉, 동물 뿐 아니라 인간의 경우 인체의 건강에 위협을 줄 수 있는 냄새에는 가장 예민하게 반응하여 위험 상황을 피하는 데 활용된다. 따라서 다른 감각보다 또한 바이오 전자 코는 후각을 경보 시스템으로 활용하여 자전에 위험을 감지하고 예방할 수 있을 것이다.

최근 농민들에게 좋은 소식은 곤충의 냄새 감각과 식물을 감지 할 수 있는 능력을 혼란스럽게 하는 분자를 발견한 영국의 과학자들 때문이다. 연구진은 곤충이 작물에 끼치는 피해를 줄이고 더 나은 식량 안보를 유도 할 수 있다고 믿는다. 그래서 세계 작물의 약 1/4이 해충과 질병으로 매년 잃어버리는 것을 전자 코를 통해 막는다는 발상이다. 미래의 식량 공급을 확보하기 위해 해충과 질병을 예방하고 통제할 수 있는 새롭고 혁신적인 방법을 모색해야한다 이것은 많은 중요한 곤충 해충에 적용될 수 있는 흥미로운 발견이며 인간 질병을 예방하기 위한 광범위한 영향을 미칠 수 있다는 것이다.[397]

이제 3차 후각 혁명이 시작되었다. 하지만 우리는 아무런 준비를 하지 않고 있다. 후각은 단지 숨 쉰다는 것 이외에는 말이다. 의료, 부동산, 도시환경, 교육과 기술 등 모든 분야에서 후각의 중요성과 융합이 일어나고 있기에 우리도 4차 산업혁명과 함께 후각 혁명에 동참해야 할 것이다.

397) BBSRC CEO, Douglas Kell

5-2. 가상현실과 리얼리티

만일 후각정보를 제시하여 영상의 분위기에 대한 실감을 증대시킬 수 있다면 영상에 냄새를 포함하는 구체적인 대상이 존재하지 않는다 하더라도 생생하고 몰입감 있는 시청이 가능해질 것이다 [398]

향기가 있는 순간은 일상의 지나가는 수평적 시간과는 달리 높이와 깊이가 있는 수직성을 지닌 시간이다. 또한 그 시간은 과거와 현재 그리고 미래를 연결하는 하나의 고리로 이어져 있다. 지나가는 일직선의 시간 속에서 정지되지 않고 반복적인 일상의 모양으로, 하지만 늘 다르게 우리에게 다가온다.

향은 한 시대에만 존재하는 것이 아니다. 특정 지을 수 없는 시간의 공존을 허용하고 있다. 그래서 향기는 우리가 잃어버렸던 감각의 세계를 떠오르게 하며 시대를 넘어 우리에게 다가오는 것이다. 특히 정서적인 생활 속으로 끌어들이려는 강한 흡인력으로 인해, 향은 존재하고 있는 가장 풍요롭고도 복잡한 감각의 경험 중 하나를 우리에게 제공한다. 이러한 이유로 철학자들과 의사들은 일찍부터 후각의 신비를 캐내려 했지만, 아직도 알려진 것이 많지 않다.

사실 초기 합성향의 개발은 추출할 수 없거나 생산량이 적어 비싼 가격 때문인 것과 향수에 있어 단조로움을 피하고 좀 더 다양한 향을 내기 위하여 시작되었다. 그래서 많은 합성 향들이 개발되었으며, 특

398) 정윤진 외(2015), "감성형용사를 사용한 다양한 향의 프로파일", 감성과학 제18권 2호, 76.

히 여러 가지 향을 배합하여 만드는 향수에 있어서 획기적인 전환점이 된 것만은 확실하다. 이것은 조향사의 예술적 감각을 넓혀 아름다움을 추구한 긍정적인 면도 가져다주었지만, 이러한 다양한 향의 세계는 과학과 예술을 넘어 사람들의 끝없는 욕망을 갈구하게 만들었으며, 이 세상에 없는 독특한 향의 세계를 부추기게 된 것이다. 우리가 추구하는 새로운 세상의 실현은 이카루스의 밀랍처럼 반드시 그 대가가 따른다는 것을 알면서도 말이다.

냄새는 즉각적이고 강렬한 감정 반응을 이끌어내므로 병사들로 하여금 죽음과 전투의 현장 냄새를 대비하게 하고 냄새로 인한 외상 후 스트레스 장애를 미연에 예방하게 해준다. 한편 냄새로 인한 감정적 자극은 학습에도 도움을 준다.[399] 궁극적으로 냄새에 대한 학습은 감정적 자극이므로 머지않아 스포츠선수, 유치원, 초등학교학생, 시설수감자 등 감정노동자나 집단시설에 거주하는 이들을 위해 후각학습은 필연적으로 이루어질 것이다.

전자 코는 모두는 아니지만 많은 화합물을 인간의 코보다 10배에서 100배 정도 더 민감하게 판별해 낸다. 현재 전자 코를 가장 필요로 하는 분야는 음식 산업이다. 가장 중요한 기능은 고기, 우유, 마요네즈처럼 상했을 때 심각한 건강 문제를 야기하는 제품의 신선도를 검사하는 것이다. 또한 향수산업에도 사용되어 가짜 향수를 찾아내는 일에 가동되고 있다. 공항세관에서는 금지된 물질을 찾아내고 화학물질을 다루는 작업장에서는 독약이나 독소를 감지하는 일을 한다. 한편 국가 보안 당국은 화학무기를 찾아내는 일에, 의료부문에서는

399) 레이첼 허즈, "욕망을 부르는 향기", 장호연 옮김, 뮤진트리, 245.

결핵에서 유방암에 이르는 다양한 질병을 발견하는 일에 전자코를 사용하고 있다.[400]

한국생명공학연구원(원장 오태광, 이하 KRIBB), 한국기초과학지원연구원(원장 정광화, 이하 KBSI)은 서울대와의 공동연구를 통해 다중으로 냄새를 인지할 수 있는 고성능 바이오나노전자 코(Bionano-electronic Nose)를 세계 최초로 기술 개발하는데 성공했다고 밝혔다.

인간의 감각 가운데 그 복잡성으로 인하여 가장 알려지지 않은 영역이 후각 분야이며, 특히 후각의 인지는 수많은 후각 신경세포에 의해 발생한 신경신호의 조합에 의해서 이루어져 그 메커니즘이 매우 복잡하다. 이로 인해 반도체성 회로의 전류변화를 모니터링하여 냄새분자를 인지하는 기존의 바이오전자 코는 균일한 크기 및 모양을 가지는 나노어레이 트랜지스터 형성이 힘들어 여러 가지 냄새를 한 번에 인지하는데 한계를 가지고 있었다.

연구팀은 제조된 그래핀[401] 마이크로 패턴 트랜지스터와 다종의 인간 후각 수용체를 결합하는 방식으로, 특정 냄새분자와 선택적으로 결합하는 후각 수용체들을 부착하여 여러 가지 냄새를 한 번에 인지할 수 있는 인공후각 재현기술 개발을 성공하였다. 특히, 세포막에 발현되는 막 단백질로 이루어져 그 구조가 매우 복잡하고 이종세포에서

---

400) 레이첼 허즈, 앞의 책, 223-224.

401) 단층의 그래핀은 2010년 노벨 물리학상 소재이며, 이는 매우 높은 진성 전자 이동도, 구리보다 100배 이상 전기가 잘 통하며, 반도체로 주로 쓰이는 단결정 실리콘보다 100배 이상 전자를 빠르게 이동시킬 수 있어 차세대 반도체 신소재로 각광받고 있는 "꿈의 나노물질"이라 불린다. 특히, 미세 전자 기계 시스템을 통하여 균일한 크기 및 모양을 가지는 마이크로 어레이 패턴을 제조할 수 있어 다중 감지용 트랜지스터로 각광받고 있다. 한국생명연구원.

의 발현이 극히 어려운 것으로 알려져 있는 후각수용체를 대장균 시스템에서 대량으로 발현 후 분리 정제하는데 성공하여 전자 코의 효용성을 더욱 높였다.

인간은 약 390개의 후각 수용체를 가지고 있으며 냄새물질과 후각 수용체간의 선택적인 결합에 의해 후각 신경세포에서 후각 신경신호가 발생한다. 이렇게 발생한 후각 신경신호는 인간의 뇌의 한 부분인 후각신경구(olfactory bulb)에 모이고 신호의 조합이 일어나게 된다. 조합된 후각 신경신호를 대뇌에서 인지 함으로서 냄새를 인지하게 된다.

연구결과는 나노과학분야의 세계적 학술지 나노레터스(Nano Letters, IF : 13.592)誌 온라인 판에 게재되어 있다.[402] 이번 연구 성과는 사람의 코를 대체할 기술로, 유독가스와 같은 인체에 해를 끼치는 냄새물질의 감지, 질병들 특히 암의 지표 물질을 사람의 호흡이나 소변에 포함된 특성 휘발성 유기화합물 인지, 식품 및 향수 감별, 마약 및 생화학무기 조기 검출 등 다양한 분야에 활용되며, 인간 후각의 코드화를 통한 향기 나는 TV 기술 등 미래 인간생활과 연관된 첨단 과학기술에 응용할 수 있을 것으로 전망하고 있다. KRIBB 권오석 박사는 "이번 연구는 단일 냄새 분자만을 인지 가능한 기존 바이오전자 코 시스템에 활용되어온 나노물질을 마이크로 패턴화 된 단층 그래핀으로 대체하여 실제 사람 코와 흡사한 고 감응성 다중 냄새 분자 인지용 바이오 나노전자 코를 세계 최초로 개발했다는데 의미가 있다"라고 설명했다.

---

402) 논문명 : An Ultrasensitive, Selective, Multiplexed Superbioelectronic Nose That Mimics the Human Sense of Smell) 9월 24일 게재되었다.

KBSI 송현석 박사는 "인간은 여러 후각 신경세포가 만드는 후각 신호의 조합으로 냄새를 인지하는데 이번 연구는 이러한 인간의 후각 시스템에 더욱 가까운 기술을 개발하였다는데 의미가 있고, 이번 연구결과를 기반으로 현재 기술로 불가능한 인간 후각의 코드화와 표준화에 한걸음 더 다가갔다고 생각한다"라고 밝혔다.

이번 연구를 공동 수행한 KRIBB의 권오석 박사와 서울대 박선주 박사는 나노구조체 제조분야의 권위자인 서울대 장정식 교수의 제자이며, KBSI 송현석 박사는 바이오센서 분야 권위자인 서울대 박태현 교수와 제자 때부터 고성능 인공감각센서 개발연구를 수행하였다.[403]

세계 최초로 고감응성 다중 냄새 분자 인지 인공후각을 재현하는데 있어 다종의 인간 후각수용체를 이용한 다중 검지 시스템의 구현으로 인간의 후각 인지를 보다 정확하게 모방하고 인간 후각 신호의 코드화가 가능하게 했다. 또한, 그래핀 기반 전계감응효과 트랜지스터 기반으로 저 전력에서 작동이 가능하여 초소형 바이오나노 전자코 시스템을 사업화 할 수 있게 되었다.

연구 결과는 사람의 코를 대체할 기술로써, i) 유독가스와 같은 인체에 해를 끼치는 냄새물질의 감시, ii) 질병, 특히 암의 지표 물질을 사람의 호흡이나 소변에 포함된 특정 휘발성 유기화합물 인지, iii) 식품 및 향수 감별, iv) 마약 및 생화학무기 조기 검출 등 다양한 분야에 활용 될 수 있다. 또한 인간의 후각인지를 모방하는 다중 센서 시스템으로 인간의 후각을 코드화하여 v) 향기 나는 TV 등 미래 기술에 응용할 수 있다.

---

403) 한국생명공학연구원 , 2015, 10.12.

동경공업대학의 나까모또(Takamichi Nakamoto)교수의 경우나 노리터의 제어가 가능한 잉크젯기술을 이용하여 냄새의 미세한 농도제어가 가능해졌으며, 수십 개의 냄새 원료를 이용하여 다양한 냄새를 조합하는 기술 등이 성공적으로 이루어졌다. 이러한 기술을 이용하여 애니메이션과 동영상에 성공적으로 적용되었으며, 초보적이긴 하지만 요리과정에 대한 가상현실시스템에도 적용되었다. 그래서 후각은 독립적인 멀티미디어정보로 존재하기 보다는 기존의 멀티미디어정보를 증강시키며 보완하는 역할이 더 클 것이다. 이러한 경우에도 후각은 디지털 정보화되어야 하는 것은 반드시 필요하다.[404] 후각디스플레이는 냄새의 지속시간(Duration)이나 강도(Intensity)에 의존하기보다는 냄새를 구별하는 사용자에 의존해야한다. 냄새는 지속성을 가지고 있으며, 냄새의 지속성은 공기공급량이나 환기상태에 따라 변할 수 있다.

멍덜 표현은 새로운 인식 결과를 야기할 수 있다. 같은 시간에 제시된 두 개의 냄새는 반드시 두 개의 특징 있는 냄새로 반영되는 것이 아니고 새로운 특징을 가진 다른 냄새로 인식된다.

후각디스플레이는 잠재적인 알레르기, 매스꺼움 및 다른 불편한 반응 등이 일어날 수 있음을 고려해야한다. 냄새는 사용자에게 알레르기와 메스꺼움을 일으킬 수 있다. 그래서 반드시 적용시마다 발향된 냄새에 대한 성분이 제공되어야한다. 또한 냄새가 강한 기억연상 작용을 가지기 때문에 일부 사람들의 경우에는 특별한 냄새에 대하여 심리학적불안정을 경험할 수 있음을 사용자에게 고지하여야한다. 후각디스플레이는 개인적인차이가 있음을 고려해야 한다. 냄새를 통해

---

404) 김정도, 이상국(2010). "향 메신저 서비스를 위한 후각 정보 표현 참조 모델". 한국정보기술학회 논문지, 8(5), 178.

느끼는 감성은 사람들 사이에 개인적 차이가 존재한다.[405]

앞의 이론에서 후각디스플레이는 주위표현으로서 적절해야 한다는 것과 냄새에 대한 개인의 차이를 지적하였다. 이 문제는 쉽게 해결할 수 가 없다. 기존의 과일이나 꽃, 커피 등과 같이 보편성을 가지고 누구나 이미 경험했거나 공감할 수 있는 향기라면 다행이지만 리얼리티를 창조해내는 후각디스플레이 기술에서의 향기는 사람마다의 후각 기억이 다르기 때문에 미리 향기에 대한 사전 학습이 필요할 것이다. 요컨대 후각디스플레이에서 사람이 느끼는 것은 기계나 기술이 아니라 냄새라는 사실에 주목해야 한다.

후각인지는 시각인지에 비하여 상당히 느리기 때문에 인지능력은 시각에 의존하여야한다. 그러나 후각인지의 경우 기억능력을 향상시키고 강력한 연상기억을 제공하기 때문에 심리적이고 감성적인 면의 조절이 가능하다. 예를 들어 가상현실 시뮬레이터에서 상황의 급박함을 강조할 수 있을 뿐만 아니라, 때에 따라서는 급박한 상황에서 심리적 안정을 찾아줄 수 있는 조절자의 역할도 가능하다. 하지만, 후각의 경우 대뇌의 감성을 지배하는 부분에 직접적으로 작용하기 때문에 시각보다 강한 지속성을 가진다. 만약 후각과 함께 다른 감각이 제시될 때, 후각과 다른 감각이 서로 다른 특성을 가지면 어떻게 인식될 것인가? 시각적으로 레몬의 영상이 보이면서 달콤한 향기를 부여한다면 영상을 통해 인간의 기억 속에서 나온 신맛의 느낌은 후각을 통해 부여한 달콤한 냄새와 충돌할 수 있을 것이다. 또한 게임에서의 급박한

405) 김정도, 앞의 책, 180.

전투장면 속에 숲향기가 부여된다면 급박한 게임의 느낌과 후각과는 서로 대립하는 관계를 형성할 수 있다. 이 경우, 하나의 모달리티[406]가 다른 모달리티에 흡수되기보다는 전체적인 감각의 마이너스현상을 가져오게 되는 불일치 현상을 가질 수밖에 없다[407]

김정도는 냄새를 묘사하기 위한 일반적인 5가지 특성은 한계농도 Odor Threshold, 와 강도Intensity, 지속성Persistence, 심미도Hedonic-Tone, 특성묘사Character Description라고 말하는데, 그것은 통상 농도와 세기(노트에 따라 세기가 다름), 지속성 및 휘발성, 통상 구별되는 향취의 느낌, 그리고 냄새의 분류에 의한 계열 등으로 나눌 수도 있다고 했다. 인간은 특정 향기만으로 어떤 장소나 이미지를 떠올리곤 한다. 때문에 기업들은 인간의 오감 중 하나인 후각을 자극해 자사 제품이나 매장으로 소비자들을 유혹하는 '향기 마케팅'을 하기도 한다. 최근에는 스마트폰과 연동해 원하는 냄새를 전송하는 기기가 선을 보이기도 했다.

---

406) 모달리티 (modality) 양상, 양태감각의 한 유형으로, 서로 비교할 수 없고 또한 그 사이의 이행이 인정되지 않는 것을 말한다. 사물의 존재 방식을 의미하는 말이지만 데카르트 및 스피노자에 의해서 특수한 의미가 주어지게 되었고, 특히 스피노자의 철학에 있어서 중요한 개념이다. 스피노자는 유한한 사물을, 무한한 실체 즉 신(神)이 변화해 가는 잠시 동안의 형태로 고찰하면서 그것을 양태라고 부른다. 다시 말하면 물이 실질(實質)을 바꾸지 않고, 그릇 모양대로 형태를 변화시키는 것과 같은 것이다. "양태는 실체의 변화하는 모습이다." 라는 그의 정의는 이러한 의미라 할 수 있겠다. 따라서 양태는 실체 속에 있고, 실체 없이는 생각할 수 없는 것이다. 그런데 실체의 본질은 속성이기 때문에 양태는 실체의 속성이 변화하는 모습이다. 양태는 실체의 비본질적인 상태이고 그 점에서 우연성과 다름이 없지만, 그것을 실체가 변화하는 형태라는 관점에서 파악한 것이다. http://4263.tistory.com/46 [땅 밑 검은 하늘].

407) 김정도, 앞의 책, 1781-182.

문제일 대구경북과학기술원(DGIST) 교수(뇌과학과)팀은 이 같은 다양한 후각 관련 기술 개발에 필수적인 '후각자극기' 기술을 개발했다. 후각자극기는 후각 감지 및 인지 분석을 위해 후각기관에 자극을 제공하는 장치다.

문 교수팀이 개발하는 후각자극기는 냄새를 자극할 때 정속·정량을 유지할 수 있는 기능과 자체 측정 기능을 갖췄다. 또 뇌 인지를 측정할 수 있는 여러 영상장치와 연동해 사용할 수 있다. 또 사람의 호흡과 연동해 냄새를 자동으로 분사하는 기능과 장치에 남아있는 향기 물질을 자동으로 세척하는 기능 등 편의성을 높인 다양한 기술을 적용한 것이 특징이다. 아직 해외에서도 후각자극기는 연구를 위한 장비를 자체 개발해 구축하는 추세며, 상용화 제품이 별로 출시되지 않고 있다.

연구팀은 후각 자극기가 후각신경계 연구나 이비인후과에서 의사들이 환자들의 후각 기능을 진단하는 데 쓰일 것으로 전망하고 있다. 또 의류나 화장품 등 각종 소비재 매출을 높이기 위한 각종 후각 관련 서비스나 후각 인지 반응을 응용한 스트레스 관리 등 다양한 웰니스 서비스 개발에 유용하게 쓰일 것으로 기대된다.

그는 "후각자극기를 통해 정형화된 연구 인프라를 구축해 후각 관련 연구와 새로운 서비스 모델 창출을 유도할 수 있을 것"이라며 "후각 기술 연구 아이템을 조기에 발견해 신규 산업을 창출하고 세계 후각 관련 시장을 조기 선점하는 기회를 얻을 것으로 기대한다"-고 설명했다.

감성이란 오감으로 감각하고 지각하여 표상을 형성하는 인간의 인식능력이라 할 수 있으며 오감은 시각, 청각, 후각, 미각, 촉각의 감각 기능을 의미한다. 증강현실에서 이러한 감각적 특징이 두 가지이상 함께 수반되는 혼합현실연속체를 연구하고자 하는데, 감성중심의 디자인이 대두되고 있는 현 시점에서 감각적 특징이 중요시되는 혼합현실 연속체에 관한 연구는 충분한 논의 가치가 있다.[408] 인간은 1조가지 이상의 냄새를 감지 할 수 있다고 록펠러 대학교 (Rockefeller University)의 연구원은 밝혔다. 인간의 코는 냄새를 구분할 수 있는 능력으로 아름다운 꽃의 향기를 파악하고 음식이 최상의 상태인지 아니면 나타나기 전에 위험을 발견 할 수 있는지 감지 할 수 있다고 한다.innovation Toronto

후각은 독립적인 멀티미디어 정보로 존재하기 보다는 기존의 멀티미디어 정보를 증강시키며 보완하는 역할이 더 클 .것이다. 이러한 경우에도 후각은 디지털 보호가 되어야 하는 것은 반드시 필요하다 [409]

햅틱Haptic 기술은 컴퓨터의 기능 가운데 촉각과 힘, 운동감 등을 느끼게 하는 기술이다 햅틱 피드백과 후각디스플레이 촉각은 시각이나 청각에 비해 더 직접적인 자극이다. 인지반응이 시각과 비슷하게 빠를 뿐만 아니라, 감성을 지배하는 역할에서도 시각이나 청각보다 직접적이며 강하다고 할 수 있다. 촉각은 후각보다 빠른 인지능력을 가진다. 감성을 지배하는 능력은 짧은 기간 동안은 후각보다 강하다고 할 수 있다. 하지만 촉각의 경우 후각에 비해 상당히 짧은 지속성을 가지며 연상 작용면에서는 뒤진다고 할 수 있다. 실감 미디어 서

408) 봉혜진, 이재영 (2012). "혼합현실연속체(Mixed Reality Continuum)를 활용한 증강현실 디자인", 디지털디자인학연구, 12(2),452.

409) 김정주(2007), "후각정보 표현 참조 모델과 응용에 관한 연구", 호서대 석사학위논문, 2.

비스는 단순 미디어가 아닌 바람, 향기, 촉각, 움직임 등 사용자가 오감으로 느낄 수 있는 정보를 제공하고, 사용자와의 상호작용을 통하여 새로운 경험을 제공하는 차세대 미디어 서비스로 대표적인 것으로 3D 입체 영상에 진동, 바람, 수증기, 향기, 조명 효과 등을 추가한 4D 영화 등을 들 수 있다

영상 기술을 연구하고 있는 안상철 한국과학기술연구원(KIST) 영상미디어연구센터장은 최근 '기술을 통해 본 미디어의 미래 보고서'에서 "조만간 실감 미디어(Tangible Media)시대가 올 것"이라고 전망하며. 효과적인 커뮤니케이션을 위해서는 텍스트나 이미지 같은 정보 그 자체뿐 아니라 정보를 둘러싼 환경, 분위기, 맥락, 심지어 냄새 촉감 맛 같은 오감의 요소도 중요한 요소인데 기술 발전이 그것을 가능하게 하고 있다"고 주장하였다.

2013년, 한국표준과학연구원은 12일 박연규 책임연구원이 컴퓨터 화면에 나타난 호수에 마우스 커서를 갖다 대면 마치 손가락을 물속에 담근 듯이 차갑고 출렁거리는 느낌을 전달해주는 복합촉각 마우스를 개발했다고 하였다. 이 같은 실감 미디어 기술은 3D TV나 스마트 TV등의 방송 사업뿐 아니라 스마트폰, 4D 상영관, 게임 콘솔 시장에서 본격적으로 상용화될 예정이며 다양한 실감 미디어 콘텐츠 개발을 통해 향후 교육, 엔터테인먼트, 의료, 스포츠, 쇼핑 등 다양한 산업으로 확대될 전망이지만 시각, 청각, 촉각 등 다른 감각에 비해 후각에 대한 연구 및 제품 출시는 상대적으로 부족한 상태로 진정한 실감 미디어 구현을 위해서는 향(냄새)를 통한 후각 제품의 개발이 필수적이라 할 수 있다.

5-3. 디지털 발향시스템

국내는 삼성이나 LG등 대기업을 중심으로 스마트 폰이나 가전제품에 향 발현을 위한 연구를 지속하고 있으나 아직 본격적인 상용화가 이뤄지지 않은 상태이다. 외국의 경우 일본, 영국, 미국 등 선진국을 중심으로 이메일이나 인터넷 서비스, 온라인 게임 등을 할 때 감성과 흥미를 증가시키기 위해 향 발현 제품을 활용하고 있다.

하지만, 현재까지 개발된 향 발현 제품의 경우 모두 인공 향을 재료로 사용하고 있어 오랫동안 노출 시 위장 장애나 두통 등의 부작용이 생길 수 있고 향의 종류도 바나나, 딸기 등 매우 단순한 성분들이며 향의 발향방식이 주로 액체 분사 방식으로 되어 있어 반복적 사용으로 여러 향이 섞였을 때 원래의 향(냄새)가 왜곡될 수 있는 가능성이 많고 공간 향의 개념을 무시한 채 향의 발현 기술에만 초점이 맞춰있어 잔향 처리 문제에 대한 근본적 해답을 제시하고 있지 못하고 있다.

현재, 주로 게임 등의 엔터테인먼트나 향기 나는 이메일 등 흥미적인 요소와 특정 제품의 판매를 위한 향기 마케팅(뉴로마케팅)분야에만 주로 향이 활용되고 있는 있어 교육이나 의료, 스포츠 등을 위한 향(냄새)의 개발 사례는 거의 전무하다고 볼 수 있다. 하지만 향(냄새)을 통한 후각 제품은 감성에 가장 영향을 주기 때문에 정신 건강 분야에서 불안이나 스트레스를 경감 시키거나 아동 감성 교육을 통해 감성과 집중력을 높이며 스포츠 분야에서 운동 능력을 향상시키는 등 매우 다양한 분야에 활용될 수 있다.

조만간 사람이 눈으로 보는 모든 것이 디스플레이로 구현되는 시대가 올 것이라고 전망하고 있다. 디스플레이도 단순히 보는 것에서 한 걸음 더 나아가 시각과 촉각(터치)은 물론 청각과 후각 등 오감(五感)으로 교감하게 된다. Wearable Computer

후각은 독립적인 멀티미디어정보로 존재하기보다는 기존의 멀티미디어정보를 증강시키며 보완하는 역할 더 클 것이다. 이러한 경우에도 후각은 디지털 정보화되어야 하는 것은 반드시 필요하다. 냄새를 멀티미디어정보로 사용하기 위해서는 모바일,이메일 서비스, SNS 등을 이용하여 냄새를 전송하는 방법과 발향장치를 사용하는 방법이 동시에 개발되어야 한다. 그래서 후각플레이어의 개발은 뉴미디어와의 융합을 위해서는 없어서는 안 될 존재인 것이다.

후각 플레이어olfactory player는 동영상을 볼 수 있는 디스플레이display, 사운드를 위한 스피커 및 멀티 자동 발향 장치로 나눌 수 있다. 후각 편집 프로그램에 의해 편집된 '영상-향(냄새) 파일'이 재생되면서 특정 타이밍에서 선택된 향(냄새)이 발향되며 하나의 동영상을 재생하는 동안 여러 종류의 향이 발향될 수 있고 지속 시간도 제어가 가능하다. 향의 일반적인 발향 방식인 액체 분사 방식이 아니라 소형 팬(fan)을 통한 기체 풍향 방식으로 분사 구멍에 여러 향이 묻어 변질되는 위험이 없고 공기 중 발향된 잔향에 대한 문제를 근본적으로 해결한다.

후각 편집 소프트웨어 (olfactory editing software)는 동영상과 사운드를 편집하는 멀티미디어 편집 프로그램은 많이 개발되어 있어 영상(시각)과 사운드(청각) 파일에 향(후각)을 편집할 수 있는 소프트웨어는 세계적으로 거의 전무하다

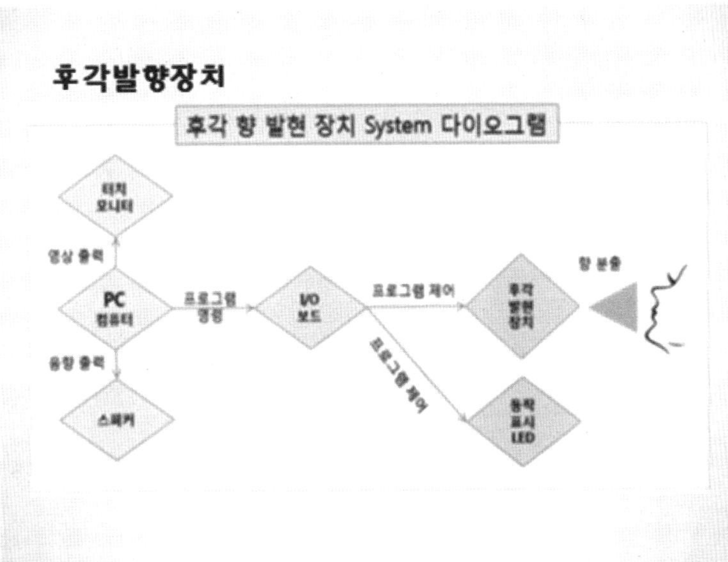
후각발향장치
후각 향 발현 장치 System 다이오그램
터치 모니터
영상 출력
PC 컴퓨터
음향 출력
스피커
프로그램 명령
I/O 보드
프로그램 제어
프로그램 제어
후각 발현 장치
동작 표시 LED
향 분출

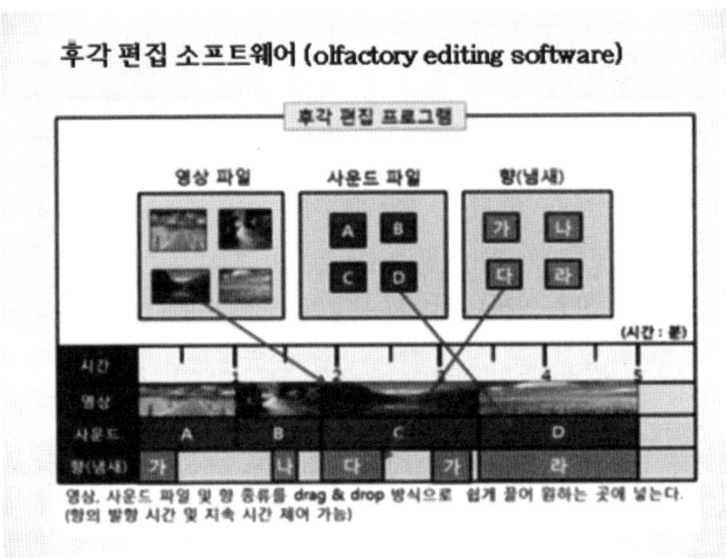
후각 편집 소프트웨어 (olfactory editing software)
후각 편집 프로그램
영상 파일
사운드 파일
향(냄새)
A B C D
가 나 다 라
(시간 : 분)
시간
영상
사운드
향(냄새)
1 2 3 4 5
A B C D
가 나 다 가 라
영상, 사운드 파일 및 향 종류를 drag & drop 방식으로 쉽게 끌어 원하는 곳에 넣는다.
(향의 발향 시간 및 지속 시간 제어 가능)

이 소프트웨어는 동영상이나 사운드 파일과 관련된 향(냄새)를 동기화시키기 위한 프로그램으로서 냄새의 발향 타이밍과 지속 시간 편집 가능하며, 후각 플레이어로 구동하기 전에 영상과 향(냄새)을 먼저 편집 소프트웨어에서 동기화시킨 후 편집된 파일을 후각 플레이어에서 구동하면 편집된 시간에 향이 발향되며 하나의 동영상 속에 여러 종류의 향(냄새)을 편집할 수 있다.

사용하기 편리한 사용자 환경(UI)을 제공하고 있으며 끌기와 넣기(drag and drop)방식으로 향을 원하는 곳에 삽입, 삭제 및 편집할 수 있다.

향의 제작은 예를 들어 숲속을 표현하고자 할 때 현재 피톤치드에 인공 향을 섞은 제품이 주로 시판되고 있는데 반해 숲 속 냄새를 실제와 같이 느낄 수 있도록 이끼나 소나무 껍질, 나뭇잎 등 모든 자연적 요소들이 숲속 향(냄새)를 만드는 재료로 활용되어 자연 친화적이며 실제 숲 속에 있는 듯 몰입도를 증가시키는데 큰 도움을 줄 수 있어야 한다.

기존의 향 제조기법(서양향 제조 기법)과는 다른 독특한 향 제조기법(서양향 기법과 동양향 기법의 융합)을 사용하는데 A향과 B향을 섞어 C라는 새로운 향을 만드는 현재의 서양 향 제조 기법과 달리 A향과 B향이 섞이지 않고 동일 공간에서 공존할 수 있는 동양 향기법을 통해 무궁무진한 향(냄새)의 개발이 가능하며 이는 한가지의 향 제품 속에 여러 종류의 냄새가 공존하는 복합 향을 만들 수 있는 원천 기술 필요할 것이다.

현재 외국의 발향시스템 기술현황을 살펴보면, 2004년 세계적인 생활용품 제조업체인 P&G에서 CD형태의 센트 플레이어를 개발하여 현재까지 이베이나 아마존 등 인터넷 쇼핑몰에서 판매되고 있다. 또한 일본 NTT 커뮤니케이션즈는 2008년에 Tokyo FM 라디오를 통해 '향기 나는 라디오 서비스'를 실시하기도 하고 향기 발생 장치를 제어하는 서비스를 실험하기도 하였다.

영국의 텔레웨스트 브로드밴드에서는 향기 나는 이메일을 보낼 수 있는 시스템을 개발했는데 이는 최첨단 하이테크 기술베이스의 공기청정기술Hi-tech air freshener로 이를 컴퓨터에 플러그인 하면 이메일 메시지와 연결되어 향을 발산 시켰고, 영국 민트 디지털에서는 특정 상황에 따라 향기를 발산하는 올리시스템Olly System을 개발하였다. 향기 나는 인터넷 서비스의 경우 취향에 따라 오일, 향수 등을 이용할 수 있는 것으로 알려졌으며 아울러 향기를 달리하여 냄새만으로도 어떤 인터넷 서비스가 업데이트 됐는지 쉽게 구별할 수 있게 하였다.

영국의 요크 & 워릭대에서는 영상, 소리, 냄새, 맛, 온도까지 그대로 재현 가능한 버츄얼 코쿤Virtual Cocoon이라는 가상 헬멧을 개발하였고, 2011년 미국의 센트 사이언스사Scent Science Corp.에서는 게임 내 동기화된 냄새를 사용자에게 실시간으로 전달하여 오감을 자극하는 센트스케이프 Scentscape를 출시하였다. 그리고 2013년, 일본 도쿄대 연구팀은 영상에 맞는 냄새를 자동으로 방출하는 스멜링 스크린 Smelling screen 시제품을 개발하였는데 이 제품은 스크린의 좌우 양쪽에서 8가지 향기가 나오도록 설계되었다.

이렇듯 다양하고 기술집약적인 디지털 발향장치는 끝없이 개발되고 새롭게 출시되고 있지만 각 개인마다 느끼는 후각의 표준화를 위한 디지털 냄새표준화가 절실한 실정이다. 또한 냄새는 사람마다의 기억에 따라 다르기 때문에 과연 디지털화 된 후각시스템이 인간의 감성을 이끌어줄지 아무도 장담할 수 없는 것이다.

개인적으로 사용하는 발향시스템은 각기 취향에 맞는 시스템과 향을 사용할 수 있지만 도시의 공공 공간이나 집단시설에 대한 발향시스템은 또 다른 차원의 문제다. 개인적 취향이나 선호도와 상관없이 그 공간 내에 머무는 것만으로 그 냄새를 맡아야 하기 때문에 새로운 시스템에 필요하게 될 것이다.

이 공간의 의미는 향기를 전달하는 매질(媒質)인 공기가 채워져 있는 모든 공간을 말하는데, 주로 실외와 같은 개방된 공간 보다는 실내의 공공, 집단 공간을 의미한다고 보면 된다. 즉, 한정된 3차원의 구조를 갖고 있으면서 실제적으로 향기를 발향체(發香體)로부터 효과적으로 사람이나 향기를 필요로 하는 동물 또는 물체에 전달이 용이한 공간인 것이다.

공간 향을 계획하고 실행하기 위해서는 공간의 이해와 그 공간을 채우고 있으면서 향기를 발향체로부터 향기를 맡는 취향 기관에 전달하는 역할을 하는 공기의 상태를 알아야 한다. 그런데 우리가 주로 생활하는 공간 내부의 공기는 공간 외부의 자연 상태의 공기가 아닌 인위적으로 조작되고 재가공되는 공기가 대부분이다.

현대적 의미의 실내 공기는 쾌적한 생활환경을 만들기 위해 우리가 피부로 접하고 호흡하는 실내 공기의 온도, 습도, 청정도 등을 기계적으로 조절하고 있다.

이러한 실내공기를 조절하는 장치를 공기조화설비Air handling system 또는 Air conditioning system라고 부른다. 이 공기조화설비는 실내 공기의 온·습도나 청정도를 조절할 뿐만 아니라 실내 공기의 분포 및 공기의 흐름을 기계적으로 조절한다. 따라서 공간 향을 목적하는 실내 공간에 연출하기 위해서는 이 공기조화설비에 적응하는 기술을 요하게 된다.

보통의 대형 빌딩에서는 이러한 장치가 되어 있으며, 실내 공기를 자연 환기에 의하지 않고 건물전체를 완전 외부와 차단시켜 기계적으로 실내 공기의 온 · 습도 및 청정도를 조절하는 방식으로 에너지의 효율적 관리와 고층건물의 외부풍압 등 안전을 고려해 창문을 여닫게 할 수 없을 때 이 시스템을 적용한다. 이 중앙집중식 공기조화설비의 주요구성은 열원인 보일러 및 냉동기, 공기를 재가공하여 순환시키는 공조기, 공기를 공조기와 실내로 실어 나르는 덕트 등으로 구성되는 것이 일반적인 방식이다.

이 시스템의 특징은 1개의 시스템(계통)으로 넓은 면적과 다수의 구획된 공간을 하나의 공조시스템으로 커버할 수가 있다. 따라서 공간 향 장치를 설계하는데 구획된 방마다 분리(독립)하여 설치할 필요가 없이 향 공조장치 하나로 이 공조시스템이 커버하는 공간 전체를 향 공조할 수가 있어 매우 편리하고 실내 향기 분포도 균일하게 유지할 수가 있는 장점이 있다. 그러나 이 공조 설비를 구획하는 데에는 일정한 패턴이 있는 것이 아니라 공조 설비 설계자의 의도에 따라 건물의 용도, 시스템의 운전조건 등을 감안하여 설계(구획)하는 것이므로 그 공조 설비가 커버하는 공간의 넓이, 방의 개수, 건물의 층수 등이 다양하게 나타난다. 그러므로 향 공조장치 또한 이러한 다양한 대상공조시스템에 적응할 수 있는 사양의 다양성이 요구된다. 이러한 공기

조화설비가 하는 일은 실내공기의 온도조절(가열/냉각), 습도조절(가습/감습), 공기청정(미세먼지나 가스 또는 세균 제거), 적절한 배기 및 신선한 외기의 인입 등이다. 좋지 않은 냄새의 처리는 특수한 경우가 아니면 일반 건축물의 공조 설비에서는 하지 않는다. 이제는 "냄새도 환경이다"라는 인식이 필요할 때다.

중앙집중식 공기조화설비의 공급 덕트 Duct 내 또는 공조기(AHU) 내에 향 액을 분사하여 그 분사된 향 액의 입자가 공조공기 안에서 다시 자연 기화되어, 향기가 섞인 공급공기를 실내로 보내서 향 공조를 하게 되어 있다.

향 액을 분사하는 방식이 Duct내 또는 공조기 내에 있는 분사노즐에서 공기압축기로 압축된 고압공기와 함께 입자 상태로 분사하는 방식이다.

일본에서 개발되어 국내에서 일부 적용하고 있는 시스템으로 공업용이나 건설용 페인트 도장할 때 쓰는 스프레이 방식과 같은 원리이다. 그러나 이러한 분사방식은 많은 문제점이 노출되었다.

향 액의 분사량이 너무 많다는 것이다. 향 액이 공조장치 내에서 입자 상태로 분무되므로 장치내부에 향 액이 침착되어 오염을 유발한다. 또한 향을 바꾸고자 할 때 장치 내에 침착되어 있는 잔향으로 인해 향취의 섞임이 발생한다. 향은 민감한 물질이므로 조금의 변화로도 전혀 다른 냄새와 느낌이 온다.

또한, 분사방식에서는 분사시간의 조절 밖에 적응할 방법이 없어 실용성이 매우 낮다. 즉, 면적의 크기가 맞지 않을 때에는 향 공조를 하지 못하는 경우가 생길 수 있다. 그밖에 실험적으로 향 액의 기화방식을 실내용 가습기의 원리와 같은 초음파 진동자의 진동에 의한 무화방식 등의 기법을 채택한 기술로 향 공조를 시도하고 있으나 실용화하지 못하고 있다.

가까운 미래에는 아파트나 빌딩 등 집단시설의 디지털 발향시스템은 기존의 가스공급처럼 각 공간에 자신들이 원하는 향기를 스스로 조절하여 취하는 중앙 집중식 디지털 향기 공조시스템이 가동 될 것이며, 개인이 소유하고 있는 표준화된 디지털 발향장치는 tv, 모바일 pc, 가전제품과 개인 전자제품에 호환하여 사용하게 될 것이다. 바다 화면이 나오면 바다 냄새가, 설산의 모습에서는 눈의 향기가, 그리고 아이의 냄새와 엄마의 냄새가 우리의 마음을 적시게 될 것 같다. 다만 이 냄새가 우리가 경험하였던 적확한 냄새일까? 우리의 감성을 깨울까하는 문제는 별개일 것이다. 다음은 4D 향공조장치의 시스템 맵을 소개하고자 한다. (자료 제공 민병규).

4D plex Central Fragrance Supply System

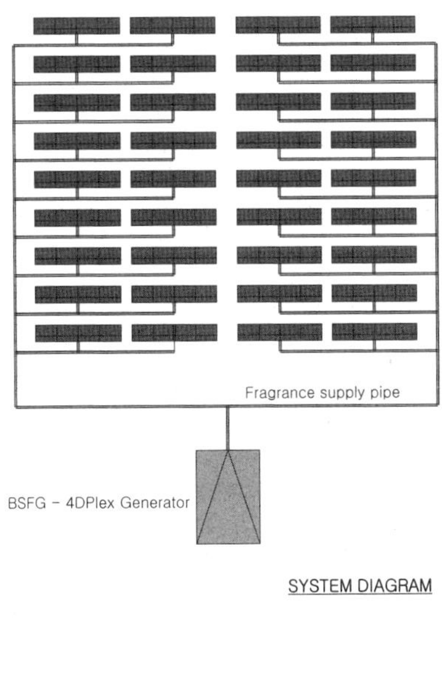

SYSTEM DIAGRAM

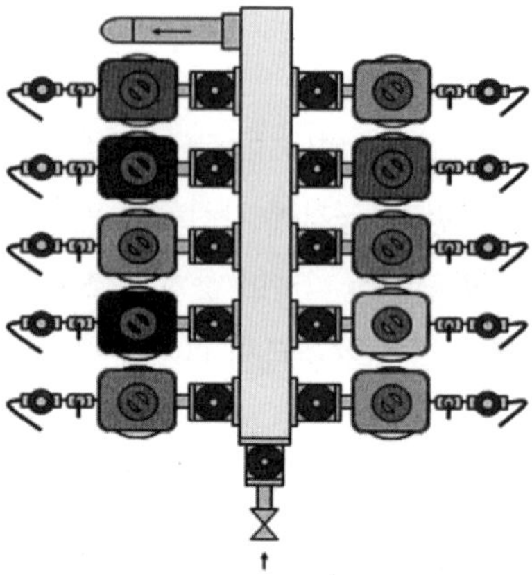

BSFG 4DPlex Generator (PLAN)

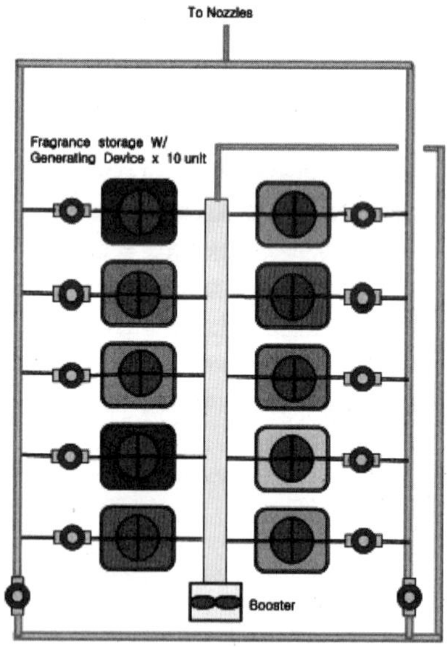

MULTI FRAGRANCE GENERATOR (PLAN)

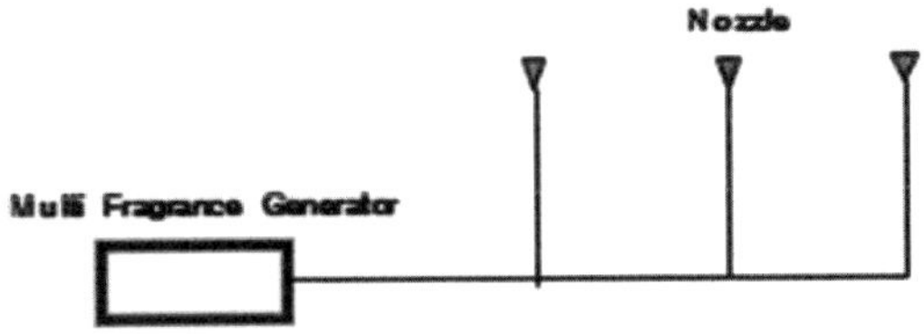

MULTI FRAGRANCE SUPPLY SYSTEM

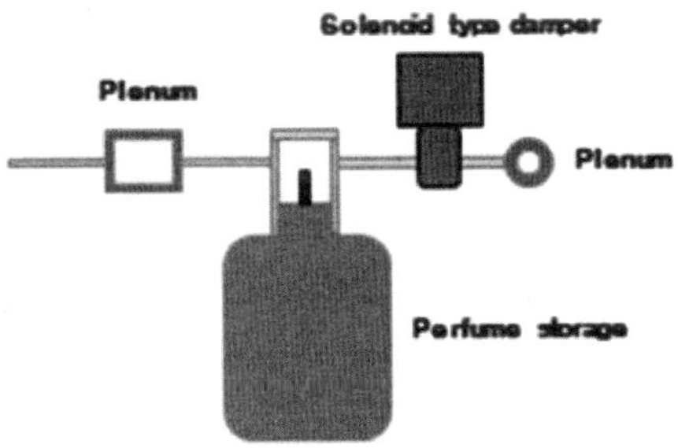

FRAGRANCE GENERATING DEVICE

5-4. 미메시스 - 후각 기억 재현시스템(OMRS)

미메시스 즉 '이데아의 세계'에서 실제로 존재하는 것은 신이 창조한 형태이며, 인간이 자신의 생활 안에서 지각하는 구체적인 사물들은 이 이상적인 형태가 그림자와 같이 어렴풋이 재현된 것이다. 따라서 화가·비극작가·음악가는 모방된 것을 다시 모방하는, 진리로부터 2차례나 떨어진 사람이다. 아리스토텔레스는 비극에 관해 말하기를 보다 높은 상태에서 보다 낮은 상태로 떨어지는 인간의 '행동의 모방'이라고 강조했다.[410]

마치 인위적 미메시스라고 할까? 뇌의 후각 기억을 시스템과 연동하여 재현시키는 방식인데 이것은 조향사들이 무려 천가지 이상의 향을 기억할 수 있다는 데에서 출발한다. 보통의 평범한 사람은 100여 종 정도의 냄새를 기억할 수 있다. 물론 타고난 후각의 소유자인 경우는 더 많은 냄새를 기억할 수 있지만 말이다. 조향사들은 타고난 감각과 아울러 섬세하고 집중적인 세밀한 훈련을 통해서 후각 기억의 영역을 높인다. 사실 인위적인 디지털후각재현시스템은 재현하기도 어려울뿐더러 냄새를 정확히 재현시키기 어렵다는 맹점을 안고 있다. 하지만 인간의 기억은 각자 필요에 따라 냄새를 정확히 분류할 수 있는 뇌의 기능이 있는 것이다.

이 장치는 두 개의 문제를 풀어가야 한다. 그 첫 번째는 냄새를 기억하게 하는 장치이고 또 다른 하나는 기억된 냄새를 재생하는 것이

410) 다음백과

다. 사물의 냄새는 사람에게 있어서 타고난 감각과 경험에 의해 인식하게 된다. 그래서 같은 사물의 냄새임에도 불구하고 사람마다 다르게 나타날 수밖에 없다. 가령 장미의 향기가 사람들의 기억 속에 어떻게 남겨져 있는가는 사람마다의 순간의 경험에 좌우되기 마련이다. 장례식장에서의 장미, 사랑하는 사람이 선물한 장미, 아이가 담장에서 따다준 장미 등 우리에게 기억되는 장미의 향기는 각기 자신만의 경험으로 달리 기억하고 있기 때문이다. 그래서 모든 사람들을 만족시키는 향기를 만든다는 것은 정말 어려운 작업이 아닐 수 없는 것이다. 또한 수많은 냄새를 다양하게 표현하지 못하는 언어의 한계로 인해 우린 그 냄새를 한정시켜 버릴 때가 많다. 그래서 그것들은 감각적 기억만으로 경험할 뿐이다. 어떤 향기를 맡았을 때 어떠한 단어에 앞서 마음에 떠오르는 것은 냄새와 함께 연상되었던 현상의 기억으로 짧은 순간의 아름다움, 그 자체인 것이다.

냄새 식별에는 냄새 인식과 달리 제시된 후각 자극의 특정 표시가 필요하다. 이러한 악취 식별 성능은 냄새와 언어 사이의 약한 결합 때문인 것으로 가정되었다. 그러나 이 가난한 연결은 인간의 후각 기관에 의해 부과 된 한계 때문이 아니라 냄새를 점진적으로 배우는 방법과 시각적으로 식별 가능한 자극처럼 냄새의 명명에 공식 교육이 없기 때문에 가능할 수 있다[411] 인간이 냄새를 구두로 식별 할 수 있는 능력은 수백 가지 냄새를 구별 할 수 있는 능력에도 불구하고 매우 제한적이다. 후각 자극에 대한 식별 및 부여의 어려움은 언어적 의미 해석으로 알려져 있으며, 나이에 따라 점점 더 악화되어 결과적으로 냄

---

411) Schab, F., & Crowder, R. G. (Eds.). (1995). Memory for odors. Mahwah, NJ: Lawrence Erlbaum Associates, Inc.

새 인식에 영향을 미치는 것으로 생각된다.[412]

프루스트의 해법은 서로 분리된 우연적 인물들의 진정한 융합, '나'와 '그'의 융합 속에서, 경험을 초월하는 어떤 시점에서 대화적인 것을 극복하는 데로 나아간다. 프루스트도 그 시대의 다른 미학들에서와 마찬가지로 자신의 해법을 침묵 속에서, 무언의 동화 행위 속에서 찾아낸다. 그 동화 행위의 원형은 종교와 유사한 의미에서의 먹는 행위 마들렌의 과자를 먹듯이-다.[413] 플라톤과 아리스토텔레스 이후 서양 철학에서 전승된 미메시스 개념은 1950년대 이래 고전 문헌학적 연구를 통해, 주어진 어떤 대상을 단순히 비생산적으로 모방한다는 뜻을 넘어 '표현 Expression' 또는 '재현 Reprasentation'의 의미를 띠었음이 밝혀지기도 했다.[414]

시간 습관과 실제적 시간감각은 한 문화권과 한 시대 그리고 한 사회계급에서 시간을 구성할 때 "양식의 통일성"을 보증한다. 양식이라는 개념은 시간을 다루는 일의 심미적 차원을 가리킨다. 유년기 세계에 대한 기억들에는 이미지뿐만 아니라 음향, 목소리, 소음이나 냄새와 촉감도 큰 역할을 한다. 이 비가시적인 인상들이 이미지들을 알 수 없고 의식할 수 없는 것으로 변형시킬 때도 많다. 그리하여 "사람을 취하게 만드는 공기 속 소음"이 언급된다.[415] 아이의 세계에서는 보고

---

412) Schab, FR (1991). "Odor memory: Taking stock". Psychological Bulletin. 109: 242251.

413) 크리스토프 불프, 군터 게바우어(2015), "미메시스", 최성만역, 글항아리, 155.

414) 앞의 책, 217.

415) 앞의 책, 215.

듣는 일뿐만 아니라 만지고 냄새 맡고 맛보는 행위도 중요한 역할을 한다. 세계와 관계를 맺고 그 체계와 유사해지며 그 세계를 읽는 아이의 미메시스 능력은 벤야민의 견해에 따르면 언어와 문자 속으로도 진화한다.[416] 이 언어라는 매체 속에서 사물들은 예전처럼 더 이상 직접적으로 예언자나 성직자의 정신에 따라 서로 관계를 맺는 것이 아니라 그 사물들의 정수精髓, 지극히 민속하고 섬세한 실체들, 사물들의 독특한 향들이 서로 만난다.[417] 헬렌켈러는 시각장애인임에도 불구하고 바람의 냄새, 젊은 남자의 냄새 그리고 도시마다 가지고 있는 특유의 냄새들을 구별하였다. 살아있는 모든것에 냄새가 있기에 어쩌면 보고 듣는 것보다 냄새로 맡는 것이 훨씬 더 신빙성을 주는 것이 아닐까?

미메시스 개념을 사용하면 시뮬라시옹 개념과는 달리 사람들이 다가가고 스스로 유사하게 만드는 어떤 외부, 그러나 스스로 그 속에서 '해체'될 수 없는 외부, 따라서 차이가 존속하는 그런 외부가 존재한다. 이 외부는 미메시스 과정에서 감각과 상상력을 통해 내면의 이미지, 음향, 촉각, 후각, 미각의 세계로 전이되는 가운데 아이의 숨길 수 없는 신체성에 결부된 생생한 경험이 생겨나게 한다,[418] 이 단어는 그리스어로 '모방'('복제'라기보다는 '재현'의 뜻)이라는 뜻이다. 플라톤과 아리스토텔레스는 미메시스를 자연의 재현이라고 말했다. 플라톤에 의하면 모든 예술적 창조는 미메시스의 형태이다.

즉 '이데아의 세계'에서 실제로 존재하는 것은 신이 창조한 형태이

416) 앞의 책 216-217.

417) 앞의 책 218. (재인용 Benjamin 1980, 209)

418) 앞의 책 232.

며, 인간이 자신의 생활 안에서 지각하는 구체적인 사물들은 이 이상적인 형태가 그림자와 같이 어렴풋이 재현된 것이다. 따라서 화가·비극작가·음악가는 모방된 것을 다시 모방하는, 진리로부터 2차례나 떨어진 사람이다. 아리스토텔레스는 비극에 관해 말하기를 보다 높은 상태에서 보다 낮은 상태로 떨어지는 인간의 '행동의 모방'이라고 강조했다.

셰익스피어는 배우들에게 말하는 햄릿의 대사에서 연극의 목적을 '말하자면 자연 그대로를 비추는 것'이라고 했다. 따라서 예술가란 재료를 능숙하게 선택하여 표현함으로써 인생의 활동에 대한 의도적인 모방을 추구하는 자들이라 할 수 있다.

현실의 문제를 후각적 의례와 같은 관념적 세계에 기대어 해결하려고 하거나 문명의 냄새를 배척하는 것은 이성적 사회에 대한 강한 부정의식이다. 또한 이것은 우리 민족이 만든 사회적 실존성에도 문제가 있지만 역사적 상황이 만든 문화주체성이 더욱 문제가 있음을 드러낸 것이다. 이런 후각적 지각은 생물학적 존재성이 보장되지 않는 사회에서 필연적으로 등장할 수밖에 없는 심리이다. 사회적 실존성은 최하위이며, 서구 문화가 민족 문화를 얼마나 심각하게 위협했는가를 보여주는 측면이다. 때문에 문명적 후각 이미지는 당대의 실존적 상황과 문화적 가치관에 대한 감각적 지각을 냄새의 정신지향성으로 보여준 것이라 할 수 있다.[419] 곧 문명적 후각의 지각은 그들이 가치고 있는 가치관과 실존성에 연연하여 또 다른 형태의 이미지를 만들어 간다.

419) 정진경, "1950년대 시에 나타난 후각 이미지 연구" 한국문학논총 제65집(2013. 12), 304.

사회적 현실과 가치관을 반영하는 이런 후각적 의식은 이성적인 판단을 하는 시각적 감각에서 보자면 민족적 힘의 상실이자 냉엄한 문화적 현실의 패배라 단언하겠지만 후각적 감각에서는 그것을 생래적인 인간으로서의 본능적 존재성과 사회적인 실존성을 폭넓게 아우르는 신체적, 정신적, 역사적 사실을 동시에 보여준다.[420] 즉 실존적인 냄새는 시간과 공간을 하나의 사건으로 기억할 수 있다

원시 인간은 오감 중에서도 먼저 후각인 코를 킁킁대면서 냄새를 맡는다. 이것은 물체의 냄새를 공기의 흐름을 통해 인식하고 있음을 알 수 있는 것이다. 어떤 것이 먹을 수 있는 것인지를 선택하고, 위험을 예감하며, 적과 아군을 구별하고, 짝을 찾는데 필수적으로 사용하였던 것이다. 또한 후각은 적과 짐승을 경계하거나 정보를 제공하고, 종족의 생존 유지를 위한 필수도구였음은 말할 나위도 없다.

오랫동안 잊고 지냈던 아름다운 추억을 떠올릴 때 사진을 보거나, 편지를 읽거나, 비디오테이프에 기록된 영상을 보게 된다. 왜냐하면 시간의 무게는 추억을 구체화 시키지 못하기 때문이다. 하지만 우연히 된장국 냄새를 맡거나, 지나가던 여인의 향기에서 지나간 시절의 추억을 떠올리게 되는 것은 냄새로 포착하는 사람만의 독특한 후각 기억 장치 때문이다. 하지만 과학의 발전으로 인해 현대인은 후각을 점점 잃어가고 있다.

같은 종류의 냄새를 아주 오래 맡고 있으면 그 냄새를 느끼지 못하게 된다. 아무리 좋은 냄새라도 시간이 지나면 효과가 없어지는 것과

420) 앞의 책 306.

같은 것이다. 이러한 지속적인 자극으로 인한 반응은 감각 모두에 나타나는데, 반응이 점차 둔해지는 것을 '순응adaptation'이라 하며 이 순응은 곧 후각의 적응을 말하고 있는 것이다.

이러한 순응으로 인해 사람들은 점점 더 강렬한 향을 원하게 된다. 그래서 젊은 사람일수록 머스크노트와 같은 강한 향수보다는 부드러운 그린, 아쿠아 등 상큼한 향을 권하고 싶다. 젊음은 그 자체로 좋은 향기를 내기 때문이다. 향은 바로 그런 것이다.

장 보드리야르의 '시뮬라크르와 시뮬라시옹'은 영화 '매트릭스'의 강력한 모티브가 된 책이기도 하다. 특히 '매트릭스' 3부작의 첫 편에는, 주인공 네오가 속이 비어 표지만 남아 있는 '시뮬라크르와 시뮬라시옹'을 꺼내는 장면을 삽입하여 이를 암시하였다. 시뮬라크르(simulacre)는 실제로는 존재하지 않는 대상을 존재하는 것처럼 만들어 놓은 인공물을 지칭한다. 때로는 존재하는 것보다 더 생생하게 인식되는 것들을 말하며, 시뮬라시옹(simulation)은 시뮬라크르가 작용하는 것을 말하는 동사이다. 이 원본 없는 이미지가 그 자체로서 현실을 대체하고, 현실은 이 이미지에 의해서 지배받게 되므로 오히려 현실보다 더 현실적인 것이 되었다.[421]

이것은 우리가 현실에서 만나고 있는 향기에도 적용된다. 사람들이 마시는 음료의 대부분이 합성착향료로 향기를 내고 있다는 사실과 일치한다. 사실 오렌지나, 딸기, 그리고 캔 커피와 수많은 차 종류의 음료의 맛과 향기는 재현된 것이지 실제가 아니다. 실제 식물에서 추출한 천연의 향과는 많은 차이가 있다. 다시 말하면, 재현된 가공의

421) 송인갑, 앞의 책, 47.

냄새가 실제인 것처럼 착각하고 있는 것이다. 특히 음료에 있어 합성향의 섭취는 가상의 음료를 먹는다는 사실 이외도 인체에 미치는 영향 또한 고려해야 하며, 우리의 아이들은 실제와 다른 가상의 향기를 실제라고 믿게 되는 지경에 이르게 될 것이다.

사실 초기 합성향의 개발은 추출할 수 없거나 생산량이 적어 비싼 가격 때문인 것과 향수에 있어 단조로움을 피하고 좀 더 다양한 향을 내기 위하여 시작되었다. 그래서 많은 합성 향들이 개발되었으며, 특히 여러 가지 향을 배합하여 만드는 향수에 있어서 획기적인 전환점이 된 것만은 확실하다. 이것은 조향사의 예술적 감각을 넓혀 아름다움을 추구한 긍정적인 면도 가져다주었지만, 이러한 다양한 향의 세계는 과학과 예술을 넘어 사람들의 끝없는 욕망을 갈구하게 만들었으며, 이 세상에 없는 독특한 향의 세계를 부추기게 된 것이다. 우리가 추구하는 새로운 세상의 실현은 이카루스의 밀랍처럼 반드시 그 대가가 따른다는 것을 알면서도 말이다.

실제로 냄새의 재현은 이론과는 다른 독특한 구현할 수 없는 세계가 있음을 보여준다. 첨단 기업이 추구하는 합성 향기는 이런 문제를 해결한다고 하여도 여전히 풀어 가야할 숙제가 남아 있는 것이다. 어느 시대나 사회든지 냄새만큼은 통제할 수가 없었다. 그 이유는 각자의 후각 기억과 선호도가 다르기에 획일화가 불가능했던 것이다. 이제 미래의 기술이 냄새를 통제하려고 한다. 사람의 생각과 기억을 만들어진 냄새에 접목시켜 획일화하고 통제하려는 것이다. 결국 우리가 기억하게 되는 후각의 세계는 실제 존재하는 현실이 아니라 가상현실인 셈이다.

합성향의 천국은 리얼리티를 강조하고 생활의 즐거움과 생생함을 전하려고 하겠지만 결코 우리의 삶은 행복하지 않을 것이다. 각자가 느끼고 기억하고 있던 후각 기억은 매트릭스의 세계 속에서 어떤 것이 가상이고 현실인지 분간할 수 없는 지경에 이르게 될 테니까 말이다. 각자가 느끼는 냄새의 이미지와 후각 기억은 다른 것이다. 사람마다 다르게 느끼는 공간과 사물의 냄새를 하나의 이미지로 통합할 것인가는 매우 중요하고 심각한 문제다. 만약 이 문제가 해결되어 상상과 생각으로만 존재하는 냄새를 현실화시켰다고 하자 그 다음엔 우리의 후각 기억과 이미지, 환상은 어떻게 될 것인지 불 보듯 뻔하다. 이제 냄새는 감각의 일부로만 존재하지 않는다. 삶의 질의 향상과 심신의 안정에 대한 욕구, 쾌적한 환경에서 근무하고자하는 능률의 충족까지도 고려하게 되었다.

리얼리티 향의 적용은 주로 식료품의 맛을 내기위해 천연향의 가격이 비싸거나 추출과 재현이 불가능하다거나 또는 복합적인 이유로 인해 개발되었으나, 향후 리얼리티 향은 사물과 공간의 정체성, 기억의 재현 등 다양한 목적으로 사용될 것이다.

이 리얼리티 향은 사물의 냄새를 표현하거나, 공간의 정체성과 기억의 재현 등으로 그 적용범위가 확대되어 갈 것이며, 또한 4D 등 IT 업계의 새로운 트랜드로 자리매김 할 것이다. 이 향은 사물뿐만 아니라 기억 속에 저장된 냄새를 표현하는 것으로 어머니, 시골집, 고향 등 추상적이고 불완전한 냄새를 창조하기도 한다.

5-5. 퍼펙트 센스

"전염병이 전 세계에 확산되기 시작하여 인류가 감각 지각을 하나씩 잃게 된다. 이야기는 두 사람에 초점을 맞춘다 : 질병의 원인을 찾으려는 역학자 팀의 한 사람인 수잔(Susan)과 수잔의 아파트 옆에 있는 바쁜 식당에서 일하는 주방장 마이클(Michael). 두 사람은 만나는 동안 전염병이 진행됨에 따라 서로를 알아가고 서로 사랑하게 된다.
인간은 한 번에 하나씩 자신의 감각을 잃기 시작한다. 각각의 손실은 강렬한 느낌이나 충동의 폭발로 시작되는데 처음 사람들은 통제 할 수 없는 울음의 시합을 겪기 시작한다. 그리고 곧 냄새의 감각이 상실된다. 불합리한 공포와 불안의 발발, 열광적인 폭식에 뒤이어, 맛의 감각이 없어지고 이 영화는 각 손실에 적응하고 그들이 할 수 있는 한 최선을 다해 삶을 계속하려고하는 사람들을 묘사하고 남은 감각을 재발견한다. 마이클과 그의 동료들은 냄새나 맛이 없는 사람들을 위해 음식을 요리하기 위해 최선을 다한다. 그리고 마침내 청력과 시력을 잃는다."[422]

영화 퍼펙트 센스의 줄거리다. 이 영화는 감각을 잃어가는 인간의 모습을 잘 보여주고 있다. 후각을 잃으면 삶의 즐거움을 가지지 못한다. 아무 맛도 냄새도 느끼지 못한다는 것은 죽은 것과 같기 때문이다. 맛의 70% 이상을 후각이 가져다준다.

즉, 맛을 결정짓는 것은 미각이 아니라 후각인 셈이다. 사실 우리가 느끼는 음식의 맛 중 70~80%는 후각에 의존한다. 후각을 잃으면 우리는 사과와 감자 맛도 제대로 구분하지 못하게 된다.

또한, 후각을 잃으면 이성에 대한 호기심과 성관계를 갖는 횟수도 줄어들게 된다. 미국 플로리다대학 연구진은 배란기 여성이 수일 동

422) 위키페디아

안 입은 티셔츠와 그렇지 않은 여성이 입은 티셔츠, 그리고 아무도 입은 적이 없는 티셔츠를 남성들에게 나눠준 후 냄새를 맡아 보고 마음에 드는 옷을 선택하게 했다. 그 결과 대부분의 남성이 선호한 티셔츠는 배란기 여성이 입었던 것으로 나타났다. 실제로 배란기 여성이 입었던 티셔츠 냄새를 맡을 경우 실험대상 남성들의 테스토스테론 수치가 급격히 상승했다. 테스토스테론은 대표적인 남성 호르몬이다. 이 연구결과는 사람들이 이성의 냄새에 끌린다는 사실을 입증했다.

후각이 사라지면 우리가 남을 도와주는 행동이 줄어들 수도 있다. 이에 대한 대표적인 연구결과가 사회심리학자 로버트 배런이 미국의 한 쇼핑몰에서 고객을 대상으로 한 실험이다. 그는 우연히 펜을 떨어뜨리거나 지폐를 잔돈으로 바꿔달라고 시킨 뒤 쇼핑객들의 반응을 기록했다. 그 결과 남을 도와주는 행동은 냄새가 전혀 없는 곳보다 좋은 냄새가 나는 지역에서 현저히 많이 일어났다.

후각이 둔한 사람일수록 비사회적이며 우울증에 빠지기 쉽다는 연구결과도 있다. 독일 드레스덴대학 연구진은 32명의 성인들에게 후각 장애 여부, 일상생활과 사회적 관계, 좋아하는 음식 등에 대해 설문조사를 한 결과 후각에 문제가 있는 사람들은 커뮤니케이션 채널이 닫힌다는 사실을 알아냈다. 이에 대해 연구진은 후각 장애와 우울증이 같은 뇌신경망에 영향을 미치기 때문일 것으로 추정했다.

자폐증에 걸린 아동은 대부분 촉감이나 소리, 시각, 맛과 같은 자극에 지나치게 민감한 반응을 보인다. 하지만 냄새에 대해서만은 정상인보다 예민하지 않은 반응을 보이는 것으로 드러났다. 이스라엘 와이즈만연구소의 연구팀은 이 같은 점을 이용한 후각 테스트를 통해 정상아와 자폐아를 80%의 정확성으로 구분할 수 있다는 연구결과를 발표하기도 했다. 이 연구결과는 자폐아들의 사회성 결핍이 후각 장애에서 오는 것일 수 있다는 것을 암시한다.[423] 곧 후각은 인간의 감각 중에서도 완벽하게 형성되어야 함을 의미하기도 한다.

맛을 감지하는 것은 맛과 냄새가 특정 분자에 의해 자극되는 화학 수용체에 의존하기 때문에 냄새를 감지하는 것과 상당히 유사하다. 맛의 주요 기관은 미뢰인데, 이 미뢰 는 불린 혀의 덩어리 내에 위치한 미각수용체의 집단이다. 각 미뢰의 미각 세포는 매 10-14 일마다 교체된다. 이들은 맛 봉오리 기공으로 확장되는 팁에서 미세융모라고 불리는 모발 모양의 과정을 가진 길쭉한 세포다. 음식 분자는 타액에 녹아 있으며 미생물에 결합하여 수용체를 자극한다. 미각수용체는 혀의 바깥쪽과 앞쪽에 있으며, 사지의 유두가 가장 두드러진 중간 영역의 바깥쪽에 위치한다.

인간에게는 5가지 1차 맛이 있으며 각 맛에는 오직 하나의 해당 유형의 수용체만 있다. 단맛, 신맛, 쓴맛, 짠맛 및 우마미 맛이다. 따라서 후각과 마찬가지로 각 수용체는 자극(맛)에 특이한 반응을 한다. 5개의 맛의 전달은 맛의 분자 구성을 반영하는 다른 매커니즘을 통해 발생한다. 짠맛은 맛 뉴런에 들어가서 직접 자극하는 나트륨 이온을 제공하고, 신맛은 산에 속한다. 산성 또는 다른 신맛 분자의 결합은 이온 채널의 변화를 유발하고 이로 인해 미각 뉴런에서 수소 이온 농도를 증가시켜 이들을 탈분극 시키는 것이다. 단맛, 쓴맛 및 우마미 맛

423) 이성규기자 2016.04.11 ⓒ ScienceTimes

은 G 단백질 결합 수용체가 필요한데, 이 맛은 각각의 수용체에 결합하여 그와 관련된 특수한 뉴런을 흥분시키게 되는 것이다.

시음 능력과 냄새 감각은 모두 나이와 함께 변한다. 인간의 감각은 50세 이후로 계속 감소한다. 아이는 매운 음식을 찾는 반면, 노인은 똑같은 음식에 맛을 느끼지 못하다는 것을 알 수 있다.

후각 신경 세포는 후각 상피에서 후각 구덩이로 얇고 돌출되어 있으며, 후각 구근은 신경 클러스터로 구성되어 있다. 후각 신호가 직접 이동하는 마지막 구조는 공간적, 자서전적, 선언적, 일시적인 기억에서 중요한 측두엽 구조의 피질 중심이며 그로부터 후각은 마침내 기억, 감정, 재생산 및 사고를 다루는 뇌 영역에서 처리된다. 후각에 관해서는, 수천 가지의 냄새 나는 물질이 있지만 인간은 약 10,000개를 검출한다. 맛수용체와 마찬가지로 후각수용체는 각각 하나의 냄새에만 반응하게 된다.

인간의 감각은 특히 후각의 상실은 어쩌면 삶의 즐거움 모두를 잃어버린 것인지도 모른다. 우리의 감각은 어느 하나라도 손상이 오면 감각 기능을 제대로 발휘할 수 가 없다. 후각은 숨을 쉬는 것이 아니라 소통하고 이해하고 공감하며 앞으로의 일을 예측하기도 한다. 그래서 후각의 손상은 생각하기도 싫은 것이다.

5-6. 후각적 통찰 Olfactory insight

아침에 만난 꽃은 향기를 드러내며, 그것은 하나의 무리로 모여 떠도는 것이 아니라, 제각기 바람이 멈추어선 곳으로 퍼져간다. 촉촉한 공기와 따스한 햇볕은 향기를 서로 비비게 하여 바람에 실어 보낸다. 후드득! 한낮에 내리는 소낙비는 꽃을 적시고, 잎과 줄기, 뿌리를 이 도시 곳곳의 빈 땅에서 자라게 한다. 그리고 꽃은 나무의 향기와 함께 바람이 머문 곳에서 누군가를 기다리고 있다. 왜냐하면, 꽃은 향기로 사람의 마음을 여는 것이니까 말이다.

꽃은 아름답다. 하지만 더 아름다운 것은 향기가 있기 때문이다. 그래서 향기를 연상하면 맨 먼저 떠오르는 것이 꽃인 것이다. 후각은 향기의 주체지만, 마음에 있어서는 다른 감각과 다름없는 하나의 객체일 뿐이다. 우연히 맡은 꽃향기에서 사랑하는 연인과 대학 졸업식에 받았던 꽃다발이 떠오르는 것은 꽃과 향기가 우리에게 주는 절실함 때문일 것이다. 그리고 후각이 우리 마음을 기쁨 혹은 즐거움으로 안내하는 길잡이임을 외치고 있는 것은 아닐까.

통찰은 심리치료분야에서는 자신의 심리적 문제에 대한 인식과 깨달음이라는 의미로도 사용된다. 사람이란 자신의 문제를 깨달아 스스로 변화하고 성장할 수 있는 힘을 가지고 있다고 가정하는 심리치료 이론을 가리켜 통찰 치료insight therapy라고 한다. 이 입장에서는 사람들이 심리적으로 고통 받는 것이 문제의 원인을 모르기 때문이라고 본다.

따라서 이에 대한 통찰을 갖도록 도와준다면 스스로 변화하고 성장한다고 주장한다. 정신분석에서는 자신의 무의식과 과거에서 기인한 반복적인 문제에 대한 통찰을 갖도록 하며, 인간중심 치료에서는 본래적인 자신의 모습에 대한 통찰을 갖도록 돕는다.

심리치료에서 통찰이 모두 변화로 연결되는 것은 아니다. 특히 머리로만 깨닫는 인지적 통찰intellectual insight은 변화와 무관하다. 인지적 통찰을 한 사람들은 자신의 문제의 원인과 이유, 그리고 해결방법을 누구보다도 잘 알지만 변화를 경험하지 못한다. 반면에 정서 경험과 함께 발생하는 정서적 통찰emotional insight은 진정한 변화로 이어진다. 정서적 통찰은 통찰이 수반되는 정화라고 할 수 있다.

인지적 통찰이 단지 자신의 문제를 피상적으로 '아는 것'이라면, 정서적 통찰은 가슴 깊이 '깨닫는 것'이다. 인지적 통찰을 경험하면 말뿐이지만, 정서적 통찰을 경험하면 행동이 변한다. 따라서 상담자들은 내담자가 인지적 통찰이 아닌 정서적 통찰을 하도록 돕는다.[424]

후각적 통찰은 후각의 내면을 통해 자신과 사람들 그리고 세상을 바라보고 깨닫는 것을 말한다. 후각의 본질은 호흡하는 것이다. 숨을 쉰다는 말이다. 그것은 후각의 가장 원초적이고 본연의 임무이기도하다. 그러나 후각은 우리를 과거로 데려가며 미래에 일어날 일도 감지하게 만든다. 부모와 자식이 그리고 부부가 서로 냄새를 맡으며 서로를 알아가는 것이다. 사람에게는 보이지 않는 또 다른 냄새가 존재한다. 구린 사람은 구리게, 아름다운 사람은 향긋한 향기가 나게 마련이다.

---

424) 다음백과

후각의 통찰이란 냄새만으로 사물을 이해하고 사람을 알 수 있는 것을 말한다. 그것은 단순히 향수를 뿌리거나 좋은 냄새를 나게 하는 것이 아니라 사람에게 풍기는 내면의 냄새를 말하는 것이다. 만약 감각의 세계를 이해하고 후각의 내재함을 맡을 수 있다면 후각의 통찰은 이루어진 것이다.

이미 알고 있는 혜강 최한기 선생의 비통에서 분명한 후각 통찰력을 논하고 있기에 다시 한 번 인용해본다.

"모든 냄새는 바람이 불면 쉽게 흩어지고, 멈추어 쌓이면 물체에 밴다.

닭의 홰나 돼지우리엔 닭과 돼지의 냄새가 있고, 용과 뱀의 굴에는 용과 뱀의 냄새가 나며, 어진 사람이 사는 방엔 난초와 지초의 냄새가 있고, 어둡고 어리석은 이가 사는 방엔 혼탁한 냄새가 있다. 궤나 책상, 병풍이나 장막이 사실은 사람이 어지냐 어리석으냐에 관계가 없는데도, 그 배는 냄새는 주인이 어지냐 어리석으냐에 따라 다르다.

탐관 폭리(貪官暴吏)가 맡고 있는 고을은 더럽고 나쁜 냄새가 오랜 세월 그치지 않으며, 인정(仁政)과 선교(善敎)가 널리 퍼진 땅엔 좋은 명성의 냄새가 자못 유전(流傳)한다.
사람의 소문과 냄새는 물체의 소문과 냄새와 달라 능히 남에게 전파하여 멀리까지 통하며, 또 물체에 흘러 물들여 산천초목에까지 미친다."

5-7. 두 개의 문

헝클어진 반백의 곱슬머리에 강렬한 눈빛. 하버드대학 교수에서 사업가로 변신한 데이비드 워즈가 영화 '찰리와 초콜릿 공장'에 나오는 괴짜 초콜릿 제조업자 윌리 웡카에 비유되곤 하는 이유를 알 만하다. 광기와 즐거움이 교차하는 캐릭터다. 에드워즈는 요즘 매사추세츠주 케임브리지에서 실험적인 레스토랑 벤처 '카페 아트사이언스Cafe ArtScience'를 운영한다. 점심을 먹으려고 레스토랑을 찾은 손님들이 바에서 기화한 스카치위스키 향을 들이마시는 동안 그가 두드려서 냄새를 맡을 수 있는 아이패드용 디지털 북을 자랑스레 보여준다.

> "여기 골디락스(영국 전래동화 '골디락스와 곰 세 마리'에 나오는 금발머리 소녀)가 있어요. 숲 속에 홀로 남겨져 두려움에 떨고 있어요!" 나와 함께 책장을 넘겨가며 에드워즈가 연극하듯 책을 읽어 내려갔다. 책장에 그려진 나무 꼭대기에 코 모양의 만화 엠블럼이 나타났다. 독자에게 그 자리를 두드려보라고 지시하는 표식이다. 그대로 했더니 코가 사라지면서 그 자리에 '오폰(oPhone)을 준비하세요'라는 메시지가 떴다. 우리 앞에 놓인 탁자 위에 오폰이 있었다. 블루투스로 아이패드에 연결해 사용하는 장난감 배 모양의 향기 재생기구다. 살짝 삐걱거리는 소리가 나더니 한 실린더에서 숲의 향기가 뿜어져 나왔다. 향기는 몇 초 후에 사라졌다.[425]

---

425) 골디락스와 곰 세마리: '향기 버전(Goldilocks and the Three Bears: The Smelly Version)' 역시 에드워즈와 그의 제자 레이철 필드의 공동 작품이다. 두 사람은 2013년 베이퍼 커뮤니케이션스를 창업했다.

이 책은 멜처 미디어에서 출시될 아이패드용 어린이 고전 디지털 북 시리즈 중 첫 번째 작품으로 지난 4월부터 7월까지 뉴욕 무빙이미지 박물관에서 전시됐다.

센서리 스토리즈 Sensory Stories: An Exhibition of New Narrative Experiences 라는 제목의 이 전시회에서는 전통적인 이야기 전달 체계와 그것이 우리의 감각에 작용하는 방식을 확장하는 기술을 소개했다. 오북(oBook)과 함께 인터랙티브 게임과 영화, 구글 큐브 등이 선보였다.

베이퍼 커뮤니케이션스는 오미디어(oMedia) 플랫폼을 공개했다. 회사 측은 '향기의 아이튠'이라고 자부하는 이 플랫폼을 이용해 프랑스 파리에서 전화기로 샴페인과 쿠키의 향을 뉴욕에 있는 오폰으로 전송했다. 그 후 사진 공유 앱 오노츠- oNotes, 향기 첨가 기능이 있는 인스타그램이라고 생각하면 된다 -를 소수의 소비자를 대상으로 출시했다. 향기를 재생하려면 오폰이 있어야 하는데 시중에 나와 있는 물량이 별로 없었다. 하지만 곧 사정이 달라질 듯하다. 베이퍼 커뮤니케이션스는 올 가을 오북스와 함께 최대 50가지의 향기를 재생할 수 있는 아이패드 케이스 '오케이스(oCase)'를 출시할 계획이다. 에드워즈는 오케이스가 어떤 방식으로 작동하는지 구체적으로 밝히지는 않았다. 하지만 향기 기능이 추가된 오게임스(oGames)와 오메뉴스(oMenus), 오뮤직(oMusic) 곡목과 함께 짝을 이룰 것이라고 말했다. 이 회사는 또 영국 런던에서 활동하는 다큐멘터리 제작자 마야 샌바와 함께 향기 나는 영화 오필름(oFilm)을 개발 중이다.

에드워즈는 2012년 자신이 강의하는 교실에서 필드를 처음 만났다. 그는 후각 관련 사업에 발을 들여놓게 된 것이 필드의 아이디어였다고 말했다. "향기를 전송할 수 있는 휴대전화가 있다면 어떨까라는 생각이 계기가 됐다." 할머니가 만들어준 쫀득쫀득한 피칸파이 향이나 땀에 젖은 제이지의 티셔츠 냄새를 인스타그램에 올릴 수 있다면 어떨까? 과학자들은 오래 전부터 냄새가 기억이나 감정과 깊은 연관성이 있다는 사실을 알았다. 하지만 사람들은 스마트폰으로 스냅사진을 전송할 때나 포토피드를 스크롤할 때 중요한 감각 정보를 놓치고 있다. 스마트폰으로 냄새를 캡처하는 기술이 아직 나오지 않았기 때문이다. 하지만 필드는 그렇게 될 때까지 연구를 계속하겠다고 말한다.

콘스탄츠 대학 University of Konstanz 연구원은 초파리의 후각 감각을 이용하여 암세포를 발견했다. 콘스탄츠에 본부를 둔 신경 생물학자이자 동물학자인 조반니 갈리지아 Giovanni Galizia교수가 이끄는 국제 협력 프로젝트의 한 연구팀은 과일 파리가 후각을 통해 건강한 세포와 암세포를 구별 할 수 있다는 것을 최초로 입증했다. 건강한 세포와 암세포 사이에는 명확한 구별이 있을 뿐만 아니라, 다른 암세포들 사이에서도 그룹화가 되어 있음을 확인 할 수 있다.

농민들에게 좋은 소식은 곤충의 냄새 감각과 식물을 감지 할 수 있는 능력을 혼란스럽게 하는 분자를 발견한 영국의 과학자들이다.

연구진은 곤충이 작물에 끼치는 피해를 줄이고 더 나은 식량 안보를 유도 할 수 있다고 믿는다. 세계 작물의 약 1/4이 해충과 질병으로 매년 잃어버린다.

"곤충이 서로를 발견하고 그들의 숙주가 냄새 또는 더 정확하게 화학 신호의 검출 페로몬- 된 물질을 자신의 안테나로 냄새를 맡습니다. 화학 물질은 실제로 곤충의 안테나 안으로 들어 와서 냄새 제거 단백질 (odorant-binding protein, OBP)이라 불리는 단백질에 붙습니다. 이것은 곤충이 냄새에 반응하여 어떤 식으로든 행동을 변화시키는 결과를 낳게 됩니다. 예를 들어, 식물을 향해 날아다니거나 다른 곤충들과 모이기를 합니다."[426] 작물의 약 1/4이 해충과 질병에 빠지기 때문에 장래에 충분한 식량을 확보해야한다면 총 수확량이 증가하는 문제만은 아니라고 BBSRC 최고 경영자인 더글라스 켈Douglas Kell 교수는 말한다.

"우리는 미래의 식량 공급을 확보하기 위해 해충과 질병을 예방하고 통제 할 수 있는 새롭고 혁신적인 방법을 모색해야한다 이것은 많은 중요한 곤충 해충에 적용될 수 있는 흥미로운 발견이며 인간 질병을 예방하기 위한 광범위한 영향을 미칠 수 있다."[427]고 말이다.

최근 독일 콘스탄츠대학교와 일본 동경대, 삿포로대학교 연구진은 후각이 뇌에서 공간 정보로 어떻게 처리되는지 바퀴벌레를 연구해 밝혀냈다. 연구진은 야행성인 미국바퀴벌레를 실험 대상으로 후각 인식 프로세스를 연구했다. 대부분의 바퀴벌레에게는 후각 정보가 생존에 대단히 중요하고, 그래서 후각 탐지 기관이 발달할 수밖에 없다. 연구에 쓰인 미국바퀴벌레 역시 마찬가지다. 미국바퀴벌레는 환경 속 후각 요소를 탐색할 수 있는 기다란 더듬이 2개를 갖고 있다. 더듬이에는 후각 수용기가 있고, 미국바퀴벌레는 이 더듬이 후각 수용기로 냄새를 맡는다.

현대생물학(Current Biology)'에 발표된 이 연구는 후각의 공간적인 정보를 입력 및 처리하는 신경 구조를 심층적으로 밝혀냈다는 점에서

426) BBSRC의 연구소 Rothamsted Research의 수석 연구원 Antony Hooper.

427) Jeff Salton, "Scientists block insects' sense of smell to protect crops", September 28th, 2009.

의미가 있다는 평가를 받았다. 바퀴벌레가 주변의 후각 환경에 대한 공간 정보를 내부적으로 처리할 수 있다는 점이 이번 연구를 통해 확인됐다. 또 이번 연구는 바퀴벌레를 대상으로 한 연구지만, 이를 토대로 인간의 신경을 연구할 수 있다는 점에서 의미가 있었다.

사실 곤충의 후각 기능은 상상을 초월한다. 아프리카에서는 매년 메뚜기로 인해 식량의 손실이 어마어마하다는 것에 초점을 맞추어 메뚜기들이 가장 싫어하는 냄새나는 물질을 찾아 농작물에 살포하였더니 더 이상 메뚜기들이 농작물에 피해를 주지 않았다는 기사가 있었다. 후각 분야는 사람들이 생각하는 하나의 버려진 감각이 아니라 모든 분야와 융합이 가능하며, 잠들어 있던 감각을 되살려야 한다.

"1960년 『스멜로비전(Smell-O-Vision)』이라 해서 첫선을 보였던 것이 후각영화이다. 스멜로비전이란 후각(smell)+시각(vision)의 합성어로 명명된 것이었다. 이 영화가 처음 공개될 때 주최 측의 선전은 그야말로 대단했다. 영화사상 일찍이 없었던 가장 큰 업적이 될 것은 물론 시·청·후각을 동시에 느낄 수 있는 관객은 완전히 영화에 몰입될 것이라고 장담했다. 스멜로비전방식은 미리 준비된 향기를 화면에 맞추어 객석으로 뿜도록 객석 요소요소에 파이프를 설치, 압착공기로 냄새를 도출하는 것이었다.

공개시사회에서 상영된 스멜로비전 영화의 주인공은 예쁜 소녀였다. 이 소녀가 장미꽃 만발한 꽃밭에 나타났을 때 객석에서는 감격의 탄성이 터져 나왔다. 장미 향기가 장내를 엄습한 것이었다. 한데 이 감격도 잠시 뿐, 오래 지속되지 못했다. 소녀가 꽃밭을 지나 방으로 들어가 코피(절대 코피가 아니다. 커피를 그 당시에는 그렇게 불렀다.)를 마시게 되면서, 감격은 서서히 불평으로 바뀌어 갔다. 장미 향기 뒤에 풍겨 나온 코피 냄새가 미처 사라지지 않은 장미향과 범벅이 되어 묘한 냄새로 변했고,

뒤이어 풍긴 요리 냄새까지 추가되어 큰 비용인 200만 불만 날리고, 수종의 냄새가 뒤섞이면 악취가 난다'는 평범한 사실을 재확인하는 것으로 끝맺고 말았다."[428]

분명 영화의 세계는 TV와는 다르다. 텔레비전의 차가운 빛이 우리의 상상에 아무런 영향을 미치지 못했나 하는 것은, 이것이 더 이상 이미지가 아니라는 간단한 이유 때문이다. 텔레비전은 아무것도 환기하지 않고, 단지 화면만을 자화하고, 하나의 화면일 따름이거나, 사실은 머릿속에 즉각적으로 축소된 말단부이다. 그것은 우리 머릿속에 기억된 하나의 테이프이지 이미지가 아니다. 하지만 영화는 여전히 이미지이기 때문에, 단순한 화면과 시각적 형태일 뿐만 아니라 하나의 신화로 존재한다. 그곳에는 복사, 환상, 거울, 꿈 등의 성격을 아직도 띠고 있는 것을 볼 수 있다.[429] 그런데 이 이미지에 냄새를 넣는다는 것은 이미지의 변형을 초래할 수 있는 것이다. 아니 TV와 다름이 없이 되어 버리는 것을 의미한다. 그동안 영화는 고유의 이미지에 자기 자신을 투영시켜 자신만의 스토리와 환상을 만들어 주었다. 만약 영화에 가상의 냄새를 이입시킨다면 영화는 전혀 다른 이미지를 제공하게 될 것이고 우리는 변조된 이미지를 받아들여야 하는 것이다.

"나의 고모는 사실상 인접한 두 개의 방에서 살고 있었다... 그것은 시골방이었다... 무수한 냄새로 우리를 황홀하게 하는 방이었다. 또한 그 냄새는 자연의 냄새, 이웃 시골의 냄새와 마찬가지로 그 철의 풍물이기는 하지만, 그것이 그대로 게으르게 눌러앉아서 인간과 어울리고 떠날 줄

428) 1975. 2. 3 경향신문 기사.

429) 장 보드리야르. 『시뮬라시옹(Simulacres et Simulation)』. 하태환 역. 민음사, 2002, 74.

> 을 모르는 그런 냄새다. 다시 말해, 그 냄새는 과수원에서 찬장으로 옮겨진 그 해의 모든 맛있는 젤리, 잘 익은 맛있는 젤리다. 철따라 변하지만, 세간과 하녀처럼 그 집의 특유한 냄새, 따끈한 빵의 보드라움으로 서리의 짜릿함을 조절하는 냄새, 마을의 큰 시계처럼 한가로우나 시각을 어기지 않는 꼼꼼한 냄새, 빈둥거리고 있는 것 같으면서도 질서 있는 냄새... 불은 파이를 구울 때처럼 구미를 돋우는 냄새를 풍겨, 이 냄새 때문에 방안의 공기는 완전히 응결 되었다. 그리고 그 냄새는 화창한 아침의 상쾌한 습기로 이미 반죽이 되어 부풀었고, 불은 그런 냄새를 풍기는 이 반죽을 잎 모양으로 부푼 과자로 만들고, 거기에 달걀노른자를 바르고, 구김살을 내고 부풀게 하여, 눈에는 보이지 않으나 촉지 할 수 있는 시골과자... 그러한 냄새 속에서, 벽장이나 찬장이나 지엽 무늬가 있는 벽지가 풍기는 바싹바싹한, 보다 이름이 난 그러나 동시에 보다 메마를 향기를 맡으면, 나는 즉시, 꽃무늬 있는 침대보의 중간적인, 끈적끈적하고 맛이 간, 소화가 안 되는 풋내 나는 올리브유 같은 냄새 속으로, 말 못 할 탐욕과 더불어 끈끈이에 붙어 버린 듯이 되돌아가기가 일쑤였다."[430]

물론 커피나 꽃, 바다와 익히 알고 있는 냄새의 표준화는 가능할 수도 있겠지만, 그것마저도 각자가 느끼는 냄새의 이미지와 후각 기억은 다른 것이다. 하물며 시골 방, 이웃 시골의 냄새, 집의 특유한 냄새, 따끈한 빵의 보드라움으로 서리의 짜릿함을 조절하는 냄새, 메마를 향기, 침대보의 풋내 나는 올리브유 같은 냄새, 선견지명이 있는 냄새, 아침 일찍 일어나는 냄새, 신앙심의 냄새, 평안을 즐기는 냄새, 산문적인 것 밖에 즐기지 못하는 냄새 등은 어떻게 향기로 표현할 것인가. 사람마다 다르게 느끼는 공간과 사물의 냄새를 하나의 이미지로

430) 마르셀 프루스트. 『잃어버린 시간을 찾아서-스완네 집 쪽으로1』. 김창석 역. ㈜국일출판사, 2006, 72-74.

통합할 것인가는 매우 중요하고 심각한 문제다. 만약 이 문제가 해결되어 상상과 생각으로만 존재하는 냄새를 현실화 시켰다고 하자 그 다음엔 우리의 후각 기억과 이미지, 환상은 어떻게 될 것인지 불 보듯 뻔하다.

결국 영화의 후각화는 영화를 TV화하여 우리에게 더 이상 꿈과 환상을 가져다주지 못하게 할 것이다. 이것은 마치 우리의 생각과 기억을 표준화하여 각 개인의 자유로운 꿈을 하나의 이미지로 통합되게 한다는 것을 의미한다.[431]

어느 시대나 사회든지 냄새만큼은 통제할 수가 없었다. 그 이유는 각자의 후각 기억과 선호도가 다르기에 획일화가 불가능했던 것이다. 이제 미래의 기술이 냄새를 통제하려고 한다. 사람의 생각과 기억을 만들어진 냄새에 접목시켜 획일화하고 통제하려는 것이다. 결국 우리가 기억하게 되는 후각의 세계는 실제 존재하는 현실이 아니라 가상현실인 셈이다. 디지털 냄새의 천국은 리얼리티를 강조하고 생활의 즐거움과 생생함을 전하려고 하겠지만 결코 우리의 삶은 행복하지 않을 것이다. 각자가 느끼고 기억하고 있던 후각 기억은 매트릭스의 세계 속에서 어떤 것이 가상이고 현실인지 분간할 수 없는 지경에 이르게 될 것이다.

후각을 오락에 접목하려는 시도는 예전부터 있었다. 1933년 영화제작자 아서 메이어는 뉴욕 리알토 극장에 향기 분사 기계 '스멜리스(Smellies)'를 설치했다. 하지만 유감스럽게도 한번 뿜어져 나온 향기를 없앨 방법을 찾지 못해 얼마 안 가 기계를 치웠다. 그로부터 약 30

---

431) 송인갑, 앞의 책, 109.

년 뒤에는 [미스터리의 향기]라는 범죄 스릴러 영화에서 스멜-오-비전(Smell-O-Vision) 시스템을 도입했지만 역시 실패로 끝났다. 영화 제작자 마이크 토드 2세가 1939년 뉴욕 세계박람회에서 정교한 향기 분사기를 선보인 스위스 발명가 한스 라우베와 손잡고 기계 제작에 들어갔다. 이들은 1969년 미국 3개 도시에서 열린 [미스터리의 향기] 시사회에서 원래의 기계보다 기능이 향상된 '스멜 브레인(smell brain)'을 선보였다. 와인과 파이프 담배, 기차 배기가스 등의 냄새가 작은 관을 통해 객석으로 전해졌다. 하지만 의도했던 감각의 향연은 실현되지 않았다. 뿜어져 나온 냄새 입자가 공기 중에 남아 뒤섞이면서 관객의 옷과 객석 시트에 배어들었다.

냄새를 오락에 접목시키려는 이전의 노력이 번번이 실패로 끝났지만 에드워즈는 걱정하지 않는다. 그는 오미디어의 경우 향기 전달 체계가 이전에 비해 훨씬 더 발전됐고 분사된 향기의 영향이 제한적이라고 설명했다. 오폰 속의 냄새 카트리지는 한 번에 아주 적은 양의 냄새 입자를 분사해 약 10초 동안만 냄새가 지속되도록 디자인됐다. "예를 들어 초콜릿 냄새가 완전히 사라진 뒤 삼나무 향을 맡을 수 있다. 두 가지 냄새가 뒤섞이지 않는다."

자칭 향기 과학자'에이버리 길버트는 휴대가 가능한 오케이스의 특성이 이 플랫폼의 성공을 약속한다고 말했다. '오케이스는 주머니 속의 향기 발생기'라고 그는 말했다. '무드 양초나 아로마 알람 시계, 디지털 뿡뿡 쿠션(위에 앉으면 방귀 소리가 나는 고무 쿠션) 등으로 발전할 가능성이 있다.' 그는 언제 어디서나 냄새 메시지를 전달할 수 있도록 하는 것은 메시지에 단순히 사진이나 비디오를 덧붙이는 것보다 훨씬 더 큰 의미가 있다고 말했다.

아이러니컬하게도 오미디어의 목표는 스마트폰에 푹 빠진 현대 사회에 물리적 환경을 되돌려주는 것이다. 지지자들은 오미디어가 사람들로 하여금 길을 가다가 멈춰 서서 장미꽃 냄새를 맡게 만들 거라고 말한다. 멜처 미디어의 창업자 찰스 멜처는 그런 아이디어에 이끌려 오북스 사업에 관여하게 됐다고 밝혔다. 라디오와 TV, 넷플릭스가 나오기 전 스토리텔링은 모닥불 주위에 둘러앉아 이야기를 나누는 등 사람들이 서로 교류할 수 있는 경험이었다고 멜처는 말했다. "이 기술은 우리를 다시 우리의 몸으로 되돌아가게 만들 것이다. 감각을 강조하고 참여를 유도한다. 사람은 외부 세계와 교류할 때 오감을 활용하기 때문에 스토리텔링은 '체감'이라고 부르는 단계로 발전하게 마련이다." 하지만 오플랫폼은 우리를 물리적 환경으로부터 떼어 놓는 또 다른 디지털 기술에 불과할 수도 있다. 스마트폰으로 바다 냄새를 맡으면 정말 전화기를 내려놓고 서핑하러 달려가게 될까?[432]

시각이나 청각에 비해서 후각은 월등히 '주체 중심적'주체 안에 갇혀있는 감각, 그리고 스스로 객체를 구성하지 않는 감각이다.[433] 후각은 스스로 존재하며 타 감각과는 별도로 자기만의 세계를 구축하고 있다. 후각은 다른 어떤 감각들에서 가능한 것보다 감각의 대상이나 혹은 그 인상을 우리 내부 속으로 깊숙이 끌어들인다. 먹는다는 것은 후각이 하는 것과 같은 , 그러나 더욱 강도 높은 행위라 할 수 있다. 미각과 후각은 상호 결합되어 있는 것이며 둘 다 대상을 우리 자신과 매우 밀접하게 동화시키는 감각들이다.[434] 사실 미각의 대부분은 후각

---

432) 린드세이 터커, 뉴스위크 기자 / 번역=정경희

433) 정진경, "1950년대 시에 나타난 후각 이미지 연구", 170.

434) 앞의 책,173.

에 기인한다. 그런 의미에서 본다면 일은 후각이 하고 이익은 미각이 가져가는 셈이다. 하지만 후각의 기능도 미각의 도움 없이는 자기의 존재 가치를 나타내지 못한다. 그래서 감각은 뇌에서 서로 연결시켜 놓은 것이다.

근대는 후각을 시각과 마찬가지의 동일한 원리'에서 근대화 시킨 것으로서, 이런 의미에서 후각은 바로 근대적인 '시각적 의미체계의 반응'이라는 말은 일리가 있다.[435] 후각에 대한 연구는 근대에서 비롯되었다. 특히 1차 후각 혁명인 위생과 청결은 근대사회에서 빼놓을 수 없는 중요한 이슈다. 결국 후각은 시각의 연장선상에서 자기의 모습을 드러낸다. 보여 지는 것만으로 냄새가 느껴지기 때문이다.

"그루누이는 태어나 생전 처음으로 자신의 코를 믿지 못하고 자신이 맡고 있는 것을 믿기 위해 눈의 도움을 빌어야만 했다"

시각 중심적 인간이 눈앞의 사실을 믿을 수 없을 때 촉각이나 후각, 청각이 동원되는 것처럼, 후각 중심적 그루누이는 코로 전달되는 사실을 믿지 못해서 시각의 도움을 청하고 있는 것이다.[436]

감각의 사회학적 의미에서 말한다면, 정상의 사회적 상태에서는 계층 간에 존재하는 경계는 후각에 의해 표현되고 또 강화된다. 후각이 가진 바로 이러한 사회적 차이의 상징적 의미는 절대 향수의 지배 속에서 소멸되고 있다.[437] 하지만 절대 향수는 존재하지 않는다. 가공의 비현실적 냄새가 지배하는 것은 우리의 상상력이다. 그루누이는 합성

---

435) 최은아 (2007). "감각의 문화사 연구". 카프카연구, 17, 158.

436) 배정희, "향수 - 냄새나는 인간학", 독일언어문학 제49집(2010.9), 293.

437) 앞의 책 296.

향과 같다. 우리가 원하는 가공의 리얼리티를 제공하는 시뮬라크르 Simulacre에 불과할 뿐이다.

다가오는 미래에는 컴퓨터와 로봇에 의해 대부분 일상생활이 처리됨으로써 인간성은 점차 희미해져갈 것이다. 사랑하고 기뻐하고 즐거워하는 인간의 가장 기본적 감성을 느끼는 것조차 낯설게 느껴질 것이다. 후각은 인간의 가장 깊은 곳에 자리 잡고 있는 감정을 깨워줄 수 있는 효과적 수단이다. 어머니에 대한 사랑이야기를 멋진 영상과 감동적 스토리로 소개를 해도 실제 어머니의 냄새를 맡는 것 보다 감동을 리얼하게 전달하지 못할 것이다. 따라서 미래 디지털 시대의 인간성 회복을 위한 대안은 아날로그 콘텐츠의 개발이고 이의 기본은 후각이 되어야 한다.

실제로 냄새의 재현은 이론과는 다른 독특한 구현할 수 없는 세계가 있음을 보여준다. 첨단 기업이 추구하는 합성 향기는 이런 문제를 해결한다고 하여도 여전히 풀어 가야할 숙제가 남아 있는 것이다. 어느 시대나 사회든지 냄새만큼은 통제할 수가 없었다. 그 이유는 각자의 후각 기억과 선호도가 다르기에 획일화가 불가능했던 것이다. 이제 미래의 기술이 냄새를 통제하려고 한다. 사람의 생각과 기억을 만들어진 냄새에 접목시켜 획일화하고 통제하려는 것이다. 결국 우리가 기억하게 되는 후각의 세계는 실제 존재하는 현실이 아니라 가상현실인 셈이다.

합성향의 천국은 리얼리티를 강조하고 생활의 즐거움과 생생함을 전하려고 하겠지만 결코 우리의 삶은 행복하지 않을 것이다. 각자가 느끼고 기억하고 있던 후각 기억은 매트릭스의 세계 속에서 어떤 것이 가상이고 현실인지 분간할 수 없는 지경에 이르게 될 테니까 말이다.

각자가 느끼는 냄새의 이미지와 후각 기억은 다른 것이다. 사람마다 다르게 느끼는 공간과 사물의 냄새를 하나의 이미지로 통합할 것인가는 매우 중요하고 심각한 문제다. 만약 이 문제가 해결되어 상상과 생각으로만 존재하는 냄새를 현실화시켰다고 하자 그 다음엔 우리의 후각 기억과 이미지, 환상은 어떻게 될 것인지 불 보듯 뻔하다. 이제 냄새는 감각의 일부로만 존재하지 않는다. 삶의 질의 향상과 심신의 안정에 대한 욕구, 쾌적한 환경에서 근무하고자하는 능률의 충족까지지도 고려하게 되었다. 우려되는 것은 혹시 우리가 그러한 합성향기에 길들여져 사육되어 가는 것이 아닐까하는 것이다. 그래서 그 향기가 합성향이 아닌 천연의 향으로 사람들을 편안하게하며 휴식을 취할 수 있는 좋은 냄새이기를 바라는 마음이 간절하다.

참고 문헌

(외국 문헌)

- Mary Lou & Glemn utt With Patricia Bayen(1990).
"Perfume Lalique Bottles". Crown.
- Fabienne, Pavia(1995)."L'univers Des Parfums", Solar.
- Elisabeth Barille & Catherine Laroze(1995). "The Book of Perfume", Flammarion.
- "Fragrances Information References", 1998.
- Paul Jokelson & Gerald in Gold(1988). "Les Presse-Papiers", Herm .
- Maria Larsson(2006), "Smell your Way Back to Childhood:Autobiographical Odor Memory' Psychonomic Bulletin & Review April 2006, Volume 13,Issue 240244 (Department of Psychology, Stockholm University, Sweden).
- Zwaardemaker, Hendrik(2010), "Die Physiologie DeGeruchs", [GER] Kessinger Publishing (후각에 대한 인식론)
- Aronsohn, Eduard(2010),"Experimentelle Untersuchungen Zur Physiologie Des Geruchs", [GER] Kessinger Publishing.
(후각에 대한 인식론을 위한 실제적 연구)
- Giessler, Carl Max(2010), "Wegweiser Zu Einer Psychologie Des Geruches" [GER] Kessinger Publishing. (후각에 대한 인식론을 위한 안내서)
- Birnbaum, Molly(2011), "Der Geruch der Erinnerung Wie ich meinen Geruchssinn verlor und wiederfand", (GER) Kein + Aber
(내가 후각을 잃었을 때와 되찾았을 때를 비교분석한 후각의 기억)
- Wilde, Stuart(2005), "Der sechste Sinn Ihr medialer Vorstoss in die Tiefen des Allwissens", (GER) Schirner Verlag.
(모든 학문의 심연에서 충돌하면서 발견되는 제 6의 감각)
- 北小路 功光(1978),『香道への招待』. 普門館.
- Richard L. Doty, David G. Laing (1991), "The Human Sense of Smell", Springer-Verlag Berlin and Heidelberg GmbH & Co.
- Gordon Shepher(2008), "The Human Sense of Smell : It's Better Than We Think", Yale Univ Press.
- Classen, C (1993),"Worlds of sense : exploring the senses in history and across cultures",

Routledge.

- Edited by Jim Drobnick (August 7, 2006) "The Smell Culture Reader", BERG.
- Bonnie Blodgett (2010), "Remembering Smell: A Memoir of Losing- and Discovering- the Primal Sense", Houghton Mifflin Harcourt.
- Jonathan Reinarz (2014), "Past Scents: Historical Perspectives on Smell" (Studies in Sensory History), University of Illinois Press.
- Rodaway, Paul(1994), "Sensuous Geographies: Body, Sense and Place", Routledge.
- Victoria Henshaw(2014), 'urban Smellscapes", Routledge.
- Chu, S, & Downes, J. J. (2002). "Proust nose best: Odors are better cues of autobiographical memory". Memory & Cognition 30, 511518.
- Kate Fox, "The Smell Report - An overview of facts and findings", Social Issues Research Centre, Feb 2009.
- Goldstein, Bruce(2006). "Sensation and Perception" Thomas Wadsworth: Boston, - Hildebrand JG, Shepherd GM(1994). "The mechanisms of the olfactory discrimination: a converging evidence for the common principles across the phyla", Annu Rev Neurosci 1997; 20: 595631.
- Mark Sergeant(2010), 'The Psychology of the Sense of Smell', Nottingham Trent University.
- Alain Corbin(1986), "The Foul and the Fragrant: Odor and the French Social Imagination", Harvard University Press.
- Raymond Oliver Faulkner(2004), "The ancient Egyptian pyramid texts1910", 200 Kessinger Publishing,, 296.
- Alan Baddeley. " Working memory: the interface between memory and cognition", Summer 1992, Vol. 4, No. 3, Pages: 281-288 1992 by the Massachusetts Institute of Technology.
- Henry Adams, "The Education of Henry Adams", <Project Gutenberg Association/ Carnegie Mellon University>, Jan, 2000 [Etext #2044]
- Engen T(1982). "The perception of odors", New York, Academic Press.
- White T, Triesman M(1997). "A comparison of the encoding of the content and the odor in the olfactory memory and in the memory for the visually presented verbal materia", l. Br.J.Psycho;88:459-72.

- Engen T(1981). Odor sensation and memory. Praeger, New York.
- "A Sense of Smell" Baby Sensory copyright 2009
- David H. Zald and Jose V. Pardo, "Emotion, olfaction, and the human amygdala: Amygdala activation during aversive olfactory stimulation" Proc. Natl. Acad. Sci. USA Vol. 94, pp. 4119124, April 1997.
- Maria Larsson, "Smell your Way Back to Childhood: Autobiographical Odor Memory", Psychonomic Bulletin & Review April 2006, Volume 13, Issue 2, 240244.
-Stefano Vaglio(2009),"Chemical communication and mother-in fare cognition" Communicative & Integrative Biology 2:3, 279-289;
- Jean-P. Royet, David Zald(2000), "Emotional Responses to Pleasant and Unpleasant Olfactory, Visual, and Auditory Stimuli: a Positron Emission Tomography Study" The Journal of Neuroscience, October 15, 2000, 20(20): 752759
- Elizabeth A. Krusemark &Wen Li(2012), "Enhanced Olfactory Sensory Perception of Threat in Anxiety: An Event-Related fMRI Study", Springer Science+Business Media.
- Domenico Montanaro(2010), "Functional Magnetic Resonance Imaging (fMRI) of the Olfactory System" XIX Symposium Neuroradiologicum The World Congress of Neuroradiology Bologna, Italy
- Peter Walla and Lüer Deecke(2010), " Odours Influence Visually Induced Emotion: Behavior and Neuroimaging", www.mdpi.com/journal/sensors 8185-8197(2010.8).
- Mark Hughes(2004),"Olfaction, Emotion & the Amygdala:arousal-dependent modulation of long-term autobiographical memory and its association with olfaction: beginning to unravel the Proust phenomenon?",
The Premier Journal for Undergraduate Publications in the Neurosciences June 2004, 1 (1): 1-58.
- Montello, D. R(1997), "Sensuous Geographies: Body, Sense and Place By Paul Rodaway", journal of environmental psychology 17-1, 77-79.
- David HOWES(2013), "The Social Life of the Senses", Ars Vivendi Journal No.3 (February 2013): 4-23.
- Ann-Sophie Barwich(2016),"Smellosophy - The History and Philosophy of Olfaction", 'Making Sense of Smell' The Philosophers Magazine 73, 41-47.

- Milburn, Olivia. "Aromas, Scents, and Spices: Olfactory Culture in China before the Arrival of Buddhism", Journal of the American Oriental Society; Ann Arbor136.3 (Jul-Sep 2016): 441-464.
- Barwich(2016). "Making Sense of Smell" The Philosophers' Magazine 73, 41-47.
- Biju Bahuleyan, Satendra Singh Short(2012), "Olfactory Memory Impairment in Neurodegenerative Diseases", Journal of Clinical and Diagnostic Research. 2012 October, Vol-6(8): 1437-1441.
- Schab, FR (1991). "Odor memory: Taking stock". Psychological Bulletin. 109: 242251.
- L vy, F.; Keller, M.; Poindron, P. (2003). "Olfactory regulation of maternal behavior in mammals". Hormones and Behavior. 46: 284302.
- Porter, R.H.; Winberg, J. (1997). "Unique salience of maternal breast odors for newborn infants". Neuroscience and Biobehavioral Reviews. 23: 439449.
- Varendi, H.; Christensson, K.; Porter, H.; Winberg, J. (1997). "Soothing effect of amniotic fluid smell in newborn infants". Early Human Development. 51: 4755.
- Amanda White, "Smells Ring Bells: How Smell Triggers Memories and Emotion" Psychology Today, Jan 12, 2015.
- Hutchinson, "Works of George Herbert", 181
- Richard Benton, "Evolution and Revolution in Odor Detection", Science 16 Oct 2009: Vol. 326, Issue 5951, pp. 382-383.
- Jeff Salton, "Scientists block insects' sense of smell to protect crops", September 28th, 2009, https://newatlas.com.
- Ann-Sophie Barwich , "Making Sense of Scents: The Science of Smell" Post on Auxiliary Hypotheses, the Blog of the British Journal for the Philosophy of Science (Jan 31 2017).
- E d, Yong, "Why Do Most Languages Have So Few Words for Smells?" 2015 https://www.theatlantic.com/science
- John Schmid, "Olfactory Stimulation for Alzheimer's and Dementia", January 6, 2010, BEST ALZHEIMER'S PRODUCTS.
- Ars Vivendi Journal No.3 (Feb 2013)), 4-23.
- Michael Leon, "Brain activation via olfaction", Flavour (2014) 3(Suppl 1): O19.
- Shuk Kwan Tang and M. Y. Mimi Tse,"Aromatherapy: Does It Help to Relieve Pain,

Depression, Anxiety, and Stress in Community-Dwelling Older Persons?", BioMed Research International Volume 2014 (2014), Article ID 430195, 12 pages
- Clare Batty,"Smell Philosophical Perspectives", Encyclopedia of The Mind, Pashler(ed.) 1-6

(국내 및 번역 단행본)
- 가스통 바슐라르(2003). "공간의 시학", 곽광수역. 동문선.
- 퍼시 캉프(2008). "머스크", 용경식역. 끌레마.
- 파트리크 쥐스킨트(2009). "향수". 강영순역. ㈜열린책.
- 빅터 프랭클(2008).『심리의 발견. 청아출판사.
- 빅터 프랭클(2012). "죽음의 수용소에서." 청아출판사.
- 마르셀 프루스트(2006). "잃어버린 시간을 찾아서-스완네 집 쪽으로1". 김창석역. ㈜국일출판사.
- 마르셀 프루스트(2007). "한권으로 읽는 잃어버린 시간을 찾아서". 김창석역. (주) 국일출판사.
- 장 보드리야르(2001).『시뮬라시옹(Simulacres et Simulation)』, 하태환역. 민음사
- 레이첼 허즈(2013), "욕망을 부르는 향기", 장호영역, 뮤진트리.
- 콘스탄스 클라센, 데이비드 하위즈, 앤소니 시노트저(2002). "아로마, 냄새의 문화사", 김진옥 역. 현실문화연구.
- 한나 홈스(2010). "인간생태보고서". 박종성역. (주)웅진씽크빅.
- 데릭 젠슨, 조지 드래펀(2007). "약탈자들". 김시현역. (주)실천문학
- 에스더 M. 스텐버그((2013), "공간이 마음을 살린다",서영조역, 더퀘스트
- 챈들러 버(2005), "향기에 취한 과학자", 강미경역, 지식의 숲.
- 에이버리 길버트((2009), "왜 그녀는 그의 스킨 냄새에 끌릴까", 이수연역, 21세기북스.
- 알랭 코르뱅(2019), "악취와 향기", 주나미역, 도서출판 오롯.
- 크리스토프 불프, 군터 게바우어(2015), "미메시스", 최성만역, 글항아리.
- 프레드 차라(2013), "향신료의 지구사", 강경이역, 휴머니스트.
- 아니위베르 외(2001), "향신료", 노정규역, 창해.
- 장 마리 펠트((2005), "향신료의 역사", 김중현역, 좋은책 만들기.
- 가이스 밀턴(2002), "향료전쟁", 손원재역, 생각의 나무.

- 잭 터너(2012), "스파이스", 정서진역, 도서출판 따비.
- 살마 로벨((2014), "센세이션",오공훈역, 시공사.
- 셀리아 리틀튼(2009), "지상의 향수, 천상의 향기", 도희진역, 뮤진트리.
- 피에르 라즐로(2006), "냄새란 무엇인가", 김성희역, 민음IN.
- 피트 브론 외(2000), "냄새: 그 은밀한 유혹", 이인철역, 까치.
- 라이얼 왓슨(2002), "코 : 낌새를 맡는 또 하나의 코, 야콥슨 기관" 이한기역, 정신세계사.
- 시오다 세이지((2015), "향기치료", 이주관 외역, 청홍.
- 나스메 소세키(2016), "산시로", 조미현역, 현암사.
- 무라사키 시키부(1999). "겐지이야기(源氏物語)". 전용신역. 나남 출판사.
- 쉬레이(2011), "얼굴, 시간을 새겨라", 김정자역, 시그마북스.
- 심복(心腹).(1999), "부생육기(浮生六記)". 지영재역. 을유문화사.
- 김덕영외 편역(2005), "짐멜의 모더니티 읽기", 새물결.
- 송인갑(2004). "향수(The Story of Perfume)", 한길사.
- 송인갑(2012). "후각을 열다", 청어.
- 임종원(2011). "후쿠자와 유키치", 한길사.
- 전완길(1994). "한국화장문화사". 열화당.
- 송충기(2013), "나치는 왜 유대인을 학살했을까?", 민음인.
- 류건(2016), "감각을 깨우는 후각훈련", 바람출판사.
- 정진경(2016), "후각의 시학", 푸른사상사.
- 한병철,(2014) "투명사회", 김태환 옮김 , 문학과지성사.
- 손훈수(2014), "문화 융합의 시대 말라카를 담다", 미학사.
- 조성준, 이인숙(2006), "아로마 치료". 학지사.
- 최기숙 외((2014), "감성사회", 글항아리.
- 김부식(2009). "삼국사기: 고구려본기(正譯本)", 上古史學會 編譯. 고대사.
- 일연(2002). "(국역)삼국유사". 김원중 옮김. 을유문화사.
- 국사편찬위원회 편(1968-70). "조선왕조실록(朝鮮王朝實錄)", 국사편찬위원회.
- 정경운(鄭慶雲)(2009). "고대일록(孤臺日錄)", 朴丙鍊, 薛錫圭외 옮김.太學社.
- 최한기(崔漢綺)(1979-80). "기측체의(氣測體義)". 정소문외역.민족문화추진회.
- 이규경(李圭景)(1982). "오주연문장전산고(五洲衍文長箋散稿)". 임정기외역. 민족문화추진회.

- 서긍(徐兢)(1977), "고려도경(宣和奉使高麗圖經)", 차주환외, 민족문화추진회.
- 빙허각이씨(2001). "규합총서(閨閤叢書)". 韓國精神文化研究院 編.
- 신흠(1994-1996). "국역 상촌집(象村集)". 임정기외 역. 민족문화추진회.
- 이언호 편(2015), "옥루몽", 모든북(큰방).
- 부안군(2015), "부안군 향기도시 조성 기본구상 및 세부추진계획수립 최종보고서".
- 부안군(2016), "부풍향차보- 천년 전통도자다기 복원사업", 고려청자 향수 개발, 310-361.

(학술지 논문)
- 정은주(2011). "후각에는 네모난 기억이 있다". 열린시학, 16(1), 256-257.
- 김학희(2003). "후각의 지리학?:동남아시아의 두리안을 사례로". 대한지리학회 학술대회논문집, 209-214.
- 봉혜진, 이재영 (2012). "혼합현실연속체(Mixed Reality Continuum)를 활용한 증강현실 디자인", 디지털디자인학연구, 12(2), 449-457.
- 권철근(2011). "카라마조프 형제들의 미각과 후각의 테마". 슬라브학보, 26(4) 27-47.
- 이상훈, "알코올 중독의 가상현실치료", J Korean Academy of Addiction Psychiatry Vol. 18, No. 1, 23-28, 2014.
- 린드세이 터커(뉴스위크 기자), "셀카에 향기 담아 보낸다." 정경희 역, 이코노미스트/World News 1301호, 2015.09.07..
- 서한석 외(2006), "한국 노인의 후각 역치와 삶의 질 간의 관계",
한국산업경영시스템학회 추계학술대회 논문집 Vol. 2006 No1, 292-295.
- 박충권 (2009)."TV기자의 뉴스후각에 관하여". 중국조선어문, 2009(4), 45-46.
- 남완석2008), "감각의 매체적 형상화- 파트릭 쥐스킨트의 소설『향수』와 톰티크 베어의 영화 <향수>에서 문자와 시각을 통한 후각의 묘사에 대한 비교연구", 한양대학교 현대영화연구소 현대영화연구 5권
- 최은아 (2007). "감각의 문화사 연구". 카프카연구, 17, 147-173.
- 정윤진 외(2015), "감성형용사를 사용한 다양한 향의 프로파일", 감성과학 제18권2호.
- 김성중, 양길태, 김종윤(2000), "멀티미디어용 칩타입 향 발생장치 개발" 한국감성과학회 추계 학술대회발표논문집
- 장행훈(2000), "질 높은 향으로 생활을 풍요롭게..." 과학과 기술 2000.10
- 김정도 (2015. 8). "미디어 융합을 위한 후각 디스플레이 기술". 방송과 미디어, 20(3),

76-90.
- 강인애(2008), "후각 아이덴티티 구축을 위한 서울향기 개발에 관한 연구", 디자인융복합회 인포디자인이슈 15호 15-28.
- 서성규외(2008), "후각을 이용한 수산물 가공 산단 주변지역의 악취발생 특성" 전남대 연안환경문제연구소집, 8, 19-28.
- 정진경 (2016). "시에 나타난 후각 이미지의 사회 문화적 의미", 한국언어문학교육학회 한어문교육, 36, 265-295.
- 김영(2015). "일본의 후각문화와 향(香)". 동아인문학, 32, 267-288
- 김영, "향(香)과 헤이안왕조(平安王朝)", 日本文化學報 第66
- 김태권(2008). " 정밀한 전자식 후각센서 개발". 기계저널, 48(12), 16-16.
- 김정도, 이상국(2010). "향 메신저 서비스를 위한 후각 정보 표현 참조 모델". 한국정보기술학회 논문지, 8(5), 177-187.
- 민병찬외(2003), "향의 이미지 인자구조: 남녀 차에 관한 연구"
Journal of the Ergonomics Society of Korea Volume 22, Issue 3, 1-11.
- 김도이(2015). "후각, 스캔들". 열린시학, 20(2), 137-138.
- 김정도(2007). "후각 인터페이스와 후각 디스플레이 기술". 전자공학회지, 34(6), 59-70.
- 이상훈, "후각수용체 단백질을 이용한 바이오전자코 개발", NEWS & INFORMATION FOR CHEMICAL ENGINEERS, Vol. 29, No. 2, 2011, 211-218.
- 서종석(2012), "후각과 냄새 그리고 언어적 표상" 한국외대 Language and Linguistics 56, 113-132.
- 장경욱(2007) "후각과 미각 센서 시스템", 전기전자재료 제20권 11호.
- 송민종외(2007), "후각센서 기술과 응용현황", 전기전자재료 20권 11호.
- 배우용(2015), "후각의 최신 기초 연구 동향" Korean J Otorhinolaryngol-Head Neck Surg 663-6.
- 김학희(2008), "현대미술에서 지리적 상상력의 중요성: 후각을 재생한 예술작품을 사례로" 대한지리학회 학술대회논문집 273-278
- 양경헌·구영아 외(1998), "한국인을 위한 후각인지검사 항목의 선택", Korean JOtolaryngol 1998;41(10):1281-1286
- 배정희(2010), "향수-냄새나는 인간학", 독일언어문학제49집(2010.9),285-303.
- 권순형(2013), 『고려 전. 중기 향과 문화생활』. 한국문화연구 25권 0호.
- 조용중(1994), 『中國 博山香爐에 관한 考察(下)』. 국립중앙박물관 미술부.

- 윤혜영(2007), "산시로(三四郎)의 향기", 일본학보 제73편.
- 최영준 외(2014), "하수 냄새지도 작성방안 연구", 서울시.
- 정중호, "해석 단어로서의 후각언어에 관한 연구", 한국구약학회14집(2003. 4) 135-152.

(학위논문)
- 정진경(2016), "1930년대에 나타난 후각 이미지의 사회. 문화적 의미". 부경대 박사학위 논문.
- Jin Hee Kim (2011), "Olfactory Sensitivity, Behaviors, and Transcriptional Profiling by High Fat Diet-Induced Stress in Drosophila melanogaster" WCU Biomodulation Seoul National University.
- 송은희(2002), "일반아동과 장애아동의 감각통합 기능에 관한 연구" 이화여대 석사학위논문.
- 김상희(2007),"감성브랜드 맥락에서 본 기업 브랜드 아이덴티티로서 감성아이덴티티 제안", 한양대 석사학위논문.
- 김병숙(2010), "源氏物語 의 感覺表現研究", 한국외대 박사학위논문.
- 이한나(2010), "공감각적 특성을 활용한 색채교육 프로그램에 관한 연구-후각적 자극을 중심으로", 국민대 석사학위논문
- 이우진(2004), "파트리크 쥐시킨트의 향수『Das Parfum』에 나타난 포스트모던이즘적 특징 연구", 연세대 석사학위논문.
- 이미영(2005), "시각장애자를 위한 미술관 전시 기획", 국민대 석사학위논문.
- 이소영(2014), "아동의 학습효과 향상을 위한 실감형 교육콘텐츠의 설계 및 구현" 안동대 석사학위논문.
- 최단비(2014), "농도와 부피에 따른 액체 색을 적용한 후각감성 디자인 연구" 이화여대 석사학위논문.
- 하세강(2006), "국내 어린이 병원 실내디자인에 나타난 감성적 표현 특성에 관한 연구", 중앙대 석사학위논문.
- 김지현(2005), "오감의 자극을 위한 체험 공간" 경기대 석사학위논문.
- 조은희(2006), "오감을 활용한 아동미술교육 방안연구" 숙명여대 석사학위논문.
- 이채원(2015), "옻칠 매체를 활용한 박물관 교육프로그램 연구", 중앙대 석사학위논문.
- 박현선, "음식 맛 표현 감각어 의미 연구", 건국대 석사학위 논문.
- 강영미(2005), "인터랙티브 미디어에 있어 인간의 감각기관을 이용한 인터페이스 표현

연구" 이화여대 석사학위 논문.
- 민철기(2013), "그래픽 자동차 시뮬레이터에서 후각자극의 마스킹 효과와 고농도 산소가 자율신경계에 미치는 영향에 관한 연구", 한밭대학교 석사학위 논문
- 최영미(2007), "다(多)감각자극을 고려한 치매시설의 치유환경 조성에 관한 건축계획적 연구", 한양대 석사학위논문.
- 김효경(2008), "디지털매체를 통한 통감각적 공연예술에 관한 연구" 중앙대 석사학위 논문.
- 윤현선(2009), "파트릭쥐스킨트의 향수와 톰티크베어의 영화 향수의 비교분석", 성신여대 석사학위논문.
- 양성봉(2015), "Ⅰ.한국인이 선호하는 향의 향질에 관한 연구 Ⅱ.고등어와 삼겹살 구이에서 발생되는 냄새의 특성에 관한 연구", 울산대 박사학위 논문.
- 최희주(1996). "감성적 이미지의 기호적 해석에 의한 형태 도출 방법에 관한 연구" 이화여대 석사학위논문.
- 박민영(2012), "후각 중심의 감성디자인을 위한 색채 공감각 연구", 이화여대 석사학위 논문.
- 김정주(2007), "후각정보 표현 참조 모델과 응용에 관한 연구", 호서대 석사학위 논문.
- 이은정(2016), "후각·미각 체험을 통한 미술과 발상 지도방안 연구", 한국교원대 석사학위논문.
- 김태영(2006), "후각센서를 이용한 원두커피 종류 판별 시스템 개발", 전남대 석사학위 논문.
- 백예원(2012), "후각을 통한 비가시적 존재의 표현 연구", 성신여대 석사학위 논문.
- 김미중(2009), "후각을 통한 시각예술 연구", 경기대 석사학위논문.
- 이수경(2013), "공감각 중 후각이미지와 색의 연관성", 홍익대 석사학위 논문.
- 이수빈(2016), "후각적 감정과 시각적 감정의 연관관계", 부산대 석사학위 논문.
- 정강희(2003), "시·후각적 조형요소의 생경한 결합", 경원대 석사학위 논문.
- 허페이링(2016), "한·중 후각 형용사 대조 연구", 부경대 석사학위논문.

(기사 및 인터넷 사이트)
- 유광수, "림노스의 냄새나는 여인과 일지련(一枝蓮)", 월간조선, Feb 2017.
- 박규현, "냄새의 재발견", 축산신문, 3. Feb 2017.
- 서진우,

- "인간 대신 냄새·맛 느껴라.. '五感 대체하는 과학", Science& 2017. 03. 24
- 링드세이 터커(뉴스위크), "진전되는 향기접목 연구" 정경희 역, 이코노미스트 월드뉴스 1301호(2015. 9.7).
- 한국고전번역원, 한국고전종합DB. http://db.itkc.or.kr/
- 원용서, "후각공해", 한국소비자보호원 해외소비자정보위원(벨기에), TEST sante, AOUT/SEPTEMBRE 2004.
- 이훈길, "후각으로 인지하는 공간 - 장애인에게는 오감을 고려한 공간 필요", 에이블뉴스,: 2012, 2. 28.
- 김윤미, "후각을 기계로 재현하기 위한 연구" LG 사이언스 2009. 11. 8.
- https://ko.wikipedia.org
- https://en.wikipedia.org
- http://100.daum.net/(다음백과)
- www.lg-sl.net
- http://www.langkawi-gazette.com
- http://www.fifthsense.org.uk/psychology-and-smell/
- https://www. daleair.com
- www.jorvik-viking-centre.co.uk.
- www.nature.com
- www.sirc.org/publik/smell_human.html
- https://www.innovationtoronto.com
- https://blackphoenixalchemylab.com
- http://www.reshafim.org.il/ad/egypt/trades/perfume_makers
- http://www.macalester.edu/psychology/whathap/UBNRP/Smell/memory.html
- www.uky.edu/~cebatt2/research/EncyclopediaMind-Fina
- http://www.kogado.co.jp/archives/892
- https://www.nytimes.com/1986/11/02/.../olfactory-vigilance.html
- https://thefifthsense.i-d.co/en_gb/article/the-language-of-smell/
- cafe.daum.net/nzcar/4jF0/9
- http://blog.naver.com/PostView.nhn?blogId=gojinmotors&logNo=221045117817
- http://science.sciencemag.org/cgi/doi/10.1126/science.aam7263

송인갑

비릿한 물 냄새가 코끝을 맴돌면 어김없이 그가 나타난다. 그가 머무는 곳은 언제나 냄새로 인해 우리를 편하게 해준다. 남도의 해풍 맞은 유자 향, 이슬을 머금은 숲의 아침 냄새, 그리고 소나무등걸에 핀 이끼 냄새, 그것이 그의 냄새다.
향수, 향기로 시작한 연구는 어느새 후각의 언저리를 거쳐 그 중심부로 향해 가고 있다. 냄새를 쫓아 국내와 세계 곳곳을 누비며 살아왔던 시간이 짧지만은 않다. 그 오랜 시간이 그의 코끝을 더욱 예민하게 만들었는지도 모른다.

냄새는 인간의 후각 없이는 아무런 의미가 없는 것이다. 향과 향수를 직접 만들기도 하였고, 향기박물관을 기획하였으며 전라남도에 향연구소를 만들어 우리나라만이 지니고 있는 향기를 연구하였고, 지자체와 기업의 다양한 향기 프로젝트를 수행해 왔다. 해외유명향수를 국내에 발매하였고, 호세카레라스, 오마샤리프 브랜드 등을 기획하기도 했다.
오랫동안 대학에서 공간과 향기라는 주제로 후각도시디자인과 스멜맵 등을 강의하고 있으며 최근에는 3차 후각혁명의 주역이 되는 아이들의 미래를 위해 직접 후각교육전문회사를 설립하여 유아와 아동들의 교육을 담당하는 교사들과 학부모들에게 후각교육과 후각교육키트를 보급하고 있다.
이제 그는 후각을 변화시키는 도구로서 그 가치를 부여하려고 노력하고 있다. 그래서인지 오늘따라 더욱 비가 기다려진다.

저서로는
『신의 향수』『향수, 영혼의 예술』『냄새-우리의 향을 찾아서』『The Story of Perfume』『후각을 열다』 등이 있다.

후각 혁명

초판 1쇄 발행 _ 2020년 2월 28일

저 자 · 송 인 갑
발행인 · 정 현 걸
발 행 · 신 아 사
인 쇄 · 토탈프로세스
주 소 · 서울특별시 은평구 통일로 59길 4 (2층)
전 화 · (02) 382-6411 팩스 · (02) 382-6401
홈페이지 · www.shinasa.co.kr
E-mail · shinasa@daum.net
출판등록 · 1956년 1월 5일 (제 9-52호)

ISBN 978-89-8396-385-7 (03330)

정가 20,000 원